법인기업 컨설팅을 위한 실무 바이블

2024 개정세법 반영

보험절세 모음.zip

2.법인편

메트라이프생명 노블리치센터 솔루션랩

책임저자 윤태성 | 엮은이 조미정

공동저자 권영민·박제율·안종현·원윤정·조만우·이은철 | 객원저자 최지혜

맑은샘

일러두기

이 책은 기업 경영의 이슈와 그에 따른 세금, 그리고 기업 보험의 활용에 대한 정보를 제공할 목적으로 제작되었습니다. 2024년 개정세법 및 관련 판례를 반영하였으며 내용의 정확성과 공정성을 위해 경험 있는 전문가들이 다각도로 검토하였습니다. 그러나 기업이 가진 다양한 요인과 당국의 과세방침에 따라 결과가 다르게 나타날 수 있습니다. 실제 적용시 반드시 저자 또는 해당 분야의 전문가와 상의하시기 바랍니다. 개별성에 대한 고려와 충분한 검토 없이 진행된 적용 결과에 대해 저자와 출판사는 법적 책임이 없으며, 이 도서는 메트라이프생명과 직접적인 관련이 없습니다.

펴내며

올해로 메트라이프생명 VIP전담센터인 노블리치센터가 문을 연 지 19년, 성년이 되었습니다. 그동안 차곡차곡 쌓인 노하우를 체계적으로 정리하고 세상에 전파하고 싶다는, 의기 충만한 마음으로 시작한 출간 작업이 어느새 두 번째입니다. 작년 〈보험절세모음.zip 「1.개인편」〉을 낸 지 꼭 1년만입니다.

이번 「2.법인편」에서는 기업, 특히 비상장법인을 중심으로 한 기업컨설팅 노하우를 담았습니다.

노블리치센터에서 이루어지는 상담은 매년 7천여 건. 그 중 기업컨설팅이 70%를 차지합니다. 상담이 활발한 만큼 컨설팅 주제가 다양하고 이슈도 빈번하게 발생하는 분야입니다.

법인컨설팅 이슈를 한 권에 총망라한 종합지침서

이 책은 법인의 탄생부터 성장, 기업의 승계나 매각, 청산 같은 마지막 Exit Plan 까지, 법인의 전 생애에 걸친 재무적인 이슈와 세금문제를 다루며, 기업에서 보험을 활용해 어떻게 절세할 수 있을지 구체적인 전략과 사례를 풀어보았습니다.

1장 법인에 대한 기본적인 이해와 2장 소득설계 같은 기본적인 내용으로 시작해, 3장은 가지급금이나 차명주식처럼 빈번한 기업 이슈 및 차등배당과 가족법인의 활용, 사내근로복지기금 등 최근 관심을 모으고 있는 트렌드를 두루 다룹니다. 4장은 베이비부머의 은퇴 쓰나미와 더불어 급증하고 있는 가업승계 컨설팅 전략을 소개하고, 마지막 5장에서는 법인에서 보험을 활용하여 절세하는 방법을 정리하였습니다. 또한 각 장마다 노블리치센터의 컨설팅 사례와 경험을 섬세하게 엮어 실제 컨설팅에 도움이 되도록 하였습니다.

　이 책을 법인컨설팅에 필요한 정보를 총망라한 '법인컨설팅 종합지침서'로 구성한 이유는, 문제에 부딪힐 때마다 정확한 조언을 구하기 위해 여기저기 수소문해야 하는 현장의 수고로움을 덜어 드리고 싶었기 때문입니다. 부디 애쓴 만큼 많은 분들께 도움이 되기를 희망합니다

　초보부터 전문가까지, 수시로 펼쳐보는 법인컨설팅의 바이블

　또한 초보자부터 실무에 능한 전문가까지, 모두 참고할 수 있도록 내용 구성에 심혈을 기울였습니다.

　개별 컨설팅 이슈마다 컨설팅의 필요성과 기본이론 – 이를 도식화한 요약정리 – 사례분석 – 노블리치 TIP – 실전활용 방법과 컨설팅 사례의 순으로 정리해, 수준별로 필요한 부분을 골라 활용할 수 있도록 구성하였습니다. 특히 쟁점을 중심으로 다양한 예규와 판례, 최근 국세심판 흐름 등을 충실히 담았습니다.

　법인컨설팅 사례마다 적절한 근거와 사실관계를 확인하기 위해 시간을 소모하던 분들께 희소식이 될 거라 믿어 의심치 않습니다. 이는 노블리치센터의 전문가들에게도 마찬가지였습니다. 따라서 이 작업에는 노블리치센터의 세무, 재무 전문가들이 곁에 두고 참고할 책을 만들겠다는 사심도 살짝 섞여 있습니다. 그만큼 내용의 충실함과 활용성은 해당 분야의 전문가들이 참고하기에 부족함이 없을 것입니다.

법인컨설팅에 관심을 가진 분들께 이 책이 법인컨설팅의 모든 과정에서 필요할 때마다 펼쳐 보는 '법인컨설팅의 반려 참고서'가 되었으면 합니다. 처음부터 끝까지 정독하는 것도 좋지만 분량이 많아 힘들다면 그때그때 필요한 부분만 펼쳐 보셔도 좋습니다. 궁금한 사항을 곧바로 찾아볼 수 있도록 특히 목차에 신경을 써 정리하였습니다.

오늘, 우리가 공유한 지식과 노하우가 법인컨설팅 분야의 더 나은 미래, 더 엄정하고 전문적인 컨설팅의 확산, 더 많은 법인의 성장과 절세에 도움이 되기를 진심으로 바랍니다.

– 노블리치센터 일동

법인과 세금이라는 어려운 주제도 쉽고 편하게 익힐 수 있도록
중요한 내용마다 밑줄 쫙, '노블러치 팁'으로 요점정리 딱!
세심한 배려의 하이라이트가 돋보이는 책입니다.

고객 상담 중에 궁금했던 점들을 즉시 해결하고
독자분들을 전문가로 성장시킬 법인컨설팅 지침서로 사랑받기를 기원합니다.

노블러치센터 전문가들이라면 믿을 만 하죠. 자신 있게 추천합니다.

송영록 메트라이프생명 CEO

저자들이 말한다

보험절세모음.zip「2.법인편」
200% 활용법

19년 동안 차곡차곡 쌓은 기업컨설팅의 내공을 한 권에 쏟아붓는 작업은 지난했지만 그만큼 보람 있는 일이었습니다. 영국 시인 워즈워드의 표현을 빌리자면 '하나의 세계'를 탄생시킨, 현실적으로는 처절한 고민과 괴로움에 몸부림치던 날들을 견뎌낸 〈보험절세모음.zip「2.법인편」〉 저자들의 솔직담백한 이야기, 지금부터 시작합니다.

출간 소감을 한마디 하신다면?

🎙 단순한 이론의 나열이 아닌, 현장에서 필요로 하는 지식과 노하우를 담기 위해 노력했습니다. 법인과 대표님을 위한 컨설팅의 올바른 이정표가 되길 희망합니다.

🎙 노블리치센터의 전문위원으로서 법인 대표님들과의 실제 상담사례를 통해 느낀 점과 법인에서 필요한 컨설팅의 관점을 요약, 함축하여 만든 책으로, 생생한 상담 경험이 녹아 있습니다.

🎙 사실 컨설팅 현장에서 논란이 많은 주제인 까닭에 상당히 신중해질 수밖에 없었습

니다. 한편으로 이 자료를 통해 법인에 대한 각종 이슈를 속 시원하게 해결하고 싶다는 갈증도 많을 것이라 생각돼 그 사이에서 아슬아슬한 줄타기를 하지 않았나 싶습니다. 그럼에도 불구하고 어디에 내놔도 당당하게 얘기할 수 있는 내용들로 채웠다고 자부합니다. 한 챕터를 다 읽을 때마다 한 뼘씩 성장하는 계기가 되었으면 합니다.

🎙 집필을 시작한 지 우여곡절 끝에 만 1년 만에 책을 출간하게 되었습니다. 감개무량하며, 수고하신 동료 저자들과 격려해 주신 모든 센터 식구들에게 감사와 기쁨을 나누고 싶습니다. 고맙습니다.

🎙 메트라이프 노블리치 전문위원들의 노하우가 담긴 저서에 함께 참여하게 되어 영광이고, 이 책이 필요한 곳에 널리 쓰이길 기원합니다.

저자들이 생각하는 '법인컨설팅에서 가장 중요한 것'을 꼽는다면?
🎙 열정과 객관성, 아닐까요? 고객을 만날 때 그 고객의 문제점을 해결해 주고 싶은 강력한 열망과 의지가 있어야 상담이 더 충실해지고, 고객도 진심을 알아준다고 봅니다. 또, 그 열정을 합리적으로 뒷받침하는 것이 객관성이니까요.

🎙 법인컨설팅에서 가장 중요한 것은 "법인이 성장하는 만큼, 대표님도 성장하도록 돕는 것"입니다. 법인과 나(대표)는 별개의 존재임을 인지하고, 서로 다른 컨설팅전략을 준비해야 합니다.

🎙 법인관리에 가장 중요한 것은 타이밍이라고 생각합니다. 직절한 시와 때에 필요한 조치를 할 수 있는 결단력이 중요합니다.

🎙 저는 법인의 본질에 대한 이해가 가장 중요하다고 생각합니다. 법인의 모든 문제는 법인의 본질을 잘 이해하지 못해서 발생되는 경우가 대부분이기 때문입니다.

🎤 컨설팅 이슈 중 하나를 고른다면 '비상장 주식가치 관리'를 꼽고 싶습니다. 비상장 주식가치를 지속적으로 모니터링하고 관리하지 않으면 상속세 및 증여세, 청산배당소득세 등의 과도한 세부담이 동반되기 때문입니다.

🎤 매번 법인컨설팅을 진행하면서 느끼는 것은 결국 답은 고객이라는 점입니다. 법인을 구성하는 주주와 임원의 고민, 이에 대한 공감에 최고의 솔루션이 있지 않을까요?

저자가 알려주는 이 책의 활용방법이 있다면?
🎤 법인컨설팅에서 이 책은 나무라기 보단 숲으로서 역할을 해 줄 겁니다.

🎤 목차 순대로 읽으시면서 법인컨설팅의 전체 흐름을 파악하시길 추천 드립니다.

🎤 처음부터 순서대로 읽는 것도 좋지만, 컨설팅 관심분야를 해당 파트에서 찾아 발췌하여 읽는 것도 좋은 활용 방법입니다.

🎤 처음 볼 때는 첫 페이지부터 끝까지 숙독을 하고 그 다음에는 각자 필요에 따라 필요한 내용을 그때그때 사전처럼 찾아가면서 읽어보면 계속 두고두고 활용할 수 있지 않을까 합니다.

🎤 소그룹으로 스터디를 하면서 보거나 현장상담에 접목하면서 활용해 보시면 효과가 높아질 거라 생각됩니다. 기회가 된다면 저희가 준비 중인 저자직강도 들어보시기를 추천 드립니다.

책을 쓸 때 특별히 신경 쓴 부분이 있을까요?
🎤 그동안 경험했던 다양한 사례, 경험, 그리고 최근 세무이슈 등을 담기 위해 노력했습니다.

🎙️ 알지 못할 때 답답한 것들이 알게 되면 쉬워지는 것처럼 먼저 가본 쉬운 길을 찾을 수 있도록 노력했습니다.

🎙️ 필드에서 많이 이야기되는 소재이므로 특히 어떤 부분을 유의하고 조심해야 하는지, 그리고 하나의 문제에 대한 솔루션으로 여러 가지 방법이 있는데 각각의 방법이 어떤 장단점이 있고 어떤 경우에 필요한지 등을 전체적으로 파악할 수 있게 하려고 노력했습니다.

🎙️ 가독성과 실무반영에 특히 신경 썼습니다. 읽기엔 쉽고 활용도는 높이는 게 목표였습니다.

🎙️ 좋은 솔루션은 고객을 중심으로 이해하고 공감할 때 얻을 수 있는 것이지만, 법인에 대한 기본적인 이해가 있다면 고객에게 더 적합한 솔루션을 제안 드릴 수 있다고 생각합니다. 이 책이 고객을 이해하고 공감하는 데 도움이 되었으면 하는 바람입니다.

🎙️ 독자께서 법인 대표님이라는 관점에 맞춰 집필하였습니다. 많은 관심 부탁드립니다.

요즘 소비의 대세 중 하나인 '공유경제'를 들여다보노라면, 이미 생산된 제품을 여럿이 나눠 쓰는 것만으로 새로운 가치가 창출된다는 놀라운 사실을 발견하게 됩니다. 더 나은 가치를 만들기 위해 우리의 지식과 경험, 그 안에 꾹꾹 눌러 담은 노하우를 이곳에 아낌없이 공유합니다.

이것은 우리가 가진 것 중 가장 값진 것입니다. 우리의 지식공유가 현장에서 더 나은 컨설팅으로 한 걸음 더 나아가는 길이라 믿습니다.

PART 1 **법인의 이해(법인의 탄생)**

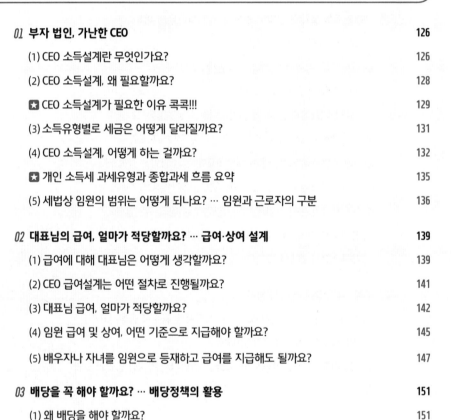

PART 2   **CEO를 위한 소득설계**

PART 3   기업이슈와 솔루션

PART 4 가업승계와 가업상속

PART 5   법인에서 보험 활용하기

PART 1

법인의 이해
(법인의 탄생)

    통계청 조사에 따르면 전국의 사업체는 2020년 약 603만 개에서 2022년 614만 개로 약 1.8% 증가하는 데 그쳤으나, 중소기업 법인수는 같은 기간 동안 약 27만 개에서 30여만 개로 10% 이상 늘었습니다. 청년창업, 1인창업 등 창업 열풍과 더불어 '법인 설립'에 대한 관심이 높아지고 있음을 보여줍니다. 하지만 높은 관심에 비해 법인 설립 과정에서 체계적인 설계가 이루어지는 경우는 드뭅니다.

    이 장은 법인설립 중 흔히 하는 고민에 적절한 가이드라인을 제시하고, 재무적으로 건강한 기업으로 성장하기 위해 설립 초기에 챙겨야 할 부분들을 다루고 있습니다. 책의 안내에 따라 법인설립의 첫 단추를 하나하나 제대로 채우시기를 기대합니다.

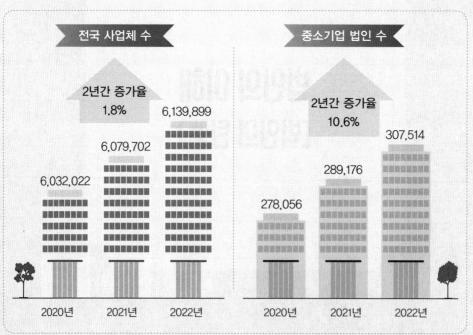

전국 사업체 수	중소기업 법인 수
2년간 증가율 1.8%	2년간 증가율 10.6%
6,032,022 (2020년) · 6,079,702 (2021년) · 6,139,899 (2022년)	278,056 (2020년) · 289,176 (2021년) · 307,514 (2022년)

(출처: KOSIS 국가통계포털, 전국사업체조사, 법인세 신고현황 (2021~2023))

보험절세모음 〈법인편〉

01

개인? 법인? 어떤 것을 선택할까요?
… 사업유형의 선택

Q. 다니던 회사에서 퇴직하고 준비 중이던 아이템으로 사업을 시작하려고 합니다. 요즘은 1인주주로 법인 설립이 가능하니, 법인으로 사업을 시작하는 게 유리하다고 주변에서 이야기합니다. 그런데, 저희처럼 규모가 작은 스타트업 기업이 굳이 복잡하게 법인설립을 할 필요가 있을까요?

사업을 시작할 때 사업장 위치, 인테리어, 직원고용, 매출과 매입처 선정 등 고민해야 할 것이 많습니다. 사업유형의 선택은 그 중에서도 가장 중요한 문제입니다. 다음에서는 개인기업과 법인기업의 주요내용과 차이점을 살펴보고 나에게 맞는 사업유형이 무엇인지 알아보겠습니다.

(1) 개인기업과 법인기업, 무엇이 다를까요?

개인기업

창업주의 역량에 전적으로 의존하는 사업형태로, 창업주의 자본과 노동력으로 사업이 진행됩니다. 사업에서 발생한 이익을 어느 곳에 사용하여도 이에 따른 간섭이나 제약이 없다는 것이 장점입니다. 다만, 사업을 진행하면서 발생하는 손실이나 부채에 대해서도 창업주가 전적으로 책임을 져야 한다는 단점이 있습니다.

법인기업

 법인을 설립한 주주와 별개로 법인 자체를 독립적인 경영주체로 인정합니다. 즉, 소유(주주)와 경영(임원)이 분리되므로 주식발행 등을 통한 자금조달이 가능하고, 대출에서 개인기업보다 다소 유리할 수 있으며, 주주는 출자자금을 한도로 유한책임을 진다는 장점이 있습니다. 다만, 설립과 운영절차가 복잡하며 이익은 법인에 귀속되므로 대주주 또는 임원이라 하더라도 사적으로 사용할 수 없다는 것이 단점으로 꼽힙니다.

한 눈에 보는 개인기업과 법인기업 비교

개인사업자	구분	법인사업자
사업자등록 후 사업개시 (설립절차 간편)	설립절차	법인설립 후 사업자등록, 사업개시 (설립절차 복잡)
대표자 단독 의사결정	의사결정	주주총회, 이사회 절차 필요
대표자 무한책임	채무부담	주주 유한책임(출자지분 한도로)
별도 제약 없음	이익금 사용	법인의 이익금이므로 개인이 임의로 사용불가(배당·급여·상여 등 절차 필요)
6.6~49.5%	세 율 (지방세 포함)	9.9~26.4%
인건비 비용처리 불가	대표자 인건비	인건비 비용처리 가능
퇴직금 인정되지 않음	대표자 퇴직금	대표자도 퇴직금 지급가능

개인사업자	구분	법인사업자
배당 개념 없음 (이익금은 모두 대표자 귀속)	배당	주주에게 배당 가능 (미배당 이익금은 법인에 유보)
권리금(영업권)으로 양도	사업양도	주식으로 양도
상대적으로 낮음	대외신용도	상대적으로 높음
사업규모가 작은 경우	적합성	사업규모가 크고, 외부자금 유치 필요 시

(2) 서로 다른 과세방법, 어느 것이 유리할까요?

개인기업 : 소득세

개인기업은 소득세법을 적용 받으며, 과세대상을 법에 열거하고 있습니다. 이자·배당·사업·근로·연금·기타소득은 1년간 발생한 각 소득금액을 하나로 합산하여 종합소득세로 과세하며, 양도소득과 퇴직소득은 분류하여 과세합니다. 양도·퇴직소득은 장기간 형성된 소득으로서 종합소득으로 합산하는 경우 세부담이 급격히 증가할 수 있기 때문입니다.

분리과세	분류과세	종합과세
조세정책적 목적에 따라 원천징수로 납세의무 종결 → 종합소득 합산하지 않음	장기간 형성된 소득으로 타 소득과 합산 시 세부담 증가 → 별도로 과세표준·세액 계산	과세기간(1년)별로 합산하여 소득세 부과(과세형평성 제고)
2천만 원 이하 금융소득 2천만 원 이하 주택임대소득 분리과세대상 연금소득 분리과세대상 기타소득	양도소득 퇴직소득	분류·분리 제외 모든 소득

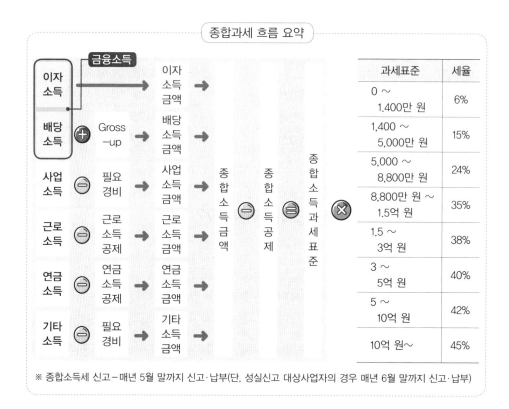

종합과세 흐름 요약

과세표준	세율
0 ~ 1,400만 원	6%
1,400 ~ 5,000만 원	15%
5,000 ~ 8,800만 원	24%
8,800만 원 ~ 1.5억 원	35%
1.5 ~ 3억 원	38%
3 ~ 5억 원	40%
5 ~ 10억 원	42%
10억 원~	45%

※ 종합소득세 신고 – 매년 5월 말까지 신고·납부(단, 성실신고 대상사업자의 경우 매년 6월 말까지 신고·납부)

법인기업 : 법인세

법인세는 주식회사와 같이 법인형태로 사업을 하는 경우 그 사업에서 생긴 소득에 대해 부과하는 세금입니다. 한마디로 법인 소득세라 할 수 있습니다. 즉, 개인이 얻은 소득에는 소득세가, 법인이 얻은 소득에는 법인세가 부과됩니다.

소득세가 과세대상 소득을 법에 열거하고 있는 것과 달리, 법인세는 법인의 순자산을 증가시키는 것은 모두 과세대상으로 보는 것이 원칙입니다. 다만 자본거래 등 특정항목에 대해서는 과세대상에서 제외합니다. 또한 법인의 유형에 따라 다음과 같이 납세의무의 차이가 있습니다.

법인 유형에 따른 납세의무의 범위

내국법인	외국법인
본점, 주사무소 또는 사업의 실질적 관리장소가 국내에 있는 법인	본점 또는 주사무소가 외국에 있는 법인
국내·외에서 발생하는 모든 소득에 대해 법인세 납세의무 있음	국내에서 발생하는 소득 중 법에서 정한 것 (국내원천소득)에 한하여 법인세 납세의무 있음

법인의 종류		각 사업연도 소득에 대한 법인세	토지등 양도소득에 대한 법인세	미환류 소득에 대한 법인세	청산 소득
내국 법인	영리법인	국내·외 모든 소득	○	○	○
	비영리법인	국내·외 수익사업에서 발생하는 소득	○	×	×
외국 법인	영리법인	국내원천소득	○	×	×
	비영리법인	국내원천소득 중 열거된 수익사업에서 발생한 소득	○	×	×

※ 국세기본법§13④에서 규정하는 "법인으로 보는 단체"의 납세의무는 비영리내국법인의 납세의무와 같습니다.

법인세 납세의무의 범위

사업연도마다 법인에 귀속되는 소득에는 '각 사업연도 소득에 대한 법인세'가 과세되며, 법인이 해산하면 '청산소득에 대한 법인세'가 과세됩니다. 만약 주택(부수토지 포함)·주택을 취득하기 위한 권리·비사업용토지를 양도하는 경우에는 '토지 등 양도소득에 대한 법인세'를 추가로 납부해야 합니다.

법인세는 과세표준에 따라 9%~24%의 세율이 적용됩니다. 개인의 소득세 최고세율이 45%(과세표준 10억 초과시)인 것에 비해 훨씬 낮은 세율입니다. 이런 차이 때문에 절세에 관심을 둔 많은 사업자들이 법인창업이나 법인전환을 고려하게 됩니다.

법인세율

과세 표준	세율	비고
2억 원 이하	9%	법인이 주택 및 비사업용 토지 양도 시 양도소득에 대한 법인세 각각 20%, 10% 추가로 납부
2억~200억 원	19%	
200억~3,000억 원	21%	
3,000억 원 초과	24%	

※ 법인세 신고 – 사업연도 종료일이 속하는 달의 말일부터 3개월 이내 신고·납부

비교_종합소득세율 vs 법인세율

(지방소득세 제외)

종합소득세율		법인세율	
과세표준	세율	과세표준	세율
1,400만 원 이하	6%	2억 이하	9%
5,000만 원 이하	15%		
8,800만 원 이하	24%	2억 초과 200억 이하	19%
1.5억 원 이하	35%		
3억 원 이하	38%	200억 초과 3,000억 이하	21%
5억 원 이하	40%		
10억 원 이하	42%	3,000억 초과	24%
10억 원 초과	45%		

법인세의 신고와 납부

법인세는 사업연도 종료일이 속하는 달의 말일로부터 3개월(성실신고확인 대상 법인은 4개월) 내에 본점 납세지 관할세무서장에게 신고 및 납부해야 합니다. 만약 납부할 세액이 1천만 원을 초과하는 경우에는 다음의 금액을 납부기한이 지난날부터 1개월(중소기업은 2개월) 이내에 분납할 수 있습니다.

납부금액에 따른 "분납가능금액"의 범위

납부할 세액이 2천만 원 이하인 경우	납부할 세액이 2천만 원 초과인 경우
1천만 원 초과 금액	50% 이하의 금액

(3) 법인은 '내 돈 내 맘대로 쓸 수 없어 별로'라고요?

컨설팅 중에 '세금을 줄일 수 있다고 해서 법인을 만들었는데, 내 돈 내 마음대로 뺄 수 없어 불편하다.'는 분들을 종종 만나게 됩니다. 이런 불만은 대부분 법인을 개인기업처럼 운영하기 때문에 생깁니다.

대표자가 곧 사업자인 개인기업과 달리 법인기업은 법인·대표자(경영주)·주주(소유주)의 역할을 엄격히 구분하며 각각의 소득에 대해서도 구분하여 과세합니다. 법인세율이 개인소득세율보다 낮은 이유도 이 때문입니다. 적은 법인세를 내고, 남은 이익을 개인화 할 때 추가로 세금이 발생하기 때문입니다. 제대로 된 증빙 없이 법인자금을 인출하면 가지급금이 발생하기도 합니다. 이런 불필요한 세금과 가지급금 발생을 예방하려면 법인의 과세구조에 대해 먼저 이해할 필요가 있습니다.

개인기업과 법인기업의 과세구조

개인기업은 대표자가 곧 사업 그 자체이기에 대표자의 인건비나 퇴직금은 비용으로 인정되지 않습니다. 대신 사업을 통해 발생한 이익 전체가 대표자에게 귀속됩니다. 반대로 법인기업은 법인·경영자·주주를 구분하므로 대표자의 인건비나 퇴직금도 비용처리가 가능합니다. 반면 사업을 통해 발생한 이익이 모두 법인에 귀속되므로 이를 경영자나 주주가 개인화하기 위해서는 추가적인 절차와 세금이 발생합니다. 적절한 소득설계는 중요한 절세 포인트 중 하나입니다.

구분	개인기업	법인기업
대표자(주주) 급여·상여·퇴직금·배당	인정 안됨	인정됨
영업이익 (매출액-사업관련비용)	대표자 개인의 몫	법인의 몫
유보이익 (영업이익-(대표자 급여+상여+퇴직금))		

법인기업의 절세효과 Point

앞서 설명한 바와 같이, 개인기업은 이익이 모두 대표자에게 귀속되기에 세금 또한 대표자가 모두 부담해야 합니다. 반면 법인기업은 이익을 다양하게 분산할 수 있습니다. 급여나 퇴직금처럼 임직원의 소득으로 전환하거나 배당처럼 주주에게 이익을 배분하기도 합니다. 이를 잘 설계하면 개인기업에 비해 많은 절세효과를 만들 수 있습니다.

이 부분에 대해서는 'Part2. CEO를 위한 소득설계'에서 자세히 다루어 보겠습니다.

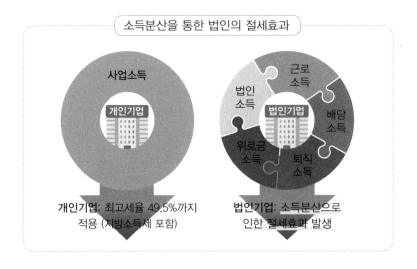

(4) 잠깐! 무조건 법인이 더 좋을까요?

> **Q.** 개인기업을 경영한 지 10년이 훌쩍 넘은 김 대표님. 매출과 이익이 대폭 늘어 사업이
> 성장해 기쁘기도 하지만 덩달아 세금이 높아져 요즘 고민이 많습니다. 주변에서는 회
> 사 규모가 커졌으니 법인으로 전환하라고 권하는데, 김 대표님은 걱정되는 부분이 있
> 습니다. 업종의 특성상 리베이트가 관행이다 보니 사용처를 밝히기 어려운 돈이 상당
> 히 많기 때문인데요. 이런 경우에도 과연 법인으로 전환해도 괜찮을까요?

사업유형은 한 번 결정하면 이후 쉽게 바꿀 수 없습니다. 법인기업과 개인기업은
여러 항목에서 차이가 있기 때문에 단순히 세율만 놓고 사업유형을 결정하면 사업 전
반에 예상치 못한 어려움이 발생할 수도 있습니다. 나에게 딱 맞는 사업유형을 어떻
게 알 수 있을까요? 사업유형 결정방법을 여러 사례를 통해 알아보겠습니다.

사업자 유형 선택을 위한 체크리스트   🔍

앞서 살펴본 개인기업과 법인기업의 차이점을 바탕으로 아래 Check List에 따라 나에게 맞는 사업유형을 알아보도록 하겠습니다.

아래 7개의 질문 중 "Yes"가 4개 이상이라면 법인사업자를 추천 드립니다.

1	인테리어, 설비구입 등 초기 투자자금이 큰 편인가요?	Yes	No
2	경영이나 투자를 함께할 파트너가 있나요?	Yes	No
3	신규사업 외에 다른 소득(임대, 금융, 사업 등)이 있나요?	Yes	No
4	사업수익을 재투자하거나 유보할 수 있나요?	Yes	No
5	기존에 사업경험이나 회계업무경험이 있나요?	Yes	No
6	사업규모가 크거나 매출처가 일부 확보되어 있나요?	Yes	No
7	재무제표나 세금의 구조에 대해 이해하고 있나요?	Yes	No

법인기업, 정말 세금이 적을까요? 소득세를 반영한 현실적인 세부담 비교

법인기업의 세율이 낮은 이유는 법인의 이익을 개인화 하는 과정에서 추가로 세금이 발생하기 때문입니다. 단순히 낮은 세율만을 이유로 법인기업으로 시작하면, 법인이익을 개인화 하는 과정에서 발생하는 세금 때문에 당혹스러울 수 있습니다. 좀더 구체적으로 살펴보면 다음과 같습니다.

동일이익에 대한 개인과 법인의 세부담 비교

개인기업		법인기업	
당기순이익	2억 원	당기순이익	2억 원
소득세율	38%	법인세율	9%
소득세 부담액	5,606만 원	법인세부담액	1,800만 원
세금 차이			3,806만 원

연간 2억 원의 동일한 이익을 가정할 경우, 법인기업이 개인기업에 비해 3,800만 원 가량의 세부담이 감소하는 것을 볼 수 있습니다. 다만, 2억 원에서 세금을 납부한 나머지를 대표자가 모두 사용할 수 있는 개인과 달리, 법인기업은 해당 이익이 법인에 귀속된다는 점에 차이가 있습니다. 법인의 이익을 개인이 가져가기 위해서는 추가 세부담이 불가피합니다.

대표자 급여를 반영한 현실적인 세부담 비교

법인을 운영하면서 무보수로 근무할 대표님은 없으실 텐데요. 대표님의 급여를 반영한 현실적인 세부담을 비교하면 다음과 같습니다. 개인기업의 당기순이익이 2억일 때 38%의 소득세율을 적용 받아 5,606만 원의 소득세가 발생하는 것과 비교해 보시기 바랍니다.

구분	Case 1	Case 2	Case 3
법인 당기순이익	1.4억 원	1억 원	0.5억 원
법인세율	9%	9%	9%
법인세부담액(가)	1,260만 원	900만 원	450만 원
대표자 연봉	6,000만 원	1억 원	1.5억 원
근로소득금액	4,725만 원	8,525만 원	1억 3,425만 원
소득세율 (최고세율 표기)	15%	24%	35%
소득세부담액(나)	583만 원	1,470만 원	3,155만 원
가 + 나	1,843만 원	2,370만 원	3,605만 원
절세효과	3,763만 원	3,236만 원	2,001만 원

물론 급여를 수령한다고 해도 개인기업에 비해 절세효과가 있는 것은 사실이지만, 대표님의 급여가 오를수록, 즉 법인 이익을 많이 개인화 할수록 절세효과가 큰 폭으로 감소하는 것을 볼 수 있습니다. 그렇다면 더 효율적으로 절세효과를 만드는 방법은 없는 걸까요?

법인기업의 절세효과 200% 누리는 법

"법인기업이 개인기업에 비해 세금 측면에서 유리한 것은 알겠는데, 뭔가 아직은 잘 모르겠어요" 라는 분들을 위해 이번 장에서는 법인기업을 200% 활용하는 팁을 알려 드리겠습니다. 아래 내용을 순서대로 잘 숙지하시면 여러분도 법인기업의 장점을 차근차근 설명하실 수 있는 전문가가 되시리라 확신합니다.

STEP1 개인기업·법인기업 이해하기

소유와 경영이 분리되므로 다양한 위험관리 전략을 수립할 수 있다

개인기업은 대표자가 곧 사업 그 자체이기에 대표 개인의 신용등급이 낮아지거나 건강상의 문제가 발생하는 경우 사업 자체가 어려워진다는 큰 문제가 있습니다. 반면 법인기업은 법인과 대표자(경영주), 주주(소유주)가 구분되면서 대표자나 주주의 개인상 문제가 법인까지 번지는 것을 방지할 수 있고, 정관이나 지급규정 정비를 통해 다양한 위험관리전략 또한 수립할 수 있다는 장점이 있습니다.

STEP2 개인기업·법인기업 운영단계 세금 이해하기

소득을 분산할수록 절세효과가 높아진다

한 해에 발생한 이익에 대해 대표자 개인에게 모두 소득세를 과세하는 개인기업과 달리 법인기업은 해당 이익을 다양하게 나눌 수 있고, 이 과정에서 추가로 절세효과를 만들 수 있습니다.

구분	개인기업	법인기업
사업 이익	대표자에게 모두 소득세 과세 (최고세율 49.5%)	• 급여·상여 : 대표자에게 소득세 과세 • 배당 : 각 주주에게 소득세 과세 • 퇴직금 : 퇴직금 수령 시 소득세 과세

STEP3 개인기업·법인기업 상속세 이해하기

상속세까지 고려해야 진짜 절세효과 알 수 있어

개인기업과 법인기업의 세부담은 특히 상속세를 포함할 때 두드러진 차이를 실감할 수 있습니다. 개인기업은 사업단계에서 발생한 자산과 이익이 모두 대표자 개인에게 귀속되므로 향후 최고세율 50%로 상속세 부담이 발생합니다. 법인기업은 비상장주식으로 상속재산의 종류가 바뀌게 되므로, 이를 활용해 다양한 상속세 절세전략을 수립할 수 있습니다.

☑ 비상장주식의 지분설계를 통해 상속인에게 생전에 주식이전 가능

☑ 지분설계 후 배당 시 배당금은 상속인에게 귀속되므로 상속세 절세 가능

☑ 개인기업과 달리 법인기업은 살아 생전에 가업을 물려주는 "가업승계 증여 특례제도" 활용 가능

   법인을 설립할 때 단순히 소득세 절세만 고민할 것이 아니라 자녀나 가족을 주주에 포함해 부의 세대이전을 함께 대비하는 것이 법인설립의 혜택을 극대화하는 현명한 방법입니다.

사례 검토 소득분산에 따른 세부담 경감 효과, 얼마나 될까요?

동일하게 2억 원의 이익이 발생하는 기업을 예로 들어 보겠습니다. 아래와 같이 법인기업에서 이익을 분산시킬수록 절세효과가 커지는 것을 확인할 수 있습니다. 따라서 법인을 운영할 때에는 절세효과를 극대화하는 소득 분산 전략을 마련하시기를 권합니다.

  1안) 대표자 급여 1.5억 원 설정 후 법인이익 0.5억 원으로 감소, 배당 실행 없음

  2안) 대표자 급여 0.9억 원 설정 후 법인이익 1.1억 원으로 감소, 0.6억 원 배당 실행

구 분	사업이익	세부담
개인기업	2억 원	개인소득세 : 5,606만 원
법인기업 1안	대표자 급여 1.5억 원 법인유보이익 0.5억 원	근로소득세 : 3,155만 원 법인세 : 450만 원 부담세액 합계 : 3,605만 원
법인기업 2안	대표자 급여 0.9억 원 배당 0.6억 원 법인유보이익 0.5억 원	근로소득세 : 1,242만 원 배당소득세 : 840만 원 (3인, 각 2천만 원 배당 시) 법인세 990만 원 부담세액 합계 : 3,072만 원

※ 법인이익 5천만 원은 향후 대표자 퇴직금 재원목적으로 종신보험 가입 후 사내유보 가정

※ 배당은 지분구조 설계 후 총 3명(대표자, 배우자, 자녀)에게 각 2천만 원씩 지급 가정

※ 소득공제 및 세액공제, 지방소득세는 반영하지 않음

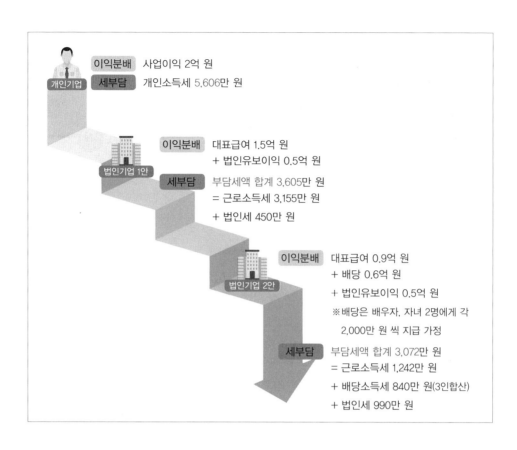

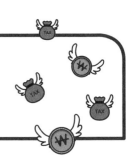

모르면 대화가 안 되는 법인경영의 기본

(1) 법인 설립, 어떻게 할까요? … 법인설립절차와 의사결정사항

법인설립절차 요약

법인사업자를 운영하기 위해서는 상호, 자본금, 사업목적과 사무실 등의 요건을 정하여 등기하는 '법인설립등기'를 먼저 진행해야 하며, 이후 사업자등록과 사업용계좌 개설 등이 진행됩니다. 만약 진행과정에서 필수사항이 누락되거나 불분명한 경우에는 설립 자체가 반려될 수도 있고, 정관이나 지급규정의 제정 및 개정을 위해서는 복잡한 절차와 추가비용이 발생할 수 있으니 최초 설립시점에 꼼꼼한 검토가 필요합니다.

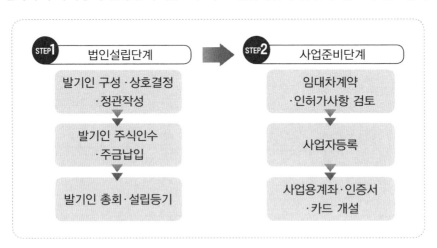

법인설립단계별 주요 의사결정사항

법인설립은 얼핏 보면 간단해 보이지만 세부적으로 결정해야 할 사항이 많고 향후 사업운영 과정에 미치는 영향이 크기에 신중한 검토가 필요합니다. 각 단계별 주요 의사결정사항을 요약하면 다음과 같고, 각 항목별로 주요 내용을 살펴보도록 하겠습니다.

STEP1 법인설립단계

구 분	중요도	검토 내용
상호 결정	★	• 임의로 정할 수 있으나 같은 관할구역 내 동일 상호 사용금지
사업목적	★	• 정관·등기부에 기재된 목적사업에 한해 사업가능 • 신규사업 진행 시 반드시 변경 등기 필요
정관·지급규정	★★	• 법인운영의 지침이 되는 기본사항 • 법인설립 관련 사항(사업목적, 상호, 주식수, 자본금, 임원 등) • 법인운영 관련 사항(임원의 급·상여와 퇴직금, 배당 관련 규정)
자본금·지분	★	• 업종별 최소 자본금 요건 검토 후 적정 자본금으로 설립 필요 • 주주 수에는 제약이 없으나 설립 시 "지분구조 설계" 검토 필요
임원	★	• 이사 수 제한 없음, 자본금 10억 미만 시 감사 불필요 • 1인 주주법인이라 하더라도 설립 시 주식 없는 임원 필요

STEP2 사업준비단계

구 분	검토 내용
업종	• 등기부상 목적사업 중 주사업과 부사업 결정
인허가	• 사전허가 필요한 사업의 경우 인허가증 선 발급 필요
임대차계약	• 법인명의 임대차계약서 필요(대표자 개인 계약 시 법인으로 변경) • 무상임차 시 무상사용승낙서 등 필요

법인설립등기 필요서류, 한 눈에 정리하기 🔍

취임승낙서	• 기재된 모든 이름 옆에 인감도장 날인
인감, 개인신고서	• 대표자만 날인
개인인감증명서 1통	• 취임승낙서에 기재된 전원(최근 3개월 내 발급분)
주민등록초본(등본) 1통	• 취임승낙서에 기재된 전원(최근 3개월 내 발급분) • 주민등록번호 모두 공개 필수
은행잔고증명서	• 주주 중 대표 발기인 1인의 개인통장 • 인터넷 발급 가능(은행 사정에 따라 다르니 참고) • 최근 2주내 발급분
법인 인감도장	

(2) 같은 상호가 있으면 설립등기가 안 된다고요? … 회사명(상호)의 결정

회사를 운영하기 위해서는 '상호'를 먼저 결정해야 합니다. 상호란 단순히 보면 회사의 이름 정도라 생각할 수 있지만, 사업의 목적과 다른 기업과의 차이를 나타내야 하기에 매우 중요한 부분입니다. 이에 상법에서도 '상호' 결정에 다양한 규제를 하고 있습니다. 구체적으로 살펴보면 다음과 같습니다.

상법 규정		조 문
제18조	상호선정 자유	상인은 그 성명 기타의 명칭으로 상호를 정할 수 있다.
제19조	회사의 상호	회사의 상호에는 그 종류에 따라 합명회사, 합자회사, 유한책임회사, 주식회사 또는 유한회사의 문자를 사용해야 한다.
제20조	부당사용 금지	회사가 아니면 상호에 회사임을 표시하는 문자를 사용하지 못한다.
제21조	상호의 단일성	1. 동일한 영업에는 단일상호를 사용하여야 한다.
		2. 지점의 상호에는 본점과의 종속관계를 표시하여야 한다.
제22조	상호등기의 효력	타인이 등기한 상호는 동일한 특별시·광역시·시·군에서 동종영업의 상호를 등기하지 못한다.
제23조	주체를 오인시킬 상호의 사용금지	누구든지 부정한 목적으로 타인의 영업으로 오인할 수 있는 상호를 사용하지 못한다

좀 더 구체적으로 살펴보면,

1) 상호는 한글상호를 기본으로 하되, 숫자와 영문자의 혼용이 가능하며,

2) 상호는 자유롭게 정하되 동일한 관할구역 내에서 동종영업의 기업이 이미 상호를 사용하고 있다면 해당 상호는 사용할 수 없습니다. 이에 법인설립 등기 전에 사용하고자 하는 상호가 겹치지 않는지 미리 확인이 필요합니다.

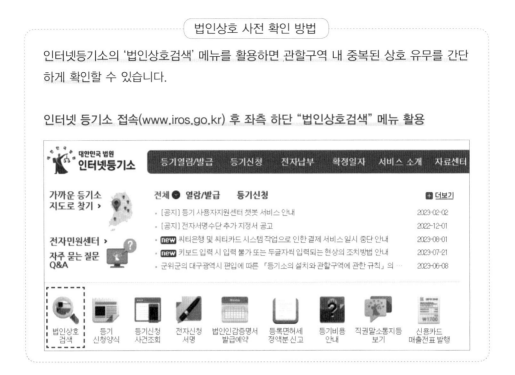

(3) 사업범위, 미래에 계획 중인 사업까지 넣어야 할까요?

　사업목적은 회사가 존재하는 이유이며, 반드시 정관에 기재해야 하는 사항입니다 (상법 제289조). 정관과 등기부등본에 기재된 목적사업에 한해 회사는 사업이 가능하며, 새로운 사업을 진행하려면 반드시 정관에 사업목적을 추가하고 이를 등기해야 합니다.

　이에 최초 법인설립 시 현재 진행하고자 하는 사업과 장래에 수행하고자 하는 사업까지 함께 기재하는 것을 추천 드립니다. 법인설립 시 기재할 수 있는 사업목적에는 특별한 제약이 없고, 나중에 추가하는 경우 발생하는 비용과 절차를 줄일 수 있기 때문입니다.

▶ 대표적 업종별(제조, 도소매, 서비스) 사업목적의 3단계 프로세스

STEP1 법인을 설립한 목적사업. 즉, 당장 진행하고자 하는 사업

STEP2 현재 진행은 아니나 목적사업과 연관되어 가까운 시일 내에 시행 예정되는 사업

STEP3 당장의 연관성은 없으나 향후 진행이 가능할 수 있는 사업

예시업종	Step 1	Step 2	Step 3
도소매업	도소매, 무역업	제조, 상품중개, 쇼핑몰운영업	부동산임대 및 전대, 광고업
제조업	제조 및 판매업	도소매, 무역, 디자인업	부동산임대 및 전대, 컨설팅, 서비스업
서비스업	서비스,컨설팅, 교육, 광고업	소프트웨어개발, 마케팅, 도소매업	부동산임대 및 전대, 공간임대, 가맹업

※ 위 내용은 각 업종별 사업목적에 대한 예시로 실제와 다를 수 있습니다.

(4) 자본금, 얼마가 적당할까요?

　자본금은 법인을 운영하는 가장 기본이 되는 자금으로 설립 이후에는 함부로 인출하여 사용할 수 없기에 매우 신중하게 결정해야 합니다. 또 자본금을 너무 적게 또는 너무 많게 설립하는 경우에도 생각지 못한 여러 문제들이 발생하게 되는데요. 지금부터는 법인설립 시 자본금이 중요한 이유와 나에게 맞는 적정 자본금은 얼마인지 알아보도록 하겠습니다.

　100원짜리 회사도 설립은 가능합니다. 단, 이론상은요.
　이론상으로는 맞는 말입니다. 기존에는 상법상 "주식회사를 설립하려면 자본금은 5천만 원 이상" 요건이 존재했으나, 2009년 상법개정을 통해 위 규정이 삭제되었기 때문입니다. 다만, 법인 설립 이후에는 모든 수익과 지출이 법인의 명의로 이루어지

기에 수익 대비 지출이 많은 설립초기에는 회사를 정상적으로 운영할 수 있는 적정한 내 돈(자본금)이 필요합니다.

내 사업을 객관적으로 검토해야 합니다

회사가 운영하고자 하는 사업목적, 고정된 수익이 발생하는지 여부, 초기 투자지출이 얼마나 되는지 여부 등에 따라 기업마다 적정 자본금의 규모는 달라질 수 있습니다. 보통 설립 이후 회사의 매출이 정상적으로 발생하기까지의 기간 동안의 고정비를 계산하여 자본금으로 결정하는 경우가 많습니다. 여기서 고정비란 대표적으로 인건비와 복리후생비, 물품매입비, 시설비, 임대료, 각종 공과금 및 기타 사업관련비용을 말합니다.

적정 자본금 규모에 대한 고민이 필요합니다

자, 자본금에 대한 상법규정을 이해하고 내 사업에 대한 객관적 검토가 되었다면 이제는 본격적으로 적정 자본금에 대한 고민을 할 시간입니다. "사업이 곧 나"인 개인기업과 달리 법인기업은 엄격히 별개로 존재하며, 이에 돈이 들어오고 나가는 모든 과정이 기록되어야 한다는 점을 다시 한번 기억하시기 바랍니다.

 잠깐! 자본금 규모, 왜 중요할까요?

자본금이 너무 적게 설립한 경우

사업을 위한 내 돈이 적기에 고정비 충당이 어려울 수 있고, 이에 법인은 추가로 돈을 빌려와야 합니다. 정상적으로 매출이 발생하는 법인이 아니라면 금융기관 차입은 어렵기에 대표자로부터 다시 돈을 빌려야 하는 문제가 발생합니다. 이는 법인의 가수금(차입금)이기에 부채비율이 증가하는 악순환이 이어집니다. 만약 부채비율 때문에 자본금을 늘리는 '증자'를 진행한다면 다시 복잡한 등기절차와 등록면허세를 추가로 부담해야 합니다.

자본금을 너무 많게 설립한 경우

법인과 대표자, 그리고 주주는 모두 별개라는 거 기억하시나요? 아무리 내 돈으로 설립한 법인이라 하더라도 설립 이후부터는 철저히 법인의 자금이기에 임의로 인출할 수 없습니다. 만약 임의로 법인자금을 인출하면 이는 곧 가지급금이 되어 4.6%의 이자를 부담하며 원금 또한 상환해야 합니다.

자본금을 너무 적게 설립한 경우	자본금을 과하게 설립한 경우
· 운영자금 부족, 대표자 개인자금 입금 · 가수금(부채) 증가, 재무제표 비율 악화	· 개인자금 부족, 법인자금 대표자 인출 · 가지급금 증가, 인정이자 등 세법상 불이익 발생

업종별 자본금 요건 파악하기 🔍

상법개정에 따라 법인 최저자본금 요건은 삭제되었지만, 특정 업종의 경우 일정 규모 이상의 자본금을 반드시 필요로 하니 주의해야 합니다.

▶ 최저자본금이 필요한 업종과 요건

법인 업종	최저자본금
화물자동차운송사업	일반 : 1억 원, 용달 : 0.5억 원
국제물류창고, 국제물류주선(포워딩)업	3억 원
여행업	일반 : 1억 원, 국외 : 0.3억 원, 국내 : 0.15억 원
대부업	0.5억 원
종합주류도매업	0.5억 원
인력파견, 인력공급, 근로자파견업	1억 원
부동산중개업	0.5억 원
토목·조경공사업	5억 원
건축공사업	3.5억 원
토목건축·산업 및 환경설비 공사업	8.5억 원
지반조성 및 포장공사업	1.5억 원
정보통신공사업	1.5억 원
실내건축, 습식방수공사, 속공사, 도장공사, 비계구조물해체공사, 금속구조물 창호공사업	1.5억 원

(5) 주주 구성은 어떻게 해야 할까요?

배우자나 자녀를 주주로 넣어도 될까요?

Q. 법인을 설립하면서 주주를 분산하는 것이 좋다는 권유를 받았습니다. 가족은 배우자와 미성년 자녀뿐인데 미성년자를 주주로 등재하는 것도 가능한가요?

A. 임원은 경영에 참여하기 때문에 미성년자는 임원이 될 수 없습니다. 그러나 주주는 연령 제한이 없으므로 미성년 자녀라도 가능합니다. 다만 소득이 없는 자녀가 주주가 되려면 자본금 상당액에 대한 증여가 필요하므로 증여세가 발생할 수 있습니다.

법인기업은 개인기업과 달리 소유와 경영의 분리가 가능합니다. 즉, "회사를 소유하면서 투자에 대한 대가인 배당을 받는 주주"와 "경영에 참여하면서 급여를 받는 임원"으로 구성된다는 특징이 있습니다.

대부분 중소기업은 소유주와 경영주가 동일한 경우가 많지만, 경영에 참여하지 않는 배우자나 자녀들도 주주가 될 수 있으므로 사업확장을 통한 자산이전과 증여 등에 계획이 있는 경우에는 설립단계에서 주주를 어떻게 구성할 것인가에 대한 고민이 매우 중요합니다. 주주 구성에 따라 어떤 세금이 얼마나 절세 되는지 같이 알아볼까요?

지분설계에 따른 종합소득세 절세효과 비교

소득세법상 배당소득은 다른 금융소득과 합산하여 연간 2천만 원까지는 14% 세율로 분리과세 되며, 2천만 원 초과 분부터 종합소득세율이 적용됩니다. 이에 주주구성을 소득이 없거나 적은 배우자·자녀로 분산하면서 인 별 금융소득을 연간 2천만 원 이하로 구성하면 분리과세로 납세의무가 종결됩니다. 또 대표님에게 누적되는 소득이 감소하면서 건강보험료 또한 추가로 줄어드는 절세효과가 발생합니다. 매년 발생하는 절세액은 적어 보여도 10년, 15년, 20년씩 누적되면 무시하지 못할 금액이 되겠죠?

사례 검토 1 지분구조 설계에 따른 종합소득세 및 건강보험료 비교

▶ 기본 가정

– 매년 1억 원 지분비율에 따른 균등배당, 2천만 원 초과 분 배당가산액 반영

– case1 대표님 소득세율 38%, case2 대표님 소득세율 35%, 소득공제 및 세액공제 없다고 가정.

– 보수외 건강보험료 : 2천만 원 초과 금융소득에 7% 건강보험료율 단순 가정

구 분		10년 누적	15년 누적	20년 누적
Case 1	대표님 100%	2억 8,240만 원	4억 2,360만 원	5억 6,480만 원
Case 2	대표님 40%	8,500만 원	1억 2,750만 원	1억 7,000만 원
	배우자 20%	2,800만 원	4,200만 원	5,600만 원
	자녀1 20%	2,800만 원	4,200만 원	5,600만 원
	자녀2 20%	2,800만 원	4,200만 원	5,600만 원
종합소득세 절세효과		1억 1,340만 원	1억 7,010만 원	2억 2,680만 원
건강보험료 절세효과		4,200만 원	6,300만 원	8,400만 원
지분분산 절세효과 합계		1억 5,540만 원	2억 3,310만 원	3억 1,080만 원

사례 검토 2 지분구조 설계에 따른 상속세 절세효과 비교

대표님에게 집중된 주식은 향후 최고세율 50%의 상속세가 과세될 수 있기에 지분구조 설계를 통해 주식을 배우자 및 자녀와 함께 소유하는 경우 상속세 부담을 크게 줄일 수 있습니다.

▶ 기본 가정

– 설립 후 10년시점에 주식가치 25억, 5년마다 주식가치 10억씩 상승, 대표님 상속세율 50% 가정

구 분		10년 후	15년 후	20년 후
예상 주식가치		25억 원	35억 원	45억 원
Case 1	대표님 100%	12.5억 원	17.5억 원	22.5억 원
Case 2	대표님 40%	5억 원	7억 원	9억 원
상속세 절세효과		7.5억 원	10.5억 원	13.5억 원

지분 분산, 이런 점에 주의하세요   🔍

☑ 주주의 자금출처가 중요합니다

배우자나 자녀에게 단순히 명의만 분산하는 경우에는 향후 주식의 실제소유자로 인정받지 못하는 문제가 발생할 수 있기에 설립 시 지분구조를 설계하는 경우 반드시 배우자·자녀 본인의 자금으로 자본금을 출자해야 하며, 개인자금이 없는 경우 증여세 신고를 완료해야 합니다.

또한 설립 이후 법인 운영과정에서도 실제 주주로서의 권리행사(주주총회 참석 및 날인, 배당금 수령 및 실제 사용 등)를 해야 함에 주의해야 합니다.

☑ 배우자의 지분은 상속세 대비가 필요합니다

배우자가 보유하는 주식은 대표님 입장에서 소득세 및 상속세 절세효과가 있으나, 향후 배우자 사망 시 상속세가 과세된다는 점에 주의하셔야 합니다. 이에 설립 시 배우자를 주주에 포함하고자 하는 경우나 이미 배우자가 포함된 법인은 배우자 지분을 효율적으로 정리할 수 있는 컨설팅 또는 배우자의 상속세 재원마련에 대한 준비가 추가로 필요합니다.

주식 명의신탁은 이제 그만!

법인의 출자자(주주)는 기본적으로 출자금액만을 한도로 유한책임을 지나 과점주주의 경우에는 법인채무에 대해 추가로 책임을 지는 "출자자의 제2차 납세의무"가 존재하며, 이 경우 "과점주주"란 주주와 그의 특수관계인의 소유주식 합계가 발행주식 총수의 50%를 초과하는 자들을 말합니다.

이에 법인설립 시 이러한 문제를 방지하기 위해 타인을 명의상 주주로 참여시키는 "명의신탁"을 하기도 하는데, 이러한 행위는 세법상 금지하고 있기에 적발 시 증여세 및 가산세 등의 불이익이 있고, 향후 주식가치가 증가하는 경우 명의 환원에 막대한 비용이 발생하게 됩니다.

(6) 임원은 몇 명이 필요할까요? ··· 임원구성

상법규정

상법상 주식회사의 이사는 3명 이상이어야 합니다. 다만, 자본금 총액이 10억 원 미만인 회사는 이사의 수를 1명 또는 2명으로 할 수 있고(상법 제383조 제1항), 감사를 선임하지 않을 수도 있습니다(상법 제409조 제4항). 다만, 법인설립 시에는 회사의 설립사항이 법령이나 정관에 위배되지 않는지를 검사할 검사인이 필요한데요. 주주인 이사나 감사는 해당 검사에 참여하지 못하기에(상법 제298조 제2항) 설립 시에는 주식이 없는 이사나 감사가 1인이 필요합니다.

이사가 3명 미만인 경우, 이사회는 존재하지 않습니다

자본금 총액이 10억 원 미만인 회사는 이사를 1명 또는 2명으로 할 수 있으나, 이 경우 상법상 의사결정기구인 이사회를 구성할 수 없습니다(상법 제383조 제5항). 이에 이사회의 역할을 주주총회나 대표이사가 대신 행사해야 합니다. 현장에서는 이런 내용을 모른 채 이사회가 존재하지 않음에도 이사회 의사록을 작성하여 관리하는 경우가 많습니다. 적법한 절차가 없어 향후 문제가 발생할 수 있으니 주의와 관리가 필요합니다.

▶ **주주총회가 대신 행사해야 하는 대표적 사항**(상법 제383조 제4항)

상법규정	내용
제356조	주식양도에 관하여 이사회의 승인 규정
335조의2,3	주식 양도승인의 청구, 양도상대방의 지정청구
335조의7	주식의 양수인에 의한 승인청구
340조의3	주식매수선택권의 부여
397조	이사의 경업승인
398조	이사 등과 회사간의 거래
416조	신주 발행사항의 결정
461조	준비금의 자본금 전입
462조의3	중간배당
464조의2	이익배당의 지급시기
469, 513, 516조의2	사채발행, 전환사채의 발행, 신주인수권부사채의 발행
360조의5	반대주주의 주식매수청구권

관련 판례

자본금 총액이 10억 원 미만으로 이사가 1명 또는 2명인 회사의 이사가 자기 또는 제3자의 계산으로 회사와 거래를 하기 전에 주주총회에서 해당 거래에 관한 중요한 사실을 밝히고 주주총회의 승인을 받지 않았다면, 특별한 사정이 없는 한 그 거래는 무효라고 보아야 함 (대법원 2019다205398, 2020.07.09).

▶ 대표이사가 이사회의 기능을 담당하는 사항

상법규정	내용
343조	이사회 결의로 하는 주식의 소각
346조	주식의 전환에 관한 종류주식 권리자에 대한 통지
362조	주주총회 소집의 결정
363조의2	주주제안권
366조	소수주주에 의한 소집청구
368조의4	전자적 방법에 의한 의결권의 행사
393조	중요한 자산의 처분 및 양도, 대규모 재산의 차입, 지배인의 선임 또는 해임과 지점의 설치·이전·폐지 등 회사의 업무집행

(7) 주주 또는 임원, 핵심멤버에 대한 보상은 어떤 게 좋을까요?

Q. 경기도에서 식품 도소매 및 무역법인 ㈜서울을 운영하는 홍길동 대표님은 최근 퇴사한 A 직원 문제로 고민이 많습니다. A직원은 회사 설립 초기에 입사하여 적극적인 영업으로 회사 성장에 기여하였고, 대표님도 이에 고마워 임원으로도 등재해주고 수년 전에는 대표님 지분 10%도 액면가로 양도해 주었는데요. 이번에 A직원이 퇴사하면서 임원퇴직금 지급규정에 따라 거액의 퇴직금이 발생하여 그 동안 고생한 것에 대한 보답이라 생각하고 큰 맘 먹고 주었는데, 이번에는 본인이 가진 10%의 주식도 매입해달라 합니다. 세무사를 통해 평가해보니 해당 직원이 보유하는 주식 가치만 3억 원. 그 동안 적지 않은 급여와 상여금, 퇴직금도 챙겨주었는데 3억 원을 주고 또 주식까지 인수해야 한다니 답답하기만 합니다.

법인을 신규로 설립하거나 운영하다 보면 회사의 성장에 크게 기여하는 핵심멤버가 생기기 마련입니다. 이들은 대표자와 특수관계자는 아니지만 회사운영에 큰 영향력을 끼치거나 거래처들과의 관계를 좌지우지하는 경우가 많고, 이에 대표님에게 보수인상이나 임원등재, 주식배분 등을 요구하기도 합니다.

지분을 배분하는 경우 회사의 소유권을 나눠주는 개념이기에 향후 증가된 기업가치만큼 보상을 해줘야 하는 문제가 발생할 수 있습니다. 또 임원으로 등재하는 경우는 이에 준하는 급여나 상여금, 퇴직금을 지급해야 하는 문제가 발생하니 신중한 접근이 필요합니다. 이에 대한 중요 내용을 정리하면 다음과 같습니다.

구분	주요내용	문제발생시점
지분참여 시	법인을 공동 소유하는 개념 법인 규모가 커지는 만큼 주주의 주식가치 함께 증가함	배당금 지급시점, 자기주식 취득, 감자·소각시점 가업승계·상속시점
임원등재 시	법인을 공동 운영하는 개념 임원등재에 따른 급여·상여·퇴직금	급여·상여 지급시점, 퇴직금 지급시점

(8) 사업자등록 시 주의사항은 무엇이 있을까요?

법인설립등기가 완료되었다면 사업자등록을 즉시 신청하고, 법인설립서류와 사업자등록증 등을 지참하여 인증서와 통장, 카드 등도 발급받아야 합니다. 간혹 요건이 불충족되어 사업자등록이 반려되거나 지연되는 경우가 있으니 아래 유의사항을 참고하시기 바랍니다.

1. 업종	등기부등본상의 목적사항 중 현재 영위하고자 하는 주사업·부사업 기재 (주택을 법인 주소로 등기 시 제조업 등록 불가 할 수 있음)
2. 인허가	인허가 업종 영위하는 경우 인허가증 사전 발급 후 사업자등록 필요 (사업자등록 후 추후 보완도 가능하여 사전에 미리 확인 필요)
3. 임대차계약서	임대차 계약서 상 법인명의, 법인등록번호, 필수기입, 법인인감 날인 (대표자 개인명의 사전계약 시 법인명의로 임대차계약 수정 필요)
4. 무상사용 승낙서	대표이사 개인 건물에 법인이 무상임차하는 등의 경우 필요

설립지역에 따라 세금이 달라질 수 있습니다   🔍

수도권정비계획법 제6조에 따른 과밀억제권역에 법인을 설립하는 경우 등록면허세 등 공과금을 비과밀억제권역에 비해 3배나 더 납부해야 하며, 법인 설립 후 5년내 부동산 취득 시에도 취득세 중과세가 적용됩니다.

수도권정비계획법 제6조(권역의 구분과 지정)	
과밀억제권역	인구와 산업이 지나치게 집중되었거나 집중될 우려가 있어 이전하거나 정비할 필요가 있는 지역
성장관리권역	과밀억제권역으로부터 이전하는 인구와 산업을 계획적으로 유치하고 산업의 입지와 도시의 개발을 적정하게 관리할 필요가 있는 지역
자연보전지역	한강 수계의 수질과 녹지 등 자연환경을 보전할 필요가 있는 지역

수도권 과밀억제권역(2024년 05월 31일 현재)	
서울특별시	전지역
인천광역시	전지역. [단 강화군·옹진군·서구 대곡동·불로동·마전동·금곡동·오류동·왕길동·당하동·원당동·인천경제자유구역(경제자유구역에서 해제된 지역을 포함한다) 및 남동 국가산업단지는 제외]
경기도	의정부시·구리시·남양주시(호평동, 평내동, 금곡동, 일패동, 이패동, 삼패동, 가운동, 수석동, 지금동 및 도농동만 해당)·하남시·고양시·수원시·성남시·안양시·부천시·광명시·과천시·의왕시·군포시·시흥시 [반월특수지역(반월특수지역에서 해제된 지역을 포함한다)은 제외]

(9) 정관이 꼭 필요할까요?

"정관"이란 회사의 조직과 활동을 정한 근본규칙 또는 이를 기재한 서면을 말하며, 주식회사를 설립할 때는 발기인이 정관을 작성해야 합니다(상법 제288조). 즉, 정관은 회사의 최상위 자치법규이며, 정관에서 정한 내용은 상법의 규정이 강행법규가 아닌 한 상법보다 우선하여 적용됩니다. 또한 정관은 회사 내 발기인, 주주 등 당사자 사이에서 효력이 있으나 외부 이해관계자에 대하여는 효력이 없는 것이 원칙입니다.

Q. 정관이 상법규정을 위배하는 경우는 어떻게 되나요?

A. 정관은 상법보다 우선 적용되는 것이 원칙이지만, 정관내용이 상법의 강행법규를 위반하는 경우에는 회사의 선의·악의를 불문하고 무효한 행위가 됩니다(서울지법 2002나61476, 2003.07.31).

예를 들어 비상장기업의 경우 상장기업과 달리 결산배당과 중간배당 즉, 최대 연 2회의 배당만이 가능한데 만약 정관으로 분기별 배당(연 4회)을 규정하고 이에 배당금을 지급했다면 해당 배당금은 세법상 업무무관 가지급금으로 처리되므로 주의해야 합니다.

정관의 작성과 효력발생

회사를 설립할 때 발기인이 정관을 작성하고 각 발기인이 기명날인 또는 서명해야 하며, 공증인의 인증을 받음으로써 효력이 생깁니다. 단, 자본금 총액 10억 미만의 회사를 발기 설립하는 경우에는 각 발기인이 정관에 기명날인 또는 서명하면 효력이 생깁니다.

정관의 기재사항

정관의 기재사항은 절대적 기재사항, 상대적 기재사항, 임의적 기재사항으로 나누어집니다.

① 절대적 기재사항: 정관에 반드시 기재해야 하고 만일 누락될 경우 정관이 무효가 되어 결과적으로 회사설립 자체가 무효로 되는 사항

② 상대적 기재사항: 정관에 기재가 누락되더라도 정관의 효력에는 영향이 없지만, 해당 내용이 구속력을 가지기 위해서는 정관에 기재되어야 하는 사항

③ 임의적 기재사항: 정관에 기재되어야만 효력이 생기는 것은 아니지만, 그 내용을 기재하면 그 기재한대로 효력이 발생하는 사항

절대적 기재사항 (상법 제289조 제1항)	목적, 상호, 회사가 발행할 주식의 총수, 액면주식을 발행하는 경우 1주의 금액, 회사 설립 시 발행할 주식의 총수, 본점의 소재지, 회사가 공고를 하는 방법, 발기인의 성명과 주민등록번호 및 주소

※ 회사의 공고는 관보 또는 시사에 관한 사항을 게재하는 일간신문에 해야 하나, 정관이 정하는 바에 따라 회사의 인터넷 홈페이지에 게재하는 방법도 선택할 수 있습니다(상법 제289조 제3항).

상대적 기재사항	변태설립사항 (상법 제290조)	주식회사의 설립 당시 발기인에 의해 남용되어 자본충실을 해칠 우려가 있는 사항으로, 반드시 정관에 기재해야만 효력이 있는 다음의 사항 • 발기인이 받을 특별이익과 이를 받을 자의 성명 • 현물출자를 하는 자의 성명, 재산의 종류, 수량, 가격, 부여할 주식 수
	그 밖의 상대적 기재사항	주식매수선택권의 부여, 종류주식의 발행, 전환주식의 발행, 서면투표의 채택, 이사임기의 총회종결까지의 연장, 대표이사를 주주총회에서 선임하는 것, 이사회 소집기간의 단축 등
임의적 기재사항		주식회사의 본질, 법의 강행규정, 사회질서에 반하지 않는 범위에서 회사운영에 대한 사항 (Ex. 이사 및 감사의 수, 총회의 소집시기, 영업연도, 지점의 설치 및 이전 등)

(10) 정관과 지급규정에 따라 무엇이 달라질까요?

인건비(급여·임금·상여금·퇴직금)

정관은 법인이 하고자 하는 목적사업과 법인설립과 관련된 내용, 그리고 법인 운영에 필요한 여러 사항들을 규정합니다. 지급규정은 정관에서 그 내용을 위임 받아 그 범위와 기준을 세부적으로 규정한 것을 말하며 대표적으로 임원 상여금, 퇴직금, 유족보상금 규정 등이 있습니다.

세법에서는 임원이라는 직책을 활용하여 법인의 이익을 임의로 인출하는 것을 방지하기 위하여 정관 또는 지급규정에 따른 명확한 지침이 있는 경우에만 손금으로 인정하며, 만약 이러한 규정이 없거나 불분명한 경우에는 손금으로 인정하지 않는 불이익이 있으므로 주의가 필요합니다.

법인세법상 인건비의 세무상 손금(비용)처리 요약

구분	지급대상	세무상처리	비고
급여·임금	상근임원	손금산입	지배주주인 임원,직원 등에 대한 초과보수지급액은 손금불산입
	비상근 임원	손금산입 (부당행위계산의 부인대상 제외)	
	직원	손금산입	
상여금	임원	손금산입 (급여지급기준을 초과하는 금액 제외)	이익처분에 의한 상여금지급액은 손금불산입
	직원	손금산입	
퇴직급여	임원	1. 정관·지급규정이 있는 경우 : 동 규정범위내에서 손금산입 2. 정관·지급규정이 없는 경우 : 퇴직일 직전 소급 1년 총급여 × 1/10 × 근속연수를 곱하여 산출한 금액의 범위 내에서 손금산입	
	직원	손금산입	

Q1. 비상근임원이란 무엇인가요?

A. 비상근임원이란 법인에 출근하여 업무를 집행하지 않는 임원을 말하며, 이 경우 부당행위계산의 부인대상에 해당하는지는 법인의 규모, 영업내용, 비상근임원의 직무내용, 급여지급규정과 금액 등을 종합적으로 판단해야 합니다(법인 22601-1380, 1985.05.08).

Q2. 임원에 대한 상여금과 퇴직금을 규제하는 이유는 무엇인가요?

A. 대다수의 비상장법인은 소유와 경영이 분리되지 않은 경우가 많습니다. 이에 임원이라는 직책과 권한을 활용하여 스스로의 상여금과 퇴직금을 과다하게 지급하면서 법인의 소득을 부당하게 감소시키는 것을 방지하기 위해 정관 등에 그 지급액을 명시하도록 하고 있습니다.

임원상여금 지급기준 관련 예판례 요약

구분	내용
이사회결의에 의하는 경우	• 법인이 이사회의 승인을 받은 상여금 지급기준 내에서 단기(매년)와 장기(3년단위)로 나누어 집행임원의 성과에 따라 지급하는 특별상여금은 손금산입대상에 해당함(서이-1416, 2006.7.27) • 임원의 상여금책정에 대해 주주총회에서 대표이사에게 그 결정권을 일임하였다 하더라도 이사회 결의가 없을 때에는 지급기준이 없는 것으로 보아야 함(국심 2001구724, 2001.6.1)
상여금 지급에 객관성은 있으나 구체적 지급규정이 없는 경우	• 사실상 객관적 기준에 의하여 임원에게 상여금을 지급하였다 하더라도 정관, 주주총회나 이사회의 결의에 의하여 결정된 지급규정의 근거가 없으면 손금불산입됨(국심 2000광890, 2001.1.26)
포괄적 지급규정만 있는 경우	• 임원의 특별상여금에 대하여 회사의 경영실적과 형편을 감안해 지급여부와 지급률을 결정한다는 지급규정이 있다 하더라도 그 구체적인 지급시기와 지급률이 정해지지 않은 때에는 객관적 지급규정이 있는 것으로 볼 수 없음(국심 99서2678, 2000.6.20)

임원상여금·퇴직금 지급기준의 승인기관과 법령 요약 🔍

구 분	지급기준의 승인	법령
임원상여금	법인의 정관, 주주총회 또는 이사회결의	법인세법시행령 제43조 제2항
임원퇴직금	법인의 정관 또는 정관에서 위임된 퇴직급여규정	법인세법시행령 제44조 제3항

(11) 원활한 경영권 확보도 정관으로 가능할까요?

앞서 살펴본 바와 같이, 정관은 기업의 자치법규이며, 상법상 강행법규가 아닌 이상 상법에 우선하여 적용됩니다. 즉, 법인 내에서 발생하는 모든 사항은 대부분 정관을 통해 해결할 수 있으므로 주기적으로 검토하고 개정세법을 반영하며, 회사의 사정에 맞게 개정하는 작업이 필요합니다. 당장의 자금지출 없이 정관변경 만으로 내 소중한 회사를 지킬 수 있는 방법, 함께 알아보도록 하겠습니다.

경영권 보장관점

황금낙하산 (golden parachute)	적대적 인수합병(M&A)를 어렵게 만드는 경영권 보호기법으로, 최고 경영자가 적대적 M&A에 대비하여 다소 높게 책정하는 거액의 퇴직금, 스톡옵션, 명예퇴직금, 보너스 등을 말함.
초다수의결제도	상법상 특별결의(임원해임, 정관변경, 합병승인, 영업양도 등) 요건을 강화하는 것으로 이런 부분에 대한 결의요건을 더 강하게 정하는 제도 (Ex. 출석한 주주의 의결권의 90%이상 & 발행주식총수의 70% 이상 등)
주식양도 사전승인	주주가 주식을 양도하기 위해서는 이사회의 승인을 얻도록 하는 제도로 기존주주들이 현 경영진의 승인 없이는 외부에 주식을 매각할 수 없음.
이사의 수 제한	인수를 시도하는 측에서 다수의 이사를 신규선임하여 이사회를 장악하는 것을 방지하기 위하여 이사의 수(가령 3인)으로 제한하는 제도

주주이익 보장관점

중간배당	사업연도 중 1회에 한하여 미처분이익잉여금을 재원으로 하는 배당으로 정관에 규정이 있어야 하며, 이사회 결의 등 엄격한 요건이 필요함(상법 제462조의3)
현물배당	금전 외의 재산으로 하는 배당으로 정관에 규정이 있어야 지급가능 (상법 제462조의4)

(12) 정관 정비, 어떤 부분을 검토해야 할까요?

지급규정은 정관의 위임을 받아 상여금·퇴직금 등의 내용을 구체적으로 정리한 규정을 말합니다. 앞서 살펴본 바와 같이 임원상여금·퇴직금이 법인세법상 손금으로 인정되기 위해서는 명확한 근거규정이 필요합니다.

다만 그럼에도 현장의 많은 법인들이 정관이나 지급규정을 시의적절하게 개정하지 않고 설립 시 표준정관을 그대로 사용하는 경우가 많습니다. 표준정관은 1) 개정된 법률이 반영되지 않았고, 2) 설립 시 기준으로 발행주식내용, 발기인(주주), 사업목적과 주소 등이 기재되어 있으며, 3) 설립 이후 많은 변화를 거친 회사의 사정에 맞지 않는 내용이 많기에 문제가 될 수 있는데요. 주로 검토 내용을 요약하면 다음과 같습니다.

상호, 주소지, 목적사업

상호나 주소가 변경된 경우 반드시 정관과 등기부등본을 수정해야 하며, 이에 연계된 "공고방법"도 함께 수정할 필요가 있습니다. 간혹 법인 주소지는 지방에서 서울로 옮겼는데 공고방법은 여전히 지방에서 발행하는 신문에 게재한다고 되어 있는 경우가 있기 때문입니다.

발행주식의 총수와 주권
- 회사는 정관에 기재된 발행할 주식의 총수 내에서만 주식 발행이 가능합니다. 이에 회사 규모가 성장하거나 외부투자를 유치하는 경우에는 유상증자가 필요할 수 있으므로 사전에 발행할 주식의 총수를 검토할 필요가 있습니다.
- 주권이란 주식의 소유자와 주식수, 권면액 등을 표기한 증서를 말합니다. 이러한 주권은 내가 가지고 있는 주식 중 일부를 특정할 수 있는 효과가 있기에 대표자 소득설계 등 컨설팅 시 필요한 경우들이 있습니다.

신주인수권과 주식매수선택권

- 유상증자는 주주가 소유한 주식에 비례하여 발행함이 원칙이나, 외부투자유치 등에 따른 유상증자시에는 현 주주 외의 자에게 신주를 발행해야 하는 경우가 있습니다. 이러한 내용들은 "신주인수권"의 내용으로 정관에 기재되어야 합니다.

- 주식매수선택권이란 미리 협의한 가격에 주식을 매수할 수 있는 권리를 말하며, 통상 스톡옵션이라고도 표현합니다. 비상장기업에서 일반적으로 발생하는 일은 아니지만, 스타트업이나 벤처기업에서는 외부 인재를 영입하기 위해 종종 사용되기도 하며, 관련 내용을 정관에 기재하여야 합니다.

자기주식 취득

주식을 발행한 법인이 다시 주식을 취득하는 것을 자기주식거래라 합니다. 비상장법인도 2011년 상법개정에 따라 자기주식 취득이 가능해졌으며, 이에 대표자 소득설계, 명의신탁(차명) 주식 정리, 핵심 임직원에 대한 주식보상 차원에서 자기주식 거래가 필요할 수 있으므로 관련 내용을 정관에 기재해야 합니다.

주식의 소각

일반적인 자본감소에 의한 소각 및 회사가 보유하는 자기주식을 소각하는 이익소각에 관한 규정입니다.

사채(전환사채, 신주인수권부사채)

- 회사가 자금을 조달하는 방법은 1) 금융기관에서의 대출, 2) 자본금을 늘리는 유상증자, 3) 사채발행이 있습니다.

- 사채 발행은 비상장법인에서 일반적으로 발생하는 경우는 아니지만, 향후 회사 성장 시 필요할 수 있습니다. 회사입장에서 유상증자는 주식을 배정함에 따라 회사의 성장과 이익을 공유해야 하지만, 사채발행은 원리금 상환에 따른 의무만 이행하기 때문입니다.

주주총회

표준정관에는 주주총회 소집 등에 관한 기본 내용만 기재되어 있는 경우가 많습니다. 이에 소집권자, 소집통지, 소집지, 의장, 의결권에 대한 내용 등을 구체적으로 기재할 필요가 있으며 자본금 총액이 10억 원 미만인 회사는 주주 전원의 동의가 있을 경우에는 소집절차없이 주주총회를 개최할 수 있기에 관련 내용도 기재가 필요합니다. 향후 보수결의·배당·결산승인 등을 위해서는 주주총회는 계속 발생하기 때문입니다.

중간배당 및 현물배당

• 일반적 배당은 연중 1회 가능한 결산배당(정기배당)이 있지만 정관에 규정이 있는 경우 추가 1회에 한하여 중간배당이 가능합니다. 이에 중간배당을 활용하는 경우 1) 법인의 이익을 조기에 회수할 수 있고, 2) 소득의 귀속시기 조절을 통한 절세가 가능하다는 장점이 있습니다.

• 현물배당은 금전 외의 재산으로 배당하는 것을 말하며 중간배당과 마찬가지로 정관규정이 있는 경우 가능한 규정입니다. 보험을 활용하여 현물배당을 진행하는 경우 주주인 상속인 입장에서는 상속세 재원마련이 가능하고 증여세 없이 재산증여의 효과를 얻을 수 있다는 장점이 있습니다.

임원보수지급규정·상여금지급규정·퇴직금지급규정 등

• 정관에서 그 규정을 위임 받아 지급대상과 계산근거, 지급시기 등을 정의한 규정을 말합니다. 앞서 설명한 바와 같이 임원에 대한 상여나 퇴직금은 구체적 규정이 없는 경우 손금(비용)으로 인정받지 못하기에 반드시 준비가 필요합니다.

• 다만, 법인설립 시 사용하는 표준정관에는 본 내용이 없이 "주수총회 결의에 의한다"고 되어 있는 경우가 많고, 이 경우 지급한 상여금이나 퇴직금은 별도 규정이나 근거 없이 지급되어 손금이 부인되는 문제가 발생할 수 있으므로 검토가 필요합니다. (임원 보수설계에 대한 구체적 내용은 〈Part2. 02 급여·상여 설계〉(139p)편 참조)

정관개정을 위한 주주총회 🔍

정관개정을 위해서는 주주총회 특별결의가 필요한데요. 주주총회 특별결의란 "출석한 주주의 의결권의 2/3 이상의 수, 발행주식총수의 1/3 이상의 수"로 결의하는 것을 말합니다.

"출석한 주주의 의결권의 2/3 이상의 수"란 출석주주의 주식수 합계의 2/3이상의 동의가 있어야 한다는 의미로 만약 출석주주의 주식수 합계가 900주라면, 그 중 2/3 이상인 600주 이상의 동의가 있어야 한다는 의미이고,

"발행주식총수의 1/3이상의 수"란 회사가 발행한 주식총수의 1/3 이상의 동의가 있어야 한다는 의미로 만약 발행주식총수가 1,500주라면, 그 중 1/3 이상인 500주 이상의 동의가 있어야 한다는 의미입니다.

(13) 정관은 꼭 공증을 받아야 하나요?

정관의 최초 작성 시

법인 설립 시 정관은 발기인이 작성하고 각 발기인이 기명날인 또는 서명해야 하며, 공증인의 인증을 받아야 효력이 발생합니다. 다만, 자본금 총액이 10억 원 미만인 회사는 발기인이 정관에 기명날인 또는 서명하는 것만으로도 효력이 발생하기에 반드시 공증을 받아야 하는 것은 아닙니다(상법 제292조).

정관의 변경 시

정관을 변경할 때에는 주주총회 특별결의가 필요합니다.

> 🔍 관련 판례
>
> 유효하게 작성된 정관을 변경할 경우에는 주주총회 특별결의가 있으면 그때 유효하게 정관변경이 이루어지는 것이고, 서면인 정관이 고쳐지거나 변경 내용이 등기사항인 때의 등기여부 내지는 공증인의 인증 여부는 정관변경의 효력발생에 아무 영향이 없습니다(대법원 200다62362, 2007.06.28).

즉, 정관 변경 시 공증을 받지 않더라도 주주총회 결의에 따라 적법한 절차를 이행하였다면 문제가 없다는 뜻입니다.

정관 공증 시 필요서류

정관변경은 공증사항은 아니지만 그럼에도 외부대항력이나 신뢰문제로 주주총회 의사록과 개정정관에 대한 공증을 진행해야 하는 경우가 있습니다. 이 경우 필요서류는 다음과 같은데요. 서류와 절차가 다소 복잡하니 전문가의 도움을 받으시는 게 좋습니다.

개정정관 공증	위임장, 정관확인서, 개정정관, 법인인감증명서, 법인인감도장
주주총회의사록 공증	위임장, 주주총회의사록, 사실확인서, 주주명부, 구정관, 진술서(대리인), 총주주동의서, 대리인신분증, 법인인감증명서, 법인등기부등본, 개인인감증명서, 법인인감도장, 임원/주주 인감도장

(14) 주주총회, 어떻게 열릴까요? ··· 주주총회의 절차

소집절차(상법 제363조)

주주총회 소집절차	자본금 총액 10억 원 미만인 회사의 경우	
1, 2항	**3항**	**4항**
주주총회일의 2주 전에 각 주주에게 서면으로 통지서를 발송하거나 각 주주의 동의를 받아 전자문서로 통지를 발송해야 하며, 통지서에는 회의의 목적을 기재해야 합니다.	주주총회일의 10일 전에 각 주주에게 서면으로 통지를 발송하거나 각 주주의 동의를 받아 전자문서로 통지를 발송할 수 있습니다.	주주 전원의 동의가 있는 경우 소집절차 없이 주주총회를 개최할 수 있고, 서면에 의한 결의로써 주주총회의 결의를 갈음할 수 있습니다.

소집권자

주주총회는 이사회, 청산인회, 3% 이상의 소수주주, 감사, 법원의 명령으로 소집합니다. 다만 일반적인 경우의 총회소집은 상법에 다른 규정이 있는 경우를 제외하고는 이사회가 이를 결정합니다(상법 362조, 412조의3, 467조).

소집시기(상법 제365조)

구분	내용
정기총회	• 정기총회는 매년 1회 일정한 시기에 소집해야 합니다. 이에 일반적으로는 법인 결산이 마무리되는 3월에 소집되는 경우가 가장 많고, 전기 재무제표 승인·임원보수한도·배당 등을 결의하게 됩니다.
임시총회	• 임시총회는 필요한 경우 수시 소집이 가능합니다. 대표적으로 연중에 정관을 개정하거나 중간배당을 지급하는 경우(이사회가 구성되지 않은 경우), 상여금이나 퇴직금 지급규정을 개정하는 경우 등이 있습니다.

결의방법

주주총회 보통결의(상법 제368조)	
결의요건	• 출석한 주주의 의결권의 과반수와 발행주식총수의 1/4 이상의 수
결의사항	• 이사, 감사, 청산인의 선임 및 보수결정 • 주주총회 의장의 선임 • 자기주식 취득결의, 지배주주의 매도청구권 • 결손보전을 위한 자본금의 감소, 법정준비금의 감소 • 재무제표의 승인, 이익배당, 중간배당(이사회가 구성되지 않은 경우) • 검사인의 선임, 청산인의 해임, 청산종료의 승인

주주총회 특별결의(상법 제434조)	
결의요건	• 출석한 주주의 의결권의 2/3이상의 수와 발행주식총수의 1/3 이상의 수
결의사항	• 정관의 변경 • 정관의 위임에 의한 임원상여금·퇴직금 등 지급규정의 제정과 개정 • 영업의 전부 또는 중요한 일부의 양도, 영업 전부의 임대, 경영위임 등 • 회사 영업에 중대한 영향을 미치는 타 회사 영업의 전부 또는 일부 양수 • 주식매수선택권의 부여 • 이사 또는 감사의 해임 • 자본금의 감소, 합병 및 분할, 임의해산 • 주주 외의 자에 대한 전환사채 및 신주인수권부사채의 발행 • 주식의 포괄적 교환, 포괄적 이전, 주식분할, 주식의 할인발행

(15) 주주총회, 잘못 열면 무효라고요? … 주주총회 주의사항

법인컨설팅 과정에서는 주주총회를 개최해야 하는 경우가 많고, 각 결의가 적법한 행위로 인정받기 위해서는 절차와 요건 등을 엄격히 지켜야 합니다. 만약 실제 총회는 개최하지 않은 채 주주총회 서류만 작성해두거나 결의요건을 충족하지 못하는 경우, 절차가 미비한 경우 등은 주주총회 자체가 무효화될 수 있으므로 주의가 필요합니다.

Q1. 주주총회 결의사항을 이사회에 포괄적으로 위임이 가능한지?

A. 주주총회 결의사항은 반드시 주주총회가 정해야 하고 정관이나 주주총회의 결의에 의하더라도 이를 다른 기관이나 제3자에게 위임하지 못함(대법원 2016다 241515, 2020.06.04).

Q2. 실제 회의 없이 회의록만 작성된 주주총회의 효력은?

A. 실제의 소집절차와 회의절차를 거치지 않은 채 주주총회 의사록을 허위로 작성하는 등 도저히 그 결의가 존재한다고 볼 수 없을 정도로 중대한 하자가 있는 경우에는 그 주주총회의 결의는 부존재한다고 보아야 함(대법원 2003다9636, 2004.08.16).

Q3. 소집절차 없이 회의가 진행됐으나 주주전원이 참석하여 만장일치로 결의한 경우 효력은?

A. 임시주주총회가 법령 및 정관상 요구되는 이사회의 결의나 소집절차 없이 이루어졌다 하더라도, 주주전원이 참석하여 총회를 개최하는데 동의하고 아무런 이의 없이 만장일치로 결의가 이루어졌다면 그 결의는 특별한 사정이 없는 한 유

효합(대법원 2000다69927, 2002.12.24).

Q4. 퇴직금 개정을 위한 의결사항이 일부 당사자에게만 국한되는 경우는?

A. 청구법인은 이해당사자만 참석하는 임시주주총회를 개최하여 청구법인의 대
표이사와 이사 유○○에게만 차별적으로 퇴직금을 많이 지급하도록 정관을 변
경한 것으로 보이며, 향후 임직원 퇴직 시에 적용될 일반적이고 구체적인 지
급기준이라고 볼 수 없으므로 청구주장을 받아들이기 어려움(조심2013서894,
2013.06.28).

⇨ 회사가 지급한 임원퇴직금은 유효하지 않고, 이에 정관규정이 없다고 보아
한도초과액을 손금불산입한 사례

Q5. 1인 주주법인의 경우 주주총회의 효력은?

A. 총 주식을 한사람이 소유하게 된 이른 바 1인 회사의 경우에는 그 주주가 유일
한 주주로서 주주총회에 참석하면 전원총회로서 성립하고 그 주주의 의사대로
결의가 될 것임이 명백하므로 따로 총회 소집절차가 필요 없고, 실제로 총회를
개최한 사실이 없다 하더라도 그 1인 주주에 의해 의결이 있었던 것으로 주주총
회의사록이 작성되었다면 특별한 사정이 없는 한 그 결의가 있었던 것으로 볼
수 있음. 만약 주주총회의사록이 작성되지 아니한 경우라도 증거에 의하여 주
주총회 결의가 있었던 것으로 볼 수 있음(대법원 2004다25123, 2004.12.10).

03 재무제표를 알아야 영업이 보인다 ··· 기업재무의 이해

(1) 왜 재무제표를 봐야 할까요?

재무제표는 기업의 재무 및 영업현황 등을 기록하고 이를 표로 나타내 여러 기업의 이해관계자들의 의사결정에 도움을 주게 됩니다. 즉, 재무제표는 회사의 자산·부채·자본의 금액과 일정기간 회사의 경영성과와 현금흐름, 자본변동 등의 정보를 담고 있기에 회사의 과거·현재·미래를 파악할 수 있는 중요한 자료인데요. 이하에서는 재무제표의 구성요소와 재무제표를 어떻게 보고 분석해야 하는지에 대해 살펴보도록 하겠습니다.

재무제표의 구성요소

유형	내용
재무상태표	• 어떤 한 시점의 재무상태를 나타내는 정태적 재무제표 • 기업이 소유하고 있는 경제적 자원(자산), 그 자원에 대한 의무(부채, 소유주 지분, 자본)에 관한 정보를 제공
손익계산서	• 일정기간 동안 기업의 재무성과에 대한 정보를 제공하는 동태적 재무제표 • 기업의 재무성과는 수익에서 비용을 빼서 산출된 이익(손실)의 크기를 통해 측정
현금흐름표	• 일정기간 동안 기업의 현금유입과 현금유출에 대한 정보를 제공하는 재무제표 • 영업활동, 투자활동, 재무활동을 통한 현금흐름 정보제공

유형	내용
자본변동표	• 일정시점에 기업이 보유한 자본의 크기와 일정기간 동안 자본의 변동에 관한 정보를 제공
주석	• 재무제표에 표시된 항목을 구체적으로 설명하거나 세분화한 정보를 제공

이해관계자별 추구하는 정보의 유형

회사의 여러 이해관계자들은 동일한 재무제표를 본다 하더라도 서로 얻고자 하는 정보가 다를 수 있습니다. 아래 표를 통해 이해관계자들과 회사의 관계, 재무제표의 영향 등에 대해 살펴보도록 하겠습니다.

이해관계자 유형	얻고자 하는 정보
경영자	• 기업의 영업활동(개발, 제조, 구매, 인사 등)과 투자활동, 재무활동에 관한 의사결정을 위해 재무제표를 이용. 이에 재무제표는 경영계획을 수립하는 기초가 되며, 수립한 계획을 실행 후 다시 성과를 평가하는 기준이 됩니다.
투자자·채권자	• 주주 등 투자자, 은행 등 채권자는 재무제표를 통해 유동성·성장성·안전성 등을 고려하여 투자금과 대여금의 규모, 시기 등을 결정하게 됩니다. • 재무제표를 통해 배당 가능 여부와 규모, 주식가격의 변동전망, 채권의 회수가능성, 이자지급능력 등을 파악할 수 있습니다.
거래처	• 계약체결 여부, 재화·용역·대가의 수령가능여부, 지급기한 내 회수가능성 등을 검토합니다.
종업원·노동조합	• 임금 인상의 가능성, 노동조건 개선 가능성, 계속 고용가능성, 경영자와의 교섭가능성 등을 검토합니다.
과세당국	• 회사가 세금을 제대로 계산했는지, 세금을 납부할 능력이 있는지, 세무조사 사항이 있는지(분식회계, 이익조절 등)를 검토합니다.

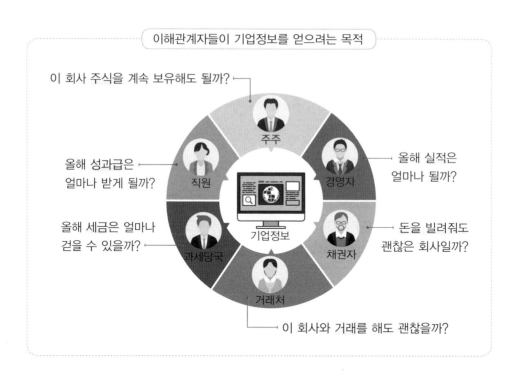

이해관계자들이 기업정보를 얻으려는 목적

이 회사 주식을 계속 보유해도 될까? — 주주

올해 실적은 얼마나 될까? — 경영자

올해 성과급은 얼마나 받게 될까? — 직원

돈을 빌려줘도 괜찮은 회사일까? — 채권자

올해 세금은 얼마나 걷을 수 있을까? — 과세당국

기업정보

이 회사와 거래를 해도 괜찮을까? — 거래처

재무제표, 어디서 확인할 수 있을까요?   🔍

재무제표는 회사의 여러 정보를 함축하고 있기에 내부자료에 해당하며 이에 외부에서의 접근은 제한적일 수 밖에 없는데요. 다만, 외부감사법인의 재무제표는 이해관계자들에게 공시(회계나 경영 정보를 공개)를 해야 하기에 이를 통해 재무제표를 얻을 수 있고, 비외감법인은 재무제표 공시가 되지 않기에 다른 방법으로 확인해야 합니다. 노블리치센터에서 알려주는 재무제표 얻는 꿀팁, 함께 알아볼까요?

금융감독원 전자공시시스템	금융감독원에서 공시제도를 위해 마련한 시스템으로, 외부감사 대상 법인의 재무제표가 공시되며 누구나 접속을 통해 재무제표 열람 가능
회사 홈페이지	규모 있는 회사의 경우 홈페이지에 외부투자 유치를 위해 재무제표를 올리는 경우가 있으며 이를 IR정보라 함
크레탑(유료)	기업의 정보를 수집·가공하여 제공하는 사이트로 재무정보 및 기업관련 뉴스 등을 요약해서 제공함

(2) 재무제표, 어떻게 작성될까요?

재무제표의 복잡한 구성요소를 다 모른다고 해도 재무상태표와 손익계산서는 많이 보고 들어보셨을 거라 생각합니다. 사실 이 두가지만으로도 많은 정보를 얻을 수 있는데요, 재무상태표는 특정 시점 기업이 보유하고 있는 자산·부채·자본을 나타내고, 손익계산서는 이러한 결과를 만들어 내기 위한 기업의 경영활동에 대한 정보를 담고 있기 때문입니다.

재무제표를 더 공부하기 전에 반드시 알아야 하는 내용은 바로 "거래의 8요소" 입니다. 재무제표는 차변과 대변으로 구성되기에 거래의 8요소를 꼭 숙지하셔야 재무제표가 작성되는 흐름과 재무제표 간의 관계에 대해서도 이해할 수 있고, 이를 통해 법인컨설팅 레벨업이 가능하기 때문입니다.

거래의 8요소

모든 회계상의 거래는 아래 거래의 8요소로 정리되는데요. 자산의 증가와 감소, 부채의 증가와 감소, 자본의 증가와 감소, 수익과 비용의 발생 등 8가지 요소들이 결합된 형태로 모든 회계상의 거래가 발생하기 때문입니다.

구분	차변 요소	대변 요소
자산의 변동	자산의 증가	자산의 감소
부채의 변동	부채의 감소	부채의 증가
자본의 변동	자본의 감소	자본의 증가
수익 및 비용의 발생	비용의 발생	수익의 발생

법인운영 과정에서 발생하는 가장 흔한 사례들을 통해 거래의 8요소를 이해해보도록 하겠습니다. 어렵지 않으니 100% 이해될 때까지 반복학습! 꼭 기억해주세요.

	사례	차변	대변
1	대출 실행	자산(현금) 증가	부채(대출) 증가
2	매출 발생	자산(현금) 증가 : 대금수령 시 자산(채권) 증가 : 대금미수령 시	수익(매출) 증가
3	인건비 지출	비용(급여) 증가	자산(현금) 감소
4	기계 취득	자산(기계) 증가	자산(현금) 감소 부채(대출) 증가
5	유상증자	자산(현금) 증가	자본 증가
6	보험가입	자산(종신,연금보험) 증가 비용(정기보험) 증가	자산(현금) 감소
7	퇴직금 지급	비용(퇴직금) 증가	자산(현금) 감소
8	대표자 보험 법인이 인수	자산(장기금융상품) 증가	자산(현금) 감소

QUIZ   부채를 감소시켜 재무비율을 개선하고자 하는 고객에게 어떤 조언을 할 수 있을까요?

[1단계 문제 인식&파악]
- 거래의 8요소상 부채의 감소는 "차변"항목이며, 이에 "대변"에 올 수 있는 항목을 파악해야 함

[2단계 대응 수립]
- 대변에 올 수 있는 항목은 ① 자산의 감소, ② 자본의 증가, ③ 수익의 발생

[3단계 현실적 대응 수립]
① 자산의 감소 : 운용중인 금융상품이 있다면 수익률과 이자율을 비교하여 대출상환 검토
② 자산의 감소 : 노후장비나 차량, 기계 등의 매각, 어음 조기할인·매출채권 조기회수 등을 통한 대금으로 대출상환 검토
③ 자본의 증가 : 외부투자유치나 유상증자 등을 통한 증자대금으로 대출상환
④ 자본의 증가 : 부채 일부를 자본으로 전환하는 출자전환 검토(가수금 등)
⑤ 수익의 발생 : 광고나 사업다각화, 새로운 아이템 발굴 등으로 매출과 이익 증대방안 검토

재무제표의 작성흐름

　기업은 다음과 같은 영업·투자·재무활동을 통해 사업을 운영하고, 이러한 결과들이 재무제표에 기록되게 되는데요. 대표적으로 영업활동의 결과는 손익계산서로, 투자와 재무활동의 결과는 재무상태표에 기록된다고 볼 수 있습니다.

구분	주요내용
영업활동	• 기업이 목표한 사업을 통해 돈을 버는 것과 관련된 주된 경제활동 • 원재료구매, 생산, 제품구매, 판매, 대금회수, 인건비, 임차료, 전력비 지출 등 사업과 관련된 활동
투자활동	• 영업기반을 구축하기 위해 필요한 시설·장비 등을 취득하거나 불필요한 자산을 처분하는 활동 • 부동산이나 기계취득, 노후장비의 처분과 대체, 여유자금의 운용·투자
재무활동	• 기업이 사업을 운영하는데 필요한 자금을 조달하거나 상환하는 활동 • 금융기관이나 채권발행을 통한 자금조달, 이자상환, 유상증자, 배당

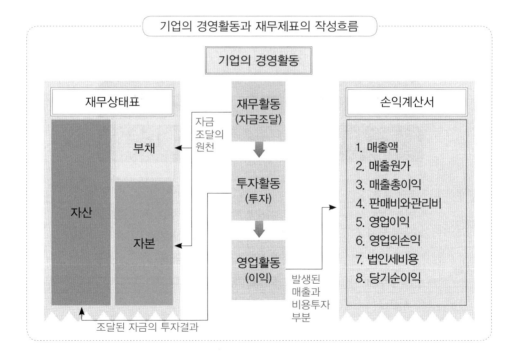

기업의 경영활동과 재무제표의 작성흐름

(3) 재무상태표에서 알 수 있는 기업정보는 무엇일까요?

재무상태표는 "일정 시점"의 기업 재무상태를 나타내는 보고서로 자산, 부채, 자본으로 구성되어 있습니다.
- ✔ 자산 : 기업이 소유하고 있는 유·무형 가치물
- ✔ 부채 : 채권자인 타인으로부터 조달한 자금
- ✔ 자본 : 기업의 소유자인 '주주'로부터 조달한 자금

재무상태표의 차변에 있는 '자산'은 회사가 보유하는 재산과 그 운용형태를 나타내며, 대변에 있는 '부채'와 '자본'은 해당 재산을 취득하기 위해 조달한 자금의 원천이 무엇인지를 나타내는 것입니다. 가령 10억의 공장건물과 부지를 매입하기 위해 내 돈 5억과 은행차입금 5억을 사용했다면 자산은 10억, 자본 5억, 부채 5억으로 구성되어 있는 것입니다.

재무상태표의 구성요소

구분	구성항목	세부항목
자산	유동자산	당좌자산(현금,단기투자자산), 매출채권, 재고자산 등
	비유동자산	투자자산, 매도가능증권, 유형자산(부동산,기계), 무형자산 등
부채	유동부채	단기차입금, 외상매입금, 미지급금 등
	비유동부채	장기차입금, 퇴직급여충당부채 등
자본	자본금	보통주 자본금, 우선주 자본금
	자본잉여금	주식발행초과금, 감자차익 등
	자본조정	자기주식, 주식할인발행차금 등
	기타포괄손익	매도가능증권 평가손익 등
	이익잉여금	이익준비금, 미처분이익잉여금 등

재무상태표 핵심 포인트

재무상태표는 특정 시점 기업이 보유하고 있는 자산과 부채, 자본의 총 규모와 각 항목별 금액의 확인이 가능합니다. 이에 1차적으로 당해연도의 재무상태표만으로도 기업의 현재 상황 등을 알 수 있고, 전년도 재무상태표와의 비교를 통해 각 항목의 증가나 감소 추이도 살펴볼 수 있는데요. 이하에서는 재무상태표를 통해 확인할 수 있는 주요 내용들에 대해 살펴보겠습니다.

파악할 수 있는 정보	주요내용
✅ 경영활동 결과	• 부채는 타인으로부터 조달한 돈, 자본은 주주로부터 조달한 돈, 그리고 자산은 부채와 자본을 어떻게 사용하였는지 그 결과를 나타냄. • 이에 각 항목의 구성을 통해 회사가 어떻게 자금을 조달하여 사용하였는지, 부채가 증가하는지 감소하는지, 자산 중에 변동 항목은 무엇인지 등 파악이 가능함
✅ 기업의 미래방향	• 현재가 아닌 이 기업이 추구하고자 하는 미래의 모습을 유추할 수 있음 • 대출을 줄이고 있는지 늘리고 있는지, 배당은 꾸준히 하는지 유보하고 있는지, 부동산취득이나 사업확장을 위한 여유자금이 있는지 없는지 등
✅ 재무건정성 파악	• 내 돈(자본)보다 남의 돈(부채)이 너무 크다면 사업운영 시 리스크 증가 • 회사의 부채가 자본의 몇 %정도인지(부채비율), 총 자산 중에서 자본이 차지하는 비율이 몇 %인지(자기자본비율) 파악 가능
✅ 가지급금, 가수금 파악	• 가지급금은 회사자금을 대표자가 인출한 것이며, 상환시기와 상환가능성이 불분명하기에 부실자산에 해당함. 또한 가지급금을 타 계정(대표적으로 매출채권, 선급금 등)에 숨겨놓은 경우 과거 재무상태표와 비교 후 해당 계정과목의 변동내역을 파악하여 유추 가능 • 가수금은 회사에 대표자의 자금을 입금한 형태이며, 보통 사업초기에 발생함. 만약 사업기수가 오래되었는데도 가수금이 존재한다면 현금흐름이 안 좋은 부실기업이거나 매출누락의 가능성이 있음
✅ 주식가치 파악	• 세법상 주식가치는 순자산과 순손익을 가중평균하나, 재무상태표상 순자산만으로도 대략적 주식가치(재무상태표상 자본총계÷주식수) 파악 가능
✅ 보험가입여부 파악	• 자산 계정 중 장기금융상품, 보험예치금, 장기투자자산 등 계정 확인

(4) 손익계산서에서 알 수 있는 기업정보는 무엇일까요?

　손익계산서는 일정기간 동안 회사의 경영성과, 즉 회사가 그 기간 동안 벌어들인 이익 또는 손실을 나타내는 재무제표로 회사의 성적표라고도 할 수 있습니다. 회사가 정체되어 있는지 성장하고 있는지, 사업을 통해 정상적으로 수익이 실현되고 있는지, 수익률은 좋은지 나쁜지 등의 정보도 파악할 수 있습니다. 아래 사례를 통해 손익계산서가 왜 작성되는지를 살펴보도록 하겠습니다.

사례 검토 매출과 당기순이익이 동일하다면 똑같이 좋은 회사일까요?

단위 : 억 원

A법인	구분	B법인
100	매출액	100
(70)	(매출원가)	(85)
30	매출총이익	15
(20)	(판매비와 관리비)	(20)
10	영업이익	(5)
–	영업외수익	15
10	당기순이익	10

매출과 순이익(순손실)의 금액도 중요하지만 더 중요한 건 순이익(손실)의 질, 즉 내용과 성격이 더 중요하다 할 수 있는데요. A법인과 B법인 모두 매출100억 원, 당기순이익 10억 원으로 동일하지만, A법인은 영업활동을 통해 매출총이익과 영업이익이 모두 발생하는 정상적 구조를 가지고 있습니다.

반대로 B법인은 매출원가가 A법인 대비 높고, 판매비와 관리비 지출 후에는 오히려 영업손실이 발생하는 구조이지만 유가증권이나 부동산을 매각하면서 일시적으로 처분이익(영업외수익)이 발생하였고, 그로 인해 당기순이익이 발생한 것을 알 수 있습니다. 즉, 사업활동을 통해서는 정상적으로 돈을 못 버는 법인이라는 의미입니다. 과연 A법인과 B법인, 모두 좋은 법인이라고 할 수 있을까요?

손익계산서의 구성요소

구분	구성항목	세부항목
	매출액	영업수익. 주된 영업활동에서 발생한 매출
⊖	매출원가	매출에 대응하는 직접원가. 상품매출원가, 제조매출원가, 공사원가 등
⊜	매출총이익	매출활동을 통해 추구하는 1차 마진
⊖	판매비와 관리비	영업활동을 위해 반드시 발생하는 변동비와 고정비 항목 변동비 : 인건비, 복리후생비, 외주비, 지급수수료, 소모품비 등 고정비 : 지급임차료, 세금과 공과금, 감가상각비, 보험료 등
⊜	영업이익	영업활동을 통해 발생한 기업의 정상이익
⊕	영업외수익	영업활동 외 항목으로 인한 일시적 수입 (이자수익, 유형자산처분이익, 각종 지원금, 외환차익 등)
⊖	영업외비용	영업활동 외 항목으로 인한 일시적 비용 (이자비용, 유형자산처분손실, 보험해지손실, 외환차손 등)
⊜	법인세차감전 순이익	영업이익에 영업외수익과 영업외비용을 반영한 금액
⊖	법인세비용	세법에 따라 발생하는 법인세
⊜	당기순이익	법인세 차감 후 최종 당기순이익

손익계산서 핵심 포인트

손익계산서는 기업의 경영실적을 나타내는 재무제표로 기업의 성과를 평가하는데 가장 중요한 재무제표라 할 수 있습니다. 기업이란 본질적으로 돈을 벌어 이익을 내고, 이러한 이익으로 임직원의 급여를 지급하고 대출을 상환하며, 투자자(주주)에게는 배당과 투자금 회수까지 책임져야 하기 때문입니다.

이러한 손익계산서는 전체적인 규모와 세부항목, 그리고 과거 손익계산서를 함께 비교해야 더 유의미한 정보를 파악할 수 있는데요. 손익계산서를 통해 파악할 수 있는 주요 내용을 함께 알아보도록 하겠습니다.

당기순이익이 아닌 매출총이익에 주목하자!

앞서 설명한 바와 같이 동일한 매출과 당기순이익이라 하더라도 그 내용(질)에 따라 기업평가가 달라지는 걸 확인했는데요. 기업의 본질적인 수익구조를 이해하기 위해서는 매출총이익과 영업이익에 주목할 필요가 있습니다.

매출총이익은 기업이 1차적으로 추구하는 마진을 말합니다. 즉, 사업을 통해 벌 수 있는 본질적인 수익을 말하며 기술력과 부가가치가 높은 기업일수록 매출총이익은 높게 형성됩니다. 반대로 매출총이익이 낮거나 마이너스라면 오히려 매출을 통해 역마진이 발생하고 있다고 볼 수 있습니다.

매출총이익의 변동이 큰 회사는 주의하자!

기업의 사업목적이 변경되지 않는 이상, 매출총이익은 큰 변화가 없는 것이 정상입니다. 매출이 증가하면 매출원가가 증가하면서 매출총이익이 증가해야 하고, 매출이 감소하면 반대로 매출원가와 매출총이익도 감소해야 하기 때문인데요.

일부 현장에서는 이익을 조절하기 위해 매출원가를 조절하는 경우가 있고, 이 경우 매출 증감과 원가율 증감이 반대로 움직이거나 그 차이의 폭이 커지는 형태로 손익계산서에 표시되게 됩니다(예를 들어 매출은 작년과 비슷한데 원가율이 크게 감소하는 등).

매출총이익과 영업이익은 함께 분석하자!

매출총이익은 기업이 추구하는 1차적인 마진, 영업이익은 기업을 운영하면서 발생한 정상적 이익을 말합니다. 제품을 생산하여 판매하는 경우 제품생산에 투입되는 원가 외에도 기업운영을 위해 필수적으로 발생하는 여러 비용들(관리직 인건비, 세금, 차량유지비, 보험료, 기타 지급수수료와 소모품비, 판매부대비용 등)이 있기 때문에 이러한 비용을 차감한 영업이익도 매출총이익 못지않게 중요하다 할 수 있습니다.

만약 매출총이익은 플러스인데, 영업이익이 마이너스라면 제품생산이나 판매를 통해서는 정상적 마진이 발생하고는 있지만 기타 부대비용이 큰 회사를 말합니다. 이에 판매비와 관리비 중 변동비와 고정비를 먼저 구분하고, 그 중에 절감할 수 있는 항목을 파악하는 작업이 필요합니다.

법인보험의 납입보험료는 재무제표에 어떤 영향을 줄까요?　🔍

종신보험	구분	정기보험
자산	납입보험료 회계처리	비용
장기금융상품	계정과목	보험료
"자산 총액 변동 없음" ➖ 현금(유동자산) ➕ 장기금융상품(비유동자산)	재무상태표	"자산 총액 감소"
변동 없음	손익계산서	비용증가
변동 없음	당기순이익	감소
변동 없음	법인세	감소

(5) 현금흐름표에서 알 수 있는 기업정보는 무엇일까요?

현금흐름표란 기업의 현금유출 및 현금유입의 내역에 대한 정보를 제공하는 재무제표를 말합니다. 다른 재무제표(재무상태표, 손익계산서)는 사건(매출이나 비용 등)의 발생여부에 따라 작성되었지만, 현금흐름표는 철저히 현금흐름만을 기록하였기에 재무상태표와 손익계산서를 보완하는 역할을 하는데요.

사업을 지속적으로 영위하기 위해서는 실질적인 현금흐름이 무엇보다 중요하며, 기업의 영속성을 판단하는 측면에서도 손익계산서상 이익보다는 현금흐름표상의 내용이 더욱 중요하다고 볼 수 있습니다.

'흑자도산', 많이 들어보셨죠? 재무제표상으로는 매출과 이익이 정상적으로 발생하고 있지만 현금흐름이 좋지 않아 기업이 무너지는 것을 말합니다. 아무리 매출이 많다 해도 현금으로 회수되지 않는다면 의미 없는 매출이기 때문입니다. 이런 사항을 파악할 수 있는 지표가 현금흐름표입니다.

현금흐름표의 구성요소

구분	주요내용
영업활동	• 기업이 목표한 사업을 통해 돈을 버는 것과 관련된 주된 경제활동 • 원재료구매, 생산, 제품구매, 판매, 대금회수, 인건비, 임차료, 전력비 지출, 법인세, 이자수취 및 이자비용 등 사업과 관련된 활동
투자활동	• 영업기반을 구축하기 위해 필요한 시설·장비 등을 취득하거나 불필요한 자산을 처분하는 활동 • 부동산이나 기계취득, 노후장비의 처분과 대체, 여유자금의 운용·투자
재무활동	• 기업이 사업을 운영하는데 필요한 자금을 조달하거나 상환하는 활동 • 금융기관이나 채권발행을 통한 자금조달, 원금상환, 유상증자, 배당

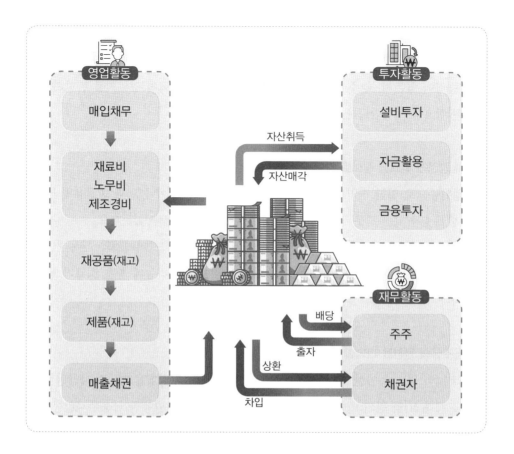

현금흐름표 핵심 포인트

손익계산서상의 이익과 현금흐름표의 현금흐름 정보를 같이 분석해야 합니다

많은 법인 대표님들께서 회사 규모는 커지고 매출은 늘어나는데 회사에 돈이 없다 얘기합니다. 분명 손익계산서상으로는 수익이 나고 있는데, 왜 그럴까요?

손익계산서는 물건을 판매한 시점에 대금 회수 여부와 관계 없이 매출로 인식을 하기 때문이며, 만약 대금을 회수하지 못했다면 현금흐름표상 영업활동으로 인한 현금흐름에 반영되지 않겠죠. 손익계산서와 현금흐름표를 함께 봐야 하는 이유입니다.

채권자·투자자가 필요한 정보를 얻을 수 있습니다

채권자나 투자자는 이 기업에 돈을 빌려주거나 투자하여 수익을 얻을 수 있을지, 그리고 안정적으로 내 원금을 회수할 수 있을지 등이 궁극적 관심사라 할 수 있습니다.

현금흐름표는 기업이 일상적인 영업활동과 관련해 현금지출을 하고도 채무를 변제할 능력이 있는지, 주주에게 적정한 배당금을 지급할 능력이 있는지를 판단하는데 필요한 정보를 제공합니다.

회사 경영에 필요한 정보를 얻을 수 있습니다

영업활동으로 인한 손익계산서상의 수익(매출총이익, 영업이익 등)과 현금유입 및 유출을 함께 분석하는 경우 경영자에게 필요한 정보를 제공할 수 있는데요,

이를 통해 경영자는 채권회수가 제대로 되고 있는지, 어느 거래처와 계속 거래를 해야 하는지 등을 파악하고 이를 통한 순이익의 질을 평가하는데 좋은 지표가 될 수 있습니다.

현금조달의 원천을 파악할 수 있습니다

만약 10억 원의 동일한 이익을 내는 두 기업이 있다고 가정했을 때, 주 사업인 영업활동을 통해 10억 원의 이익을 내는 기업과 회사의 현금을 활용한 금융투자활동으로 대부분의 이익을 내는 다른 기업이 있다면 어디에 투자를 하시겠습니까?

기업이란 하이리스크와 하이리턴이 아닌, 안정적인 성장과 그로 인한 정상적 수익의 발생이 기본이 되어야 합니다.

현금흐름 유형에 따른 기업상황 예시

현금흐름표의 형태로 본 기업상황

영업활동 현금흐름	투자활동 현금흐름	재무활동 현금흐름	대략적인 상태
⊕	⊕	⊕	구조조정과 자금 조달을 겸하는 중견기업
⊕	⊖	⊖	재투자와 부채상환, 배당이 활발한 우량기업
⊕	⊕	⊖	구조조정을 통하여 부채를 상환하는 안정화에 주력하는 기업
⊕	⊖	⊕	외부조달자금으로 사업을 확장하는 성장기업
⊖	⊕	⊕	영업손실로 기존 자산 매각 또는 외부자금으로 자금부족을 메우는 기업
⊖	⊖	⊕	영업이 본 궤도에 오르지 못한 창업기의 기업
⊖	⊕	⊖	자산을 매각하여 부채를 상환하는 부실기업

재무제표를 통한 기업의 보험가입여력, 어떻게 확인할까요? 🔍

현금흐름표는 각 활동에 의한 현금흐름을 각각 계산한 후, 이를 다시 가산하여 기초의 현금과 기말의 현금을 나타내는 방식으로 표시합니다. 이에 현금흐름표가 공시되는 외부감사법인의 경우 다음과 같은 현금흐름에 따라 기업의 기초·기말 현금자산에 대한 파악이 가능합니다.

	구분	내용
1	영업활동 현금흐름	당기순이익, 영업활동 자산과 부채의 증감, 이자수취 및 지급 등
2	투자활동 현금흐름	단기금융상품, 투자주식, 유형자산의 취득과 처분 등
3	재무활동 현금흐름	단기·장기차입금의 차입과 상환 등
4=1+2+3	현금자산 증가(감소)	
5	기초의 현금자산	
4+5	기말의 현금자산	

현금흐름표. 중요한 건 알겠지만 익숙한 표는 아닙니다. 더구나 외부감사를 받지 않는 법인처럼 현금흐름표를 확인하기 어려운 경우, 보험가입여력을 어떻게 파악할 수 있을까요?

실제로 노블리치센터에 문의하시는 많은 질문 중 하나가 "회사가 가입하고자 하는 보험료가 회사 규모에 비해 적정한지"입니다. 물론 재무제표만으로 정확한 가입여력이나 적정성을 확인하기는 어렵겠지만, 손익계산서의 분석 지표 중 EBITDA를 활용한다면 아래와 같이 기업의 현금창출능력을 가늠해 볼 수 있습니다.

구분	내용
개념	EBITDA는 Earnings Before Interest, Taxes, Depreciation, and Amortization의 약자로, "이자비용, 법인세, 감가상각비, 무형자산 상각비를 빼기 전의 영업이익"을 말함
파악가능 정보	감가상각비는 비용항목이지만 현금이 지출되지 않는다는 특징이 있음 (과거에 구매한 부동산이나 기계가 일정기간 동안 감가상각되는 것이므로) 이에 기업의 영업이익에 비현금지출인 감가상각비를 가산하는 경우 대략적인 현금 창출력에 대해 파악이 가능함
계산방식	당기순이익 + 이자비용 + 법인세 + 감가상각비 + 무형자산 상각비

(6) 재무제표 분석, 이것만 알아도 충분합니다

재무제표 분석이란 재무제표상의 여러 수치들을 사용하여 기업의 상태를 파악할 수 있는 의미 있는 정보를 산출해내는 과정을 말합니다.

기업의 각 이해관계자들은 이 과정을 통해 기업의 과거·현재의 재무상태를 파악하고, 이를 통해 미래의 모습을 예측할 수 있습니다. 수많은 재무제표 분석방법과 지표 중 노블리치센터가 엄선한 10가지! 함께 알아볼까요?

안전성비율 분석

기업의 단기 지급능력과 타인자본에 대한 의존도를 검토하여 재무상태가 안정되어 있는지를 측정하는 비율을 말합니다.

분석지표	산정방법	주요내용
유동비율	(유동자산/유동부채)×100	1년내 상환할 유동부채를 유동자산으로 얼마나 충당할 수 있는지를 평가
부채비율	(부채총계/자본총계)×100	타인자금과 자기자금의 비율을 분석하여 안정성·건전성을 평가
자기자본비율	(자본총계/자산총계)×100	총자산 중 자기자본이 차지하는 비율을 분석하여 안정성·건전성을 평가
이자보상배율	영업이익/차입금이자	기업의 채무상환능력을 나타내는 지표로, 영업이익으로 이자를 얼마나 감당할 수 있는지를 보여주는 지표

수익성 비율 분석

일정기간 동안 기업의 경영성과를 평가하는 지표를 말합니다.

분석지표	산정방법	주요내용
매출액순이익율	(순이익/매출액)×100	당기순이익이 매출액에서 차지하는 비율을 분석하여 기업의 전체적 수익성을 분석

분석지표	산정방법	주요내용
총자산순이익율(ROA)	(순이익/자산총계)×100	기업에 투자한 총자산(타인자본＋자기자본)이 얼마나 효율적으로 운용되고 있는지를 분석
자기자본순이익율(ROE)	(순이익/자본총계)×100	기업에 투자한 주주들의 자금이 얼마나 수익을 내고 있는지를 분석

ROA가 낮으면 좋지 않은 기업인가요?

총자산순이익률(ROA)는 ROE와 더불어 기업 투자 의사결정시 활용되는 대표적 지표인데요, 순이익을 자산총계로 나누어 계산되기에 ROA가 낮으면 순이익이 낮은 기업, 이익이 하락하고 있는 기업이라 생각하기 쉽습니다. 하지만 다음과 같이 자산총계가 증가한 경우에는 이익이 동일한 기업이라도 ROA가 더 낮게 나타날 수 있다는 점, 기억해주세요!

구분	A기업	B기업
당기순이익	10억	10억
자산총계	100억	120억 (사업확장에 따라 공장 신규 취득)
총자산순이익율	10%	8.33%

성장성 비율 분석

일정기간 동안 기업의 경영성과를 평가하는 지표를 말합니다.

분석지표	산정방법	주요내용
매출액증가율	(당기매출액－전기매출액)/전기매출액×100	전기 대비 당기의 매출액, 순이익, 총자산이 얼마나 증가하였는지 분석하여 현재까지 기업의 성장성을 분석하고 이를 통해 미래성장률을 추정함
순이익증가율	(당기순이익－전기순이익)/전기순이익×100	
총자산증가율	(기말총자산－기초총자산)/기초총자산×100	

Q. 재무제표 분석 시 "여러 수치를 사용한다"는 의미가 무엇인가요?

A. 재무제표에 있는 여러 수치들은 단순한 숫자에 불과하기에 그 자체만으로 의미를 파악하기는 쉽지 않고, 이에 2가지 이상의 수치를 함께 비교해야 비로소 의미 있는 정보를 얻을 수 있습니다.

Case 1	Case 2
매출액 100억 원 당기순이익 5억 원	전년 매출액 50억 원 올해 매출액 100억 원
매출액 대비 당기순이익율 5%	매출액 성장률 200%
회사의 수익성 판단에 도움이 됨	회사의 성장성 판단에 도움이 됨

(7) 세무조정은 왜 필요할까요?

세무조정이란 회계기준에 따라 작성된 재무제표를 "법인세" 신고납부를 위한 목적으로 각 항목을 검토하여 다시 계산하는 과정을 말합니다. 접대비나 차량유지비처럼 기업회계기준 상으로는 적법한 비용이지만, 세법상으로는 일정한 한도를 규제해야 할 필요가 있기 때문입니다.

세무조정계산서 생각만 해도 막막하고 어려웠던 분들을 위해 세무조정의 내용과 흐름을 간단히 요약했으니 함께 알아볼까요?

기업회계와 세무회계의 관계

구분	기업회계	세무회계
정보이용자	투자자, 채권자 등 이해관계자	과세관청
목적	회사의 이해관계자의 의사결정에 유용한 회계정보를 제공	조세의 부과, 징수에 필요한 과세소득을 산정
작성·부과기준	목적적합성, 신뢰성 등을 정보의 질적 기준으로 적용	공평과세, 적정과세 실현 등을 조세부과의 기준으로 적용
보고의 형태	재무제표	세무조정계산서

세무조정의 흐름

기업회계와 세무회계 모두 "동일한 회계 거래"를 대상으로 하는데요, 좀 더 쉽게 얘기하자면 기업회계에서 작성된 재무제표상의 여러 수치들(수익, 비용 등)을 바탕으로 세무회계와의 차이를 조정하여 직법한 법인세를 계산해내는 것을 말합니다. 1) 손익계산서 등 재무제표에서 출발해서, 2) 세무조정이라는 것을 거친 후에, 3) 법인세법에서 따른 금액이 나온다는 점 기억하며 다음 표를 보시기 바랍니다.

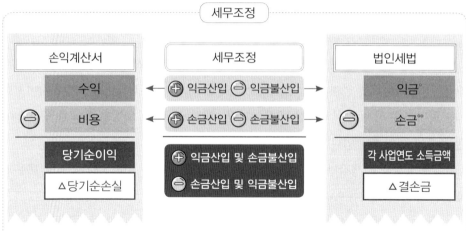

° 익금: 순자산증가액을 말하되, 자본의 납입과 익금불산입항목은 제외한다.
°° 손금: 자본의 환급, 잉여금의 처분 및 손금불산입으로 규정한 것을 제외하고 순자산을 감소시키는 거래로 인하여 발생하는 손비(손실과 비용)를 말한다.

세무조정의 유형

복잡한 세무조정내용을 모두 알 필요는 없지만, 법인컨설팅을 위해서는 세무조정의 유형과 대표적 사례 정도는 알아 두면 좋습니다.

유형	내용	세무조정과 소득처분
영구적 차이	기업회계와 세무회계상의 차이가 해소되지 않음	차기 이후에 반대의 세무조정이 유발되지 않으므로 차이 금액을 사외유출(배당, 상여, 기타 사외유출, 기타소득)로 소득처분°
일시적 차이	기업회계와 세무회계상의 차이가 해당 연도 이후에 해소될 수 있음	차기 이후에 반대의 세무조정이 발생할 수 있음. 즉 기업이 해당 차이를 보유하고 있으므로 유보로 처분

° 소득처분이란 세무조정금액을 해당 귀속자에게 처분하여 납세의무를 부담하도록 하는 것을 말합니다.

일시적 차이	영구적 차이
손익 귀속시기에 따른 차이 감가상각비 한도초과 대손상각비·대손충당금 한도초과 퇴직보험료·퇴직급여충당금 한도초과	접대비·기부금 한도초과 가지급금 인정이자 상여처분액 업무무관자산에 대한 지급이자 부인액 업무무관 법인카드 등 사용액 과태료, 가산세 등 비용 부인액

04 비상장법인의 주식가치 평가

(1) 주식가치는 왜 평가할까요? … 주식가치, 높을수록 좋을까요?

> **Q.** 제조업 법인을 운영하던 아버지께서 최근 갑작스레 돌아가셨습니다. 담당세무사로부터 상속세가 40억정도 된다는 얘기를 들었습니다. 아버지께서 운영하던 법인에 대해서는 가족들이 아는 바가 없고, 재산은 시가 20억 원 상당의 아파트 한 채 밖에 없는 것 같은데 왜 상속세가 40억이나 나온 걸까요? 세무사 측에 물어보니 법인의 주식가치가 100억 원이라고 합니다. 보이지도 않고 주식시장에서 거래도 되지 않는 비상장주식이 왜 이렇게 높게 평가되는지 가족들은 도무지 이해가 되지 않습니다.

대한민국 CEO는 주식이 많습니다

제목만 보고 "나는 회사를 운영하지만 주식 별로 없는데?" 라고 생각하시는 분들이 있으실 텐데요. 여기서 말하는 주식은 상장주식이 아닌 "대표님이 운영하는 법인의 비상장주식"을 말합니다.

노블리치센터에서 수천 건의 법인컨설팅을 진행하면서 모아온 통계자료에 따르면 비상장법인 대표님의 자산 중 약 60%가 비상장주식이며, 이런 비상장법인을 얼마나 잘 운영하는지 단편적으로 알 수 있는 대표님의 급여수준은 월 평균 500~800만 원 선이었습니다. 도대체 거래도 안되는 비상장주식을 어떻게 평가하길래 내 재산의 대부분을 차지하는 걸까요?

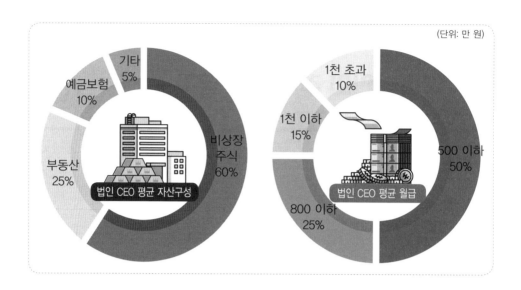

(단위: 만 원)

법인 CEO 평균 자산구성
- 기타 5%
- 예금보험 10%
- 부동산 25%
- 비상장주식 60%

법인 CEO 평균 월급
- 1천 초과 10%
- 1천 이하 15%
- 500 이하 50%
- 800 이하 25%

비상장주식, 엄청난 세금으로 돌아올 수 있습니다

앞서 살펴본 사례처럼 비상장주식가치를 만만히 보았다가 세금으로 큰 곤혹을 치른 사례는 주변에서 종종 볼 수 있습니다. 눈에 보이지 않고 거래도 되지 않지만, 비상장주식은 엄연한 재산이기에 이를 증여하거나 양도할 때 세금이 반드시 발생합니다. 법인을 청산하거나 대표님의 사망의 경우도 마찬가지입니다. 정기적인 컨설팅을 통해 주식가치를 평가하여 점검하고, 절세전략을 수립해야 하는 이유입니다.

유형	세금문제	주요내용
매각 시	양도소득세, 지방소득세	양도차익(양도가-취득가)에 대해 최고 33% 과세 (과표 3억이하 22%, 3억초과 27.5%, 1년미만 33%)
	증권거래세	양도가액의 0.35% 과세
증여 시	증여세	증여하는 주식가치 기준 최고 50% 증여세 과세
상속 시	상속세	상속되는 주식가치 기준 최고 50% 상속세 과세
법인청산 시	종합소득세	청산 시 의제배당액°에 대해 최고 49.5%의 소득세 과세

° 의제배당액 = 잔여재산분배가액-주식취득가액

상속세 및 증여세율표

과세표준	1억 원 이하	5억 원 이하	10억 원 이하	30억 원 이하	30억 원 초과
세율	10%	20%	30%	40%	50%
누진공제액	없음	1천만 원	6천만 원	1억 6천만 원	4억 6천만 원

(2) 비상장주식, 어떻게 평가할까요?

상장주식의 경우

증권시장에 상장된 주식은 시장에서 자유롭게 거래가 발생하며, 세법에서는 해당 거래가액의 평균액을 "시가"로 보고 있습니다. 상속개시일이나 증여일 같은 "평가기준일" 전 2개월과 후 2개월 동안 공표된 매일의 한국거래소 최종시세가액의 평균액이 이에 해당합니다.

전 2개월 ──────── 상속·증여일 ──────── 후 2개월

원칙	✔ 평가 기준일 이전·이후 2개월 동안 한국증권선물거래소 최종 시세가액의 평균액 • 거래실적의 유무를 불문함 • 평가기준일이 공휴일, 매매거래정지일, 납회기간 등인 경우: 그 전일을 기준으로 평균액 계산
예외	✔ (평가 기준일 이전·이후 2개월 내 증자·합병) • 평가기준일 이전에 증자·합병: 동 사유발생일의 다음 날부터 평가기준일 이후 2월이 되는 날까지 기간 • 평가기준일 이후에 증자·합병: 평가기준일 이전 2월이 되는 날부터 동 사유발생일의 전일까지의 기간 • 평가기준일 이전·이후에 증자·합병: 평가기준일 이전 동 사유가 발생한 날의 다음 날부터 평가기준일 이후 동 사유가 발생한 날의 전일까지의 기간

비상장주식의 경우

상장주식과 달리 비상장주식은 시장 거래가 없는 경우가 많고, 이에 시가가 존재하지 않습니다. 따라서 세법에서는 일정한 기준에 따라 비상장주식을 평가하는 "보충적 평가방법"을 규정하고 있습니다. 거래가 없다 하더라도 세금은 매겨야 하니까요.

보충적평가방법은 기업의 현재 순자산과 직전 3년간의 순손익을 사용하여 평가하는데, 기업이 현재 처한 상황이나 미래에 닥칠 위험 등이 반영되지 않아 높은 금액으로 평가될 가능성이 다분합니다.

원칙	시가평가	평가기준일 전·후 6개월(3개월) 이내 불특정다수인 사이에 발생한 객관적인 교환가치(매매가액)
예외	보충적평가	시가가 불분명한 경우, 세법상 비상장주식평가 평가방법을 적용하며, 별도의 감정평가액은 인정되지 않음

1주당 순 손익가치			1주당 순 자산가치
직전 3년전	직전 2년전	작년	평가기준일
1주당 순손익액 ×1	1주당 순손익액 ×2	1주당 순손익액 ×3	순자산가액 = 자산 − 부채 + 영업권
×1/6 ÷ 10% (국세청 고시 이자율)			순자산가액 ÷ 발행 주식 총수

〖1주당 평가액 = Max((1주당 순손익가치×3+1주당 순자산가치×2)/5, 1주당 순자산가치×80%)〗

영업권평가액 = (가중평균순손익 × 50% − 자기자본 × 10%) × 3.7908

예외적인 경우
- 부동산 과다보유법인(총자산대비 부동산 비율이 50% 이상) : 순손익가치에 2, 순자산가치에 3의 가중치 적용
- 부동산 비율이 80% 이상인 법인, 사업개시 후 3년 미만 법인 등 : 순자산가치로만 평가

보충적평가방식은 평가기준일 현재 '1주당 순손익가치'와 '1주당 순자산가치'를 각각 3:2의 비율로 가중평균한 가액으로 산정합니다. 전체자산에서 부동산자산이 차지하는 비율이 50%를 넘는 부동산 과다법인은, 순손익가치에 2, 순자산가치에 3의 비율을 적용합니다. 기업가치 손익보다 자산가치가 더 큰 영향을 미치기 때문입니다.

아울러, 앞의 계산에 따라 가중평균한 가액이 '1주당 순자산가치에 80%를 곱한 금액보다 작은 경우' 1주당 순자산가치에 80%를 곱한 금액을 최소가치로 산정합니다. (상증세법 시행령 54조 1항) 매출누락으로 인한 결손처리, 가공경비·과대매입 같은 방식으로 법인이 의도적으로 주가를 조절하는 것을 방지하려는 목적입니다.

이 복잡한 계산을 하기에 앞서 대략적인 회사의 가치를 생각해보고 싶다면, "재무제표상의 자본총액(순자산)의 80%이상은 이 회사의 최소 가치가 되겠구나"라고 생각하시면 됩니다.

순자산가치만 반영하여 기업가치를 평가하는 경우

다음의 법인은 순손익가치를 반영하면 기업가치가 왜곡될 가능성이 높아 "순자산가치"만으로 평가하니 주의하시기 바랍니다.

- ✔ 설립 후 사업개시 3년 미만의 법인
- ✔ 자산총액 중 부동산 비율이 80% 이상인 법인
- ✔ 청산절차가 진행중인 법인
- ✔ 설립 시부터 존속기한이 확정된 법인으로서 평가기준일 현재 잔여존속기한이 3년 이내인 법인

기업컨설팅의 기본이 되는 기업 가치평가 방법, 제대로 익히셨나요? 얼마나 이해하고 기억했는지, QUIZ로 확인해 보시기 바랍니다.

QUIZ 비상장주식 가치평가 방법, 나는 얼마나 알고 있을까?

	문제	정답
1	비상장주식은 시가가 존재하는 경우 보충적평가방법을 적용하지 않아도 된다.	
2	5년 미만 신설법인은 순자산 100%로 주식가치를 평가한다.	
3	부동산 자산비율이 80% 이상인 법인을 부동산 과다법인이라고 한다.	
4	부동산 자산비율이 50% 이상인 법인은 순자산의 가중평균을 더 높게 적용한다.	
5	주식증여 시 법인의 부동산이 있는 경우 무조건 장부가로 평가해도 된다.	
6	3년 연속 결손인 법인은 순자산 80%로 평가한다.	
7	비상장주식의 최소 가치는 순자산의 70% 이상으로 한다.	

번호	1	2	3	4	5	6	7
정답	O	×	×	O	×	O	×

(3) 기업가치 컨설팅, 어떻게 할까요? ··· 기업가치 컨설팅 방법과 효과

유가증권 시장에서 거래되는 상장주식의 거래가격은 기업의 적정주가, 현재 재무상황, 기업이 처한 여러 시장환경, 기업만의 경쟁력 유무 모두가 반영되어 형성됩니다. 반면, 거래가격이 없는 비상장주식은 세법상 방법에 의해 그 가치를 평가하게 됩니다.

과도하게 누적된 잉여금이나 과거의 높았던 수익들은 순자산가치와 순손익가치에 반영되어 비상장주식평가액을 높이게 되고, 이는 곧 세금의 증가로 이어집니다. 주기적으로 기업의 재무제표를 검토하고 적정 수준으로 주가를 관리하는 '기업가치 컨설팅'이 필요한 이유입니다. 지금부터 실제 사례와 함께 기업가치 컨설팅의 방법을 하나씩 살펴보겠습니다. 컨설팅 현장에서 매우 유용하게 활용할 수 있으리라 기대합니다.

비상장주식 평가시 사용되는 순자산가치와 순손익가치

구분	내용
순자산가치	기업의 순자산(자산 – 부채) + 세법상 영업권 + 부동산 등 자산 재평가 증가액 – 퇴직급여추계액 등
순손익가치	과거 3개년의 각 사업연도 소득금액(세무조정을 거친 당기순이익) – 세법상 부인된 비용(각종 한도초과액 등) – 법인세 등 제반세금

① 비상장주식 컨설팅은 설립 단계부터 진행되어야 합니다

회사를 "소유"한다는 개념은 회사가 발행한 주식을 소유하는 것이며, "경영"한다는 것은 대표이사 등의 직위를 가지고 회사를 운영한다는 뜻입니다. "소유"와 "경영"이 구분되는 것은 법인기업의 큰 장점입니다. 하지만 많은 대표님들은 소유와 경영의 구분을 생각지 못한채 법인을 설립하고 상당기간 운영하는 경우가 많습니다.

'소유와 경영의 분리'라는 장점을 활용하는 대표적인 방법으로, **설립시점에 자녀를 주주로 참여시키는 지분설계가 있습니다.** 설립시점부터 자녀에게 지분을 분산하면 다음과 같은 장점이 있습니다.

- 액면가로 지분설계가 가능합니다.
- 주주 등재 이후 배당 등을 통해 자녀에게 적은 세금으로 합법적 자금원천을 만들어 줄 수 있습니다.
- 향후 기업가치가 증가하는 경우 자녀는 주식을 매각하는 등 방법을 통해 추가 수익을 얻을 수 있습니다.
- 이미 기업의 소유권 중 일부가 자녀로 되어 있기에 대표님 유고시점의 상속세가 큰 폭으로 감소하는 효과가 있습니다.

사례 검토 1 지분설계에 따른 상속세 절세효과

설립 후 10년시점에 기업가치는 25억 원, 5년마다 기업가치 10억 원씩 상승, 비상장주식외 다른 재산은 없다고 가정하며, 상속공제는 10억 원, 상속세율은 단순 50% 가정함(누진공제 고려하지 않음).

구분		10년 후	15년 후	20년 후
예상 주식가치		25억 원	35억 원	45억 원
Case 1	대표님 100%	7.5억 원	12.5억 원	17.5억 원
Case 2	대표님 80%	5억 원	9억 원	13억 원
	상속세 절세효과	2.5억 원	3.5억 원	4.5억 원
Case 3	대표님 60%	2.5억 원	5.5억 원	8.5억 원
	상속세 절세효과	5억 원	7억 원	9억 원

---

② 법인 설립 후 3년, 골든타임을 잡으세요

> **Q.** 자본금 3억 원에 귀금속 도소매업을 목적으로 2021년 법인을 설립하였습니다. 설립초기부터 매출액 400억 원을 기록하였지만, 도소매업의 특성상 이익률이 높지 않아 당기순이익은 3억 원 수준입니다. 미래를 생각해서 아이에게 주식을 좀 증여해야 하나 생각은 있지만 당기순이익이 높지 않으니 주식평가액과 세금도 크지 않을 것 같아요. 아이가 좀 더 크고 나서 한 5~6년 뒤쯤 주식을 증여해도 괜찮지 않을까요?

세법상 비상장주식은 평가기준일 현재의 순자산가치와 과거 3년간의 순손익가치를 사용해야 하나 설립 후 3년이 경과하지 않아 과거 3년간의 순손익이 없는 법인이라면 순자산가치만으로 평가가 가능한데요. 도소매업이나 서비스업과 같이 큰 고정설비(투자) 없이도 이익이 발생하는 기업은 순자산가치 평가 대비 순손익가치를 함께 반영하는 경우 그 평가액이 크게 증가하는 경우가 많습니다.

사례 검토 2 설립 후 3년 전후 주식가치 변화

매년 당기순이익 3억씩 발생하는 기업을 예로 살펴보겠습니다.

구분	설립 후 3년			설립 후 3년 경과		
	1년차	2년차	3년차	4년차	5년차	6년차
영업이익	3억 원	3억 원	3억 원	3억 원	3억 원	3억 원
자본총계	6억 원	9억 원	12억 원	15억 원	18억 원	21억 원
기업가치·1주	10,000원	15,000원	20,000원	40,000원	42,000원	44,000원

※ 대표님 예상대로 매년 당기순이익 3억 원 발생가정. 자본총계 = 자본금＋영업이익누적액
※ 발행주식총수 60,000주

■ 설립 3년 전·후 주식가치 변화

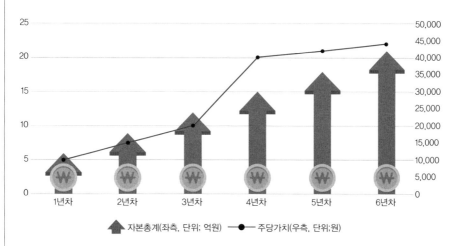

본 회사의 경우 순자산가치 평가가 가능한 3년차까지는 주식가치 증가폭이 크지 않으나, 순손익가치가 함께 반영되는 4년차부터는 주식가치가 크게 증가하기 시작하는 모습을 확인할 수 있었습니다. 이에 노블리치센터에서는 현재시점이 주식을 증여할 최적의 시기라는 것을 명확한 컨설팅자료를 통해 고객에게 전달하였고, 이를 통해 1억 2천만 원

이상의 증여세를 절세할 수 있었습니다.

구분	2년차 증여	6년차 증여
1주당 평가액	15,000원	44,000원
증여주식수	18,000주	18,000주
증여재산가액	2억 7,000만 원	7억 9,200만 원
증여세	3,298만 원	1억 5,772만 원
절세효과	1억 2,474만 원	

③ 매출이 하락할 때가 기회입니다

Q. 서울에서 13년차 건설업 법인을 운영하고 있습니다. 몇 년 전까지는 매출도 괜찮고 계속 성장했는데, 요 몇 년간 꾸준히 매출이 떨어지는 걸 보니 경기가 정말 안 좋아졌구나 실감하게 됩니다. 자녀에게 주식을 증여하려고 해도 선뜻 결정하기가 쉽지 않네요. 조금만 기다리면 매출도 다시 정상화될 거 같은데, 그 때쯤 주식을 증여하는 게 낫지 않을까요?

비상장주식가치 평가 시 반영하는 과거 3개년의 순손익가치에는 잘 보이지 않는 함정이 있는데요. 바로 "최근" 순손익일수록 더 높은 가중치가 반영된다는 점입니다. 이에 평가기준일에 가까운 순손익의 크기에 따라 주식가치평가액도 큰 폭으로 변동되게 됩니다.

사례 검토 3	순이익 변동에 따른 주식가치 영향	
구분	매출이 증가하는 경우	매출이 감소하는 경우
직전 3년 순이익	3억	8억
직전 2년 순이익	5억	5억
직전 1년 순이익	8억	3억
순자산	30억	30억
1주당 평가액	98,000원	78,000원
총 기업가치평가액 (발행주식총수 5만주)	49억 원	39억 원

※ 일반 가중평균 법인으로 순자산가치 40%, 순손익가치 60% 가중평균 가정

위에서 알 수 있듯이 최근의 순손익이 낮을수록 기업가치는 크게 감소하는 것을 볼 수 있는데요. 매출이 하락하는 추세에 있거나, 일시적으로 매출과 이익이 감소한 경우에는 오히려 주식이전의 좋은 기회가 될 수 있습니다. 이에 노블리치센터에서는 더 좋은 회사를 물려주고 싶은 대표님의 마음은 200% 이해하지만, 일시적으로 이익이 하락한 지금이 주식이전에 적기임을 컨설팅하여 약 4억 원의 증여세를 절세할 수 있었습니다.

④ 정관과 지급규정에 대한 정비가 필요합니다

Q. 인천에서 제조 중소기업을 운영하는 65세 대표입니다. 높아져만 가는 주식가치와 그에 따른 상속세 걱정으로 고민이 많은데요. 가업을 물려줄 때 많은 공제를 해준다는 가업특례제도가 있다고는 하지만 본인 일을 하고 있는 아들에게 무작정 회사로 들어오라고 하기가 쉽지 않습니다.
그럴 바에는 더 가격이 오르기 전에 주식을 증여하는 게 현명하다 생각하는데, 증여세 부담이 만만치 않네요. 앞으로 10년정도는 더 회사를 운영할 듯한데, 다른 방법이 없을까요?

세법상 비상장주식가치 평가 시 반영하는 순자산가액은 단순히 재무상태표상 자산에서 부채를 차감한 순자산을 의미하는 것은 아닙니다. 재무상태표상 순자산에서 평가기준일 현재 확정된 "부채"는 차감하도록 되어 있는데, 전 임직원이 퇴사한다고 가정할 경우 기업이 부담해야 하는 "퇴직금"은 대표적인 부채항목에 해당합니다(재삼 46014-1654, 1997.07.04).

특히 임원의 경우 정관 혹은 정관에서 위임된 퇴직금지급규정에 의해 퇴직금이 계산되며, 회사 성장에 기여한 바를 인정하여 보통 일반 직원에 비해 일정배수를 가산하여 지급하는 경우가 많습니다. 이에 지속적인 법인컨설팅을 통해 정관과 지급규정을 정비하고 준비한다면, 주식가치평가액을 합법적으로 감소시키는 전략도 사용할 수 있는데요. 다만, 이 경우에도 정관·지급규정 개정을 위한 적법한 절차를 거치지 않거나 특정임원만을 위한 목적이 분명한 경우 등에는 유효한 규정으로 인정받지 못할 수 있으니 주의가 필요합니다.

⑤ 기업가치 컨설팅은 긴 호흡이 중요합니다

비상장기업가치를 효율적으로 관리하기 위해선 장기적인 계획을 세우고 사업 방향성에 맞게 실행해야 합니다. 법인컨설팅은 "대표님과 회사의 안정적이고 꾸준한 성장을 지원하면서 각 단계별 부담세금을 최소화" 하는 것에 목적이 있기 때문입니다.

이에 앞서 살펴본 ①~④의 전략도 당연히 사용되어야 하지만, 기업이 성장하는 각 단계별로 상황에 맞는, 그리고 지속적인 컨설팅을 제공해야 하는데요. 노블리치센터와 함께 그 방법을 지금부터 살펴보시죠.

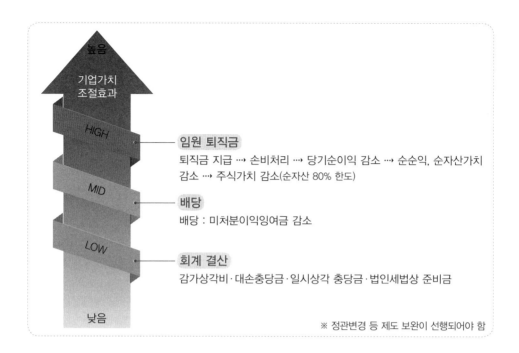

기업가치 조절효과

높음

HIGH

임원 퇴직금
퇴직금 지급 ┉▸ 손비처리 ┉▸ 당기순이익 감소 ┉▸ 순순익, 순자산가치 감소 ┉▸ 주식가치 감소(순자산 80% 한도)

MID

배당
배당 : 미처분이익잉여금 감소

LOW

회계 결산
감가상각비 · 대손충당금 · 일시상각 충당금 · 법인세법상 준비금

낮음

※ 정관변경 등 제도 보완이 선행되어야 함

STEP1 회계결산 단계

- 대손상각비·대손충당금

판매대금 중 거래처의 파산, 부도, 회수기간이 일정기간 경과한 채권의 경우 대손상각을 통해 비용처리가 가능. 장기간 누적된 매출채권을 업체별·성격별로 정리할 필요 있음.

- 재고자산 감모·처분손실

재고자산을 운반 및 보관하는 과정에서 발생하는 손실이나, 정상판매가 어려워 폐기 및 처분한 금액은 비용처리 가능.

STEP2 사업운영 단계

- 배당

 – 배당 시 미처분이익잉여금 감소에 따라 순자산가치가 하락하기에 매년 꾸준한 배당전략 수립이 필요함.

– 대표자 단독배당 시 타 소득과 합산 과세되어 세부담이 증가하므로 사전에 지분설계, 차등배당전략, 특수관계법인 활용전략 등이 수립되어야 함.

STEP3 임원 퇴직 단계

• 퇴직금

– 퇴직금은 당기 비용으로 처리되기에(퇴직연금제도 제외) 순손익가치를 크게 낮추는 효과가 있으며, 만약 퇴직금 지급에 따라 당기순손실이 발생하였다면 누적된 잉여금이 감소하면서 순자산가치도 감소되는 효과가 발생함.

– 다만 특정임원만을 위한 과도한 퇴직금 지급은 정상비용으로 인정되지 않을 수 있으므로 사전에 정관과 지급규정 등에 대한 지속적 컨설팅이 필요함

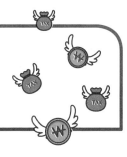

05 개인사업자의 법인전환

(1) 개인사업자들은 언제 법인전환을 고민할까요?

개인사업자로 사업을 시작했다 하더라도 매출규모가 커지면 법인으로 전환해야 한다는 얘기를 많이 합니다. 규모가 증가함에 따라 종합소득세 등 세금이 늘어나고, 성실신고 확인대상이 될 수 있기 때문인데 이때 법인으로 전환하면 1차적으로 부담하는 세금이 줄어들고 외부투자나 대출시 유리한 효과가 발생하지만 여러 제약도 있기에 신중한 접근이 필요합니다.

먼저 개인사업자분들이 언제 법인전환을 고민하는지를 이해해야 상황에 맞는 컨설팅이 가능한데요, 노블리치센터에서 준비한 대표적 사례들. 함께 살펴볼까요?

 매출과 이익은 늘어나는데, 받을 수 있는 세제혜택이 없다구요?

개인 영어학원을 창업한 지 벌서 7년이 되었습니다. 진심을 담아 열심히 하다 보니 다행히 자리를 잘 잡았고, 학생들도 꾸준히 증가하고 있는데요.
학원특성상 강사분들 대부분이 3.3% 프리랜서라 고용증가에 대한 세제혜택을 받을 수가 없어 늘어나는 소득세와 건강보험료가 부담되기만 합니다.

 성실신고 확인대상이라며 법인전환을 자꾸 권유합니다

인천에서 전자기기 제조업을 운영하는 개인사업자입니다. 그동안은 세금부담이 그리 크지 않았는데, 작년부터 수출매출이 증가하더니 올해 종합소득세를 보고 깜짝 놀랐는데요. 담당 세무사 측에 물어보니 성실신고 확인대상에 해당되었다며, 사용한 경비 중에 꽤 많은 금액을 비용으로 인정해 줄 수 없다고 합니다.

방법은 법인전환 밖에 없다고 하는데, 과연 나에게 맞는 내용인지, 법인전환은 또 어떻게 해야 하는지 막막하기만 합니다.

 외부투자를 받게 되었는데, 법인이 아니면 안 된다고 합니다

프로그램과 소프트웨어 개발 개인사업을 운영하고 있습니다. 처음 몇 년간은 수익이 나지 않아 힘들었는데, 꾸준한 기술개발과 인재영입 덕에 올해부터는 시장에서 기술도 인정받고 매출도 늘어나고 있는 상황입니다. 최근 외부투자 유치를 진행 중에 있고 꽤 긍정적인 상황인데요. 유상증자 형식으로 투자를 진행해야 한다며 법인전환을 권유 받았습니다.

성실신고 확인제도, 도대체 무엇일까요? 🔍

▶ 성실신고 확인제도 주요내용

개념	• 세금탈루방지 및 개인사업자 성실신고를 유도하기 위한 제도 • 업종별 수입금액이 일정규모 이상인 경우, 장부기장내용의 정확성 여부를 세무사등에게 확인받은 후 신고하도록 하는 제도
신고방법	• 4월 30일까지 세무사 선임신고서 제출 (2020년부터 폐지) • 6월 30일까지 성실신고확인서 및 종합소득세 신고서 제출
혜택	• 성실신고확인비용 세액공제(개인사업자 120만원 한도) • 의료비, 교육비 세액공제, 월세 세액공제 • 종합소득세 신고기한 1개월 연장(5월 → 6월)
위반 시 불이익	• 종합소득세 무신고 가산세(산출세액의 20%) • 성실신고확인서 미제출가산세(산출세액의 5%) • 세무조사대상자 선정

▶ 업종별 성실신고 확인 대상 기준

구분	해당업종	성실신고확인대상 기준 (해당년도 수입금액)		
		2014년 이전	2014 ~2017년	2018년 ~현재
1호	도매 및 소매업, 부동산매매업, 농업·임업 및 어업, 광업, 그 밖에 제2호 및 제3호에 해당하지 아니하는 사업	30억 이상	20억 이상	15억 이상
2호	제조업, 숙박 및 음식점업, 건설업(주거용 건물 개발 및 공급업), 전기·가스·증기 및 수도사업, 하수·폐수물처리·원료재생 및 환경복원업, 운수업, 출판·영상·방송통신 및 정보서비스업, 금융 및 보험업, 상품중개업	15억 이상	10억 이상	7.5억 이상
3호	부동산 임대업, 부동산관련 서비스업, 임대업, 전문·과학 및 기술 서비스업, 사업시설관리 및 사업지원 서비스업, 교육 서비스업, 보건업 및 사회복지 서비스업, 예술·스포츠 및 여가관련 서비스업, 협회 및 단체, 수리 및 기타 개인 서비스업, 가구내 고용활동, 사업 서비스업(변호사업, 공인회계사업, 세무사업, 변리사업, 건축사업, 법무사업, 심판변론인업, 경영지도사업, 기술지도사업, 감정평가사업, 손해사정인업, 통관업, 기술사업, 측량사업, 공인노무사업)	7.5억 이상	5억 이상	5억 이상

(2) 법인전환은 왜 고민해야 할까요?

회사 운영 관점

개인기업을 법인기업으로 전환하는 경우 사업에 관한 내용(매출·매입거래처 및 직원 등)은 그대로 유지되지만 "사업의 주체"가 변경되는 효과가 발생하며, 이에 법인기업을 이해하고 이를 활용하는 경우 그 장점을 극대화할 수 있는데요, 법인전환시 발생하는 효과(장점)과 제약(단점)에 대해 살펴보면 다음과 같습니다.

법인전환의 효과(장점)	
기업의 유지발전	• 소유(주식)와 경영(임원)의 분리 • 창업주의 사망 전 가업승계를 통해 가업의 조기승계 가능
대외신용도 제고	• 개인기업은 "대표자=기업" 이지만, 법인은 대표자와 기업이 분리됨에 따라 대외신용도가 증가 • 이에 대출 심사, 납품, 관공서 등 거래 시 이점이 발생
세금의 절감	• 법인세율과 소득세율 차이에 따른 절세효과 발생 • 개인기업과 달리 법인기업은 소득의 과세시기 선택 가능, 이에 장기적발전과 재투자를 위해 이익금 사내 유보 시 절세효과 증가
자금조달 다양화	• 단순 대출뿐만 아니라 외부투자(증자), 회사채발행 등 다양한 자금조달 가능
사업상 위험의 분산	• 개인기업은 사업주가 무한책임을 지지만, 법인기업은 원칙상 출자지분을 한도로 유한책임을 짐

법인전환의 제약(단점)	
세금의 절감	• 법인에서 급여·상여·배당·퇴직금 수령 시 세금발생 • 이에 기업규모가 작은 경우 오히려 개인이 유리할 수 있음
법인전환 절차	• 각종 세제혜택 및 세감면을 적용받기 위해서는 복잡하고 엄격한 법적절차와 조건을 지켜야 함
법인전환 소요비용	• 법인전환 과정에서 각종 세금과 수수료 발생(양도세, 취득세, 등록세, 각종 전문가 보수 등)
자금의 분리	• 개인기업은 사업이익 = 대표자자금이나, 법인기업은 사업이익 = 법인자금임. • 이에 법인자금을 임의 사용할 수 없고, 임의사용 시 가지급금이나 상여처분 등 불이익 발생

세금 관점

한 해에 발생한 이익에 대해 대표자 개인에게 모두 소득세를 과세하는 개인기업과 달리 법인기업은 소득분산이 가능하며 이에 따른 세금 절감 효과가 있습니다.

- ✔ 이익을 다양한 형태로 나눌 수 있고
- ✔ 법인은 지분으로 구성되므로 지분설계를 통해 소유권과 그에 따른 세부담을 분산시킬 수 있으며
- ✔ 이를 통해 대표자에게 집중된 재산을 분산해 그에 따른 상속세를 낮출 수 있습니다.

절세를 위한 법인컨설팅 Step3

STEP1 소득 형태변화
- 대표자가 모두 소득세를 부담하던 이익이 **대표자 급여, 배당, 퇴직, 법인이익 등으로 변화**
- 이에 소득세와 건강보험료 절세효과발생

STEP2 소득 귀속변화
- 대표자 소득 ···> **법인과 대표자의 소득으로 구분**
- **지분설계 진행 시 대표자의 소득 또한 자녀들로 분산**
- 소득자별 세율구간 감소에 따른 소득세 절세효과 및 소득자 변경에 따른 건강보험료 절세효과 발생

STEP3 재산의 분산
- 대표자 개인 재산 ···> 법인의 주식으로 변화
- **지분설계 후 주식이전과 배당을 통해 상속재산을 조기에 이전하여 상속세 절세효과 발생**

사례 검토 동일한 이익 2억 원 가정 시 개인기업과 법인기업의 1년 세부담 차이는?

1안) 대표자 급여 1.5억 원 설정 후 법인이익 0.5억 원으로 감소, 배당 실행 없음

2안) 대표자 급여 0.9억 원 설정 후 법인이익 1.1억 원으로 감소, 0.6억 원 배당 실행

구 분	사업이익	세부담
개인기업	2억 원	개인소득세 : 5,606만 원
법인기업 1안	대표자 급여 1.5억 원 법인유보이익 0.5억 원	근로소득세 : 3,155만 원 법인세 : 450만 원 부담세액 합계 : 3,605만 원
법인기업 2안	대표자 급여 0.9억 원 배당 0.6억 원 법인유보이익 0.5억 원	근로소득세 : 1,242만 원 배당소득세 : 840만 원(3인, 각 2천만 원 배당) 법인세 : 990만 원 부담세액 합계 : 3,072만 원

※ 법인이익 5천만 원은 향후 대표자 퇴직금 재원목적으로 종신보험 가입 후 사내유보 가정
※ 배당은 지분구조 설계 후 총 3명(대표자, 배우자, 자녀)에게 각 2천만 원씩 지급 가정
※ 소득공제 및 세액공제, 지방소득세는 반영하지 않음

(3) 법인전환 방법과 혜택은 무엇일까요?

법인전환은 기업의 상황에 따라 여러 방식 중에 선택할 수 있습니다. 법인전환의 대표적인 유형은 다음과 같습니다.

✔ 사업부서나 영업설비만을 특정하여 법인에 양도하는 일반적인 법인전환
✔ 개인의 자산과 부채, 인적·물적설비를 모두 법인에 양도하는 포괄양수도
✔ 조세특례제한법에 따른 법인전환

개인사업자별로 상황이 모두 다른 만큼 각 법인전환의 내용과 장단점을 파악하여 유형을 선택해야 합니다. 면밀한 컨설팅이 필요한 이유입니다.

법인전환 방법 요약

세제혜택 적용여부	법인전환 유형	내용
미적용	일반양수도	• 개인기업의 사업부나 영업설비만을 특정하여 법인에 양도하거나 부동산은 남겨둔 채 사업관련 자산·부채만 법인으로 양도하는 방법. • 가장 간단한 방법이나 양도자산에 부가가치세가 과세되고, 조세특례제한법상 세제혜택 적용을 받지 못하며, 양수도 후에는 개인기업과 법인기업이 함께 존속하게 됨.
미적용	포괄양수도	• 개인기업의 자산, 부채, 인적설비, 물적설비 모두를 법인에 양도하는 방법으로 법인전환 후에 개인기업은 폐업하게 됨. • 신설법인의 자본금·주주구성에 대한 제약이 없어 법인설립과 전환절차가 간편하며 양도자산에 부가가치세가 과세되지 않는 장점이 있으나, 조세특례제한법상 세제혜택은 적용 받지 못함.
적용	포괄양수도	• 포괄양수도 방식은 동일하나, 전환법인의 자본금이 개인사업자의 순자산가액 이상이어야 조세특례제한법상 세제혜택이 적용됨. • 개인기업의 순자산가액이 적거나, 부동산이 없는 경우 활용.
적용	현물출자	• 부동산임대업 등 순자산가액이 큰 개인기업에서 주로 활용하며, 법인설립 시 자본금을 현금이 아닌 현물(부동산, 설비 등)로 출자하는 방법. • 절차가 복잡하고 시간이 오래 걸리므로 주로 활용되는 방법은 아니나 포괄양수도 방식의 법인전환이 힘든 경우 활용됨.

법인전환 시 세제혜택

법인전환은 개인에서 법인으로 사업주체만 변경되지만, 부동산이나 차량 등의 명의가 변경되기 때문에 명의변경에 따른 양도소득세 및 취득세 문제가 발생합니다. 세법에서는 자금부담 없는 신속한 법인전환을 지원하기 위해 조세특례제한법상 요건을 충족하면 아래와 같은 세제혜택을 주고 있습니다

법인전환 시 주요 세제혜택

과세문제	대상자산	조세특례제한법상 세제혜택
양도소득세	건물, 토지 등	양도하는 개인에게 발생한 양도소득세를 당장 과세하지 않고, 이를 취득한 법인이 향후 양도할 때 법인세로 납부하는 혜택
취득세	건물, 토지, 차량 등	전환법인이 취득하는 자산에 대한 취득세를 75% 가량 감면해주는 제도

세제혜택 적용을 위한 요건

구분	양도소득세 이월과세	취득세 감면
공통 요건	1. 소비성서비스업(호텔, 여관, 주점, 무도장 등)이 아닐 것 2. 소멸하는 개인사업자의 순자산가액 이상을 출자하여 법인을 설립 할 것	
개별 요건	주택 또는 주택을 취득할 수 있는 권리에 대해서는 이월과세 적용불가	임대부동산(상가, 주택 모두)에 대해서는 취득세감면 적용불가

(4) 기업마다 법인전환 방법이 달라질까요?

포괄양수도 방식

법인을 설립하고 개인기업을 법인에 포괄적으로 양수도하는 방식으로, 법인설립 후 개인기업의 자산과 부채, 인적 물적 설비를 포괄적으로 이전하면 법인전환이 완료됩니다. 절차가 간편하고 실무에서도 가장 많이 활용하는 법인전환 방식입니다.

다만, 이 경우에도 조세특례제한법상 양도소득세 이월과세 및 취득세 감면 혜택을 받기 위해서는 다음과 같은 조건을 만족해야 하니 주의하시기 바랍니다.

✔ 개인사업 대표자가 발기인이 되어 개인기업의 순자산가액 이상을 출자하여 법인설립.

✔ 법인설립일로부터 3개월 내 법인전환이 모두 완료되어야 함.

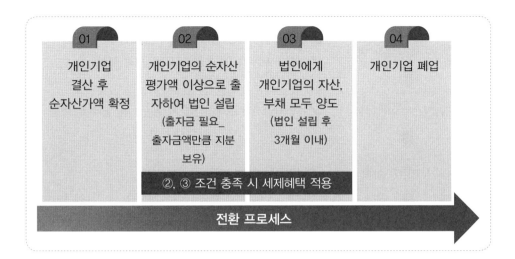

01	02	03	04
개인기업 결산 후 순자산가액 확정	개인기업의 순자산 평가액 이상으로 출자하여 법인 설립 (출자금 필요_ 출자금액만큼 지분 보유)	법인에게 개인기업의 자산, 부채 모두 양도 (법인 설립 후 3개월 이내)	개인기업 폐업

②, ③ 조건 충족 시 세제혜택 적용

전환 프로세스

현물출자 방식

세제혜택을 적용 받는 포괄양수도 방식으로 법인전환 하려면 "개인기업의 순자산가액 이상으로 법인을 설립"하는 조건을 충족해야 합니다. 순자산가액이 매우 큰 부동산임대업 등에게는 매우 어려운 조건입니다. 법인전환에 너무 많은 자금이 필요하니까요.

이 경우 현물출자 방식의 법인전환을 고민할 수 있습니다. 개인기업 자체를 출자하여 법인을 설립하는 방식으로 자본금에 상당하는 현금이 필요 없기 때문입니다.

다만, 현물출자는 금전 외의 재산으로 법인을 설립하는 방식으로 상법상 변태설립사항에 해당합니다. 이에 법원으로부터 선임된 검사인 또는 공인된 감정인의 조사를 받아야 하므로 절차가 복잡하고 시간이 오래 걸리며 부수적 비용이 많이 발생한다는 단점이 있습니다.

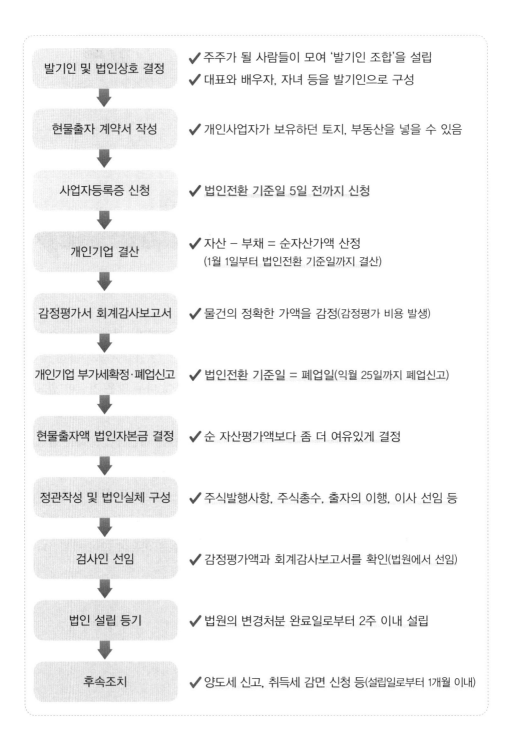

발기인 및 법인상호 결정	✔ 주주가 될 사람들이 모여 '발기인 조합'을 설립 ✔ 대표와 배우자, 자녀 등을 발기인으로 구성
현물출자 계약서 작성	✔ 개인사업자가 보유하던 토지, 부동산을 넣을 수 있음
사업자등록증 신청	✔ 법인전환 기준일 5일 전까지 신청
개인기업 결산	✔ 자산 − 부채 = 순자산가액 산정 (1월 1일부터 법인전환 기준일까지 결산)
감정평가서 회계감사보고서	✔ 물건의 정확한 가액을 감정(감정평가 비용 발생)
개인기업 부가세확정·폐업신고	✔ 법인전환 기준일 = 폐업일(익월 25일까지 폐업신고)
현물출자액 법인자본금 결정	✔ 순 자산평가액보다 좀 더 여유있게 결정
정관작성 및 법인실체 구성	✔ 주식발행사항, 주식총수, 출자의 이행, 이사 선임 등
검사인 선임	✔ 감정평가액과 회계감사보고서를 확인(법원에서 선임)
법인 설립 등기	✔ 법원의 변경처분 완료일로부터 2주 이내 설립
후속조치	✔ 양도세 신고, 취득세 감면 신청 등(설립일로부터 1개월 이내)

법인전환 선택 기준

법인전환 시 고려해야 하는 기준은 여러가지가 있지만, 가장 큰 영향을 미치는 사항은 "부동산 소유여부" 입니다. 부동산이 있는 경우 조세특례제한법상 요건을 충족하지 못한다면 거액의 양도소득세와 취득세 문제가 발생하기 때문인데요, 이에 개인 기업이 부동산을 소유하고 있는지 여부를 먼저 확인하고 이후 세부적 사항을 검토해야 합니다.

법인전환 선택을 위한 FLOWCHART

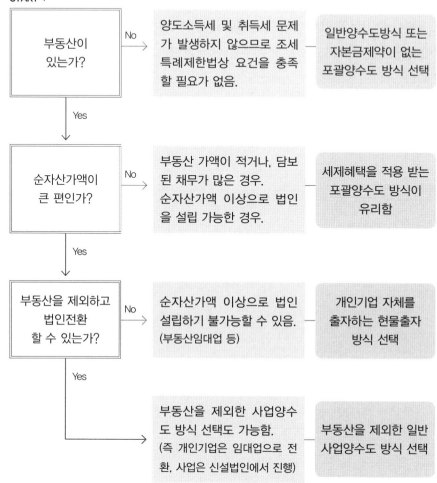

START ▼

부동산이
있는가?

No → 양도소득세 및 취득세 문제가 발생하지 않으므로 조세특례제한법상 요건을 충족할 필요가 없음. ─ 일반양수도방식 또는 자본금제약이 없는 포괄양수도 방식 선택

Yes ↓

순자산가액이
큰 편인가?

No → 부동산 가액이 적거나, 담보된 채무가 많은 경우. 순자산가액 이상으로 법인을 설립 가능한 경우. ─ 세제혜택을 적용 받는 포괄양수도 방식이 유리함

Yes ↓

부동산을 제외하고
법인전환
할 수 있는가?

No → 순자산가액 이상으로 법인 설립하기 불가능할 수 있음. (부동산임대업 등) ─ 개인기업 자체를 출자하는 현물출자 방식 선택

Yes ↓

부동산을 제외한 사업양수도 방식 선택도 가능함. (즉 개인기업은 임대업으로 전환, 사업은 신설법인에서 진행) ─ 부동산을 제외한 일반 사업양수도 방식 선택

(5) 일생에 단 한 번, 영업권은 확인하셨나요?

> **Q.** 노블리치센터를 통해 법인전환 컨설팅을 받던 김부자 사장님은 법인전환 때 영업권
> (권리금) 설정이 가능하다는 얘기를 들었습니다. 뉴스를 통해 개인사업 권리금 얘기
> 는 들은 적이 있어도 내 사업을 내 법인에 넘기는데 권리금을 받을 수 있다니 의아하
> 기만 합니다.
> 법인전환 때 단 한 번만 가능하고 절세효과도 매우 높다고 하니 꼭 하고 싶은데, 법
> 인전환을 할 때 정말 권리금을 받을 수 있는 건가요?

정답은 "정말 가능하다" 입니다. 권리금을 세법상으로는 영업권이라 표현합니다. 영업권이란 눈에 보이진 않지만 개인사업을 운영하면서 형성된 브랜드가치나 고객 로열티 등 동종의 다른 기업보다 더 많은 수익을 얻을 수 있는 "초과수익력"을 의미 합니다. 법인전환은 개인기업을 법인기업에 양도하는 개념이므로 영업권 설정이 가 능합니다. 지금부터 영업권의 중요성과 절세효과에 대해 함께 살펴볼까요?

개인기업 대표자 입장

앞서 살펴본 바와 같이, 법인의 이익을 회수할 때는 세금이 발생하며, 소득의 형태 에 따라 세금이 달라집니다. 영업권의 1차 절세효과는 여기 있는데요, 영업권은 세법 상 "기타소득"에 해당하고, 영업권 가액의 60%가 필요경비로 인정되기 때문입니다. 즉, 영업권 가액이 2억 원이라면 60%인 1.2억 원은 무조건 필요경비로 차감되고, 나 머지 40%인 8천만 원에 대해서만 세금이 과세됩니다.

전환법인 입장

전환법인은 대가를 주고 영업권을 인수한 것에 해당하며, 이에 "무형자산"으로 재 무상태표에 계상하고 이를 5년에 걸쳐 감가상각을 하게 되는데요, 영업권의 2차 절 세효과는 여기에 있습니다. 만약 영업권가액이 2억이라면 매년 4천만 원씩 감가상각 을 통해 비용처리하여 법인세를 감소시키기 때문입니다.

영업권에 대한 회계 및 세무처리 요약

사례 검토 영업권 절세효과

▶ 개인 입장

구분	상여금	배당금	영업권
세전지급액	2억 원	2억 원	2억 원
종합소득금액	1억 8,325만 원	2억 1,800만 원	8,000만 원
최종부담세액	6,964만 원	6,004만 원	3,040만 원
절세효과 (상여금대비)	–	960만 원	3,924만 원

※ 배당금 : 2천만 원 14% 적용, 2천만 원 초과분 그로스업(Gross-up) 적용 후 배당세액공제 적용
※ 개인 소득세율 38% 가정, 소득공제·세액공제·지방소득세 고려하지 않음

▶ 법인 입장

구분	상여금	배당금	영업권
세전지급액	2억 원	2억 원	2억 원
손금산입액	2억 원	–	2억 원 (5년간 감가상각)
법인세 절세효과 (법인세율 19%)	3,800만 원	–	3,800만 원

※ 상여금 지급규정 설계 완료 후 전액 손금산입 가정
※ 배당금은 법인 잉여금 처분이므로 손금(비용) 처리 불가

영업권, 200% 활용하기

법인전환 후 불편하신 점을 여쭤보면 제일 많은 대답은 "세금이 줄었다고 하는데 법인에서 돈 꺼낼 때 계속 세금이 발생한다", 혹은 "개인사업을 할 때 보다 자금 활용이 편하지 못하다" 인데요, 이 경우 영업권이 대안이 될 수 있습니다.

영업권은 40% 소득금액에 대한 세금만 납부하면 언제든지 추가 세금 없이 인출이 가능하며, 필요한 경우 영업권을 활용하여 법인 자본금을 늘리는 것도 가능하기 때문입니다. 법인전환 후 각 시점 별 영업권의 활용전략에 대해 함께 알아보겠습니다.

시점	주요내용
법인전환 초~중기	• 영업권 범위 내에서 추가 세금 없이 언제든 법인자금 인출 가능하며, 이에 전환 초기에는 대표자급여를 굳이 높게 설정할 필요가 없음. (급여를 적게 책정하여 고정적 세금을 줄이는 전략) • 개인과 달리 법인은 법인자금 인출 시 법적 증빙이 반드시 필요하며 증빙 없는 자금인출은 대표자 가지급금으로 처리하며, 사업 중에 증빙 없는 자금이 필요할 때 영업권 범위 내에서 탄력적으로 자금운용이 가능. • 대표자 개인(부동산구입, 자녀결혼 등)목적으로 상여, 배당금 지급 시 일시적으로 거액의 세금이 발생하므로 영업권 범위 내에서 인출하여 개인자금 충당 가능.
법인전환 중기 이후	• 사업을 확장하거나 입찰 혹은 대출 등 진행 시 법인자본금이 문제되는 경우가 많음. 이 경우 영업권 미회수금액 중 일부 혹은 전부를 자본금으로 출자전환하여 부채를 줄이고 자본금을 늘리는 것이 가능. (출자전환을 통해 부채비율이 감소하며, 자기자본비율은 증가함)

법인전환에 대해 자주하는 질문 🔍

법인전환 시 놓치기 쉽지만 정말 중요한 항목들을 Q&A로 모아봤습니다. 함께 알아볼까요?

Q1. 법인전환 시 먼저 확인해야 할 사항이 있을까요?

A. 법인전환 실무를 진행하다 보면 가장 큰 걸림돌이 은행의 채무입니다. 은행의 신용, 담보대출의 경우 기술보증이나 신용보증기관에서 보증을 통해 은행의 자금을 빌려오는 방식이 많아, (소득세 부담을 줄이기 위해 빠르게 법인전환을 준비하는 경우) 보증기간 갱신문제로 인해 연기되는 경우가 상당히 많이 발생하기 때문입니다.

또한, 은행에서 개인사업자의 신용과 담보여건을 종합적으로 평가하여 대출을 진행했는데, 법인전환을 하게 되면 대출에 대해 재평가를 하게 됩니다. 이 과정에서 대출승계가 되지 않아 더 이상 법인전환을 진행할 수 없는 경우가 발생하기도 합니다. 특히 포괄사업양수도에 비해 일반사업양수도로 법인전환 할 때 대출승계가 더 까다롭습니다. 이에 법인전환을 검토할 때 은행과의 사전협의를 통해 일정을 조율하는 것을 권유 드립니다.

Q2. 법인전환 방법 중 일반 사업양수도가 제일 간단해 보이는데, 단점은 무엇일까요?

A. 일반사업양수도 방식은 법인명의 차량의 취등록세가 발생하기에 차량을 많이 보유하고 있는 업종의 경우 부담이 될 수 있습니다.

또 법인전환 시 부가가치세가 발생하기 때문에, 제조업이나 도소매업처럼 사업자의 재고자산이 많은 경우 현금흐름에 부담을 느낄 수 있습니다. 10%의 부가가치세를 한꺼번에 납입한 후 법인으로 넘겨 와야 하기 때문입니다. 현금흐름이 좋지 않은 사업자라면 신중히 검토할 필요가 있습니다. 일반 사업양수도는 사업전체를 양도하는 것이 아니기 때문에 영업권 활용이 어려울 수 있다는 점도 단점으로 꼽힙니다.

Q3. 향후 법인을 가업상속 할 예정인데, 법인전환 하면 가업영위기간은 새로 가산해야 하나요?

A. '10년 이상 계속하여 경영한 가업'을 판단하는 기준은 다음과 같습니다. 동일업종의 법인으로 전환하여 개인사업주가 법인설립일 이후에도 계속하여 법인의 최대주주 등에 해당하는 경우에는 개인사업자로서 가업을 영위한 기간을 포함하며(상속세및증여세법 기본통칙 18-15-1), 대표이사 재직기간도 개인사업자의 대표자 재직기간을 포함합니다(서면상속증여-611, 2015.06.11).
다만, 개인사업의 사업용 자산 일부를 제외하고 법인전환한 경우에는 개인사업자로서 영위한 기간은 가업영위기간에 포함되지 않으므로(서면법규-1179, 2014.11.07) 주의하셔야 합니다.

Q4. 법인전환 시 개인사업자의 세액공제 이월공제액은 어떻게 되나요?

A. 개인사업자의 이월공제세액은 전환법인이 승계하여 잔여기간동안 공제가 가능합니다. 다만, 조세특례제한법상 요건을 충족한 법인전환의 경우에만 승계가 가능하다는 점(법인46012-2114, 2000.10.17)에 주의하셔야 합니다.

Q5. 법인전환 시 승계되는 직원들의 퇴직금은 어떻게 되나요?

A. 포괄양수도에 따라 법인으로 전환하는 경우 근로계약도 모두 승계되기에 원칙적으로 전환법인이 퇴직금을 지급해야 하며, 이 경우 개인사업시절의 근속기간도 합산해야 합니다.

반대로 근로자들의 자발적 의사에 따라 퇴직금을 실제 수령하는 경우에는 개인기업에서 퇴사하고 법인에 신규 입사한 것이므로 법인은 법인전환일 이후의 근속기간에 대한 퇴직금 지급의무만 지게 됩니다.

단, 이 경우 근로자의 자발적 의사가 굉장히 중요한데요. 만약 대표님이 임의로 직원들 퇴직금을 정산했다면 정상적인 효력을 인정받지 못합니다. 즉 법인에서 퇴사시 개인 입사 시점부터 퇴직금을 다시 지급해야 하니 주의하셔야 합니다.

PART 2

CEO를 위한
소득설계

01

부자 법인, 가난한 CEO

> **Q.** 제조업 법인을 20년째 운영하고 있습니다. 맨 손으로 시작해 앞만 보고 달리다 보니, 어느덧 매출 100억에 30명의 직원이 함께 하는 중소기업으로 성장했습니다. 직원들은 연봉도 오르고, 따라서 퇴직연금도 쌓여 가는데, 제 상황을 돌아보면 자꾸 회의가 생깁니다. 주변에서는 법인대표라 대단하다 얘기하지만, 가진 재산은 살고 있는 아파트 한 채와 눈에 보이지도 않는 비상장주식뿐입니다. 막연한 세금 걱정에 배당은 생각도 못하고 급여도 매년 그 자리에 머물다 보니 정작 대표인 나만 제자리에 있는 것 같아 막막하기만 합니다.

실제로 위 사례처럼 많은 기업 대표들은 회사를 성장시키고 직원들 월급 잘 챙겨주기 위해서 밤낮 없이 일을 하지만, 정작 본인은 챙기지 못하는 경우가 많습니다. 법인과 CEO를 위한 컨설팅의 궁극적 목적은 '법인이 성장하는 만큼 대표님도 성장하는 것'입니다. CEO를 위한 컨설팅 노하우, 어떤 것이 있을지, 지금부터 함께 알아보겠습니다.

(1) CEO 소득설계란 무엇인가요?

그동안 시장에서 흔히 얘기하는 CEO플랜은 "보험을 활용한 대표자의 퇴직금 플랜"에 초점이 맞춰져 있었습니다. 하지만 대표자의 퇴직은 기업의 Life-Cycle에서 마지막 단계에 해당하며, 실제로 퇴직을 하기까지 적어도 몇 십 년의 사업운영기간을 거쳐야 합니다. 수십 년 후의 퇴직 외에도 기업의 Life-Cycle 단계별로 최적화된 컨설팅을 제공할 때, 제대로 된 CEO의 소득설계라 부를 수 있을 것입니다. 사업의 시작 시기부터 성장기, 성숙기를 지나 정리기까지 전 생애에 걸친 소득설계를 위해 무엇이 필요하고 어떤 준비를 해야 할까요? 아래의 그래프와 표를 통해 자세히 알아보겠습니다.

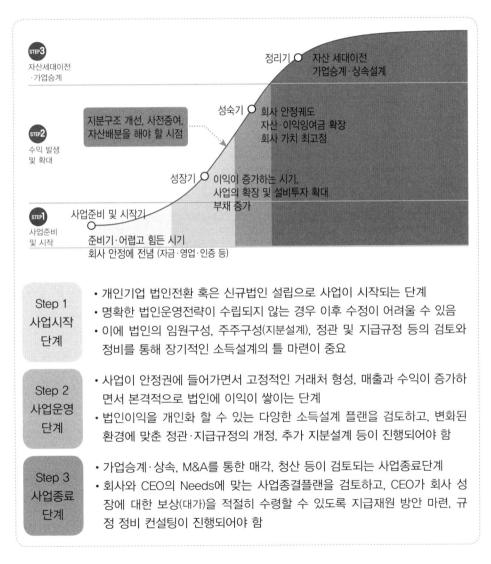

Step 1 사업시작 단계	• 개인기업 법인전환 혹은 신규법인 설립으로 사업이 시작되는 단계 • 명확한 법인운영전략이 수립되지 않는 경우 이후 수정이 어려울 수 있음 • 이에 법인의 임원구성, 주주구성(지분설계), 정관 및 지급규정 등의 검토와 정비를 통해 장기적인 소득설계의 틀 마련이 중요
Step 2 사업운영 단계	• 사업이 안정권에 들어가면서 고정적인 거래처 형성, 매출과 수익이 증가하 면서 본격적으로 법인에 이익이 쌓이는 단계 • 법인이익을 개인화 할 수 있는 다양한 소득설계 플랜을 검토하고, 변화된 환경에 맞춘 정관·지급규정의 개정, 추가 지분설계 등이 진행되어야 함
Step 3 사업종료 단계	• 가업승계·상속, M&A를 통한 매각, 청산 등이 검토되는 사업종료단계 • 회사와 CEO의 Needs에 맞는 사업종결플랜을 검토하고, CEO가 회사 성 장에 대한 보상(대가)을 적절히 수령할 수 있도록 지급재원 방안 마련, 규 정 정비 컨설팅이 진행되어야 함

(2) CEO 소득설계, 왜 필요할까요?

　현장의 많은 CEO 분들께서는 "회사가 곧 나"라는 생각이 깊고, 급여나 상여와 같은 경영에 대한 대가에만 관심이 집중된 경우가 많습니다. 하지만 Part 1에서 살펴보았듯이, 법인기업과 개인기업의 가장 큰 차이점은 "경영"과 "소유"가 분리된다는 점입니다. 이에 경영에 대한 대가와 소유에 대한 대가를 구분하고 각 상황 별 적절한 소득설계를 진행하는 것이 매우 중요합니다.

구분	경영에 대한 대가	소유(투자)에 대한 대가
개념	회사 운영에 대한 대가	주식 소유에 대한 대가
대표적 소득 유형	1. 급여와 상여 2. 퇴직금	1. 배당(정기배당, 중간배당 등) 2. 주식의 양도 3. 유상감자 및 이익소각
예측가능성	지급시점과 금액의 예측가능성 높음	지급시점과 금액의 예측가능성 낮음
지급시기	정기적으로 발생 (퇴직금은 퇴직시점에 발생)	비정기적으로 발생
법인입장	손금항목(비용O)	손금항목 아님(비용X)
개인입장	소득세 발생(소득유형, 금액규모에 따른 과세방법 차이 있기에 소득설계가 필요함)	

※ 위 항목 외에도 특허나 상표권 등 무형자산의 양도, 법인전환 시 영업권 등 추가소득설계 내용이 존재

CEO 소득설계가 필요한 이유 콕콕!!   🔍

CEO 소득설계는 법인의 이익을 적법한 절차와 방법을 통해 CEO 개인에게 귀속시키고 이 과정에서 발생하는 세금을 최소화하는 것을 말합니다. 적절한 소득설계를 진행하지 않는 경우 법인에 과도한 이익이 유보되며, CEO는 부족한 개인자금을 충당하기 위해 법인에 가지급금이 발생하는 등 악순환이 반복되는데요. CEO 소득설계가 필요한 대표적 이유를 정리하면 다음과 같습니다.

고정적이고 안정된 수입구조를 만들 수 있습니다

- 많은 CEO들이 기업운영을 위해 밤낮 없이 일하지만 정작 한정된 보수에 허탈해하는 경우가 많고, 세금에 대한 막연한 두려움에 추가로 소득을 만들지도 못하는 상황인데요. 소득설계 컨설팅을 통해 소득유형과 귀속시기 등을 분산하여 도움을 드릴 수 있습니다.

불필요한 가지급금 발생을 방지할 수 있습니다

- 노블리치센터의 법인컨설팅 통계에 따르면 비상장기업 중 약 50%의 CEO는 월 급여 500만 원 수준이며, 이 경우 세후 400만 원 초반의 급여를 수령하게 됩니다.
- 급여 자체가 낮다 보니 법인자금의 무단인출이 빈번히 발생하게 되고, 이는 가지급금으로 모두 계상되어 이자와 원금상환의무가 발생하며 경우에 따라서는 상여로 처분되어 거액의 소득세가 과세되는 문제가 발생하게 됩니다.

장기적인 소득재원 마련이 가능합니다

- 투자대가는 말 그대로 지분투자에 대한 대가를 말하며, 투자자의 자격(나이, 경력 등)에 대한 제한은 없습니다. 이에 법인의 주주에 배우자나 자녀를 참여시키는 경우 배당이나 감자·소각 등을 통해 직접적으로 소득을 만들어줄 수 있으며, 대표님을 거쳐서 지급되는 경우 발생하게 되는 불필요한 세금을 감소시킬 수 있습니다.

잉여금의 과도한 누적을 방지할 수 있습니다

- 법인의 잉여금은 매년 발생하는 당기순이익이 외부로 유출되지 못한 채 유보되면서 쌓이게 되는데요. 잉여금을 줄이기 위해서는 기존에 누적된 잉여금을 인출하거나 신규로 유입될 잉여금(당기순이익)을 감소시키는 전략이 필요합니다.
- 이에 경영대가와 투자대가를 적절히 혼합하여 관리하는 경우 신규로 유입되는 잉여금과 기존에 누적된 잉여금의 관리가 가능합니다.

상속세, 증여세 등 재산이전에 대한 세금을 줄일 수 있습니다

- 기업가치는 순손익과 순자산으로 평가됨에 따라 이익이 증가하고 잉여금이 누적될수록 기업가치가 증가하며, 이에 상속이나 증여 등 재산이전 시 발생하는 세금 또한 증가하게 됩니다. 이에 소득설계를 통한 적절한 잉여금의 관리가 필요합니다.

(3) 소득유형별로 세금은 어떻게 달라질까요?

적절한 소득설계를 위해서는 각 소득의 세법상 과세체계를 이해할 필요가 있습니다. 소득별로 과세체계가 달라지기에 이를 적절히 혼합하여 상황에 맞는 최적의 컨설팅을 제공해야 하며, 특히 CEO 같은 임원의 경우 회사를 지배하는 지위에 있기에 세법에서는 더 엄격하게 그 요건을 정하고 있기 때문입니다.

소득유형	과세유형	주요내용
급여·상여	종합소득세	• 근로소득공제 차감 후 근로소득금액을 타 소득과 합산하여 6~45%의 종합소득세 누진세율 적용
배당	종합소득세	• 다른 금융소득과 합산하여 2천만 원까지는 14% 단일세율 분리과세 적용(타 소득과 합산하지 않고 과세종결) • 2천만 원 초과 금융소득은 타 소득과 합산하여 6~45%의 종합소득세 누진세율 적용 * 합산과세 시 법인세와 소득세 이중과세 방지를 위한 Gross-up 제도 존재
퇴직금	퇴직소득세	• 장기간 형성된 소득이므로 타 소득과 합산하지 않고 퇴직소득만 별도로 분류하여 과세 • 근속기간에 대한 각종 공제금액 차감 후 6~45% 누진세율 적용 * 근속기간이 길수록 공제금액이 증가하여 실효세율이 크게 감소
주식양도	양도소득세	• 장기간 형성된 소득이므로 타 소득과 합산하지 않고 양도소득만 별도로 분류하여 과세 • 양도차익(양도가액-취득가액)에 20%의 단일세율 적용(과세표준 3억 원 초과분은 25%)
감자·소각	종합소득세	• 의제배당액(감자소각대가-취득가액)을 금융소득으로 보아 2천만 원 이하는 14% 분리과세, 2천만 원 초과는 종합과세
유족보상금	종합소득세	• 업무 외 사망 후 지급받은 유족보상금은 6~45% 종합소득세 누진세율 적용(지배주주인 임원의 업무 관련 사망으로 지급받는 경조비, 장례비 등은 비과세, 학자금 등 일시금은 과세)
무형자산 양도	종합소득세	• 영업권, 특허권 등 대표자 개인에게 귀속된 무형자산을 법인에 양도하는 경우 기타소득에 해당. 60%의 필요경비를 인정하며, 40%의 소득금액은 타 소득과 합산하여 6~45%의 종합소득세 누진세율 적용

법인세법상 인건비의 세무상 손금처리 여부 요약

구분	지급대상	세무상처리	비고
급여 · 임금	상근임원	손금산입	지배주주인 임원, 직원 등에 대한 초과보수지급액은 손금불산입
	비상근 임원	손금산입 (부당행위계산의 부인대상 제외)	
	직원	손금산입	
상여금	임원	손금산입 (급여지급기준을 초과하는 금액 제외)	이익처분에 의한 상여금지급액은 손금불산입
	직원	손금산입	
퇴직 급여	임원	1. 정관·지급규정이 있는 경우 : 동 규정 범위 내에서 손금산입 2. 정관·지급규정이 없는 경우 : 퇴직일 직전 소급 1년 총급여 × 1/10 × 근속연수를 곱하여 산출한 금액의 범위 내에서 손금산입	
	직원	손금산입	

임원상여금·퇴직금 지급기준의 승인기관과 법령 요약

구 분	지급기준의 승인	법령
임원상여금	법인의 정관, 주주총회 또는 이사회결의	법인세법시행령 제43조 제2항
임원퇴직금	법인의 정관 또는 정관에서 위임된 퇴직급여규정	법인세법시행령 제44조 제3항

(4) CEO 소득설계, 어떻게 하는 걸까요?

대부분 비상장기업은 CEO 1인에게만 소득이 집중되어 있거나, 급여·상여만으로 소득이 구성된 경우가 많기에 불필요한 세부담이 증가하면서 잉여금이 누적되는 악순환이 발생하게 됩니다.

소득설계는 가) CEO에게 적절한 보상(소득)을 지급하면서, 나) 그로 인한 세부담을 줄이고, 다) 궁극적으로 기업가치를 적절히 관리하는 것을 말하는데요. 올바른 소득설계에 대한 내용을 살펴보도록 하겠습니다.

소득설계의 유형

소득설계 유형	주요내용
Step 1. 소득의 유형을 바꾸는 것	• 종합과세소득이라 하더라도 각 소득별로 소득금액을 계산하는 구조가 다르고, 특히 금융소득은 2천만 원 초과분부터 종합과세 대상에 해당 • 배당소득은 이중과세 조절을 위한 배당가산제도(Gross-Up)가 적용됨에 따라 종합과세가 된다 해도 타 소득 대비 세부담이 감소함 • 근로소득을 근로, 배당, 기타, 퇴직소득 등으로 바꾸는 설계
Step 2. 소득의 귀속자를 바꾸는 것	• 소득세는 인별 과세로 1인에게 소득이 집중되는 경우 누진세율 구간이 높아짐에 따라 세부담이 증가함 • 소득의 귀속자를 분산시켜 각자의 소득금액과 이에 대한 세율구간을 낮추어 절세효과를 만드는 설계
Step 3. 소득의 귀속시기를 바꾸는 것	• 소득세는 매년 1월 1일부터 12월 31일을 과세기간으로 하며, 해당 과세기간에 발생한 소득을 합산하여 과세하는 구조로 소득이 특정 과세기간에 누적되거나, 세법이 개정되는 경우 변경된 개정세법을 반영 받지 못하는 결과가 발생함 • 이에 소득의 귀속시기를 분산하여 절세효과를 만드는 설계

STEP1 소득유형 설계

단순 급여로만 구성되어 있는 CEO의 소득을 다양한 유형으로 변화시키는 전략

소득유형	소득자(개인)	법인 비용처리 시점	설계 Point
급여 및 상여	종합과세(근로)	지급 시	적정 급여수준 및 실효세율 검토
배당	2천만 원 이하 : 분리과세 2천만 원 초과 : 종합과세	비용 X	급여·배당 혼합 및 지분설계 (지분분산) 검토
퇴직금	분류과세(퇴직)	지급 시	지급규정 및 재원마련 검토
자사주매입	분류과세(양도)	처분시점	주식가치 및 취득목적 검토
감자·소각	종합과세(배당)	비용 X	주식가치 및 증여세 검토
무형자산 양도	종합과세(기타)	감가상각 시	무형자산여부 및 평가금액 검토

STEP2 소득 귀속자 설계

CEO에게만 집중되어 있는 소득을 배우자 및 자녀 등 특수관계자로 분산하는 전략

순서	쟁점	설계방안
1	실제 근무를 하고 있는가?	1) 적정 급여 및 상여금 설계 2) 퇴직금 지급규정과 배수, 재원마련 설계
2	지분(주식)을 가지고 있는가?	소득귀속자 분산을 위해서는 지분보유가 필수임. 1) 주식가치 평가 및 증여세 등 세금비교, 납부재원 검토 2) 적정 수준의 지분 증여전략 및 배당 실행
3	개인 소득이 있는가?	• 귀속자를 분산한다 해도 배우자·자녀의 타 소득이 높다면 절세효과가 크지 않을 수 있으므로 개인소득 파악 필요 • 소득이 없거나 적은 자녀에게 합법적으로 소득 귀속 설계

STEP3 소득 귀속시기 설계

소득세는 1월 1일부터 12월 31일을 과세기간으로 하며, 해당 과세기간에 발생한 소득을 합산하여 과세하는 구조이므로 특정연도에 소득이 집중되는 경우 세부담이 증가하게 됩니다. 이에 Step1, Step2 순서에 따라 소득을 설계하였다 하더라도 특정연도에 소득이 집중되지는 않는지, 세법개정내용 중 유리한 개정항목이 있는지에 대한 주기적인 검토가 필요합니다.

소득유형	과세유형	세법상 귀속시기
급여 및 정기상여금	근로소득	근로제공일이 속하는 연도
성과급 상여	근로소득	• 수익률·매출액 등 계량적 요소에 따라 성과급 상여를 지급하기로 한 경우 : 계량적 요소가 확정되는 날이 속하는 연도 • 계량적·비계량적 요소를 평가하여 그 결과에 따라 차등지급하는 경우 : 개인별 지급액이 확정되는 연도
결산배당	배당소득	잉여금처분결의일(주주총회일)이 속하는 연도
중간배당	배당소득	법인의 이사회결의일이 속하는 연도
감자·소각	배당소득	자본감소 및 소각을 결의한 날이 속하는 연도
주식양도	양도소득	대금청산일, 명의개서일 중 빠른 날
무형자산 양도	기타소득	대금청산일, 자산인도일, 사용수익일 중 빠른 날

개인 소득세 과세유형과 종합과세 흐름 요약 🔍

이자·배당·사업·근로·연금·기타소득은 1년간 발생한 각 소득금액을 하나로 합산하여 종합소득세로 과세하며, 양도소득과 퇴직소득은 장기간 형성된 소득으로써 종합소득으로 합산하는 경우 세부담이 급격히 증가할 수 있으므로 별도로 분류하여 과세합니다.

분리과세	분류과세	종합과세
원천징수로 납세의무 종결 → 종합소득 합산하지 않음	장기간 형성된 소득으로 타 소득과 별도로 분류하여 과세	과세기간(1년)별로 합산하여 과세
2천만 원 이하 금융소득, 2천만 원 이하 주택임대소득, 분리과세대상 연금소득, 분리과세대상 기타소득	양도소득 퇴직소득	분리·분류 제외 모든 소득

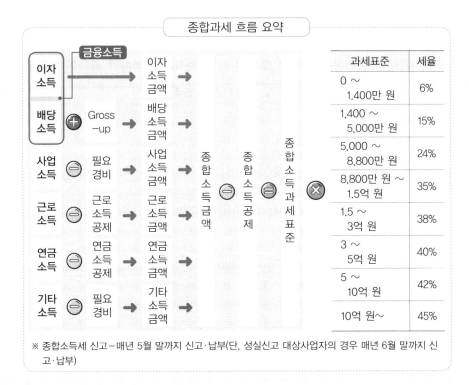

종합과세 흐름 요약

과세표준	세율
0 ~ 1,400만 원	6%
1,400 ~ 5,000만 원	15%
5,000 ~ 8,800만 원	24%
8,800만 원 ~ 1.5억 원	35%
1.5 ~ 3억 원	38%
3 ~ 5억 원	40%
5 ~ 10억 원	42%
10억 원~	45%

※ 종합소득세 신고 ― 매년 5월 말까지 신고·납부(단, 성실신고 대상사업자의 경우 매년 6월 말까지 신고·납부)

(5) 세법상 임원의 범위는 어떻게 되나요? ⋯ 임원과 근로자의 구분

CEO 소득설계 대상은 주로 대표이사를 포함한 법인의 임원입니다. 따라서 세법상 임원의 범위에 대해 이해하는 것이 매우 중요합니다.

일례로 각종 소득의 지급규정(보수, 상여금, 퇴직금 지급규정 등)의 적용대상 중 미등기 임원은 당연히 제외된다고 생각하는 경우가 많은데, 이는 사실과 차이가 있습니다. 세법상 임원은 등기여부에 불구하고 실질로 판단하는 경우가 많고, 또한 각 소득별로 임원여부에 따라 과세문제가 달라질 수 있기 때문입니다. 이하에서는 세법상 임원의 범위를 좀 더 살펴보겠습니다.

Q1. 세법에서 임원을 별도로 정의하는 이유는 무엇인가요?

A. 세법에서 정의하는 "임원"의 개념은 근로기준법상 "근로자"와 대비되는 개념으로 임원을 규정한 것이 아니고, 법인이 퇴직하는 임원에게 과다한 퇴직급여를 지급하는 방법으로 법인소득을 부당하게 감소시키는 것을 막고, 이를 통해 적정한 과세를 실현하려는 세법 고유의 입법 목적을 달성하기 위하여 마련된 것입니다(서울고등법원 2021누67772, 2022.05.19 판결).

법인세법(법인세법시행령 제40조 제1항)

법인세법상 임원이라 함은 다음 중 어느 하나의 직무에 종사하는 자를 말합니다.

1. 법인의 회장·사장·부사장·이사장·대표이사·전무이사·상무이사 등 이사회의 구성원 전원과 청산인
2. 합명회사·합자회사 및 유한회사의 업무집행사원 또는 이사
3. 유한책임회사의 업무집행자
4. 감사
5. 그밖에 1.부터 4.까지의 규정에 준하는 직무에 종사하는 자

A. 법인세법상의 임원은 그 직책에 관계없이 종사하는 직무에 따라 사실판단하고 있으며(법인집행 26-43-2, 서이-173, 2004.02.06), 임원의 등기요건을 갖추지 않았다 하더라도 직책의 명칭 여하에 불구하고 사실상 경영에 참여하여 경영전반의 의사결정과 집행에 적극적으로 참여하거나 회계와 업무에 관한 감독권을 행사하는 직위에 종사하는 자는 법인세법에 따른 임원에 해당합니다(법규법인 2009-228, 2009.06.23).

소득세법(소득세 집행기준 12-0-2)

소득세법에서는 법인세법과 임원의 범위를 동일하게 보고 있으며, 근로자에는 일반적으로 임원도 포함되는 것으로 규정하고 있습니다.

1. 법에서 규정하는 "근로자"에는 법에서 특별히 임원을 제외하고 있는 경우 외에는 임원이 포함되는 것으로 한다.
2. 임원이라 함은 "법인세법 시행령" 제40조 제1항 각호에 따른 임원을 말한다.

상속세 및 증여세법(상속세 및 증여세법시행령 제2조의2)

상속세 및 증여세법상 "사용인"이란 임원, 상업사용인, 그 밖의 고용관계에 있는 자를 말하며, "임원"이란 법인세법시행령 제40조 제1항에 따른 임원을 말한다고 규정하고 있습니다. 즉, 상속세 및 증여세법상 임원이 근로자에 해당하는지 여부는 임원의 선임경위, 수행하는 업무, 사용자와의 관계 등으로 보아 근로기준법상 근로자에 해당하는지 여부를 구체적으로 확인하여 판단해야 합니다(재산세과-166, 2011.03.30).

상법(상법 제317조 제2항)

상법상 이사는 사내이사, 사외이사, 그 밖에 상무에 종사하지 아니하는 이사로 구분하며, 이사는 주주총회에서 선임하고 선임 후 등기하여야 합니다.

근로기준법(근로기준법 제2조)

근로기준법에서는 임원을 별도로 규정하고 있지 않으며, "근로자"와 "사용자"로 구분하고 있습니다.

구분	정의
근로자	직업의 종류와 관계없이 임금을 목적으로 사업이나 사업장에 근로를 제공하는 자
사용자	사업주 또는 사업 경영 담당자, 그 밖에 근로자에 관한 사항에 대하여 사업주를 위하여 행위하는 자

근로기준법상 대표이사의 근로자 해당 여부

구분	주요내용
대법원2012다98720, 2014.05.29	주식회사의 대표이사는 대외적으로는 회사를 대표하고 대내적으로는 회사의 업무를 집행할 권한을 가지므로 근로기준법상 근로자에 해당하지 아니함
대법원2009두1440, 2009.08.20	주식회사의 대표이사로서 등기되어 있는 자라고 하더라도 대표이사로서의 지위가 형식적·명목적인 것에 불과하여 회사의 대내적인 업무집행권이 없을 뿐 아니라 대외적인 업무집행에 있어서도 등기 명의에 기인하여 그 명의로 집행되는 것일 뿐, 그 의사결정권자인 실제 경영자가 따로 있으며, 자신은 단지 실제 경영자로부터 구체적·개별적인 지휘·감독을 받아 근로를 제공하고 경영성과나 업무 성적에 따른 것이 아니라 근로 자체의 대상적 성격으로 보수를 지급받는 경우에는 예외적으로 산업재해보상법상의 근로자에 해당함

02 대표님의 급여, 얼마가 적당할까요? ··· 급여·상여 설계

(1) 급여에 대해 대표님은 어떻게 생각할까요?

비상장법인 CEO의 자산은 대부분 본인이 운영하는 비상장법인의 주식으로 구성되어 있습니다. 이렇게 많은 비중을 차지하는 비상장법인을 얼마나 잘 관리하고 있는지 알 수 있는 방법은 우선 CEO의 급여수준을 체크하는 것인데요, 급여는 회사를 운영하는 CEO의 가장 기본적인 보수(대가)이자 생활자금이기 때문입니다.

하지만 여전히 대부분의 CEO 급여는 매우 낮은 편이며, 급여 인상의 필요성을 느끼지 못하거나 막연한 세금문제로 고민하는 경우가 많습니다. 이에 다양한 사례를 통해 CEO의 급여에 대한 생각을 먼저 이해하고 각 상황에 맞는 소득설계 컨설팅이 진행되어야 합니다.

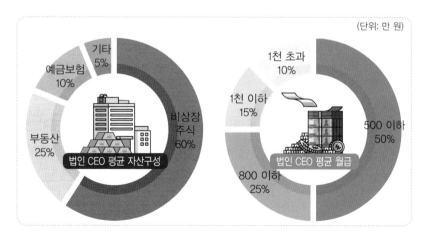

기계설비 제조업을 운영하는 A대표님, "회사는 곧 나! 회사의 성장이 나의 성장"

A. 맞는 말이지만, 회사와 대표님은 별개의 존재라는 걸 반드시 인식하셔야 하는데요, 회사는 상법상 법인이며, 이에 대표님 개인과는 엄연히 다른 존재이기 때문입니다.

회사가 성장할수록 법인에는 자산과 이익이 쌓이겠지만 슬프게도 이는 법인의 소유이고, 이를 대표님께서 일시에 개인화 하는 과정에서 거액의 세금이 발생함을 안내해야 합니다.

 의료기기 제조업을 운영하는 B대표님, "급여 올리면 세금만 늘고 실익 없어"

A. 세금은 소득의 일정 %를 납부하는 것이지, 소득을 초과하는 세금은 없음을 이해하셔야 합니다. 세금 때문에 급여조차 인상하지 않는다면 향후 누적된 법인의 잉여금은 최고 50%의 상속세율로 과세될 수 있는데요. 우선 급여를 인상한다고 해도 CEO가 생각하는 만큼 세금이 크게 늘지 않고, 법인의 비용은 증가하기에 오히려 법인세는 감소한다는 사실을 안내해야 합니다.

 광고법인을 운영하는 C대표님, "지금 월급도 충분해. 필요하면 돈 꺼내 쓰면 되지"

A. 개인기업을 오래 운영하다가 법인으로 전환한 경우, 혹은 법인에 대한 이해가 없이 사업을 시작한 경우 많이 발생하는 사례인데요. 법인은 대표님 개인과 별개이기에 임의로 법인자금을 인출하는 경우 "가지급금"에 해당함을 반드시 안내해야 합니다.

가지급금은 원금과 이자를 상환해야 하는 의무가 존재하고, 소득세와 법인세가 증가하는 문제가 있으며, 외부에서 봤을 때 부실자산으로 보아 기업평가에 악영향을 미치기 때문입니다.

(2) CEO 급여설계는 어떤 절차로 진행될까요?

CEO 급여를 얼마로 책정해야 하냐는 질문에 정답은 없습니다. 법인의 매출과 이익, 대표님의 매출에 대한 기여도, 법인의 이해관계자들이 원하는 재무비율 수준, 대표님의 소비성향과 패턴, 급여 이외의 타소득 유무 등이 모두 다르기 때문인데요, 이에 회사와 대표님의 상황을 면밀히 분석하고 이후 각각에 맞는 맞춤형 소득설계 컨설팅이 진행되어야 합니다.

이에 노블리치센터에서 준비한 급여설계 3단계 Process를 함께 살펴볼까요?

CEO 급여설계의 3단계 Process

구분	컨설팅쟁점	내용
1단계	현 급여수준 점검	• 현재 급여가 "대표님" 입장에서 적정한지 검토 • 급여가 적어 가지급금이 습관적으로 발생하고 있는지, 혹은 과도한 급여로 오히려 가수금이 발생하고 있는지 여부 체크
2단계	재무제표 분석	• 법인의 영업이익율과 부채비율, 이자보상배율 등을 분석 • 현재의 재무비율이 회사가 원하는 수준인지, 급여를 인상하는 경우 재무비율은 어떻게 변화하는지 체크
3단계	지급여력 점검	• 1단계를 통해 급여인상의 필요성이 검토되었고, 2단계를 통해 급여인상 후에도 재무비율에 큰 영향이 없음이 검토된 후에는 법인의 매출과 영업이익, 현금흐름 등 금액(숫자)을 기준으로 인상할 수 있는 급여의 범위를 체크

Q. 급여설계시 재무비율의 좋고 나쁨은 어떻게 판단할까요?

A. 일반적으로 부채비율(부채총계/자본총계×100)은 200%이내, 이자보상배수(영업이익/이자비용×100)는 3배 이상이 유효하다고 판단하나 이는 외부감사대상 등 규모가 큰 기업에 일반적으로 적용되는 내용이며 이러한 획일화된 기준을 비상장기업에 적용하기에는 한계가 있는데요. 이에 비상장기업은 재무비율 자체만으로 좋고 나쁨을 판단하기 보다는 기업의 전반적인 재무비율의 흐름과 추이,

그리고 은행 등 외부이해관계자들이 원하는 재무비율을 먼저 파악하고 이를 통해 인상할 수 있는 급여의 폭을 검토하는 것이 좋습니다.

CEO 급여인상은 재무제표에 어떤 영향을 미칠까요?

급여는 법인의 손금(비용)항목이기에 급여가 인상되는 경우 법인의 이익과 법인세는 감소하는 효과가 발생하는데요. 무리한 급여인상은 재무제표에 악영향을 줄 수 있으므로 적정 수준에서 급여인상이 진행되어야 합니다.

구분	내용
제조원가명세서	• CEO 등 임원의 급여는 판매비와 관리비로 처리되기에 CEO의 급여를 인상한다 하더라도 제조원가명세서는 변하지 않음 • 즉, 매출원가율과 매출총이익율에는 변동이 없음
손익계산서	• 판매비와 관리비 증가로 영업이익과 영업이익율이 감소함 • 영업이익이 감소하는 경우 은행이나 보증기관에서 중요하게 생각하는 이자보상배율이 감소하게 됨
재무상태표	• 급여 인상 후에도 당기순이익이 발생한다면 부채비율에는 영향이 미미함

(3) 대표님 급여, 얼마가 적당할까요?

앞서 살펴본 바와 같이 CEO의 급여는 막연히 낮게만 설정할 게 아니라, 정확한 계산과 비교 후에 설계되어야 합니다. 즉, 4대보험을 포함한 실효세율이 정확히 얼마인지 급여 테이블 별로 비교해보고, 해당 급여가 법인세 절감효과에 미치는 영향도 함께 분석해야 합니다. 개인기업과 달리 법인기업은 대표자급여도 비용처리 항목이라 법인세 절감효과가 있습니다.

각 급여수준별 세부담과 법인세 절세효과를 정리하면 다음과 같습니다.

급여수준에 따른 세부담액과 실효세율

단위 : 원

급여(연봉)	72,000,000	120,000,000	180,000,000	240,000,000
근로소득공제	13,350,000	15,150,000	16,350,000	17,550,000
기본공제	5,000,000	5,000,000	5,000,000	5,000,000
4대보험공제	6,068,950	7,990,920	10,393,380	12,795,840
과세표준	47,581,050	91,859,080	148,256,620	204,654,160
종합소득세율	16.5%	38.5%	38.5%	41.8%
납부세액합계	4,814,873	16,731,745	38,444,798	61,961,438
소득대비 세부담율(A)	6.7%	13.9%	21.4%	25.8%
국민연금	3,186,000	3,186,000	3,186,000	3,186,000
건강·장기보험	2,882,950	4,804,920	7,207,380	9,609,840
보험료합계	6,068,950	7,990,920	10,393,380	12,795,840
소득대비 보험료부담율(B)	8.4%	6.7%	5.8%	5.3%
총 부담율(A+B)	15.1%	20.6%	27.2%	31.1%

※ 기본공제 500만 원, 세액공제 150만 원 가정
※ 국민연금은 월 급여 590만 원을 한도로 하며, 초과액은 국민연금을 징수하지 않습니다. 이에 급여가 인상되는 경우 세부담율(A)은 증가하나, 보험료부담율(B)은 감소하게 됩니다.

급여수준에 따른 법인세 절세효과

단위 : 원

급여(연봉)	72,000,000	120,000,000	180,000,000	240,000,000
4대보험 (회사부담분)	6,068,950	7,990,920	10,393,380	12,795,840
비용합계	78,068,950	127,990,920	190,393,380	252,795,840
예상 법인세율	9.9%	9.9%	9.9%	9.9%
법인세 절세효과	7,728,826	12,671,101	18,848,944	25,026,788
예상 법인세율	20.9%	20.9%	20.9%	20.9%
법인세 절세효과	16,316,410	26,750,102	39,792,216	52,834,330

사례 검토 실제 연봉인상에 따른 세금 증가액은 얼마나 될까요?

> 현재 법인세율이 20.9% (지방세 포함)
> CEO의 현재 연봉 1.2억 원일 때,
> 연봉인상에 따른 세금 증가액은 얼마나 될까요?

- 개인세금 증가액 : 연봉인상에 따른 소득세, 지방소득세, 4대보험의 증가액
- 법인세 감소액 : 증가된 연봉과 4대보험액은 법인의 손금(비용)항목이므로 손익계산서상 판매비와 관리비로 반영되어 당기순이익과 법인세 절감효과 발생

단위 : 천 원

연봉	120,000	150,000	180,000	200,000	240,000
소득세	16,734	27,591	38,448	46,250	61,966
4대보험	7,985	9,185	10,384	11,184	12,784
개인세금합계	24,719	36,776	48,833	57,434	74,750
개인세금 증가액		12,057	24,114	32,715	50,031
법인세 감소액		6,521	13,041	17,389	26,083
순수세금 증가액		5,536	11,072	15,326	23,948

법인세 절세액을 반영하면 예상보다 세부담 증가액이 크지 않는 것을 확인할 수 있습니다. 이에 CEO와 법인이 부담할 수 있는 금액의 범위를 확인하고, 해당 범위 내에서 급여를 인상하는 것이 좋습니다.

(4) 임원 급여 및 상여, 어떤 기준으로 지급해야 할까요?

경영 대가의 기본인 보수는 기본적으로 급여와 상여로 구성됩니다. 소득설계는 보수에 대한 각각의 개념을 이해하고 손금산입 요건에 유의하여 진행되어야 합니다. 임원의 보수는 1) 정관의 근거에서 출발하여, 2) 주주총회나 이사회결의에 의해 회사 사정에 맞는 보수지급규정을 설정하고, 3) 이를 토대로 이사회에서 매년의 성과보상액을 결정하는 유기적 관계이기 때문입니다.

구분	정관	임원보수지급규정	이사회 결의
의의	회사의 자치법규인 정관에서 임원보수의 한도 설정. 정관규정이 없는 경우 주주총회결의로 결정 (상법 제388조)	정관의 위임에 따라 회사의 사정에 맞는 임원 보수지급규정 설정	임원보수지급규정에 따라 매년의 영업성과 보상액 결정
주요 내용	임원보수의 총 한도 및 지급규정 위임여부	개별적이고 구체적인 급여 및 상여금 지급 기준	인별 성과보상내역 등

임원의 급여

법인세법에서는 임원보수의 손금산입한도에 대해 제한하고 있지 않으므로 근로제공의 대가인 급여는 몇 가지 예외를 제외하고 원칙적으로 손금에 산입합니다(법인세법집행기준 26-43-1). 이 경우 임원보수에 대한 상법의 규정을 준용해야 하는데요. 상법의 규정과 법인세법상 손금으로 인정하지 않는 급여를 요약하면 다음과 같습니다.

구분	주요내용
원칙 (상법 제388조)	• 정관이나 주주총회결의에 의해 정해진 한도 내의 금액은 손금산입
손금불산입 (비용인정 불가)	• 임원의 보수가 업무내용에 비해 부당하게 고액이라 인정되는 경우 • 지배주주 또는 그 특수관계 임직원에게 정당한 사유 없이 동일 직위의 비특수관계 임직원보다 초과하여 보수를 지급하는 경우 그 초과금액 • 법인의 비상근임원에게 지급하는 보수 중 부당행위계산부인에 해당하는 경우

임원의 상여금

법인이 임원에게 지급하는 상여금은 정관·주주총회·이사회결의 등에 의하여 결정된 급여지급기준에 의하여 지급하는 경우에만 손금으로 인정하는데요(법인세법시행령 제43조 제2항). 이는 직원에 대한 상여금은 보수의 성격이 강하지만, 소유와 경영이 분리되지 아니한 대부분 법인의 임원 상여금은 경영이나 성과에 대한 보수보다 법인 이익을 환원 받는 이익처분의 성격이 강하기 때문입니다.

또한 구체적 산출 근거 없이 단순히 지급규정이 존재한다는 이유만으로 무조건 세법상 비용처리가 가능한 것은 아님에 주의하시기 바랍니다.

구분	주요내용
법인세법시행령 제43조 제2항	법인이 임원에게 지급하는 상여금 중 정관·주주총회·이사회결의에 의하여 결정된 급여지급기준을 초과하여 지급하는 경우 그 초과금액은 비용처리 불가
Step1 정관정비	상법 제388조에 따라 정관에서 임원보수의 총 한도를 설정
Step2 보수지급규정 정비	• 지급규정에서는 상여금의 지급시기와 구체적 계산근거 등을 설정 • 정기상여금(명절보너스 등) : 지급시기, 지급금액 등 • 성과상여금(인센티브 등) : 지급시기, 지급금액의 범위, 산출방법 등
Step3 이사회결의	보수지급규정 위임에 따라 상여금 지급 전 이사회 결의를 통해 상여금 지급 임원 명단, 인별 상여금 산출근거와 내역, 지급시기, 지급금액 등을 구체적으로 결정

임원상여금 관련 사례

구분	내용
상여금 지급에 객관성은 있으나 구체적 지급규정이 없는 경우	사실상 객관적 기준에 의하여 임원에게 상여금을 지급하였다 하더라도 정관, 주주총회나 이사회의 결의에 의하여 결정된 지급규정의 근거가 없으면 손금불산입됨(국심 2000광890, 2001.01.26).
포괄적 지급규정만 있는 경우	임원의 특별상여금에 대하여 회사의 경영실적과 형편을 감안해 지급여부와 지급률을 결정한다는 지급규정이 있다 하더라도 그 구체적인 지급시기와 지급률이 정해지지 않은 때에는 객관적 지급규정이 있는 것으로 볼 수 없음(국심 99서2678, 2000.06.20).
상여금 한도만을 정하고 성과평가는 객관적이지 않은 경우	임원상여금 지급규정에는 기본지급액 기준과 지급률 범위만을 개괄적으로 정하고 있을 뿐, 성과평가의 방법,절차,기여도 산정방법 등에 대한 구체적인 내용을 정하고 있지 아니하여 사실상 상여금의 한도만을 정한 것으로 볼 수 있으며, 임원의 직무집행에 대한 구체적 증빙이 제시되지 않았으므로 상여금을 손금불산입한 처분은 잘못이 없음(조심2022중2903, 2022.10.27).
구체적 성과평가 지표나 평가방법을 확인할 수 없는 경우	법인 대표이사가 작성한 확인서, 법인의 정관 등에 따르면, 법인이 상여금과 관련하여 정관·주주총회·이사회결의에 의하여 결정된 급여지급기준을 갖추고 있다고 보기 어려운 점, 법인이 상여금 지급근거로 제출한 임직원 상여금 지급안만으로는 구체적인 성과평가지표나 평가방법을 확인할 수 없는 점 등에 비추어 상여금을 손금불산입한 처분은 잘못이 없음(조심2022인2363, 2022.06.09).

(5) 배우자나 자녀를 임원으로 등재하고 급여를 지급해도 될까요?

비상장기업에는 배우자나 자녀가 임직원으로 등재된 경우가 다수 있는데요. 인력난을 겪는 중소기업의 특성상 가족들이 근무하는 것은 문제될 것이 없지만 실제 근무하지 않는 가족을 소득분산이나 절세목적으로 임직원으로 등재하여 급여를 지급하는 경우에는 정상적 인건비로 인정되지 않는 경우가 많으므로 주의가 필요합니다. 이어서 가족 인건비에 대한 쟁점과 주요 심판례를 살펴보겠습니다. 의미 있는 컨설팅 포인트를 찾으시기 바랍니다.

가족 인건비에 대한 세법상 관점

구분	주요내용
원칙	법인의 업무와 관련하여 실제 근로를 제공하고 그 대가로 정관·주주총회·이사회결의 규정에 따라 수령하는 대가는 비용처리 가능
손금불산입 (비용인정 불가)	1. 근로의 제공이 없거나, 근로 내용 자체가 법인의 업무와 관련 없는 경우 인건비 전부를 손금불산입 2. 실제 근로를 제공하여 대가(보수)를 지급하였음에도 정당한 사유 없이 동일 직위의 비특수관계 임직원보다 초과하여 보수를 지급하는 경우 그 초과금액은 비용처리 불가

가족인건비에 대한 컨설팅 방안

구분	주요내용
실제 근로를 제공하는 경우	1. 근로제공사실을 입증할 수 있는 각종 서류 점검 및 준비 (근로계약서, 연봉계약서, 조직도, 구체적 근무내역, 급여지급내역 등) 2. 급여수준이 타 직원에 비해 과하지 않은지 혹은 너무 적지 않은지 점검 (특수관계 직원이라고 무조건 적은 급여만을 받아야 하는 것은 아님) 3. 실제 근무하는 배우자의 경우 감사보다는 이사 직함이 적합
근로를 제공하지 않는 경우	• 국세청과 마찰소지가 많으며, 세무조사 시 가장 먼저 점검하는 항목 중 하나가 배우자·가족의 인건비 항목임 • 급여는 근로제공의 대가임을 인식해야 함. 이에 근무하지 않는 경우 지분이전 후 배당을 지급하는 지분 설계 필요

가족인건비에 대한 주요 심판례

근무사실이 확인되지 않는 대표이사의 배우자와 딸의 인건비에 대한 판례

조심2019구48, 2019.10.16

A(배우자)와 B(딸)는 청구법인과 체결한 근로계약서가 존재하지도 않을 뿐더러 실제 근무사실을 입증할 수 있는 결재서류나 출퇴근기록, 비상연락망기재 등이 확인되지 않는 점, 청구법인에 대한 조사과정에서 청구법인 직원 E는 A와 B가 대표이사 지시에 따라 비정기적으로 출근하며 사무실에 별도의 근무공간이 없다고 진술

하는 등 A와 B가 청구법인에게 통상적인 근로용역을 제공한 것으로 보기 어려운 점, 청구법인이 B의 근무사실에 대한 증빙으로 제출한 특허는 청구법인의 사업과 상이한 분야로서 관련 사업내역이 확인되지 않는 점 등에 비추어 처분청이 쟁점인 건비를 가공인건비로 보아 손금불산입하여 법인세를 과세하고 대표자에게 상여로 처분한 처분은 잘못이 없음

재택근무라 주장하는 특수관계자 인건비에 대한 판례

조심2021서5497, 2022.03.15

특수관계인들이 수행하였다는 업무의 내용과 정도 등을 종합적으로 고려하였을 때 특수관계인들이 정상적인 근무를 제공하였다고 보기 어렵고, 특수관계인들과 특수 관계에 있지 아니한 일반적인 사업자라면 재택근무자에 대한 최소한의 지휘감독을 위하여 통상 관리하였을 것으로 기대되는 업무시스템 접속기록이나 업무일지 등의 증빙자료가 제시되지 아니한 점 등에 비추어 쟁점인건비를 가공비용으로 보아 법 인세를 부과하고 기타소득 및 기타사외유출로 처분한 이 건 처분은 잘못이 없음

허위근무사실이 확인되지 않는 배우자 급여는 인정하되, 과다지급한 자녀 인건비는 부당하다 판결한 판례

조심2022서8167, 2023.08.16

【배우자 인건비】

가) 배우자 인건비를 지급하면서 근로소득원천징수영수증 또는 지급조서를 관할세 무서에 제출신고하였고

나) 배우자에 대한 근로계약 등 고용관계를 확인할 수 있는 증빙자료를 제출한 점

다) 처분청은 실제 근무사실과 근로계약서의 내용이 다르다는 이유로 배우자가 근 무하지 않았다고 주장할 뿐, 이외에 객관적 증빙 제시가 없어 배우자가 쟁점사 업장의 형식상 종업원이었다고 단정하기 어려운 점

라) 청구인이 2019년 이후 질병이 발생하여 실질적으로 배우자와 자녀들이 쟁점사업장을 운영하였다는 청구주장에 대해 이를 반박할 객관적 증빙을 제시하지 못하는 점

마) 과세처분의 적법성 및 과세요건 사실의 존재에 대한 입증책임이 과세관청에 있는 점을 고려하면 배우자 인건비를 허위 계상한 금액이라고 보기는 부족해 보임

【자녀 인건비】

가) 서울시내 동일업종의 동일직무 직원 중 상위급여 5명의 2020년 급여인상률이 30% 이내인 적으로 확인되는 반면, 청구인의 자녀들의 2020년 급여인상률은 100%로 재직 연차에 비해 과다한 것으로 보이는 점

나) 청구인의 자녀들이 쟁점사업장에서 근무하는 동안 경영실적의 개선이 있었다거나 자녀들이 수행한 업무 및 부담한 위험 등이 동종업계 직원들의 업무와 현격한 차이가 있다고 보기 어려운 점 등에 비추어 자녀들에게 지급한 인건비는 사회통념과 상관행에 비추어 특수관계인이 아니었다면 지급하기로 결정할만한 적정한 금액에 해당하지 않는 것으로 판단됨

03

배당을 꼭 해야 할까요?
… 배당정책의 활용

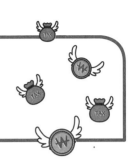

(1) 왜 배당을 해야 할까요?

배당이란 "주식을 가지고 있는 사람들에게 그 소유 지분에 따라 기업의 이윤을 배분하는 것"을 말합니다. 즉, 경영과 소유가 분리된 법인체계에서 급여 및 상여와 퇴직금을 통해 경영에 대한 대가를 수령하고, 배당을 통해 소유에 대한 대가를 수령해야 한다는 의미입니다. 하지만 아직도 많은 비상장기업들이 급여 및 상여에만 집중한 채 배당은 계획조차 하지 않습니다. 이유를 물어보면 대부분 "어차피 내 회사인데 왜 굳이 세금 내면서 배당을 하냐"고 답하시는 데요.

배당, 정말 세금만 내고 필요는 없는 걸까요?

배당의 개념과 특징

구분	보수(급여 및 상여)	배당
개념	회사 운영에 대한 대가 (임직원의 근로성과에 대한 보상)	주식 소유에 대한 대가 (주주의 투자에 대한 성과보상)
실무절차	지급규정에 따른 이사회결의	주주총회
세무 Risk	성과평가방법, 인과관계, 지급규모에 따라 과세당국과 마찰소지 多	마찰소지 無
지급시기	정기적으로 발생 (퇴직금은 퇴직시점에 발생)	비정기적으로 발생
법인입장	손금항목 (비용 ○)	손금항목 아님 (비용×)
개인입장	소득세 발생 (소득유형, 금액규모에 따른 과세방법 차이 있기에 소득설계가 필요함)	

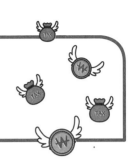

배당의 필요성

매년 발생하는 당기순이익의 누적액 중에서 배당을 통해 사외로 유출되지 못하고 기업 내부에 유보되어 있는 금액을 미처분이익잉여금이라 합니다. 과도하게 누적된 잉여금은 기업가치를 증가시키고, 이는 곧 각종 세금의 증가로 이어지게 됩니다. 상장주식처럼 현금화가 자유로운 경우 주식가치의 증가는 반가운 일이지만, 비상장기업은 현금화가 어려운 만큼 지속적으로 증가하는 주식가치는 예상치 못한 시점에 큰 세금으로 돌아올 위험이 있습니다.

비상장주식의 거래 형태별 세금

유형	세금문제	주요내용
매각 시	양도소득세 지방소득세	양도차익(양도가-취득가)에 대해 최고 33% 과세 (과표 3억이하 22%, 3억초과 27.5%, 1년미만 33%°)
	증권거래세	양도가액의 0.35% 과세
증여 시	증여세	증여하는 주식가치 기준 최고 50% 증여세 과세
상속 시	상속세	상속되는 주식가치 기준 최고 50% 상속세 과세
법인청산 시	종합소득세	청산 시 의제배당액°에 대해 최고 49.5%의 소득세 과세°°

° 의제배당액 = 잔여재산분배가액-주식취득가액
°° 지방소득세 포함

이처럼 누적된 잉여금은 거액의 세금으로 이어질 수 있기에, 배당을 통해 잉여금을 관리하고 주식가치를 낮추는 전략을 활용하는 것이 좋습니다.

또한 배당소득은 2천만 원까지는 14%(지방소득세 포함 15.4%)의 세율로 분리과세 됩

니다. 비상장기업은 대표나 임원이 곧 주주인 경우가 대부분이므로, 배당을 적절히 활용하면 소득을 분산시켜 세금을 낮추는 효과를 얻을 수 있습니다.

배당컨설팅은 어떻게 해야 할까요? … 컨설팅 순서와 필요서류 🔍

배당은 기업의 현금성자산을 사외로 유출시키는 것이기에 법인과 개인 모두에게 영향을 미치게 됩니다. 이에 기업규모나 처해진 상황 등에 따라 배당 컨설팅 전략도 달라져야 하는데요,

노블리치센터의 배당 컨설팅 전략을 함께 살펴볼까요?

	구분	주요내용	필요서류
1	기업분석 및 파악	기업규모(매출,이익, 잉여금 등), 과거 배당실행여부, 가업승계(상속) 예정 여부, 주주구성 등 파악	세무조정계산서, 재무제표, 주주명부
2	객관적 수치 분석	배당 실행 여부에 따른 기업가치 분석, 배당금 지급에 따른 소득세·상속세 분석, 배당실행여부 및 대략적 금액 판단	
3	정관검토	배당 관련 규정 검토(중간배당 포함)	정관
4	지분설계 검토	CEO에게 집중된 지분의 분산과 그에 따른 배당 절세효과 분석	배우자·자녀 소득자료
5	고객제안, 서류날인	회사별 최적의 지분구조와 배당금 설계, 주주총회의사록 등 날인	주주총회의사록 등
6	배당실행	정기, 중간배당 등 회사 상황에 맞는 배당전략 실행, 각종 세금신고 안내	–
7	지속적인 검토	배당은 일회성으로 끝나는 문제가 아니므로 회사가 주기적으로 배당을 실시할 수 있도록 정기적인 컨설팅과 피드백 진행	–

(2) 배당에는 어떤 종류가 있을까요?

배당은 기업이 영업활동을 통해 창출한 이익을 기업에 투자한 주주들에게 나누어 주는 것을 말합니다. 주주의 지분율에 맞춰 균등하게 현금으로 지급하는 것(균등배당, 현금배당)이 기본이지만 그 밖에도 다양한 방법으로 지급 가능합니다.

먼저, 배당금의 종류에 따라 현금으로 지급하는 현금배당, 현금 외 부동산 등의 현물로 지급하는 현물배당, 주식배당으로 나눌 수 있고, 지급시기에 따라서는 결산 후에 이루어지는 정기배당과 예외적으로 영업연도 중에 배당하는 중간배당이 있습니다.

또, 배당률에 따라 주주의 지분율에 따라 배당하는 균등배당과 지분율과 다르게 배당하는 차등배당으로도 나눌 수 있는데요.

각 배당을 시행할 때에는 상법과 정관에 정해진 절차와 규정을 따라야 함에 주의해야 합니다. 아래에서는 배당 종류별 관련법령과 유의사항 등을 자세히 살펴보겠습니다.

배당금의 종류에 따른 유형

유형	주요 내용	상법 규정
현금배당	• 상법에 따른 가장 기본적인 이익배당으로 주주총회 결의에 따라 결정 • 현금이라는 유동자산의 직접적 지출을 수반하므로 배당규모와 지급시기에 대한 신중한 결정 필요	제462조
주식배당	• 현금 대신 신주를 발행하는 방식의 배당 • 배당총액의 1/2를 초과하여 주식배당을 할 수 없고, • 정관규정과 주주총회결의가 필요	제462조의2
현물배당	• 부동산이나 보험증권 등 비현금자산(현물)으로 하는 배당 • 정관규정과 주주총회결의가 필요 • 회사가 가입한 보험상품을 전략적으로 현물배당하는 경우 자녀 입장에서는 증여세 없이 상속재원마련이 가능 (단, 배당금 수령에 대한 소득세는 과세)	제462조의4

배당금의 지급시기에 따른 유형

유형	주요내용	상법규정
결산 배당 (정기배당)	• 배당은 "배당가능이익"°의 범위내에서만 가능하며, 배당가능이익은 재무상태표가 확정되어야 확인이 가능함 • 12월말 법인의 경우 보통 다음연도 1월 1일부터 3월 31일 사이에 재무제표를 확정하며, 이 시기에 맞춰 진행하는 것을 결산(정기)배당이라 함	제462조
중간 배당	• 배당은 원칙적으로 재무제표가 확정된 이후 지급하는 결산배당이 원칙이지만, 예외적으로 영업연도 중에 지급하는 중간배당이 가능함 • 이를 통해 주주는 법인 이익을 조기에 회수할 수 있고 소득의 귀속 시기 조절을 통한 절세플랜 실행이 가능함 • 단, 중간배당은 정관에 규정이 있어야 하며 이사회 결의 등 엄격한 요건이 필요함	제462조의3

° 배당가능이익: 재무상태표상의 순자산액에서 자본금, 결산기까지 적립된 자본준비금과 이익준비금의 합계액, 그 결산기에 적립해야 할 이익준비금 등을 차감한 금액

배당률에 따른 유형

유형	주요내용	상법규정
원칙	• 이익배당은 각 주주가 가진 주식 수에 따라 균등하게 지급해야 함(주주평등의 원칙) • 다만, 이익의 배당에 관하여 내용이 다른 종류의 주식(종류주식)을 발행할 수 있으며 대표적으로 이익배당에 우선하는 등의 내용을 가진 우선주가 있음 • 다만 이 경우에도 종류주식 상호간에는 주주평등의 원칙이 적용되어야 함	제464조
예외	• 주주총회의 결의에 의하여 대주주와 소액주주에게 차등배당을 하기로 한 결의는 대주주 스스로 배당 받을 권리를 포기하거나 양도하는 것과 마찬가지여서 상법 제464조에 위배되지 아니함 (대법원 80다1263, 1980.08.26 판결)	–

(3) 배당의 실무와 회계처리는 어떻게 될까요?

지금까지 배당의 필요성과 종류에 대해 살펴보았습니다. 배당은 상법과 정관의 절차·규정에 따라 집행해야 한다는 점 이해하셨나요? 이제부터는 배당 컨설팅을 위해 꼭 필요한 배당 별 실무절차와 법인의 회계처리에 대해 살펴보겠습니다.

배당 유형별 주요내용과 절차 요약

구분	결산배당	중간배당
결의기관	주주총회	이사회(단, 이사회가 없는 경우 주주총회)
결의시기	정기주주총회일 (통상 1월 1일~3월 31일 사이)	정관, 이사회결의로 정함
배당기준일	결산 말일 기준	사업연도 중 1회
지급시기	주주총회결의일로부터 1개월 내 단, 주주총회결의에 따라 지급시기를 따로 정할 수 있음 (상법 제642조의2)	이사회결의일로부터 1개월 내 단, 이사회결의에 따라 지급시기를 따로 정할 수 있음 (상법 제642조의2)
소멸시효	배당금 지급청구권은 5년간 행사하지 않으면 소멸시효 완성(상법 제462조의2 제2항)	

배당금 회계처리(배당결의일~배당금 지급일까지)

㈜메트가 2004년 3월 정기주주총회에서 1억 원의 현금배당을 결의한 경우 회계처리는?

배당결의시점(주주총회일)	
차변	**대변**
이월이익잉여금　110,000,000	이익준비금　　　　 10,000,000 예수금(원천세)　 15,400,000 미지급배당금　　 84,600,000
110,000,000	110,000,000

※ 회사는 자본금의 1/2이 될 때까지 매 결산기 이익배당액의 1/10을 이익준비금으로 적립해야 함. 단, 주식배당은 제외함(상법 제458조)

배당금 지급시점	
차변	대변
미지급배당금 84,600,000	보통예금 84,600,000
84,600,000	84,600,000

원천징수세액 납부시	
차변	대변
예수금(원천세) 15,400,000	보통예금 15,400,000
15,400,000	15,400,000

Q1. 상법에 반하는 정관은 효력이 있을까요?

A1. No

정관은 회사의 자치 법규이므로 상법보다 우선 적용되는 게 원칙이지만, 정관내용이 상법의 강행법규를 위반하는 경우에는 회사의 선·악의를 불문하고 무효한 행위가 됩니다(서울지법 2002나61476, 2003.07.31).

예를 들어 비상장기업의 경우 상장기업과 달리 결산배당과 중간배당 즉, 최대 연 2회의 배당만이 가능한데 만약 정관으로 분기별 배당(연 4회)을 규정하고 이에 배당금을 지급했다면 이는 무효한 행위에 해당하며, 이에 해당 배당금은 세법상 업무무관 가지급금으로 처리됨에 주의해야 합니다.

Q2. 상법절차에 의하지 않은 중간배당은 효력이 있을까요?

A2. No

법인이 당해 법인의 주주에게 상법절차(이사회결의)에 의하지 아니하고 임시 주주총회결의에 의하여 지급한 중간배당금은 업무와 관련 없이 지급한 가지급금으로 보아 인정이자 계상 등 부당행위계산부인이 적용되는 것입니다(서면2팀-231, 2008.02.05).

Q3. 배당금을 지급하지 않아도 원천징수를 해야 하나요?

A3. Yes

배당소득은 "실제 지급하는 때"에 소득세를 원천징수 하고 그 징수일이 속하는 달의 다음달 10일까지 원천세를 신고납부해야 하는데요. 세법상으로는 배당금을 지급하지 않는 경우라도 일정시기가 도래하면 지급한 것으로 보아 원천징수를 하도록 규정하고 있기에 주의가 필요합니다. 기본적으로 세무대리인이 챙길 항목이지만, 컨설팅 시 함께 안내해준다면 신뢰감이 더 증가할 것 같습니다.

구분	지급한 것으로 보는 날
법인이 이익 또는 잉여금의 처분에 따른 배당 또는 분배금을 그 처분을 결정한 날부터 3개월이 되는 날까지 지급하지 않은 경우	그 3개월이 되는 날
11월 1일부터 12월 31일까지의 사이에 결정된 처분에 따라 다음연도 2월 말일까지 배당소득을 지급하지 않은 경우	그 처분을 결정한 날이 속하는 과세기간의 다음연도 2월 말일

(4) 배당은 회사에 어떤 영향을 미칠까요?

배당은 누적된 잉여금을 감소시키면서 현금자산이 유출되고 이 과정에서 재무상태표상 자산과 자본이 감소하게 됩니다. 이처럼 배당은 기업의 주식가치와 재무비율 등 여러 사항에 영향을 미치는데요. 정확한 배당컨설팅을 위해서는 이러한 변화에 주목할 필요가 있습니다.

재무제표의 변화

자산	부채
배당액만큼 현금자산이 유출되면서 자산총계 감소	변동없음
	자본
	배당액만큼 미처분이익잉여금이 감소하면서 자본총계 감소
자산총계	부채와 자본총계

※ 배당금을 지급하지 않는 경우 미지급배당금으로 계상되면서 부채증가+자본감소 효과가 발생하나, 해당 부채는 언젠가 현금자산으로 지급되기에 결론적으로는 자산감소+자본감소가 동일하게 발생함

배당에 따른 재무비율의 변화

재무제표 분석 비율 중 기업에 가장 큰 영향을 미치는 항목은 "부채비율"입니다. 부채비율은 부채와 자본의 비율을 분석하는 것인데요. 자본이 감소하는 배당은 부채비율의 증가로 이어지게 됩니다. 따라서 배당 전에 회사의 배당금 지급여력과 배당으로 인한 부채비율의 변화를 파악하고 기업내부 혹은 외부 이해관계자들이 원하는 부채비율을 확인하는 것이 중요합니다.

보험절세모음 〈법인편〉

배당규모에 따라 부채비율은 얼마나 달라질까요?

> 부채총계 60억, 자본총계 25억, 당기순이익 5억가정

단위 : 억 원

구분	배당 ×	배당 1억	배당 2억	배당 4억	배당 6억	배당 8억
부채총계(A)	60	60	60	60	60	60
자본	25	25	25	25	25	25
+당기순이익	+5	+5	+5	+5	+5	+5
-배당금	-	-1	-2	-4	-6	-8
자본총계(B)	30	29	28	26	24	22
부채비율(A·B)	200%	207%	214%	231%	250%	273%

배당에 따른 주식가치의 변화

　배당의 가장 큰 효과는 주식가치를 줄인다는 점에 있습니다. 현금화가 어려운 비상장법인의 주식이 상속이나 증여로 소유권이 이전되는 경우, 큰 세금문제가 발생합니다. 주식가치를 지속적으로 관리하면서 조절하는 것은 법인컨설팅에서 중요한 포인트입니다.

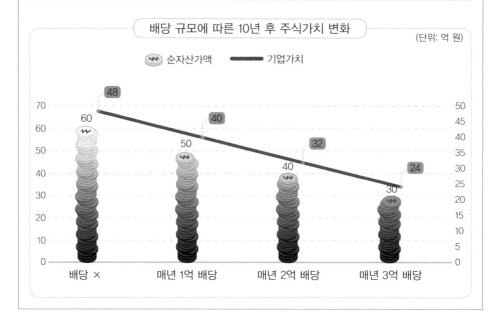

사례 검토 배당규모에 따른 주식가치 변화

- 순자산가액 40억, 발행주식총수 1만주, 매년 2억 원의 당기순이익이 발생한다고 가정
- 주당 순손익가치 20만 원 가정

배당 규모에 따른 10년 후 주식가치 변화

(단위: 억 원)

순자산가액　　기업가치

| 배당 × | 매년 1억 배당 | 매년 2억 배당 | 매년 3억 배당 |

48　60　40　50　32　40　24　30

배당규모에 따른 10년 후 순자산가액의 변화

구분	배당 X	매년 1억 배당	매년 2억 배당	매년 3억배당
순자산가액	40억	40억	40억	40억
당기순이익	+20억	+20억	+20억	+20억
배당금액	–	–10억	–20억	–30억
순자산가액	60억	50억	40억	30억

배당규모에 따른 10년 후 주식가치 변화

단위 : 원

구분	배당 X	매년 1억 배당	매년 2억 배당	매년 3억 배당
순자산가액·1주	600,000	500,000	400,000	300,000
순손익가액·1주	200,000	200,000	200,000	200,000
A. 주식평가액·1주	360,000	320,000	280,000	240,000
B. 순자산가치 80%	480,000	400,000	320,000	240,000
최종평가액 MAX(A, B)	480,000	400,000	320,000	240,000
총평가액(1만주)	48억	40억	32억	24억

배당 시 개인 입장에서는 소득세가 발생하지만° 배당을 하지 않으면 위와 같이 비상장주식가치가 수십억 증가합니다. 결국 최고세율 50%의 상속세를 부담하게 됩니다.

상속세 절세를 위해서는 법인에 누적되는 이익을 개인화 하여 자산과 소득의 유형을 바꾸는 설계가 필요합니다. 배당은 이 때 매우 유효한 전략이 될 수 있으며, 지분설계와 함께 진행하면 절세효과를 더욱 높일 수 있습니다. 지분설계 방법과 절세효과에 대해서는 곧이어 사례와 함께 알아보실 수 있습니다.

° 배당 시 발생하는 소득세 부담에 대해서는 다음 《(5) 배당은 주주에게 어떤 영향을 미칠까요?》에서 구체적으로 살펴봅니다.

(5) 배당은 주주에게 어떤 영향을 미칠까요?

배당은 주주가 법인에 투자한 금액에 대한 보상(이익실현)으로 당연히 세금이 수반됩니다. 주주는 법인과 개인 모두 될 수 있으므로 아래에서는 각 주주의 유형에 따른 세금문제를 검토하고, 이를 토대로 절세방법을 살펴보겠습니다.

주주유형에 따른 과세개요

구분	법인주주	개인주주
소득유형	배당금 수익 (영업외수익)	배당소득 (타 금융소득과 합산하여 금융소득으로 과세)
과세구분	법인세	2천만 원 이하 금융소득 : 14% 분리과세 2천만 원 초과 금융소득 : 타 소득과 합산하여 종합소득세로 과세
이중과세조정	수입배당금 익금불산입 (지분율에 따라 익금불산입율 차등)	그로스업(Gross-up) 제도 적용 배당소득에 법인세상당액(10%)을 가산하여 배당소득금액 계산, 이후 산출세액에서 가산한 법인세상당액을 차감하는 제도

※ 배당은 법인이 1차적으로 법인세를 납부하고 남은 잉여금을 지급하는 것이기에 주주에게 다시 세금을 과세하는 경우 이중과세의 문제가 발생합니다. 이에 법인세가 과세된 법인으로부터 받는 배당금에 대해서는 배당금을 받는 주주가 법인인지 개인인지에 따라 다른 이중과세 조정제도가 적용됩니다.

법인주주의 수입배당금 익금불산입제도

법인주주가 수령하는 배당금에 대한 법인세 이중과세를 조정하기 위해 법인세법에서는 수입배당금 익금불산입제도가 있습니다. 이는 투자지분율에 따라 일정률(%)을 익금불산입, 즉 수익으로 보지 않겠다는 의미입니다. 세법개정에 따라 2023년 이후 수령하는 배당금부터는 익금불산입율이 크게 증가하였습니다.

법인의 투자지분율별 익금불산입율(법인세법 제18조의2)

출자지분율	익금불산입률
50% 이상	100%
20% 이상 50% 미만	80%
20% 미만	30%

개인주주의 그로스업(Gross-up) 제도

개인주주가 수령하는 배당금에 대한 이중과세를 조정하기 위한 제도로 그로스업 제도가 있습니다.

배당금은 법인세를 부담한 후의 이익을 주주에게 분배하는 것이므로, 주주에게 배당소득세를 과세하면 '동일 원천소득'에 대해 이중과세하는 문제가 발생합니다. 따라서 개인의 소득세를 계산할 때, 이미 법인이 부담한 법인세상당액을 고려해 공제하여 이중과세를 조정하게 됩니다.

구분	내용
개념	"동일 원천소득"에 대한 법인세와 소득세 이중과세를 방지하기 위한 제도 – 배당금에 대해 법인이 부담하였다고 가정하는 법인세상당액(10%)을 가산하여 배당소득금액과 산출세액을 계산하고, 이후 가산한 법인세상당액을 산출세액에서 공제하여 이중과세를 조절함
과세방식	1. 배당소득금액 = 배당금수령액 + (배당금수령액 – 2,000만원) × 10%(gross-up 금액) 2. 배당세액공제 = (배당금수령액 – 2,000만원) × 10%(gross-up 금액) (한도 있음)
Gross-up 대상 배당소득	다음 요건을 모두 충족한 배당소득에 한해 Gross-up 적용 요건1) 내국법인으로부터 얻은 배당소득일 것 요건2) 법인세가 과세된 소득을 재원으로 하는 배당소득일 것 요건3) 종합과세되고 누진세율이 적용되는 배당소득일 것 (2천만 원 이하 금융소득은 분리과세로 과세 종결)

배당금에 대해 자주 하는 질문 모음 🔍

Q1. 개인주주의 배당금, 어떻게 과세되나요?

A. 배당금과 다른 이자소득 등을 합산하여 "금융소득"으로 분류하고, 금융소득이 2천만 원 이하인 경우에는 15.4%의 분리과세로 납세의무가 종결됩니다. (별도 신고 필요 없음. 지방소득세 포함) 다만 금융소득이 2천만 원을 초과하면 타 소득과 합산하여 5월에 종합소득세를 신고납부해야 합니다.

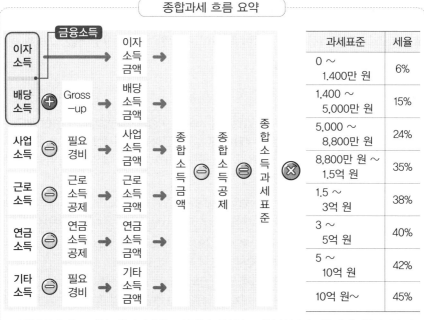

종합과세 흐름 요약

과세표준	세율
0 ~ 1,400만 원	6%
1,400 ~ 5,000만 원	15%
5,000 ~ 8,800만 원	24%
8,800만 원 ~ 1.5억 원	35%
1.5 ~ 3억 원	38%
3 ~ 5억 원	40%
5 ~ 10억 원	42%
10억 원~	45%

※ 종합소득세 신고 − 매년 5월 말까지 신고·납부(단, 성실신고 대상사업자의 경우 매년 6월 말까지 신고·납부)

Q2. 부부가 각자 금융소득이 있는 경우는 어떻게 과세되나요?

A. 종합소득세는 인별 과세로, 부부라 해도 금융소득을 합산하지 않습니다. 개인별로 연간 금융소득 2천만 원 초과 여부를 판정하여 계산합니다.

Q3. 세금 계산 시 주식투자를 위해 받은 대출의 이자를 공제 받을 수 있을까요?

A. 금융소득에 대해서는 별도의 필요경비가 인정되지 않기에 대출이자비용은 경비처리가 불가합니다.

Q4. 배당금 수령 시 건강보험료는 어떻게 되나요? 법인에서 급여를 받고 있습니다.

A. 급여를 수령하는 직장가입자라 하더라도 급여 외의 소득이 연간 2천만 원을 초과하는 경우에는 건강보험료가 추가로 과세됩니다. 이를 "소득월액 건강보험료"라 합니다.

배당금 수령 후 "갑자기 무슨 건강보험료가 고지되었다"며 질문하시는 경우들이 있는데, 컨설팅 단계에서 명확히 안내 드려야 난처한 상황이 발생하지 않겠죠? 또 소득월액 건강보험료는 1년간의 금융소득이 2천만 원을 초과하는 경우 발생하므로 지분설계를 통해 인별 배당금액을 조절하는 것도 방법이 될 수 있습니다.

구분	내용
보험료 대상자	급여 외의 소득(보수 외 소득)이 연간 2,000만 원을 초과하는 자
건강보험료	(연간 이자·배당소득 합계－2,000만 원) × 건강보험료율(7.09%) ※위 산식에 따라 계산된 건강보험료를 1/12로 나누어 매월 고지 납부

(6) 배당할 때 세금을 줄일 방법은 무엇일까요?

세금에 대한 막연한 두려움 때문에 배당을 생각조차 하지 않는 안타까운 경우가 생각보다 많은데요. 배당에 대한 오해를 해결하고 추가적으로 세금까지 줄일 수 있는 노블리치센터 만의 TIP, 함께 알아볼까요?

배당하면 40~50%는 세금으로 다 뜯긴다는 A대표님

앞서 살펴본 바와 같이, 배당소득은 2가지 특징을 갖고 있습니다. 첫째, 2천만 원 초과할 경우에만 종합과세 된다는 점이고 둘째, 종합과세 된다 하더라도 이중과세 조정을 위한 그로스업 제도가 적용된다는 점입니다. 만약 급여와 합산된다 하더라도 배당금에 대한 세금은 생각보다 크지 않은 경우가 많습니다. 사례로 함께 알아보겠습니다.

사례 검토 배당금으로 인한 실제 세금부담, 얼마나 될까요?

연봉 1억, 소득공제 1천만 원, 부양가족 2명 가정 시

단위 : 천 원

배당금액	종합과세대상 (2천만 원 초과분)	법인원천징수 (14%)	개인추가납부 (소득세+건보료)	실효세율 (총세금÷배당금)
20,000	–	2,800	–	14%
30,000	10,000	4,200	1,120	18%
40,000	20,000	5,600	2,518	20%
50,000	30,000	7,000	4,738	23%
60,000	40,000	8,400	6,958	26%
70,000	50,000	9,800	9,178	27%
80,000	60,000	11,200	11,398	28%
90,000	70,000	12,600	13,685	29%
100,000	80,000	14,000	16,235	30%

※ 금융소득은 2천만 원까지 14% 분리과세 세율이 적용됩니다.

보험절세모음 (법인편)

※ 2천만 원 초과시 종합과세 된다고 하더라도 이중과세 조절제도인 Gross-up이 적용되면서 실제 실효세율은 높지 않습니다.

※ 법인에서 배당금 지급 시 14%의 세금을 원천 징수하고, 해당 원천세는 대표님의 5월 소득세 계산시 기납부 세액으로 차감 반영됩니다.

주주라고는 나 혼자인데, 세금이 부담된다는 B대표님

비상장기업, 특히 사업 연혁이 길지 않은 중소기업은 주식이 대부분 대표님에게 집중되어 있는 경우가 많죠. 배당을 한다 해도 대표님의 급여와 합산되면 배당세금이 부담되기 마련입니다.

이 경우에는 배우자나 자녀를 주주로 참여시키면서 배당소득을 분산시키는 지분설계가 효과적인 절세전략이 될 수 있습니다.

예를 들어 볼까요? 대표님 혼자 주주일 경우 종합과세 되지 않으려면 2천만 원만 배당할 수 있습니다. 만약 배우자와 두 자녀를 포함해 네 명의 주주가 각각 1/4씩 주식을 보유하고 있다면 어떨까요? 각각 2천만 원씩, 총 8천만 원을 배당금으로 지급할 수 있습니다. (주주에게 다른 금융소득은 없는 것으로 가정)

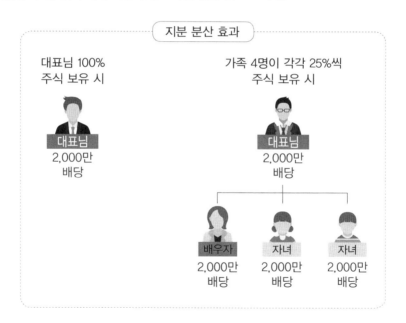

지분 분산 효과

대표님 100%
주식 보유 시

대표님
2,000만
배당

가족 4명이 각각 25%씩
주식 보유 시

대표님
2,000만
배당

배우자
2,000만
배당

자녀
2,000만
배당

자녀
2,000만
배당

지분설계의 주요 내용과 절세효과를 좀 더 자세히 살펴보겠습니다.

(단, 주주로 참여하는 배우자와 자녀가 실제 주주역할을 수행해야 한다는 점 기억해주세요!)

절세 포인트	주요내용
1	• 소득세는 인별과세로 지분설계 시 배당금이 분산되면서 세부담이 감소 • 배우자 생활비의 경우 기존에는 대표님의 세후소득에서 지급되었다면, 지분설계 시 배당금을 통해 배우자에게 생활비 지급이 가능
2	• 금융소득은 연간 2천만 원까지는 14%의 세율로 분리과세 • 이에 종합소득세 신고 자체를 하지 않고, 종합소득금액 자체가 없기에 대표님 연말정산 시 부양가족으로 등록도 가능함
3	• 금융소득이 2천만 원을 초과한다 하더라도 Gross-up 제도가 적용되어 배당소득 기준 약 1.3억 원까지는 종합소득세 신고를 하더라도 추가 납부세액이 발생하지 않음(배당 시 14%의 원천징수 세금은 납부)(타 소득이 없는 경우 가정)
4	• 급여가 있는 대표님의 금융소득이 연간 2천만 원 초과시 소득월액 건강보험료가 추가로 고지 • 이에 대표님 소득분산 시 불필요한 건강보험료도 감소시킬 수 있으며, 재산이 적은 자녀라면 연간 2천만 원 이하의 금융소득까지는 건강보험 피부양자 자격도 유지 가능함

사례 검토 지분을 분산하면 얼마나 절세 될까요?

- 연봉 1억, 소득공제 1천만 원, 부양가족 3명 가정
- 1안은 대표님 단독으로 1억배당

  2안은 지분설계를 통해 대표님 4천, 배우자와 자녀는 각 2천씩 배당 가정
- 정확한 절세효과 비교를 위해 법인에서 부담하는 14% 원천징수세율도 포함

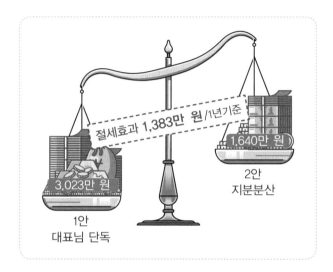

절세효과 1,383만 원/1년기준

1,640만 원
2안
지분분산

3,023만 원
1안
대표님 단독

주주	1안 대표님 단독	2안 지분분산	비고
대표님	3,023만 원	800만 원	
배우자	–	280만 원	2,000만 원 이하 금융소득 14% 분리과세로 종결
자녀1	–	280만 원	
자녀2	–	280만 원	
세금 합계	3,023만 원	1,640만 원	
절세효과	1,383만 원 / 1년기준		

※ 지분설계를 통한 절세효과를 비교하기 위한 표로 실제 기업에서는 지분분산에 여러 제약이 있을 수 있으므로 각 기업의 상황에 맞는 지분설계가 필요합니다.

배우자나 자녀에게 배당소득이 있으면 건강보험 피부양자 자격이 박탈되나요?

연간소득이 2천만 원을 초과하면 건강보험 피부양자 자격이 박탈됩니다. 지분설계시 피부양자 조건이 유지되는지 여부도 함께 검토해야 합니다. 또한 연간소득이 2천만 원 이하라도 보유자산에 따라 기준이 달라지니 주의하세요!

건강보험 피부양자 유지를 위한 소득·재산 요건

재산세 과세표준액 (아파트 공시가격)	연간소득 1,000만 원 이하	연간소득 1,000~2,000만 원 이하	연간소득 2,000만 원 초과
9억 원 초과 (15억 원 초과)	탈락	탈락	탈락
5.4억 원~9억 원 이하 (9~15억 원 이하)	유지	탈락	탈락
5.4억 원 이하 (9억 원 이하)	유지	유지	탈락

지금 급여로도 충분해서 배당은 필요 없다는 C 대표님

소득의 유형을 바꾸는 것만으로도 절세효과가 발생한다는 사실, 알고 계신가요? 동일한 소득을 법인에서 받더라도 급여와 배당을 적절히 혼합하는 설계만으로도 불필요한 세부담을 줄일 수 있습니다. 실제 사례를 통해 정리해 보겠습니다.

사례 검토 똑같은 소득을 급여와 배당으로 분산하면 얼마나 절세할 수 있을까요?

- 연봉 2억, 소득공제 1천만 원, 부양가족 2명 가정
- 단순 급여로 구성된 경우와 급여+배당으로 소득설계를 진행한 경우

급여+배당 절세효과

단위: 만 원(지방소득세 별도)

총 부담세액   절세효과

4,540 / 급여 2억

520 / 4,020 / 급여 1.7억 원+배당 3천

628 / 3,912 / 급여 1.5억 원+배당 5천

구분	1안	2안	3안
근로소득(연봉)	2억 원	1억 7,000만 원	1억 5,000만 원
배당	–	3,000만 원	5,000만 원
총 부담세액	4,569만 원	4,050만 원	3,941만 원
절세효과		519만 원	628만 원

※ 절세효과 비교를 위해 총 부담세액에는 법인에서 부담하는 원천징수세액도 포함함

---

(7) 차등배당, 더 이상 하면 안 될까요? ··· 차등배당의 쟁점과 활용

앞서 차등배당은 상법상 주주평등의 원칙에는 위배되지만, 판례상 인정된다는 것을 정리하였는데요. 이에 비상장법인에서도 차등배당을 진행하는 경우가 종종 있었습니다. 차등배당을 받은 주주 입장에서 소득세와 증여세를 비교하여 큰 세금을 과세하였으므로 증여세가 과세되지 않는 경우가 많았기 때문입니다.

하지만 2021년부터는 '초과배당금액에서 소득세를 뺀 금액'에 대해 증여세를 과세하도록 세법이 개정되면서 차등배당의 절세효과가 거의 없어졌다 볼 수 있는데요.

차등배당, 이제 더는 하지 말아야 할까요?

차등배당시 증여세 과세구조의 이해

구분	과세내용
2016년 이후	• 초과배당 증여세 과세요건(1, 2 모두 충족) 1. 최대주주의 특수관계인이 초과배당을 받을 것 2. 증여세가 소득세를 초과할 것 • 위 요건 충족 시 증여세를 과세하나, 소득세는 납부할 증여세에서 차감 ※ 차등배당을 통해 본인의 지분율보다 더 배당받는 금액에 대해 증여세를 과세하며, 이를 세법상 '차등배당'이라 합니다.
2021년 이후	• 증여세와 소득세를 비교하지 않고 증여세와 소득세 "모두" 과세 • 증여세 계산 1차) (초과배당금액 − 소득세상당액)에 대해 증여세를 신고납부 2차) 실제 소득세를 신고납부하고 이를 다시 반영하여 증여세 정산 (1차 납부한 증여세와 비교하여 환급 or 추가납부 진행)

자녀법인을 활용한 차등배당 전략

위에서 살펴봤듯이 2021년 이후부터는 증여세와 소득세를 비교하지 않고 "초과배당금액에서 소득세를 차감한 금액"에 대해 증여세를 과세하고 있습니다. 자녀에게 현금을 직접 증여하는 것과 자녀에게 배당금을 더 지급하는 것의 세부담 차이가 거의 없습니다.

다만, 자녀가 운영하는 법인이 있다면 해당 법인에게 차등배당 하는 전략을 검토해

볼 만합니다. 이는 법인에 대한 차등배당 시 과세구조 때문입니다. 자녀법인이 차등배당을 받게 되면 배당금에 대해 법인세가 1차로 과세되고, 이후 주주인 자녀들에게 상속세 및 증여세법 제45조의5에 따라 추가로 증여세가 과세됩니다. 하지만 세법상 주주가 얻는 이익이 1억 원 이상인 경우에만 증여세가 과세되므로 이를 활용하면 절세전략에 도움이 될 수 있습니다. 다음의 사례분석에서 자녀법인을 활용한 차등배당 전략에 대해 자세히 알아보겠습니다.

특정법인과의 거래를 통한 이익의 증여

관련법령	내용
상증법 제45조의5	지배주주의 주식보유비율이 30% 이상인 법인이 해당 지배주주의 특수관계인과 과세대상거래(재산을 무상으로 제공받는 등의 행위)를 하는 경우, 그 거래한 날을 증여일로하여 특정법인의 이익°에 특정법인의 지배주주 등의 주식보유비율을 곱하여 계산한 금액을 그 특정법인의 지배주주 등이 증여받은 것으로 봄
상증령 제34조의5	법 제45조의5 제1항을 적용할 때, 특정법인의 주주 등이 증여받은 것으로 보는 경우는 같은 항에 따른 증여의제이익°°이 1억 원 이상인 경우로 한정함

° 특정법인의 이익이란? 법인이 얻은 이익(법인이 초과배당 받은 금액)에서 법인세를 차감한 금액
°° 증여의제이익이란? 특정법인의 이익에 각 주주의 지분율을 곱한 금액

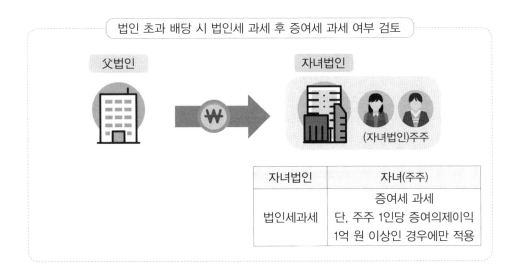

사례 검토 자녀 대신 자녀법인에 차등배당 하면 세금은 얼마일까요?

자녀A(지분율 50%)와 자녀B(지분율 50%)로 구성된 자녀법인이 父법인으로부터 1억 원의 초과배당금액을 받는 경우 자녀A와 자녀B가 납부할 증여세는?

> 초과배당금액에 대한 법인세는 9%를 가정하며, 수입배당금 익금불산입 등은 없다고 가정

父법인		자녀법인

초과배당 1억 원

지분율 50% 50%

자녀법인	자녀 A	자녀 B
법인세 900만 원	증여세 없음	증여세 없음

주주	관계	지분율	법인이 얻은 이익	법인세	증여세
A	자녀	50%	1억 원	900만 원	없음 (증여의제이익 1억 미만)
B	자녀	50%			없음 (증여의제이익 1억 미만)

04

임원 퇴직금, 제대로 관리하고 있나요?

퇴직금이란 장기간의 근로 제공에 대해 퇴직시점에 수령하는 보상으로 CEO플랜의 핵심내용이라 할 수 있습니다. 수령하는 임원 입장에서는 퇴직소득세로 과세되어 절세측면에서 유리하고, 지급하는 법인 입장에서는 일시 비용처리 혹은 순자산감소에 따른 주식가치 하락과 그에 따른 다양한 컨설팅전략의 수립이 가능하기 때문입니다.

다만, 임원 퇴직금은 엄격한 법적근거와 한도 등을 적용하므로 구체적이고 장기적인 퇴직금 설계가 선행되어야 합니다. 그렇지 않는 경우 법인이 지급한 퇴직금이 손금불산입 되거나, 퇴직하면서 수령하였음에도 퇴직소득이 아닌 근로소득으로 보아 세부담이 크게 증가하는 문제가 발생할 수 있으니 주의가 필요합니다.

(1) 임원 퇴직금이 왜 관심사일까요?

효율적인 퇴직금 설계를 위해서는 퇴직금이 가지는 세법상 장점에 대해 정확히 이해해야 합니다. 법인의 이익을 개인화 하는 소득설계 방안에는 급여 및 상여, 배당, 퇴직금 등 여러 유형이 존재하지만 그 중에서도 퇴직금은 절세효과와 법인에 미치는 영향이 가장 크기 때문입니다. 구체적 내용을 살펴보면 다음과 같습니다.

다른 소득과 합산하여 과세하지 않습니다

분리과세	분류과세	종합과세
원천징수로 납세의무 종결 → 종합소득 합산하지 않음	장기간 형성된 소득으로 타 소득과 별도로 분류하여 과세	과세기간(1년)별로 합산하여 과세
2천만 원 이하 금융소득 2천만 원 이하 주택임대소득 분리과세대상 연금소득 분리과세대상 기타소득	양도소득 퇴직소득	분리·분류 제외 모든 소득

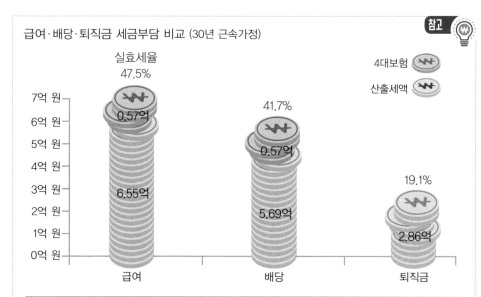

급여·배당·퇴직금 세금부담 비교 (30년 근속가정)

소득유형	상여금	배당금	퇴직금
과세방식	종합과세	종합과세	분류과세
총급여(세전지급액)	15억 원	15억 원	15억 원
결정세액	6.55억 원	5.69억 원	2.86억 원
건강보험료	0.57억 원	0.57억 원	–
세금합계	7.12억 원	6.26억 원	2.86억 원
실효세율	47.5%	41.7%	19.1%
퇴직금 대비 추가세금	4.26억 원	3.4억 원	

※ 각 소득외 타 소득은 없으며, 종합소득공제 1천 만원, 세액공제는 근로세액공제와 배당세액공제만을 반영함
※ 정확한 절세효과 비교를 위해 법인에서 소득지급 시 원천징수하는 세액도 포함함

연분연승법 적용에 따라 전체 세부담이 감소합니다

연분연승법이란 "총 소득을 연분(발생기간으로 나눠)해 1년의 소득으로 세율을 적용해 세금을 계산한 뒤, 그 세금에 연승(발생년수를 곱)해 총 세금을 계산하는 방식을 말합니다.

소득세율은 6.6%~49.5%(지방소득세포함)까지, 8단계 누진세율로 구성되어 있습니다. 장기간 형성된 거액의 퇴직소득에 세율을 그대로 적용하게 되면 높은 세부담이 발생할 수밖에 없겠죠?

이에 합리적으로 세금을 부과하기 위해 전체 퇴직소득을 근무기간으로 나누어 과세표준을 계산하고 여기에 세율을 곱해 세금을 구합니다(연분). 다른 소득에 비해 상대적으로 낮은 세율을 적용 받을 수 있는 이유입니다.

그 후 근속기간을 다시 곱하여 전체 퇴직소득세를 계산하는 것입니다(연승).

이런 계산방식 덕분에 퇴직소득은 타 소득대비 유효세율이 낮다는 장점이 있습니다. 사례를 통해 살펴보겠습니다.

퇴직소득세 계산흐름과 퇴직금별 유효세율 예시

단위: 천 원

	구분	퇴직금 5억	퇴직금 10억
	퇴직소득금액	500,000	1,000,000
⊖	퇴직소득공제 (근속연수공제)	40,000	40,000
⊜	환산급여 (퇴직소득금액－근속연수공제)/근속연수×12	276,000	576,000
⊖	퇴직소득공제 (환산급여공제)	140,900	248,300
⊜	퇴직소득과세표준	135,100	327,700
	환산산출세액 (과세표준 × 세율)	31,845	105,140
	퇴직소득산출세액 (환산산출세액 × 근속연수/12)	53,075	175,233
	유효세율	10.61%	17.52%

※ 한도초과액은 없고 모두 퇴직소득 가정, 근속연수 동일하게 20년 가정, 지방소득세 별도

건강보험료 부담이 발생하지 않습니다

퇴직과 동시에 직장가입자에서 지역가입자로 건강보험 가입자격이 변경됩니다. 지역가입자의 경우 가입자의 소득, 재산 등을 기준으로 각 부과요소별 점수를 합산하여 보험료를 과세합니다. 일시에 거액으로 지급되는 퇴직금에 건강보험료가 부과된다면 정말 적지 않은 건강보험료가 발생하지 않을까요? 다행히도 지역가입자의 건강보험료 과세대상 소득에는 퇴직소득이 포함되지 않습니다.

세법상 주식가치 절감효과가 발생합니다

퇴직금은 주식가치를 크게 감소시키는 효과가 있습니다. 퇴직금 지급 시 순자산가치와 순손익가치가 동시에 감소하기 때문입니다. 이를 활용해 주식 증여나 가업승계 시점을 조절하면 절세효과를 추가로 얻을 수 있습니다.

단, 퇴직금을 실제 지급하지 않더라도 회사가 지급해야 하는 퇴직급여추계액 상당액은 주식평가 시 "부채"로 반영하는 규정도 존재하고, 또한 퇴직연금의 경우에는 연금유형에 따라 각각 다른 회계·세무처리가 진행되어 주식가치에 미치는 영향이 다를 수 있으니 전문가에게 컨설팅 받으시기를 추천 드립니다.

퇴직금 지급이 재무상태표에 미치는 영향

자산	부채
퇴직금 지급액만큼 현금자산이 유출되면서 자산총계 감소	미지급퇴직금지급으로 부채 감소
	자본
	퇴직금 비용처리액만큼 당기순이익 감소, 이에 따라 미처분이익잉여금이 감소하여 자본총계 감소
자산총계	부채와 자본총계

퇴직금 지급규모에 따른 주식가치 변화

퇴직금 지급이 비상장주식평가액과 상속세 감소효과에 미치는 영향을 구체적으로 알아보겠습니다. 세법에는 비상장주식을 평가 시 순자산가치와 순손익가치를 가중평균 하되, 해당 평균금액이 순자산가치의 80%에 미달하는 경우 순자산가치의 80%를 주식평가액으로 사용하는 규정이 존재합니다.

이에 다음과 같이 동일한 퇴직금을 지급하더라도 회사의 규모에 따라 미치는 영향이 다를 수 있으므로 기업의 규모와 지급여력, 재무제표의 구조, 대표이사의 근속기간과 희망퇴직금 등을 종합적으로 고려하여 컨설팅을 진행해야 합니다.

사례 분석 퇴직금 지급액에 따라 주식가치 감소와 상속세 절세효과는 얼마나 될까요?

	법인 A
	• 순자산가액 50억
	• 순손익 = 직전 1년 5억, 직전 2년 4억, 직전 3년 3억 가정
	• 발행주식총수 10만주, 대표님 단독 주주
	• 예상 상속세율 50% 및 누진공제 적용

	법인 B
	• 순자산가액 70억
	• 순손익 = 직전 1년 10억, 직전 2년 8억, 직전 3년 6억 가정
	• 발행주식총수 10만주, 대표님 단독 주주
	• 예상 상속세율 50% 및 누진공제 적용

법인 A

구분	퇴직금 ×	퇴직금 5억	퇴직금 10억
1주당 평가액*	46,000원	36,000원	32,000원
총 기업가치	46억 원	36억 원	32억 원
예상 상속세	18.4억 원	13.4억 원	11.4억 원
상속세 절세효과		5억 원	7억 원

법인 B

구분	퇴직금 ×	퇴직금 5억	퇴직금 10억
1주당 평가액*	80,000원	63,000원	48,000원
총 기업가치	80억 원	63억 원	48억 원
예상 상속세	35.4억 원	26.9억 원	19.4억 원
상속세 절세효과		8.5억 원	16억 원

*1주당 평가액 : Max(순자산과 순손익의 가중평균액, 주당 순자산가액의 80%)

(2) 왜 정관에 임원 퇴직금 규정이 있어야 할까요?

근로자의 퇴직급여는 '퇴직급여보장법'의 보호를 받습니다. 안정적인 노후생활을 보장하기 위해서입니다. 그럼 대표이사나 임원의 퇴직금은 어디에서 보장 받을 수 있을까요?

대표이사를 포함한 임원은 근로기준법상 근로자에 해당되지 않는 경우가 많습니다. 따라서, 임원의 퇴직금은 상법과 세법의 규정에 따라 지급되어야 합니다. 지금부터 임원퇴직금에 대한 각 법률의 규정과 손금산입의 요건에 대해 살펴보겠습니다.

임원과 근로자의 퇴직소득 구분

근로자(직원)의 경우에는 "사용자부담금을 기초로 하여 현실적인 퇴직을 원인으로 지급받는 소득"을 명칭 여하에 불구하고 퇴직소득으로 구분합니다. 하지만, 임원의 경우 법인세법상 한도초과액과 소득세법상 한도초과액은 퇴직소득이 아니라 근로소득으로 봅니다. 즉 한도를 초과한 금액에 대해서는 많은 세금이 부과될 수 있으므로 주의가 필요합니다.

구분	법인세법	소득세법	지급받는 자의 소득구분
직원	한도 규정 없음	한도 규정 없음	퇴직소득
임원	한도 내	한도 내	퇴직소득
		한도 초과	근로소득
	한도 초과분 (손금불산입·상여처분)	–	근로소득

(임원퇴직금의 한도 규정은 〈(3) 임원퇴직금 개정흐름 한 눈에 정리하기〉(185p)에서 자세히 다룹니다.)

임원퇴직금의 법적성격

관련법령	내용
상법 제388조	이사의 보수는 정관에 그 액을 정하지 아니한 때에는 주주총회의 결의로 이를 정한다.
대법원 2014.05.29 선고 2012다98720 판결	상법 제388조에서 규정하는 이사의 보수는 월급·상여금 등 명칭을 불문하고 이사의 직무수행에 대한 보상으로 지급되는 대가를 모두 포함하고, 퇴직금 내지 퇴직위로금도 그 재직 중의 직무집행의 대가로 지급되는 보수의 일종임

임원퇴직금의 세법상 손금요건

상법에서는 퇴직금을 포함한 임원의 보수는 정관 또는 주주총회 결의로 정하도록 하고 있는데, 임원의 경우 그 직책을 이용하여 거액의 퇴직금을 책정 및 수령할 위험성이 존재합니다. 이에 세법에서는 상법의 규정에 더하여 추가적인 손금요건을 규정하고 있는데요. 이를 정리하면 다음과 같습니다.

구분	법인세법시행령 제44조 및 법인세법시행규칙 제22조
〈요건 1〉 현실적 퇴직 여부	법인이 임원에 지급하는 퇴직급여는 임원이 현실적으로 퇴직하는 경우에 지급하는 것에 한하여 손금에 산입함
〈요건 2〉 정관의 규정 여부	정관에 퇴직급여(퇴직위로금 등을 포함)로 지급할 금액이 정하여진 경우에는 정관에 정하여진 금액까지만 손금에 산입함
〈요건 3〉 실제 지급 여부	임원에게 퇴직금을 실제로 지급해야만 손금산입 요건을 충족하게 되고, 단지 퇴직금을 지급하기로 합의하였으나 실제로 지급하지 아니한 경우에는 법인세법시행령 제44조 소정의 "현실적인 퇴직"에 해당하지 아니하여 손금산입 요건에 해당하지 않음(대법2007두23965, 2008.01.24).

퇴직금 손금산입을 위한 Check List 🔍

임원퇴직금이 과도하게 책정&지급되는 경우 기업의 경쟁력이 악화되고 법인세 등 관련 세금이 탈루될 가능성이 높아 세법에서는 손금산입 요건을 엄격하게 규정하고 있는데요, 퇴직금 손금산입을 위한 노블리치센터만의 체크리스트! 함께 알아보시죠.

구분	여부
1. 현실적인 퇴직에 해당하는가?	
2. 정관 또는 정관에서 위임받는 지급규정이 존재하는가?	
3. 임원 퇴직금을 실제로 지급하였는가?	
4. 특정임원만을 위하여 예외적으로 만든 공정하지 않은 규정인가?	
5. 정관 및 지급규정 재·개정 시 관련 절차를 준수하였는가?	
6. 특정 이유 없이 다른 임원에 비해 차별적으로 높은 배수제를 적용받는가?	
7. 높은 퇴직금을 받기 위해 급여를 근거 없이 인상하였는가?	

(3) 임원퇴직금 개정흐름 한 눈에 정리하기

퇴직금에 대한 법인세법과 소득세법 이해하기

임원퇴직금에 관한 세금문제를 이해하려면 퇴직금을 지급하는 법인과 이를 수령하는 임원, 양 측을 구분하여 검토할 필요가 있는데요. 이를 정리하면 다음과 같습니다.

1단계 법인에서 지급하는 퇴직금 중 정관·지급규정을 초과하는 금액이 있는가?
2단계 지급규정 이내의 금액 중 소득세법상 한도를 초과하는 금액이 있는가?

퇴직금	법인(퇴직금 지급)	임원(퇴직금 수령)
지급규정을 초과하는 금액	손금불산입	근로소득(상여)
지급규정 이내의 금액	손금산입	소득세법상 한도검토 후, 한도 이내 : 퇴직소득 한도 초과 : 근로소득

소득세법상 퇴직소득 한도

2011년 이전까지는 회사의 규정에 따라 적정하게 수령한 퇴직금은 모두 "퇴직소득"에 해당하였으나, 과도한 퇴직금 지급을 통한 세부담 회피를 막기 위해 2012년 3배수 한도규정이 도입되었고, 2020년에는 2배수 한도규정이 도입되었습니다. 따라서 시기별로 나누어 퇴직소득 한도를 계산해야 합니다.

소득세법상 퇴직소득한도 개정 흐름

2011년 이전
- 퇴직금 명목으로 수령 금액은 모두 퇴직소득(한도규정 없음)

2012년 1차개정
- 3배수 규정 도입
- 단, 2011년말까지의 퇴직금분은 그대로 인정(한도대상 제외)

2015년 2차개정
- 시행령으로 2012년 법률보안
- "2011년말까지의 퇴직금분"에 대해 다음 중 선택한 금액을 한도적용대상에서 제외
  가. 퇴직금을 근속 기간으로 안분
  나. 2011년 당시 지급규정에 의한 퇴직금

2020년 3차개정
- 2배수 규정 도입
- 2020년 이후 근속 기간분의 퇴직금에 대해 적용

🔍 **관련 법규**

[소득세법 제22조 제3항] 단서조항 시설

퇴직소득금액은 제1항 각호에 따른 소득금액의 합계액으로 한다.

다만, "대통령령으로 정하는 임원의 퇴직소득금액이 다음 계산식에 따라 계산한 금액을 초과하는 금액은 근로소득으로 본다."

(2011년 12월 31일에 퇴직하였다고 가정할 때 지급받을 퇴직소득금액이 있는 경우에는 그 액을 뺀 금액을 말한다.)

☑ **임원 퇴직소득 한도**

$$\begin{array}{c}\text{2019년 12월 31일부터 소급하여}\\\text{3년동안 지급받은}\\\text{총 급여의 연평균 환산액}°\end{array} \times \frac{1}{10} \times \frac{\text{2012년 1월 1일부터}}{\text{2019년 12월 31일까지의 근무기간}°°} \times 3$$

$$\begin{array}{c}\text{퇴직한 날로부터 소급하여 3년동안}\\\text{지급받은 총 급여의 연평균 환산액}°\end{array} \times \frac{1}{10} \times \frac{\text{2020년 1월 1일 이후의 근무기간}°°}{12} \times 2$$

° 근무기간이 3년 미만인 경우에는 해당 근무기간으로 한다.
°° 근무기간은 개월 수로 계산하며, 1개월 미만의 기간이 있는 경우에는 이를 1개월로 본다.

보험절세모음 (법인편)

사례를 통해 살펴보는 퇴직소득 한도초과액

퇴직소득 한도초과액 검토를 위해서는 퇴직금을 다음과 같은 3단계로 구분하여 검토해야 합니다.

구분		주요내용
1단계	'11년 이전 근속분 퇴직금	한도 없음
2단계	'12년 ~ '19년 근속분 퇴직금	3배수 한도
3단계	'20년 이후 근속분 퇴직금	2배수 한도

기본가정

구분	내용
입사일 / 퇴사일	'01.01.01 / '30.12.31 (근속기간 30년)
2019년 직전 3년 평균연봉	2억
2030년 직전 3년 평균연봉	3억
퇴직금지급규정상 배수	3배수

한도초과액 계산

단계	금액	계산내용
총 퇴직금	27억	3억 × 10% × 360/12 × 3배
⊖ 한도제외퇴직금(1단계)	9.9억	27억 × 132개월('01~'11년 근속기간)/360개월
한도적용대상 퇴직금	17.1억	
⊖ 한도액(2단계)	4.8억	'12.01.01~'19.12.31 근속분
(2억 × 10% × 96/12 × 3배)		
⊖ 한도액(3단계)	6.6억	'20.01.01 이후 근속분
(3억 × 10% × 132/12 × 2배)		
한도초과금액	5.7억	총퇴직금 − 한도액(1+2+3단계)

(4) 퇴직위로금도 퇴직금에 포함될까요?

퇴직위로금이란 근로제공에 대한 감사와 위로의 의미로 지급하는 금품을 말합니다. 기존에는 퇴직위로금을 두고 근로소득인지 퇴직소득인지 과세유형에 대한 이견이 있었으나, 세법개정을 통해 2013년 이후부터는 근로대가의 명칭 여하에 관계없이 "퇴직을 원인으로" 받는 대가는 원칙적으로 퇴직소득으로 인정하고 있습니다.

다만, 퇴직위로금으로 지급되었다 하더라도 경우에 따라서는 근로소득으로 과세되거나 손금으로 인정되지 않는 경우가 있으니 주의가 필요합니다.

구분	내용
퇴직위로금이라 하더라도 근로소득으로 본 사례	퇴직 시 지급받은 소득이라 하더라도 그 지급의 원인이 근무기간 중 특정한 공로나 성과에 대하여 지급받은 것이라면 근로소득에 해당함(조심 2016중0371, 2016.05.02).
퇴직위로금 규정을 부인한 사례	퇴직금과는 별도로 퇴직금의 500% 범위 내에서 특별위로금을 지급할 수 있도록 규정하면서 사실상 지급여부를 정하는 지급률 산정에 대한 구체적 기준을 정하고 있지 아니한 점, 이해관계자들이 주주총회나 이사회결의를 실질적으로 주도한 점 등에 비추어 특별위로금을 손금에 산입하지 아니함이 타당함(서울고등법원 2006누11721, 2006.12.21).

(5) 퇴직연금, 꼭 가입해야 할까요?

퇴직연금제도는 근로자들의 노후소득 보장을 위해 근로자 재직기간 중 사용자가 근로자의 퇴직급여를 금융기관에 적립하고, 이 적립금을 사용자(확정급여형 – DB형) 또는 근로자(확정기여형 – DC형)가 운용하다가 55세 이후에 연금 또는 일시금으로 수령할 수 있도록 하는 제도를 말합니다. 퇴직연금제도 도입 전에는 퇴직금을 회사 내부에서 관리하다 보니 회사가 도산하거나 자금흐름의 문제가 발생하는 경우 근로자들이 퇴직금을 지급받지 못하는 경우가 있었고, 이에 퇴직금을 회사 내부가 아닌 외부 금융기관에 적립하여 근로자의 퇴직금 수급권을 보호하고자 퇴직연금제도가 도입되었습니다.

퇴직연금의 종류

확정급여형 퇴직연금제도(DB형 : Defined Benefits Retirement Pension)

• 근로자가 퇴직할 때 받을 퇴직급여가 사전에 확정된 퇴직연금제도

• 고용주는 매년 부담금을 금융회사에 적립하여 책임지고 운용하며, 운용결과와 관계없이 근로자는 사전에 정해진 수준의 퇴직급여를 수령

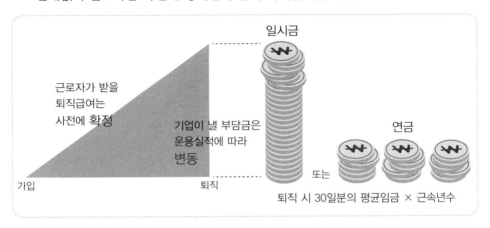

확정기여형 퇴직연금제도(DC형 : Defined Contribution Retirement Pension)

• 고용주가 납입할 부담금이 사전에 확정된 퇴직연금제도

• 고용주가 근로자 개별 계좌에 부담금(매년 연간 임금총액의 1/12 이상)을 정기적으로 납입하면, 근로자가 직접 적립금을 운용하며, 근로자 본인의 추가 부담금 납입도 가능

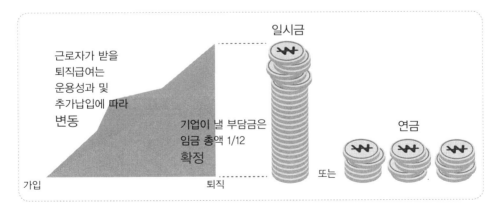

개인형 퇴직연금(IRP : Individual Retirement Pension)

- 근로자가 직장을 옮기거나 퇴직하면서 지급받은 퇴직급여를 근로자 본인 명의의 계좌에 적립하여 노후재원으로 활용하도록 하는 퇴직연금 적립 전용 개인제도
- 개인형 퇴직연금제도에서는 계좌 해지 시까지 소득세 납부가 연기되는 과세이연 혜택을 받을 수 있으며, 퇴직연금 도입 기업체 근로자는 개인형 퇴직연금계좌를 개설하여 추가 납입도 가능

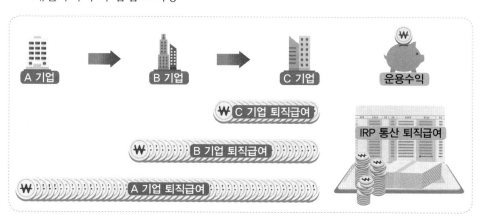

퇴직금제도 및 퇴직연금제도 비교

구분	퇴직금	확정급여(DB)	확정기여형(DC)	개인형(IRP)
퇴직급여 형태	일시금	연금 또는 일시금		
급여수준	근속년수 1년당 30일분의 평균임금	일시금 기준으로 퇴직금과 동일	근로자의 운용실적에 따라 변동	가입자의 운용실적에 따라 변동
규약신고	취업규칙	퇴직연금규약		불필요
사외적립 부담 수준	사용자 재량	퇴직금 추계액의 100% 이상	연간 임금총액의 1/12 이상	가입자 재량
부담금 납부	사용자			가입자
수수료 부담	–	운용·자산관리 : 사용자 근로자 추가납입 : 근로자		가입자
적립금의 운용	–	사용자	근로자	가입자
연금 수령요건	–	55세 이상으로서 가입기간 10년 이상		55세 이상
중도인출 (중간정산)	가능(특정한 사유°)	불가	가능(특정한 사유°)	

° 무주택자의 주택구입 및 전세금 부담, 본인·배우자·부양가족의 6개월 이상 요양 등

(출처: 고용노동부)

보험절세모음 〈법인편〉

확정급여형(DB형)과 확정기여형(DC형)의 세법상 차이

확정급여형(DB)
• 퇴직연금에 대한 소유권이 회사에 있음
• 이에 실제 퇴사시점에 비용처리가 맞으나, 수익비용대응 및 DC형과의 형평성을 위해 불입시점에 한도내에서 손금산입 신고조정 가능

회계 처리	불입시 : 퇴직연금운용자산 등 자산처리
	퇴직시 : 퇴직급여로 비용처리
세무 조정	불입시 : 추계액의 범위내에서 손금산입(유보)
	퇴직시 : 운용자산 상계분 익금산입(유보추인)

확정기여형(DC)
• 회사는 불입과 동시에 퇴직금에 대한 소유권이 소멸됨
• 즉, 향후 퇴사시 퇴직금 지급의무가 없으므로 불입시점에 비용처리

회계 처리	불입시 : 퇴직급여로 비용처리
	퇴직시 : 회계처리 없음
세무 조정	불입시 : 세무조정 없음(비용인정)
	퇴직시 : 임원퇴직금 한도검토 후 세무조정

임원도 퇴직연금에 가입해야 할까요?

퇴직연금제도는 근로자의 퇴직금 수급을 보호하기 위한 제도로 "근로자퇴직급여보장법"을 근거로 하고 있기에 근로기준법상 근로자에 해당하지 않는 임원의 경우 퇴직연금제도의 적용대상에 해당하지 않습니다.

다만, 회사가 퇴직연금제도 가입시 근로자와 임원 모두를 대상으로 한다는 퇴직연금규약을 고용노동부에 신고하는 경우에 임원도 예외적으로 퇴직연금제도의 대상이 될 수 있습니다. 즉, 임원은 퇴직연금이나 일반 퇴직금 중에 선택, 가입 가능합니다.

원칙	예외
퇴직연금제도 대상 아님 (임원은 근로자가 아니므로)	퇴직연금제도 가입 가능 (임원을 포함한 퇴직연금규약 신고 시)

퇴직연금제도를 폐지하는 경우는 어떻게 될까요?

퇴직연금제도는 퇴직금을 안전하게 지키는 좋은 제도이지만, 매년 납입을 강제하다 보니 회사의 자금사정이나 근로자들과의 관계 등에 대한 구체적 검토 없이 가입하는 경우 불가피하게 폐지해야 하는 경우가 생길 수 있는데요. 근로자의 경우 큰 문제가 없지만, 임원의 경우 퇴직연금 유형에 따라 가지급금으로 처리될 수도 있으니 주의가 필요합니다.

퇴직연금제도 폐지에 대한 법령 검토

구분	주요내용
근로자퇴직급여 보장법 제38조	• 퇴직연금제도가 폐지되어 가입자에게 급여를 지급하는 경우에 가입 자가 지정한 개인형퇴직연금제도의 계정으로 이전해야 한다. • 가입자가 위에 따라 급여를 지급받은 경우에는 제8조 제2항에 따라 중간정산되어 받은 것으로 본다.
법인세법시행령 제44조 제2항 [현실적 퇴직의 범위]	1) 법인의 직원이 해당 법인의 임원으로 취임한 때 2) 법인의 임직원이 조직변경·합병·분할·사업양도에 따라 퇴직한 때 3) 근로자퇴직급여보장법 제8조 제2항에 따라 퇴직급여를 중간정산하 여 지급한 때 4) 정관 또는 지급규정에 따라 퇴직급여를 중간정산하여 임원에게 지급 한 때(무주택임원의 주택구입, 3개월이상의 질병치료 등)

퇴직연금제도 폐지에 따라 임원에게 지급하는 일시금의 가지급금 해당 여부

구분	가지급금 여부	근거
DC형 (확정기여형)	X	퇴직연금 불입시점에 즉시 손금인정되어 향후 법인에서 퇴 직금 지급의무가 존재하지 않음
DB형 (확정급여형)	O	회사가 불입한 퇴직연금은 실제 퇴직시점까지는 회사의 자 산에 해당함

 관련 법규

서면2팀-848 (2008.05.02)

내국법인이 임원 또는 사용인의 퇴직금을 연금의 지급사유로 하고 임원 또는 사용인을 수
급자로 하는 확정기여형 퇴직연금의 사업자부담금으로 지출하는 금액은 법인세법 시행령
제44조의 2 규정에 의하여 당해 사업연도의 소득액계산에 있어서 이를 손금에 산입하는 것
이며, 확정기여형 퇴직연금을 수급자가 근로자퇴직급여보장법에 따라 중도 인출하는 경우
업무무관 가지급금으로 보지 않는 것임.

법인-3268 (2008.11.05)

퇴직연금사업자가 퇴직연금제도에 가입한 법인의 임원에게 퇴직연금제도의 폐지·중단으로 인해 일시금을 지급하는 경우로서, 퇴직연금 중 확정기여형 퇴직연금의 폐지·중단에 의한 일시금에 대하여는 회신사례(서면2팀848, 2008.05.02.)에 따라 처리하는 것이나, 확정급여형 퇴직연금에 의해 지급하는 일시금은 당해 법인의 업무무관가지급금으로 보는 것임.

(6) 현실적인 퇴직의 범위는 어떻게 될까요?

앞서 살펴보았듯이, 임원 퇴직금의 손금산입을 위해서는 1) 현실적 퇴직이어야 하고 2) 정관의 규정이 존재하고 해당 규정 이내의 금액이어야 하며, 3) 실제로 퇴직금을 지급해야 하는 요건을 모두 충족해야 합니다. 그 중 '현실적 퇴직'이 무엇인지, 그 범위에 대해 알아보겠습니다.

현실적 퇴직에 해당하는 경우	
1. 종업원이 임원이 된 경우	• 임원이라 함은 직책에 관계없이 실제 종사하는 직무로 판단함 • 종업원이 당해 법인의 임원으로 취임한 때 퇴직금을 실제로 지급받는 경우에는 현실적 퇴직에 해당하나, 퇴직금을 지급받지 않는 경우에는 그러하지 아니함(서이46013-10620, 2001.11.28) • 임원이 주주총회 결의에 의해 퇴임하고 실제 직원으로 근무 시 법인이 퇴직금지급규정에 따라 실지로 퇴직금을 지급하는 경우에도 현실적 퇴직에 해당함(법인46012-2688, 1998.09.21)
2. 합병·분할 등 조직변경, 사업양도, 타 법인으로의 전출	• 합병으로 소멸하는 피합병법인의 임원이 퇴직함에 따라 퇴직금 지급규정에 의하여 퇴직금을 실제로 지급하고 합병법인의 임원이 된 경우 현실적 퇴직에 해당함(서면2팀-497, 2006.03.15)
3. 법인의 상근임원이 비상근임원이 된 경우	
4. 비정규직 근로자가 정규직 근로자로 전환된 경우	
5. 법인의 직영차량 운전기사가 법인소속 지입차량의 운전기사로 전직하는 경우	
6. 법인의 임원 또는 사용인이 사규에 의하여 정년퇴직을 한 후 다음날 동 법인의 별정직사원(촉탁)으로 채용된 경우	

1. 임원이 연임된 경우
2. 법인의 대주주 변동으로 인하여 계산의 편의, 기타 사유로 전근로자에게 퇴직금을 지급한 경우
3. 기업의 제도 및 기타 사정 등을 이유로 퇴직금을 1년기준으로 매년 지급하는 경우
4. 비거주자의 국내사업장 또는 외국법인의 국내지점의 근로자가 본점(본국)으로 전출하는 경우
5. 정부 또는 산업은행 관리기업체가 민영화됨에 따라 전 근로자의 사표를 일단 수리한 후 재채용한 경우
6. 2개 이상의 사업장이 있는 사용자의 근로자가 한 사업장에서 다른 사업장으로 전출하는 경우

(7) 비용으로 인정받지 못하는 임원퇴직금은 어떤 경우일까요?

임원퇴직금은 그 금액이 크고 기업의 재무구조에 큰 영향을 미치기에 정관 혹은 정관에서 위임받은 퇴직금지급규정 이내의 금액만 손금으로 인정됩니다. 그러나 관련 규정이 존재한다 하더라도 특정임원에게만 적용되는 등 형평성에 문제가 있는 경우 퇴직금 지급규정 자체가 부인될 수 있습니다. 아래에 인정받지 못한 퇴직금지급규정 사례들을 모아두었습니다. 규정 정비 시 각별히 주의하시기 바랍니다.

개인별로 지급비율을 다르게 정한 퇴직급여지급규정은 유효하지 않다고 본 사례

법인의 퇴직금지급규정이 불특정다수를 대상으로 지급비율을 정하지 아니하고 개인별로 지급비율을 정하는 경우에는 법인세법시행령 제44조 제4항에서 규정하는 정관에서 위임된 퇴직금지급규정으로 볼 수 없음(서이 46012-11540, 2003.08.25)

특정 임원에게만 해당하는 퇴직금지급규정은 '계속적 반복적으로 적용해온, 일반적이고 구체적인 지급규정'으로 볼 수 없다는 사례

임원퇴직금 지급규정을 신설하거나 개정한 직후 곧바로 대표이사가 퇴직을 한 경우와 같이 특정 임원에게 임의로 퇴직금을 지급하기 위한 방편으로 지배주주 등이 지배력에 의해 정관이 급조되었거나, 정관은 특정 임원에게만 정당한 사유 없이 퇴직금을 고액으로 정하거나 지급배율을 차별적으로 높게 정하였다는 등의 특별한 사정이 있다면, 위와 같은 정관은 특정 임원에게 고의로 퇴직금을 지급하기 위한 수단일 뿐 당해 법인이 계속적 반복적으로 적용하여 온 일반적이고 구체적인 규정이라 볼 수 없음(서울행법 2016구합72099, 2017.05.18)

퇴직금이 회사 상황에 맞지 않게 과도하며, 구체적 근거가 없기에 유효한 퇴직금지급규정에 해당하지 않는다는 사례

청구법인은 퇴직금 지급률에 따라 최대주주 ○○○이 받을 예상 퇴직금을 검토한 바 있고, 실제 ○○○의 퇴직 직전에 임시주주총회를 개최하여 임원퇴직금 지급규정을 개정한 점, 쟁점퇴직금은 퇴직 직전 사업연도 청구법인의 당기순이익과 유사하고 퇴직 사업연도의 당기순이익보다 2배 이상 많은 등 그 당시 청구법인의 퇴직임원 1명에게 지급하기에 지나치게 많은 금액으로 보이는 점, 개정규정에서 퇴직금은 어떤 성과가 있었는지와 관련 없이 동일한 퇴직금이 산정되는 바, 쟁점퇴직금에 회사 성장에 대한 기여분이 포함되었다는 청구주장을 인정하기 어려운 점 등에 비추어 쟁점퇴직금은 청구법인이 퇴직급여의 형식을 빌려 최대주주인 대표이사에게 법인의 자금을 분여하기 위한 일시적 방편에 불과하다 할 것임(조심2018서3081, 2019.06.26)

정관에서 위임한 퇴직급여지급규정에 의한 퇴직금이 전액 손금산입 되기 위해서는 임원이라도 임원퇴직금을 임의로 증감시킬 수 없을 정도로 정관에 퇴직금 범위에 관한 기본사항이 정해져 있고, 구체적·세부적 사항을 정한 퇴직금지급규정에 따라 지급하여야 할 것으로, 청구법인은 개업 후 50년 넘게 임원의 퇴직금 지급에 대하여 정관에서 정하고 있지 아니하다가, 대표이사 1인 주주가 된 후에 주총결의로 정하도록 정관에 추가하였고, 이후 임시주총에서 퇴직금 지급에 대한 상세내용을 제정하였는데, 위 정관이 개정되고 임시주총에서 상세내역을 제정하기 전에 퇴직한 다른 임원에 대하여는 정관의 개정에도 불구하고, 임원퇴직급여 한도액(퇴직 전 1년간 총급여액×10%×근속연수)을 기준으로 퇴직금을 지급하여, 임원에 대한 퇴직금지급규정은 대표이사 ○○○의 중간정산 퇴직금 산정 시에 최초로 적용된 점, 퇴직금 지급의 기준이 되는 월 평균급여가 1년 사이에 3배 이상 대폭 인상된 점, 청구법인의 재무상황에 비추어 볼 때, 쟁점퇴직급여가 과다하다고 보이는 점 등을 종합할 때, 청구법인의 주총에서 결정한 임원퇴직금 지급규정은 특정 임원의 퇴직을 앞두고 특정 임원 만을 위한 것으로 손금으로 용인될 만한 퇴직금 지급규정으로 보기 어려움 (조심2013서1578, 2013.11.29)

고율의 지급기준율을 적용하여 대표이사에게만 성과급을 지급한 이유는 퇴직 직전 대표이사의 평균임금을 증액하여 퇴직금을 과다하게 지급하기 위한 것으로 보이는 바, 누적된 이익잉여금을 대표이사 퇴직금으로 지급한 것으로 해석할 수 있어 상여금 및 퇴직금 명목으로 사실상 이익처분을 한 것으로 보이는 점 등에 비추어 퇴직금을 손금불산입하고 대표이사에 대한 상여로 소득처분하여 종합소득세를 과세한 처분

은 잘못이 없음(조심 2019중0639, 2019.04.08)

(8) 임원의 무보수기간은 퇴직금에 어떤 영향을 미칠까요?

임원의 경우 법인 설립 초기, 혹은 사업운영 중 자금사정이 어려운 경우 무보수로 근무하는 경우가 있습니다. 이런 무보수기간은 임원퇴직금에 어떤 영향을 미칠까요?

무보수기간이 재직기간에 포함되는지 여부

임원 등 거주자가 창업초기때는 무보수로 수년간 근무하고 그 이후로는 급여를 받다가 실제 퇴직하여 임원퇴직금지급규정에 따라 퇴직소득을 지급받는 경우 근속연수에 의한 퇴직소득공제금액 계산은 해당 법인에 직접 고용되어 실제 근로를 제공한 총 기간으로 하는 것이나(즉 무보수기간이라 하더라도 실제 근무기간에 포함하는 것이나), 법인세법 제52조에 따른 부당행위계산의 부인 대상이 되는 경우는 그러하지 않는 것임(소득세법집행기준 22-105-4)

임원퇴직금 한도계산 시 '지급받은 총급여'에 무보수 기간 동안의 급여가 포함되는지 여부

주주총회 의결을 통해 임원에 대한 급여를 지급하지 않기로 함에 따라 실제로 지급되지 아니하였으며, 이에 대한 소득세가 과세되지 아니한 무보수기간 동안의 급여 상당액은 소득세법 제22조 제3항의 '퇴직한 날부터 소급하여 3년 동안 지급받은 총급여'에 포함되지 않는 것임(서면법령해석소득2017-3095, 2018.10.29)

- 조세법률주의의 원칙상 과세요건이거나 비과세요건 또는 조세감면요건을 막론하고 조세 법규의 해석은 특별한 사정이 없는 한 법문대로 해석하여야 하는 바(대법원 2010두4810, 2012.11.29. 등 다수)
  - 소득법§22③에서는 3년 동안 '지급받은 총 급여'의 연평균환산액으로 규정하므로 법 문언상 실제로 지급받지 않은 급여는 포함되지 않는 것으로 봄이 타당함
  - 무보수로 근무한 기간 동안의 급여 상당액은 세법상으로는 발생하지 아니한 소득으로 서 소득법§22③에 따른 '지급받은 총 급여'에 포함될 수 없는 것임

(9) 퇴직금지급규정은 소급적용 할 수 있을까요?

임원의 퇴직 전에 적법한 절차를 거쳐 정관을 개정한다면 전체 근속 기간에 대해 해당 규정을 소급적용 할 수 있습니다. 다만 '세부담을 부당하게 감소시킨 경우'는 제 외하고 있으므로 정관을 개정할 때 이에 대해 검토하는 것이 좋습니다.

구분	주요내용
서면법인2019-139, 2019.08.01	임원이 퇴직하기 전에 정관상의 퇴직급여 지급기준을 개정한 경우에는 조세부담을 부당하게 감소시킨 것으로 인정되는 경우를 제외하고는 규정의 개정 전까지 근속기간에 대하여도 개정된 규정을 적용할 수 있음
대법2003다16092, 2005.05.25	임원퇴직금산정은 전체 근속기간에 대하여 퇴직 당시 적법하게 변경된 정관의 퇴직금지급규정에 따른 지급률에 의하는 것임
서이46012-12183, 2002.12.05	정관상의 퇴직금지급규정을 변경한 경우에 변경된 정관의 적용시기에 대하여는 조세의 부담을 부당히 감소시킨 것으로 인정되는 경우를 제외하고는 당해 정관이 정한 바에 따라 적용되는 것임

(10) 퇴직금과 가지급금을 상계처리해도 될까요?

회사에 누적된 가지급금을 해결하기 위해 임원의 퇴직금 상당액과 가지급금을 상계처리 해도 세법상 인정될까요? 아래 판례에서는 상계처리 가능하다고 결론 내리고 있습니다. 퇴직금과 가지급금을 상계처리 하는 것이, 퇴직금을 현금으로 지급받은 후 이 현금으로 가지급금을 상환하는 것과 경제적으로 동일한 효과가 있다고 판단한 결과입니다.

퇴직금과 가지급금의 상계처리는 적법하다는 판례

조심2011중3362, 2011.12.28

쟁점퇴직급여가 「법인세법」에서 정하는 퇴직급여 손금한도를 초과하지는 아니하는 것으로 나타나고, 청구법인이 제시한 증빙자료 및 관련 근거에 의하면 실제 청구법인이 ○○○에 대하여 가지고 있던 채권(가지급금)과 청구법인이 ○○○에 대하여 지는 채무(퇴직급여)를 서로 상계한 것으로 보이고 이는 청구법인이 ○○○에 대한 채권에 근거하여 ○○○로부터 현금을 지급받아 그 현금으로 ○○○에 대한 채무인 쟁점퇴직급여를 지급한 것에 해당하여 그 경제적 실질이 ○○○에게 현금을 지급한 것과 동일하다고 보이므로 쟁점퇴직급여가 실제 지급된 것으로 ○○○가 현실적으로 퇴직하였다고 봄이 합리적이라 할 것이므로, 처분청에서 쟁점퇴직급여가 실제 지급 없이 가지급금과 부당하게 상계처리 되었다고 보아 쟁점퇴직급여를 손금불산입하고 대응되는 가지급금에 대한 인정이자 및 지급이자를 손금불산입한 처분은 잘못이 있다고 판단됨.

(11) 현금 대신 보험상품으로 퇴직금을 지급해도 될까요?

회사가 임원퇴직금을 지급할 목적으로 보험상품에 가입한 후 임원이 퇴직하여 퇴직금을 지급할 때 현금 대신 보험상품으로 퇴직금을 지급해도 괜찮을까요? 또 과세는 어떻게 하게 될까요?

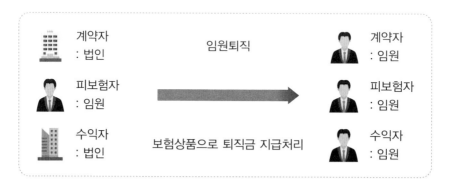

 관련 해석

보험상품으로 지급한 퇴직금은 적법한 퇴직소득에 해당함

법인이 계약자 및 수익자를 법인으로, 임원을 피보험자로 하는 저축성보험에 가입하고, 임원 퇴직 시 저축성보험의 계약자 및 수익자를 법인에서 퇴직임원으로 변경하는 경우 법인이 부담한 저축성보험은 퇴직임원의 퇴직소득에 해당함. 다만, 임원의 퇴직소득이 과다하여 법인세법 제52조에 의한 부당행위계산의 부인규정이 적용되는 경우에는 해당 규정이 적용되지 아니한 범위내에서만 퇴직소득에 해당하며, 이를 초과하는 금액은 근로소득에 해당함(기획재정부소득-109, 2011.03.29)

(12) 임원퇴직금 지급을 위한 재원마련, 왜 지금 해야 할까요?

"퇴직까지 멀었는데 벌써 퇴직금을 준비해야 할까요? 그 때 가서 준비하면 안 될까요?" 임원 퇴직금에 대해 이야기 나누다 보면 종종 이런 질문을 받게 됩니다. 대부분

보험절세모음 (법인편)

장기간 자금을 묶어 두는 것이 부담스럽다는 이유 때문입니다. 실제로 대표님들 중에는 "퇴직시점에 법인의 자금사정이 여의치 않으면 퇴직금을 받지 않아도 괜찮다. 퇴직금 때문에 회사를 어렵게 만들 수는 없지 않느냐."는 분들도 계십니다. 회사를 위하는 마음으로 하는 생각이겠지만, 퇴직금을 받지 않더라도 세금은 퇴직금을 받은 것처럼 부담할 수도 있다는 사실, 알고 계시나요?

퇴직소득은 현실적으로 퇴직함으로써 실제 일시금으로 받는 것이어야 하며, 이에 퇴직금을 지급하지 않거나 포기하는 경우 등에는 추가적인 과세문제가 발생할 수 있습니다. 이하에서는 관련 사례를 통해 임원퇴직금 재원마련이 왜 필요한지에 대해 살펴보도록 하겠습니다.

퇴직금 포기시 소득세·법인세·상속세 쟁점 정리

구분	주요내용
퇴직소득세	상근임원이 비상근임원으로 전환하면서 퇴직금을 포기한 경우, 당해 임원이 퇴직금을 수령한 것으로 보아 퇴직소득세를 원천징수 하는 것임(소득집행 127-0-9, 서이46012-11798, 2003.10.17)
법인세	임원퇴직금 한도내의 금액을 손금에 산입하고, 이후 동 포기금액을 채무면제이익으로 익금에 산입하는 것임(서이46012-12368, 2002.12.30)
상속세	1) 포기한 퇴직금도 상속재산에 포함된다는 사례 　- 피상속인이 퇴직금 포기 후 5년내 상속이 개시되었고, 법인은 채무면제이익으로 계상하였으며, 법인은 피상속인이 5년내 상속인 외의 자에게 증여한 경우에 해당하므로 퇴직금을 상속세 과세가액에 포함함이 타당함(조심 2013서2501, 2013.09.16) 2) 포기한 퇴직금은 상속재산에 포함되지 않는다는 사례 　- 법인의 정관에 퇴직임원의 퇴직금은 주주총회결의로 정한다고 규정하고 있고, 주주총회에서 퇴직금을 지급하지 않기로 결의하였는 바, 퇴직금을 청구할 권리가 상속되었다고 보기 어려움(조심 2018서3886, 2019.06.20)

노블리치 TIP

어쩔 수 없이 퇴직금을 포기해야 하는 경우, 어떻게 준비해야 할까요? 🔍

살펴본 바와 같이, 임원퇴직금 포기에 대해 각종 세금(퇴직소득세, 법인세, 상속세)을 과세하는지 여부에 대해 국세청과 마찰이 있으나, 대부분 과세하는 사례로 확인됩니다. 이에 가능한 실제 지급액과 지급규정을 통일시킬 필요가 있고, 어쩔 수 없이 퇴직금을 포기해야 하는 경우라면 퇴직금지급규정 자체를 폐지하는 것이 현명할 수 있습니다.

퇴직금 분할지급시 과세문제

임원퇴직금은 근속기간이 길고 지급배수가 적용되면서 그 금액이 거액인 경우가 많습니다. 따라서 재원을 마련하지 못하는 경우 분할지급을 검토하는 경우가 있는데요. 분할지급은 세법상 퇴직금의 손금산입 요건을 충족하지 못한 것으로 봅니다. 분할지급한 퇴직금은 회사의 비용으로 처리할 수 없다는 뜻입니다. 이와 관련된 사례를 살펴보면 다음과 같습니다.

구분	주요내용
서면법인-3280, 2016.06.10	임원의 연봉제 전환에 따른 현실적 퇴직에 해당 여부와 관련하여 자금사정 등을 이유로 퇴직금을 임원과의 합의에 따라 분할하여 지급하는 경우에는 현실적인 퇴직에 해당하지 아니하는 것임
대법원 2007 두23965, 2008.01.24	임원에게 퇴직금을 실제로 지급하여야만 손금산입 요건을 충족하게 되고, 단지 퇴직금을 정산하기로 합의하였으나 실제로 지급하지 아니한 경우에는 법인세법시행령 제44조 소정의 "현실적인 퇴직"에 해당하지 아니하여 손금산입의 요건에 해당하지 아니함

살펴본 바와 같이 퇴직금 재원이 준비되지 않으면 '퇴직금을 제대로 받지 못하는 것'뿐 아니라 세법상 더 큰 불이익을 감수해야 합니다. 재직기간 동안 매년 연봉의 일정 수준을 퇴직금으로 적립하는 근로자들처럼 임원퇴직금도 미리, 꾸준히 준비해야 합니다.

(13) 임원의 퇴직금 설계에서 보험은 어떻게 활용될까요?

임원의 퇴직금 준비, 어떤 것이 유리할까요? (퇴직연금 vs 퇴직금제도)

근로자와 임원의 차이를 인식해야 합니다

구분	근로자	임원
퇴직연금제도 의무가입 여부	여	부
근로제공의 목적	급여＋퇴직금 (수급권 반드시 보호되어야 함)	급여·퇴직금 보다는 회사 운영이 우선인 경우가 많음
퇴직금 재원준비	외부적립을 통해 보호	회사내부에서 준비하되, 유동자금의 역할을 병행해야 함

법인세 및 주식가치에 미치는 영향을 확인해야 합니다

구분	퇴직연금제도	퇴직금제도
법인세	납입시점에 비용처리, 퇴직시점에 비용처리 없음	퇴직시점에 일시 비용처리
순손익, 순자산에 미치는 영향	매년 납입금만큼 감소	퇴직시점에 큰 폭으로 감소

임원의 퇴직금 재원마련, 퇴직연금보다는 CEO플랜이 유리합니다

앞서 살펴본 바와 같이, 임원의 퇴직금은 그 금액과 이로 인해 주식 가치에 미치는 영향이 크기에 단순 납입시점의 비용처리 여부 보다는 기업운영의 목적에 맞게 설정되어야 하는데요. 이에 1) 퇴직금 재원마련 고유의 역할, 2) 임원 사망 등 부재에 대한 리스크 회피 기능, 3) 회사 유동자금의 역할을 모두 수행할 수 있는지가 중요하다 할 수 있습니다.

이에 임원의 퇴직금은 수급권보장을 주된 기능으로 하는 퇴직연금보다는 회사 명의 보험가입을 통해 준비하는게 효율적인데요. 대표적 퇴직연금인 DC형(확정기여형)과 CEO플랜(법인 명의 종신보험가입)을 비교하면 다음과 같습니다.

퇴직연금제도와 CEO플랜(보험을 통한 퇴직금제도)의 비교

구분	퇴직연금제도 DC형	CEO플랜-종신보험
납입·운영주체	금융기관에 예치 (자금 유동성 저하)	법인 사내자산 (자금 유동성 확보)
유동성	극히 제한적 (중도인출 법적으로 제한)	중도인출, 약관대출 활용 가능
보장기능	없음	사망 및 질병 상해 보장
퇴직금	매년 급여의 일정액 자동출연	회사 정관·지급규정에 의한 퇴직금 지급 (배수 등 적용가능)
법인세제 및 주식가치효과	매년 부담금 비용처리 법인세절세, 주식가치 감소효과 미비	퇴직 시 일시 비용처리 법인세 절세, 주식가치 큰 폭으로 감소

보험절세모음 (법인편)

노블리치 TIP　— ☒

CEO플랜과 관련된 주요 Q&A를 모아봤어요　🔍

Q1. CEO플랜을 설계할 때 계약형태는 어떻게 해야 하나요?

A.

계약형태		불입시 세무처리	계약자 수익자 변경시
계약자	법인		
피보험자	임원	보험예치금 또는 장기금융상품	퇴직소득(단, 세법상 한도 내)
수익자	법인		

Q2. CEO플랜은 보험료 불입시 비용처리가 가능한가요?

A. CEO플랜상품은 세법상 기업에서 손비처리 되는 퇴직연금상품이 아니라 회사의 현금성자산을 운용하는 보험 상품이며, 이에 납입시점에 비용처리가 되지 않습니다.

다만, 예규상 법인이 납입한 보험료 중 만기환급금에 상당하는 보험료상당액은 자산으로 계상하고, 기타의 부분은 보험기간의 경과에 따라 손금에 산입하는 것을 인정하고 있습니다.

Q3. 법인에서도 보험차익에 대한 비과세 요건이 적용되나요?

A. 보험차익에 대한 비과세 규정은 소득세법상의 내용이므로 법인에는 적용되지 않습니다.

유족보상금은 어떻게 설계할까요?

유족보상금이란 임원 또는 직원의 사망 이후 유족에게 지급하는 금액으로 장례비나 위로금, 학자금 등 일시금이 이에 해당합니다. 유족보상금은 통상 거액이 지급되는 경우가 많고, 세법상 사망한 자가 임원이었는지 아닌지, 업무관련 사망인지 아닌지 등에 따라 과세 문제가 다르게 적용되는데요. 이하에서는 유족보상금과 관련된 복잡한 과세문제를 하나하나 풀어보도록 하겠습니다.

(1) 유족보상금, 법인세법상 손금 인정될까요?

법인세법상 유족보상금의 손금산입 근거

법인세법 제19조 (손금의 범위)

2. 손비는 이 법 및 다른 법률에서 달리 정하고 있는 것을 제외하고는 그 법인의 사업과 관련하여 발생하거나 지출된 손실 또는 비용으로서 일반적으로 인정되는 통상적인 것이거나 수익과 직접 관련된 것으로 한다.

법인세법시행령 제19조 (구체적 손비의 범위)*

21. 임원 또는 사용인(제43조 제7항에 따른 지배주주** 등인 자는 제외)의 사망 이후

유족에게 학자금 등으로 일시적으로 지급하는 금액으로서 임원 또는 직원의 사망 전에 정관이나 주주총회, 사원총회 또는 이사회결의에 의하여 결정되어 임원 또는 직원에게 공통적으로 적용되는 지급기준에 따라 지급되는 것

법인세법집행기준 19-19-19 (임원에 대한 경조사비)

1. 출자자인 임원에게 지급한 경조비 중 사회통념상 타당하다고 인정되는 범위 안의 금액은 이를 각 사업연도의 소득금액 계산상 손금에 산입한다.
2. 임원의 순직과 관련하여 지급하는 장례비나 위로금 등으로서 사회통념상 타당하다고 인정되는 범위 안의 금액은 이를 해당 사업연도의 손금에 산입할 수 있다.

요약 정리

학자금·장례비·위로금에 대한 손금산입 요약정리

학자금 등 일시금***	경조비, 장례비, 위로금
법인세법시행령 제19조 제21호	법인세법집행기준 19-19-19
임원 또는 직원 사망 이후 유족에게 학자금 등 일시적으로 지급하는 금액	임원의 순직과 관련하여 지급하는 장례비, 경조비, 위로금으로서 사회통념상 타당하다고 인정되는 범위 안의 금액
지배주주 등에게 지출 시 손금불산입	지배주주 등에게 지출하는 경우도 손금산입

---

*   세법개정전에는 임원은 근로자에 해당하지 않아 유가족에게 지급하는 학자금 등이 손금불산입 되는 문제가 있었고, 이에 2015년 법인세법시행령 개정을 통해 임원이라 하더라도 사내 규정에 따라 유족에게 지급하는 학자금 등 위로금을 손금에 산입하도록 하였습니다. 다만, 이 경우에도 지배주주인 임원의 유족에게 지급하는 금액은 손금으로 인정되지 않음에 주의해야 합니다.

**   지배주주란 법인의 발행주식총수의 100분의 1 이상의 주식을 소유한 주주로서 그와 특수관계에 있는 자와의 소유주식합계가 해당 법인의 주주 중 가장 많은 경우의 해당주주를 말합니다(법인세법시행령 제43조 제7항).

***   '학자금 등 일시금'이란 임직원의 유족인 자녀에게 지출하는 학자금, 생활비 등을 말합니다(예를 들어 대학교 졸업때까지의 학자금, 생활비를 법인에서 지출하기로 하는 등).

(2) 임원의 유족보상금, 소득세와 상속세가 과세될까요?

소득세법	
관련규정	[소득세법 제12조 제3항 다목] 산업재해보상법에 따라 수급권자가 받는 요양급여, 휴업급여, 장해급여, 간병급여, 유족급여, 유족특별급여, 장해특별급여, 장의비 또는 근로의 제공으로 인한 부상·질병·사망과 관련하여 근로자나 그 유족이 받는 배상·보상 또는 위자의 성질이 있는 급여
임원의 근로자 포함여부	소득세법상 임원은 기본적으로 법인세법의 임원 범위를 준용하며, 법에서 특별히 임원을 제외하지 않았다면 임원도 근로자에 포함됨(소득세법 집행기준 12-0-2)

상속세 및 증여세법	
관련규정	[상속세 및 증여세법 제10조] 피상속인에게 지급될 퇴직금, 퇴직수당, 공로금, 연금 또는 이와 유사한 것이 피상속인의 사망으로 인하여 지급되는 경우 그 금액은 상속재산으로 본다. 다만, 다음 각 호의 어느 하나에 해당하는 것은 상속재산으로 보지 아니한다. 　5. 근로자의 업무상 사망으로 인하여 근로기준법을 준용하여 사업자가 그 근로자의 유족에게 지급하는 유족보상금 또는 재해보상금과 그 밖에 이와 유사한 것
임원의 근로자 포함여부	상속세 및 증여세법상 임원은 법인세법의 임원 범위를 기본적으로 준용하되, 임원을 근로자에 포함한다는 규정은 없음. 즉, 상속세 및 증여세법상 임원은 선임경위, 수행업무, 회사와의 관계 등을 종합적으로 확인하여 판단해야 함

복잡한 유족보상금 세금 문제, 요약표로 정리 끝! 🔍

구분	근로자	근로자성 임원	지배주주 임원
법인세	손금산입	좌동	경조비, 장례비 등 : 손금산입 학자금 등 일시금 : 손금불산입
소득세	비과세	좌동	경조비, 장례비 등 : 비과세 학자금 등 일시금 : 과세
상속세	비과세	좌동	과세

※ 위 표는 업무 관련 사망을 전제로 하였으며, 업무무관 사망으로 인해 지급받는 유족보상금 등은 '퇴직소득'에 해당하여 소득세와 상속세가 모두 과세됩니다.

PART 3

기업이슈와
솔루션

이번 장에서는 기업컨설팅 현장에서 직면하는 주요 이슈들을 하나씩 살펴보고, 해결방안을 짚어보겠습니다. 가지급금이나 명의신탁주식처럼 대표적인 이슈와 해결책부터 자기주식취득, 사내근로복지기금이나 민사신탁처럼 최근 기업컨설팅에서 활발하게 활용되는 최신 솔루션까지, 기업컨설팅의 핵심이슈와 전략을 만나 보십시오.

가지급금

　비상장기업을 상담할 때 높은 빈도로 부각되는 이슈로 가지급금을 빼 놓을 수 없습니다. 그만큼 많은 기업들이 가지급금으로 골치를 앓고 있고, 또 해결책을 찾고 싶어 한다는 뜻일 겁니다. 이 책을 읽는 여러분은 기업컨설팅의 주요 이슈인 가지급금에 대해 얼마나 알고 계신가요? 다음의 ○× 퀴즈를 통해 알아보시기 바랍니다.

QUIZ　나의 가지급금 상식 점수는?

	문제	정답
1	가지급금은 법인의 부채이다.	
2	가지급금이 늘어날수록 비상장주식가치가 낮아진다.	
3	법인폐업 시 가지급금은 대표이사의 소득으로 처리된다.	
4	가지급금과 가수금은 상계처리 가능하다.	
5	가지급금상환과 이익환원은 해결방식이 유사하다.	

번호	1	2	3	4	5
정답	×	×	○	○	○

(1) 가지급금이 뭔가요?

Q. 중소 건설업 법인을 15년째 운영하고 있습니다. 매년 법인결산때마다 재무상태표 자산목록에 표시되는 '주·임·종 단기대여금'*에 대해 크게 신경을 쓰지 않았는데요, 최근 메트라이프생명 FSR님으로부터 "주임종 단기대여금은 가지급금의 또 다른 표현이며, 여러 세법상 불이익이 적용되고 시간이 지날수록 점점 규모가 커지니 반드시 검토하여 해결해야 한다"는 얘기를 듣게 되었습니다. 그동안 나름대로 회사를 투명하게 관리했다고 자부했는데 어디서부터 잘못된 건지 막막하기만 합니다. 회계담당자에게 문의하니 건설회사는 어쩔 수 없이 발생되는 것이라며 남 얘기하듯 하는데요, 제가 괜한 걱정을 하고 있는 걸까요?

*주주·임원·종업원 단기대여금

가지급금의 개념

가지급금이란 현금지출이 발생했지만 계정과목이 확정되지 않았거나, 또는 계정과목은 확정되었는데 금액이 확정되지 않는 등 불확실한 현금지출에 대해 과목이나 금액이 확정될 때까지 임시로 처리해 두는 가계정(suspense payment)을 말합니다. 가지급금이 왜 세법상 문제가 되는지를 이해하려면 기업회계와 세법에서 정의하는 가지급금에 대해 구체적으로 살펴볼 필요가 있습니다.

가지급금에 대한 기업회계와 세법의 개념

기업회계	• 미결산계정의 하나로서, 현금을 지급하였으나 그것을 기입할 계정과목 또는 금액이 미정인 경우에 설정 • 금액이나 내용이 확정되면 계정대체 함으로써 가지급금은 소멸되며, 연말 재무상태표에는 가지급금을 표시하지 않아야 함
세법	• 법인의 업무에 직접적인 관련이 없는 자금의 대여액, 즉 명칭 여하에 불구하고 실질상 자금의 대여에 해당하는 것을 말함 • 직원이나 관계회사 등에게 대여하고 이를 직원 단기채권이나 관계회사대여금 등으로 회계처리한 경우에도 세법상 가지급금에 해당함. 단, 법인이 가지급금으로 처리한 경우라도 그 실질이 법인의 업무와 직접 관련이 있거나 주된 수익사업인 자금대여에 해당하는 경우에는 세법상 가지급금에 해당하지 아니함

잠깐! 가지급금, 재무상태표에 다양한 이름으로 존재할 수 있습니다.

컨설팅을 하다 보면 분명 가지급금이 있을 법한 회사인데 재무상태표에 관련 계정이 존재하지 않거나, 대표님이 말씀하시는 금액보다 적게 계상된 경우가 종종 있습니다. 이는 재무상태표에 가지급금을 표시하는 형태 때문입니다. '주임종 단기대여금', '단기대여금' 등으로 기재하거나, 어떤 경우에는 없는 것처럼 보이기 위해 '재고자산'이나 '매출채권' 등으로 숨겨 표시하는 경우도 있습니다. 재무제표를 꼼꼼히 검토해야 실수를 줄일 수 있으니 기억하세요!

(2) 가지급금, 왜 발생할까요?

가지급금은 대표이사가 실제로 자금을 인출하여 개인적으로 사용하는 등 그 원인이 명확한 경우도 있지만, 리베이트나 불분명한 회계처리 등에 따라 대표이사도 모르게 발생하는 경우도 많습니다. 가지급금 정리를 위해서는 반드시 발생원인에 대한 분석이 선행되어야 합니다. 그럼, 가지급금의 발생원인별로 어떤 특징이 있는지 살펴볼까요?

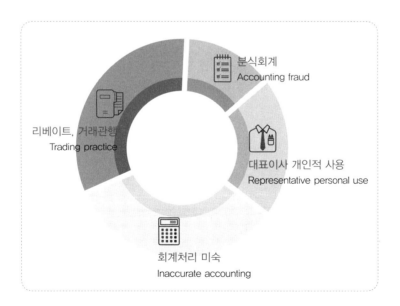

법인자금을 개인적으로 사용하는 경우

특징	• 발생시기·금액·원인이 구체적으로 확인이 가능하며, 가지급금 정리 후에는 재발생할 가능성이 높지 않음
주요사례	• 소득세나 4대보험 비용절감을 위해 기본급여는 낮게 책정하고, 필요시 수시로 법인자금을 인출·이체하여 사용하는 경우 • 개인명의 부동산구입이나 주식투자에 법인자금을 사용하는 경우 • 법인과 개인사업자를 본인명의로 동시에 운영하면서 개인사업자로 발행한 매출세금계산서의 금액을 회수하지 않는 경우(법인의 미회수 매출채권 증가)
대표적 정리방안	• 급여·배당금 등 임원 소득설계 진행 • 개인명의 부동산 등 자산을 법인에 이전(양도)하는 방안 검토

리베이트, 거래관행의 경우

특징	• 문제가 되는 행위임을 알면서도 사업운영을 위해서는 어쩔 수 없이 발생하는 경우가 많음 • 구체적 원인 해결이 진행되어야 하며, 그 금액이나 발생시기가 불확실한 경우가 많으므로 사전에 재원마련 등을 검토해야 함
주요사례	• 거래성사나 유지를 위해 현금을 인출하여 리베이트를 제공하는 경우 • 4대보험 가입을 원치 않는 직원, 불법체류·신용불량자 등 신용문제로 본인 명의 급여 수령이 불가능한 직원의 급여를 현금으로 지출하는 경우 • 입찰을 위한 경쟁과정에서 현금 인출하여 사용 후 입찰 실패에 따라 회수되지 않는 경우
대표적 정리방안	• 급여·배당금 등 임원 소득설계를 통해 증빙이 없는 지출을 적법하게 처리 • 현금이 아닌 상품권 등을 활용하는 방안 검토

분식회계의 경우

특징	• 법인운영 과정에서 더 좋은 조건을 얻기 위해 진행되며, 대표이사가 인식하고 있는 경우가 많음 • 분식회계가 누적되는 경우 원상회복은 매우 어려울 수 있음. 이에 법인이 필요로 하는 재무비율이나 등급 등을 명확하게 파악하고 정리 방안과 시기를 검토해야 함
주요사례	• 입찰·신용등급 향상 혹은 대출 이자율 인하 등을 위해 가공의 매출을 발생시키는 경우 • 재무구조 개선 등을 위해 기 발생한 비용을 자산으로 대체하는 등 임의로 삭제하여 이익을 높이는 경우
대표적 정리방안	• 전기오류수정손실 및 법인세 수정신고 등을 검토할 수 있으나 가지급금 정리로 인해 재무제표에 미치는 영향이 먼저 분석되어야 함

회계처리 미숙의 경우

특징	• 적법하게 사용된 자금임에도 미숙한 회계처리로 인해 가지급금으로 계상되는 경우 • 발생원인·금액·원인의 파악에 어려움이 있으나, 일단 확인되면 적법한 계정으로 대체하면서 가지급금 정리가 가능함
주요사례	• 매입대금을 송금했으나 거래처 상호명 변경 등으로 외상매입금 반제가 되지 않은 경우 • 매입세금계산서 발급자가 아닌 다른 사람 명의로 입금을 요청받아 송금 후 외상매입금과 반제되지 않은 경우 • 해외출장에 사용한 외화 환전액을 단순 가지급금으로 처리 • 매출세금계산서를 실수로 중복 발행한 경우 등
대표적 정리방안	• 회계담당자 및 세무대리인으로부터 결산 전에 반드시 리스트를 받아 항목별로 검토(시간이 다소 걸릴 수 있지만 매우 중요함) • 해외출장 등의 경우에도 가능한 영수증이나 출장일정표, 현지 인보이스 등을 수취

잠깐! 가지급금, 기업신용등급 평가에 영향이 있을까요?

가지급금도 법인입장에서는 회수해야 할 현금성 채권, 즉 자산에 해당합니다.

다만, 1) 일반적 매출채권과 달리 회수가능성이 적고 회수시기가 불규칙하며, 2) 대여금에 대한 이자를 상환하지 않은 채 가지급금(대여금) 원금에 다시 가산하는 비정상적 처리가 일반적이고, 3) 법인의 자금을 대표자가 임의로 유용한 것이기에 일종의 "악성채권"에 해당하여 기업신용등급을 낮추는 주요 원인이므로 반드시 정리되어야 합니다.

(3) 가지급금이 생기면 어떤 불이익이 있을까요?

세법상 가지급금이란 "법인의 업무와 직접적 관련 없는 자금의 대여액"을 말합니다. 이에 법인 입장에서는 회수해야 할 채권의 성격을, 대표자는 상환해야 하는 채무의 성격을 지닙니다. 채무란 원금은 물론이고 매년 발생하는 이자도 상환해야 합니다. 참고로 가지급금의 인정이자는 연 4.6%입니다. 또한 정리되지 않은 가지급금은 회사를 양도하거나 청산하는 시점에도 문제가 됩니다. 가지급금으로 인한 불이익은 구체적으로 어떤 것이 있을까요? 법인과 대표자의 입장으로 나누어 살펴보겠습니다.

구분	가지급금	주요 불이익
법인	대여금 (업무무관)	• 대여금이므로 이자를 수취해야 함 • 가업승계·상속 시 사업무관자산으로 분류 • 법인의 이자비용 중 가지급금 비율만큼 비용 인정 불가 • 업무무관 대여금이므로 대손충당금 설정불가 • 기업신용등급 평가 하락 • 세무조사 위험성 증가 • 법인해산 및 청산 시 법원승인의 장애요인으로 작용
대표자	차입금	• 이자를 상환해야 함(연 4.6%) • 이자 미상환 시 상여처분되어 소득세 등 증가 • 법인청산 시 상여처분되어 소득세 등 증가

법인 입장

불이익 유형	주요내용
인정이자 익금산입	• 가지급금은 대표자가 법인에서 빌린 돈이므로 이자를 상환해야 함 • 가중평균차입이자율을 적용하는 것을 원칙으로 하되, 실무상 당좌대출이자율(4.6%)이 적용되는 경우가 많음 • 법인은 이자 수취여부에 관계없이 이자상당액만큼 수익에 해당하여 법인세 증가 　(이자 수취 시 : 손익계산서 이자수익으로 반영되어 당기순이익 증가) 　(이자 미수취 시 : 세무조정 시 이자만큼 익금산입(상여처분) 반영)
대손처리 불가	• 일반적 매출채권은 거래처의 부도나 파산 등 판결에 의해 회수 불가능 시 대손처리가 가능함 • 가지급금은 기한이나 원인에 관계없이 대손처리가 불가. 즉 반드시 상환 받아야 하는 채권에 해당함
지급이자 손금불산입	• 법인의 사업용 차입금에 대한 이자는 비용처리로 법인세 절감 • 가지급금은 사업무관자산에 해당하여 이자비용 비용처리 불가(차입금 대비 가지급금의 비율만큼 이자비용 손금 불산입) • 법인의 총 차입금 10억 원, 가지급금 3억 원인 경우, 차입금 이자 중 30%만큼은 손금불산입 되므로 법인세 증가

대표자 입장

불이익 유형	주요내용
인정이자 상여처분	• 실제 이자를 상환하지 않는 경우 인정이자 상당액만큼 상여 처분되어 근로소득 증가에 따른 세금 증가
법인청산시 상여처분	• 법인 청산시점까지 남아있는 가지급금은 일시에 상여 처분되어 근로소득 증가에 따른 세금 증가 • 청산 시 가지급금과 미처분이익잉여금이 함께 남아 있는 경우 거액의 상여와 배당소득이 발생되어 막대한 세금증가로 이어짐

폐업, 청산 시 남아있는 가지급금의 처리

가지급금을 정리하지 않고 회사를 폐업하거나 청산하면 어떻게 될까요? 정리되지 않은 가지급금은 대표가 그 금액만큼 상여를 받은 것으로 처리하거나 주주가 배당 받은 것으로 계산합니다. 즉, 해당 처리를 받은 대표나 주주는 실제로 받은 돈이 없는

데도 거액의 세금을 부담하는 결과를 낳게 됩니다. 가지급금의 처리를 계속 미룰 수 없는 이유입니다.

법인 폐업시점까지 상환받지 않은 경우

감심2003-77, 2003.07.22

법인이 특수관계자인 대표자에 대한 가지급금을 법인이 폐업하여 사실상 특수관계가 소멸할 때까지 회수하지 않은 경우로서 회수할 것이 객관적으로 입증되지 않은 경우에는 해당 임원에 대한 상여로 처분하는 것임.

청산 시 가지급금을 미처분이익잉여금과 상계한 경우

법인세법집행기준 79-121-5

해산법인이 주주에 대한 가지급금을 회수하지 아니하고 동 가지급금을 해당 주주에게 분배할 재산가액과 상계하고 청산을 종결하는 경우에는 해당 가지급금은 잔여재산의 분배금으로 보아 청산소득금액을 계산하는 것임.

사례 검토 가지급금으로 인해 실제로 부담해야 하는 불이익 금액은 얼마일까요?

법인 총 차입금 20억, 가지급금 10억인 법인이 있습니다. 대출이자 1억 가정 시 법인과 대표자의 예상 불이익이 얼마나 될까요? (법인세율 21%, 개인소득세율 40%, 당좌대출이자율 4.6% 사용 가정)

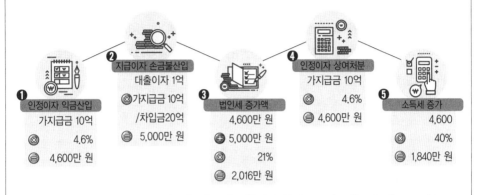

총 세부담 3,856만 원 (연간)

구분	유형	예상세금
법인	01. 인정이자 익금산입	가지급금 10억 × 4.6% = 4,600만 원
	02. 지급이자 손금불산입	대출이자 1억 × 가지급금10억/차입금20억 = 5,000만 원
	03. 법인세 증가액	(4,600만 원 + 5,000만 원) × 21% = 2,016만 원
대표자	04. 인정이자 상여처분	가지급금 10억 × 4.6% = 4,600만 원
	05. 소득세 증가액	4,600 × 40% = 1,840만 원
총 세부담 증가액		2,016만 원 + 1,840만 원 = 3,856만 원

상여 처분된 가지급금 인정이자, 건강보험료도 내야 하나요? 🔍

아닙니다.

법인세법에 따라 "법인 대표자 인정상여"로 처분된 금액은 국민건강보험법 시행령 제 33조의 "근로의 대가"에 포함되지 않는다는 대법원판결(2015두37525)에 따라 보수에 서 제외하고 있고, 이에 인정상여 처분금액은 소득세는 과세되지만 건강보험료는 부 과되지 않습니다.

(4) 가지급금, 어떻게 해결할 수 있을까요?

가지급금 정리는 신중한 검토가 필요한데요. 가지급금은 정리 유형별로 세금이 다르고, 장기간 누적되어 금액이 큰 경우가 많으며, 누적된 가지급금을 정리하더라도 원인을 파악하고 대비하지 않으면 다시 생길 가능성이 매우 높기 때문입니다.

이에 가지급금 정리를 위해서는 반드시 정확한 원인분석이 필요하고, 이 과정에서 세금이 발생할 수밖에 없고, 정리에 시간이 소요되며, 정리한 후에도 매년 재점검을 거쳐야 한다는 사실을 기억해야 합니다.

가지급금 컨설팅 흐름

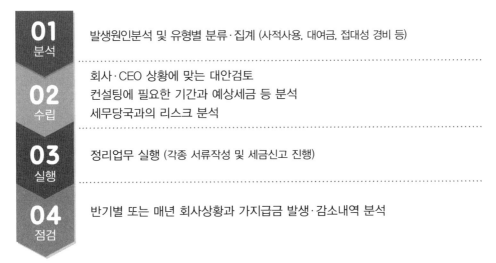

01 분석	발생원인분석 및 유형별 분류·집계 (사적사용, 대여금, 접대성 경비 등)
02 수립	회사·CEO 상황에 맞는 대안검토 컨설팅에 필요한 기간과 예상세금 등 분석 세무당국과의 리스크 분석
03 실행	정리업무 실행 (각종 서류작성 및 세금신고 진행)
04 점검	반기별 또는 매년 회사상황과 가지급금 발생·감소내역 분석

가지급금 정리 방안

가지급금은 대표가 법인에게 진 빚이나 마찬가지이므로 언젠가는 갚아야 합니다. 해결 방법 중 가장 간단한 것은 대표의 개인자산으로 상환하는 것이지만 세금 등을 고려해 여러 방안을 제시할 수 있습니다. 급여 등의 임원 보수나 퇴직금, 배당을 활용하거나 특허권 같은 무형자산의 매각, 대표나 배우자 주식의 자기주식취득 등의 방법이 많이 활용되고 있습니다. 다음표에 가지급금에 대한 해결책과 특징을 정리하였으니 자세히 살펴보시기 바랍니다.

법인을 활용한 정리방안	
① 보수 (급·상여)로 변제°	• 급여인상 및 상여금을 받아 가지급금을 상환하는 방안 • 급·상여는 개인 세금과 4대보험을 증가시키지만 법인은 비용이 증가하므로 법인세는 오히려 감소한다는 장점이 있습니다. 적정 수준까지 급여를 인상하는 것은 가지급금을 해결하는 기본적인 방법 중 하나입니다. • 특히 가지급금이 매년 일정하게 발생하거나 반복되는 경우 유용합니다. • 임원 상여금은 지급규정 및 상여금 지급에 대한 객관적 근거가 없는 경우 손금불산입(비용처리 불가) 될 수 있으므로 주의가 필요합니다.
② 배당금으로 변제°	• 배당금을 지급받아 가지급금을 상환하는 방안 • 배당은 결산배당·중간배당으로 최대 연 2회 가능하며, 2천만 원까지는 15.4% 세율로 분리과세가 적용된다는 것이 장점입니다. • 2천만 원 초과시 종합과세 되지만 이중과세 조정을 위한 Gross-Up이 적용되어 예상보다 세부담이 크지 않을 수 있습니다. • 과다한 세금을 부담하지 않는 선에서 적정한 배당액을 결정하기 위해서는 주주구성과 주주의 다른 소득 등에 대한 종합적 검토가 필요합니다.
③ 퇴직금으로 변제°	• 퇴직금은 장기간 누적되면서 그 금액이 큰 편이고, 타 소득 대비 실효세율이 적어 가지급금 정리에 효과적 대안으로 꼽힙니다. • 다만 퇴직금 중간정산은 법적사유에서만 가능하기 때문에, 현실적 퇴직시점까지 기다리는 경우 가지급금 상환시점이 늦춰지는 문제가 발생할 수 있습니다.
④ 실제 발생원인을 분석하여 오류 수정	• 과거 발생내역 중 실제 사업과 관련되어 사용했으나 가지급금으로 처리한 항목을 확인하여 전기오류수정손실로 처리하는 방법입니다. • 대표적으로 영업사원들의 영업경비를 가지급금 처리한 경우, 손익 증가를 위해 비용을 가지급금으로 대체한 경우, 실제 지출한 급여나 상여이지만 가지급금으로 처리한 경우 등이 있습니다. • 정규 증빙 미수취에 따른 가산세(금액의 2%) 부담 및 과거 법인세 신고내역에 대한 경정청구가 필요합니다.

° 급여, 상여, 배당, 퇴직금에 대한 소득설계전략 내용은 〈Part2. CEO를 위한 소득설계〉(125p) 참조

개인재산을 활용한 정리방안	
① 개인 부동산 활용	• 개인부동산을 법인에 양도하여 양도대금으로 가지급금을 정리하는 방안 • 개인은 양도소득세가, 법인은 취득세가 발생합니다. (경우에 따라 취득세 중과도 가능하니 사전 검토 필요) • 법인은 부동산 임대업 등을 목적사업에 추가하고 직접 임대 개시해야 합니다. • 대표자가 직접 거주하던 아파트 등 주택을 법인에 양도하고 그 이후에도 계속 거주하는 경우에는 적정 임대료를 수취해야 합니다. (적정 임대료 미 수취 시 익금 산입으로 인한 세금문제 발생) • 대표자 개인 부동산에 법인이 임차로 사용중인 경우, 월세를 전세로 전환하거나 부동산 감정평가 후 보증금 인상 금액으로 가지급금을 정리하는 방안을 고려할 수도 있습니다.
② 개인 보험 양도	• 개인이 가입한 보험을 법인에 양도하여 가지급금을 정리하는 방안 • 보험 양도는 양도소득세 과세 대상이 아니고, 법인 취득세 과세 대상도 아니므로 별도의 과세문제는 발생하지 않습니다. • 양도하는 보험은 다음과 같이 평가합니다. 양도하는 보험의 평가 : Max (해약환급금, 납입보험료＋이자)
③ 자기주식 활용	• 개인이 보유하는 주식을 법인이 자기주식으로 취득하는 방안. • 양도소득세 및 증권거래세가 발생합니다. 단, 법인 취득세는 발생하지 않습니다. • 자기주식은 자본조정으로 자본의 차감(−)으로 표시되며, 계속 보유하는 경우 문제가 발생할 수 있으므로 자기주식 처분방안에 대한 검토가 필요합니다. (자기주식의 처분방안: 핵심 임직원에 대한 스탁옵션, 스탁그랜트(주식상여) 등)
④ 유상감자 활용	• 유상감자 후 감자대금으로 가지급금을 상환하는 전략 • 의제배당(감자대가− 취득가액)에 대해 소득세가 과세됩니다.
⑤ 주식증여 후 소각·감자 활용°°	• 주식증여를 통해 취득가액을 올리고, 이를 감자·소각하여 해당 재원으로 가지급금을 상환하는 방안. • 배우자를 활용한 증여 및 소각(감자)는 최근 실질과세 원칙에 따라 부인되는 사례가 대부분이니 특히 주의가 필요합니다.
⑥ 특허권, 영업권 활용	• 개인 보유 특허권을 감정평가하여 법인에 양도하는 방안. • 법인설립 이후 대표자로 재직하면서 출원한 특허, 법인의 사업과 직접 관련이 없는 특허, 과도하게 높은 금액으로 평가된 특허 등은 과세당국에서 문제 삼을 소지가 높으므로 주의해야 합니다. • 법인과 별개로 대표자가 개인사업을 영위하는 경우 해당 개인사업을 법인에 포괄양수도(또는 중소기업통합)하고, 개인사업의 영업권(권리금)을 평가하여 가지급금을 정리하는 것도 가능합니다.

°° 이에 대한 자세한 내용은 이어지는 〈(5) 배우자에게 주식 증여 후 이익소각하여 가지급금을 상환해도 될까요?〉에서 자세히 알아봅니다.

(5) 배우자에게 주식 증여 후 이익소각하여 가지급금을 상환해도 될까요?

한동안 현장에서는 "배우자를 활용한 이익소각" 컨설팅이 유행했습니다. 세금 없이 가지급금을 정리할 수 있다는 말에 생각보다 많은 법인들이 실행에 참여하였고, 현재 상당수의 법인들이 실질과세라는 원칙하에 거액의 세금을 고지 받고 일부는 소송을 진행중에 있습니다.

배우자를 활용한 이익소각의 개요

1	대표자 보유주식 배우자에게 증여 (10년간 6억 원 증여재산공제 적용)
2	배우자는 증여 받은 주식을 법인에 양도(소각목적)
3	법인은 취득한 자기주식 소각 진행
4	배우자 소각대금 수취 (소각대가 = 증여가액으로 의제배당 없음)
5	배우자가 수취한 소각대금을 다시 대표자(남편)에게 이전, 대표자는 가지급금 상환

⑤ 소각대금 이전 금전소비대차
대표자 ① 주식증여 배우자
⑦ 직접 소각으로 과세
⑥ 가지급금 상환
② 주식매각
③ 자사주 소각
④ ₩ 소각대금 지급

배우자에게 증여공제한도인 6억 내에서 비상장주식을 증여한 후, 배우자는 증여받은 주식을 소각목적으로 법인에 매각하고 수령한 매각(소각)대금을 대표인 남편에게 금전대차계약서를 작성 후 빌려줍니다. 대표는 이 대금으로 가지급금을 상환하는 방식입니다. 이 때 배우자가 법인으로부터 받은 매각(소각)대금에는 의제배당소득세가 부과되는데, 양도가액과 취득가액이 동일해 사실상 세금이 부과되지 않는다는 논리였습니다. 하지만 과세당국은 배우자를 활용한 이익소각에 대해 대대적인 조사를 벌이며 이를 인정하지 않고 있는데요.

과세당국은 이에 대해 어떻게 과세하고 있는지, 소송은 어떤 흐름으로 진행되고 있는지를 살펴보도록 하겠습니다.

사건쟁점	주요내용
배우자 증여에 타당한 이유가 있었는가?	• 본 사건의 가장 쟁점이 되는 부분 • 배우자 주식증여에 이익소각 外 타당·적합한 이유가 있었는가? • 납세의무자가 조세부담을 줄였다는 이유만으로 거래형식을 함부로 부인할 수는 없으나, 가장행위에 해당하는 경우 그 행위를 부인하고 실질내용대로 과세가능(대법원판결)
소각대금이 다시 증여자에게 귀속되었는가?	• 소각대금이 당초 증여자에게 다시 귀속시 실질과세원칙에 따라 과세가능 • 수증자에게 귀속되는 경우 부당행위계산의 부인규정·이월과세 적용은 불가하나, 현재 과세당국은 소각대금 귀속여부에 불문하고 과세 中 (주식증여 후 소각거래가 아닌 소각거래 후 현금증여로 판단)
일련의 행위를 증여자가 주관하였는가?	• 주식 증여후에도 수증자(배우자)가 아닌 증여자와 컨설턴트가 업무를 주관하였는가? • 주식소유자의 소유권 행사내역이 없음이 문제
이익소각에 타당한 이유가 있었는가?	• 처음부터 조세회피 목적에 따라 일괄진행(증여 후 단기간 내 소각) • 증여와 소각이 별개의 행위라는 입증이 필요

과세당국의 입장

과세당국에서 배우자를 통한 이익소각을 부인하는 가장 큰 요인은 "실질과세원칙"입니다. 배우자를 통한 이익소각은 세금을 줄이기 위한 수단일 뿐 결론적으로 배우자가 수취한 소각대금이 당초 증여자에게 다시 귀속되었기에 실질과세원칙상 최초 증여자에게 세금을 과세함은 정당하다는 취지입니다.

다만, 최근에는 배우자가 수취한 소각대금을 다시 증여자에게 반환하지 않고 소각한 배우자가 보유하거나 직접 사용한 경우에도 과세당국에서는 일률적으로 세금을 과세하고 있음에 주의해야 합니다.

다음에서 주요 쟁점과 최근 사례를 정리하였으니 참고하시기 바랍니다.

납세자(청구인)와 처분청의 주요 쟁점 요약

구 분	주요 쟁점
납세자 (청구인)	1. 증여 후 소각의 행위는 조세부담을 고려한 합리적 선택일 뿐, 결과적으로 세금이 감소하였다고 거래행위를 모두 부인하는 건 부당함 2. 주식을 증여하고 소각하는 것은 가업승계목적, 주식가치 상승 시를 대비한 사전 증여, 기타 개인간의 사정 등 다양한 원인이 존재하며 당사자간에 약정에 의해 진행된 증여를 임의로 부인하는 것은 부당함 3. 소득세법상 적용되는 이월과세(증여자의 취득가액을 수증자의 취득가액으로 의제하는 제도)의 대상자산에 주식은 명시되어 있지 않음 4. 소각대금이 수증자에게 귀속되었음에도 실질과세원칙을 주장하면서 증여자에게 세금을 과세함은 부당함
처분청	1. 쟁점거래는 조세회피 목적 외에는 어떠한 목적이나 사정이 존재하지 않고, 결론 적으로 조세부담이 부당히 감소되는 효과가 발생하였음 2. 증여와 소각 등 모든 일련의 행위를 증여 받은 수증자보다는 대표자인 증여자 혹은 컨설팅업체에서 주관함 3. 외형상 "주식증여 – 소각"은 "주식소각 – 현금증여"와 그 실질이 동일함 4. 증여, 양도, 소각 등 일련의 행위가 단기간 내에 이루어짐

사례 분석(증여 – 소각 행위가 부인되고 다시 세금이 과세된 사례)

소각대금을 증여자가 차용하여 가지급금을 상환한 사례

조심2020부8288, 2021.03.08 / 창원지법2021구합51605(국승)

① 청구법인이 실제 쟁점주식의 소유자라고 주장하는 수증인들은 쟁점주식의 가액이 얼마인지, 쟁점주식의 사용처가 어디인지, 실제 작성된 쟁점주식 양도대금 차용계약서가 작성되었는지 여부조차 알지 못하고 있어 쟁점주식 및 그 매각대금을 실질적으로 지배·관리하였다고 보기 어려운 반면,

② ○○○은 쟁점주식을 증여한 이후에도 수증인들이 청구법인에게 쟁점주식을 양도하고, 이와 관련된 증권거래세를 납부하는 행위를 직접 지배·관리하였고, 쟁점주식 양도로 인한 매각대금을 자신의 가지급금 변제에 사용하는 등 쟁점주식 및 그 매각대금을 여전히 지배·관리하였다고 볼 수 있으며,

③ ○○○은 '증여'라는 법률행위를 통하여 쟁점주식의 소유권을 수증인들에게 이

전한 것은 ○○○에 자문한 결과 세금을 절약하기 위한 목적으로 이루어진 것이라는 사실도 인정하고 있는바,

④ 실질과세원칙에 따라 쟁점주식 및 그 매각대금의 실질 귀속자는 여전히 ○○○이라고 볼 수 있으므로, 단지 ○○○이 '증여'라는 법률행위 형식을 통하여 쟁점주식을 수증인들에게 증여하였다는 이유만으로 이 건 처분이 위법하다는 청구주장은 받아들이기 어려운 것으로 판단된다.

부부가 교차로 주식을 증여하고 소각하여 각자의 가지급금을 상환한 사례

심사소득2020-1, 2020.05.06 / 상급없음

---

① 청구인 등의 쟁점거래를 보면 1차 행위인 교차증여를 통하여 서로의 주식 각 10,000주의 취득가액을 증여재산가액인 552백만 원으로 만들고, 3개월 후 2차 행위인 발행법인에 양도를 할 때 양도차익이 발생하지 않도록 하였으며, 이후 2018.12.31. 발행법인이 청구인 등으로부터 매입한 주식 20,000주를 소각하는 3차 행위를 함으로써 의제배당이 발생하지 않도록 한 것이다. 그런데, 쟁점거래에서 1차 행위를 제거하고 2차 행위와 3차 행위를 하나의 거래로 보면 처분청의 이 건 처분과 동일한 경제적 실질과 조세부담이 발생됨을 알 수 있다.

② 청구인 등이 발행법인의 주식 10,000주를 교차로 증여한 1차 행위는 동일한 가치를 가진 주식을 서로 주고받은 것으로 실질적으로 청구인 등에게 증여의 이익이 발생되지 않음을 알 수 있으며, 청구인 등에게 부부가 앞으로 발생할 수 있는 증여에서 공제할 수 있는 배우자공제액을 희생하면서 1차 행위를 할 합리적인 이유가 없어 보이고 청구인 등도 합리적인 이유를 제시하지 못하고 있다.

③ 위의 내용으로 볼 때 쟁점거래는 통상적인 절세를 위한 일방의 증여가 아닌 쌍방의 증여를 통해 양도소득세나 종합소득세 등의 조세 부담을 회피할 목적으로 과세요건사실에 관하여 실질과 괴리되는 비합리적인 형식이나 외관을 취하는 경우에 해당한다고 볼 수 있다.

④ 따라서 청구인 등의 쟁점거래에 실질과세의 원칙을 적용하여 1차 행위가 없었다

고 보고, 청구인 등의 1차 행위에 따른 증여재산가액이 아닌 청구인 등이 당초 발행법인에서 양도한 주식을 취득하기 위하여 사용한 금액을 차감한 금액을 의제배당(배당소득)으로 하여 종합소득세를 과세한 이 건 처분은 달리 잘못이 없는 것으로 판단된다.

금전차용증서가 작성되어 있지만 신뢰하기 어렵다고 판단한 사례

조심2022부5633, 2022.11.03 / 상급없음

① 배우자와 금전소비대차계약을 체결하여 양도대가를 차입하였고 그에 따른 이자를 지급한 점 등을 이유로 일련의 쟁점거래를 정상거래로 보아야 한다는 청구주장과 관련하여,

② 2019.11.22., 2020.1.22. 및 2020.03.02. 각 작성된 금전차용증서에 의하면 차용금에 따른 이자를 2년이 지난 후에 지급하기로 기재되어 있는바, 이는 조사기간 이후에 이자지급일이 도래되도록 한 것으로 보여 그에 따른 금융증빙을 제출하였다 하더라도 이를 신빙성 있는 자료로 보기 어려운 점.

③ 또한 청구인이 쟁점주식을 직접 AAA에 양도한 후 쟁점주식이 소각되는 경우 청구인에게 의제배당 소득세가 과세되는 반면, 쟁점거래의 경우에는 각 거래단계별 증여세, 양도소득세 및 소득세 등이 과세되지 않는 점 등에 비추어 쟁점거래는 그 거래구조를 조정하거나 통제할 수 있는 지위에 있는 청구인(AAA의 주주이자 대표이사)이 다른 합리적인 이유 없이 의제배당에 따른 종합소득세를 회피하기 위하여 형식적으로 구성한 가장거래에 해당한다고 보는 것이 타당하다 할 것이다.

소각대금이 수증자에게 귀속되었음에도 실질과세로 과세한 사례

조심2023중3081, 2023.09.19 / 상급없음

【사실관계요약】

청구인 갑은 본인이 보유하던 A 법인 주식 중 일부를 배우자 을에게 증여하였고, 배우자는 약 2개월뒤 A 법인에 주식을 양도, A법인은 취득한 주식을 소각함. 소각대금을 수령한 배우자 을은 1) 세금납부, 2) 본인명의 오피스텔 전세보증금상환, 3) 기타부채상환 및 생활비 등으로 사용함.

【판단】

이상의 사실관계 및 관련법률 등을 종합하여 살피건대,

① 청구인은 납세자는 동일한 경제적 목적을 달성하기 위하여 여러 가지 법률관계 중의 하나를 선택할 수 있는 것이고, 쟁점거래는 「국세기본법」에 따른 거래의 재구성을 위한 요건을 충족하지 못하였으므로 이 건 처분은 위법하다고 주장하나, 청구인은 쟁점법인의 최대주주이고, 쟁점법인의 주주는 청구인의 가족으로 구성되어 청구인이 일정한 계획 하에 쟁점거래 구조를 조정하거나 통제할 수 있는 의사결정 권한을 가지고 있는 것으로 보이는 점.

② 쟁점거래는 쟁점주식의 증여일부터 자기주식 취득 및 소각시점까지 3개월 이내에 이루어졌고, 일련의 행위들이 각 당사자의 독립적인 의사결정에 따른 것이라기보다 사전에 예정된 청구인의 의사결정에 따라 순차적으로 이루어진 것에 불과해 보이는 점.

③ 쟁점거래에 있어 청구인에 대한 의제배당에 따른 종합소득세를 회피하기 위한 목적 외에 다른 합리적인 이유는 없어 보이는 점 등에 비추이 처분청이 청구인에게 종합소득세를 과세한 이 건 처분은 달리 잘못이 없는 것으로 판단된다(조심 2022중5322, 2022.06.29. 등 같은 뜻임).

소각대금 사용여부에 따른 과세판례 요약

소각대금이 실제 누구에게 귀속되었는지 실질과세를 판단하는데 매우 중요한 사항입니다. 다만, 아래와 같이 감사원, 조세심판원에서는 소각대금이 누구에게 귀속되었는지 관계없이 세금을 과세하고 있음에 주의해야 합니다.

소각대금의 사용처 여부에 관계없이 실질과세원칙으로 과세한 사례

소각대금이 증여자에게 반환된 사례	소각대금이 수증자에게 귀속된 사례
조심2022부5633, 2022.10.20	심사소득2022-12, 2022.04.06
조심2022중1503, 2022.11.03	조심2022중6563, 2022.12.20
조심2022부5903, 2022.12.22	조심2023중829, 2023.04.26
조심2023중8217, 2023.09.14	조심2023서39, 2023.06.13
	조심2023중7815, 2023.09.11
	조심2023중3081, 2023.09.19

(6) 증여를 통한 자본거래(감자, 소각), 법원 판결이 궁금해요!

앞서 살펴본 배우자를 통한 자본거래(감자, 소각)는 소송이 진행중이며, 일부는 1심 판결이 나온 상황입니다. 법원에서는 과세당국의 판결과 다른 결과가 나온 사례들이 있는데요, 실질과세원칙에 따라 거래를 재구성하는 것이 타당한지, 소각대금이 실제 누구에게 귀속되었는지 등이 주요 쟁점이 되었습니다. 이하에서는 현재까지 나온 판결을 토대로 주요 쟁점을 살펴보도록 하겠습니다.

납세자 승소사례(수원지법2022구합73353, 2023.07.05 / 국패)

처분경위 및 주장 요약

구분	주요내용
처분 경위	• ㈜○○(회사)은 플라스틱 성형용기 제조업을 영위하는 회사로 원고 A는 대표이사 이자 주주이며, 원고 B는 감사이자 주주임 • 원고들은 2018.04.20 각자의 배우자(E, F)에게 원고들의 보유주식을 중 일부를 증여하였고, • 회사는 2018.07.06 임시주주총회결의를 통해 자기주식 취득을 결의, 2018.08.20 E와 F로부터 주식을 매입(증여금액과 동일), 2018.10.11 매입한 자기주식을 모두 소각함 • 중부지방국세청은 2021년 세무조사를 통해 원고 A, B가 직접 주식을 양도·소각한 것으로 보아 조사결과를 통지, 세무서는 원고에게 각 세금 과세
원고 주장 (납세자)	• 이 사건 증여와 이 사건 양도는 모두 적법한 절차에 따라 행해진 것으로, 이 사건 양도 당시 원고들은 이 사건 주식의 주주도 아니었고, 양도로 인한 소득도 모두 원고들이 아닌 E와 F에게 실질적으로 귀속되었다. 따라서 실질과세원칙을 이유로 원고들이 이 사건 회사에 이 사건 주식을 직접 양도하여 의제배당소득을 얻었다고 보고 각 종합소득세를 부과한 이 사건 처분은 위법하다.
피고 주장 (세무서)	• 이 사건 증여는 의제배당소득을 회피하기 위한 것으로 우회거래 또는 가장행위에 해당한다. 이 사건 증여를 포함한 일련의 거래(이하 '이 사건 거래'라 한다)는 원고들이 이 사건 회사에 이 사건 주식을 직접 양도한 후 그 주식이 소각됨으로써 원고들에게 의제배당소득이 발생한 것으로 재구성 되어야 한다. 또한 이 사건 주식 양도로 발생된 이익의 최종 귀속자의 범위에는 E와 F 외에 원고들도 포함되어야 한다.

법원 판결

원고들이 직접 이 사건 주식을 양도한 것으로 재구성할 수 없다고 봄이 타당함

① 원고들은 배우자에게 '주식'을 증여할지 '현금'을 증여할지 선택할 수 있다. 원고들이 배우자증여공제 제도를 이용하여 위 한도 내에서 각 배우자에게 주식을 증여한 것이 위법하다거나 이례적인 것이 아니다. 이 사건 증여로 인하여 원고들은 증여가액만큼 배우자증여공제 한도가 감소하였으므로 원고들이 이 사건 증여로 아무런 손실이 없었다고 볼 수 없다. 원고들은 이 사건 주식의 실제 소유자

이고, 증여 시 가액평가가 과소하면 증여세가 부과될 수도 있었다.

② E와 F는 이 사건 주식의 양도대금을 모두 자신 명의의 계좌로 수령한 후 자신 명의의 대출금을 상환하거나 자신 명의의 예적금 계좌에 불입하는 등으로 사용하였다. 이 사건 주식의 양도대금이 원고들에게 귀속되었다고 볼 증거도 없다. 피고들은 적어도 상속세 및 증여세법 내에서는 배우자증여공제 한도인 6억 원 범위에서 부부별산제의 예외로 위 돈을 실질적 공유재산이라고 보아야 하므로 이 사건 주식의 양도대금이 원고들에게 귀속된 것으로 보아야 한다고 주장하나 위와 같이 해석할 아무런 근거가 없다.

③ 이 사건 회사는 임시주주총회 결의를 거쳐 이 사건 주식을 매수하고, 이를 소각하였다. 이 사건 양도 역시 상법상 절차를 거친 적법한 것으로 가장행위가 아니다.

④ 이 사건 증여로 E와 F는 대출금 상환 등을 위해 자신이 지배, 관리할 수 있는 여유 자금을 조달할 수 있었고, 이 사건 회사는 이 사건 양도 후 미처분이익 잉여금으로 주식을 소각하여 주주들에게 배당을 한 효과가 나타났다. 이 사건 증여와 이 사건 양도는 각각 독립한 경제적 목적과 실질이 존재한다.

결과적으로 세부담이 없다는 사실만으로 부당한 행위라 단정할 수 없음

원고들이 배우자증여공제 제도를 통하여 증여세를 부담하지 않고, E와 F의 상속세 및 증여세법상 보충적 평가방법으로 평가한 증여가액과 양도가액이 동일하여 양도소득세를 부담하지 않게 되었다는 것만으로 원고들이 의제배당소득세 부과를 회피할 목적으로 이 사건 거래를 하였다고 단정할 수 없다. 원고들이 이 사건 거래를 하기 이전에 외부전문가의 조언을 받았다거나 일련의 절차가 단기간에 이루어졌다는 점 등은 원고들이 배우자증여공제 한도 내에서 E와 F에게 증여를 하고자 하는 목적 달성을 위해 충분히 납득할만한 거래방식에 해당하고, 위와 같은 사정만으로는 원고들에게 조세회피목적이 있다고 볼 수도 없다.

여러 단계의 거래형식을 모두 부인하는 것은 실질과세원칙에 해당하지 않음

이 사건 증여 및 양도는 모두 유효한 법률행위로 과세관청은 특별한 사정이 없는 한 그 법률관계를 존중하여야 한다. 피고들은 국세기본법 제14조 제3항을 근거로 ① 이 사건 증여, ② 이 사건 양도를 모두 부인하고, 이 사건 거래를 원고들이 이 사건 회사에 이 사건 주식을 직접 양도한 것으로 재구성하였다. 그러나 앞서 본 바와 같이 이 사건 주식의 양도대금이 E와 F에게 실질적으로 귀속되었으므로 이 사건 거래를 재구성하기 위해서는 ① 이 사건 거래를 원고들이 이 사건 회사에 이 사건 주식을 직접 양도한 행위 외에 추가로 ② 원고들이 주식양도대금을 E와 F에게 증여한 행위까지 거래에 포함되어야 한다. 국세기본법 제14조 제3항은 여러 단계의 거래 형식을 부인하고 실질에 따라 과세대상인 하나의 행위 또는 거래로 보아 과세할 수 있도록 한 것이다. 이 사건과 같이 여러 단계의 거래 형식을 모두 부인하고, 이를 다시 복수의 거래로 재구성 하는 경우까지 허용된다고 보기 어렵다.

납세자 패소사례(인천지법2022구합58883, 2023.08.10 / 국승)

소각대금을 다시 반환받음으로써 증여에 따른 이득의 실질이 결국 원고(증여자)에게 귀속됨

① 이 사건 법인의 대표이사이자 주주인 원고는 이 사건 일련의 거래를 통해 받은 ×××원을 이 사건 법인에 대한 가지급금 채무 상환과 개인 부동산담보대출 채무의 일부 상환에 사용한 바, 원고가 당초 이 사건 주식을 ○○○에게 증여하였던 표면적인 목적과는 달리 이 사건 주식의 소각 등으로 인한 이득은 결국 원고에게 귀속되었다.

② 기록을 살펴보아도 원고와 ○○○ 사이의 각 증여행위와 이 사건 주식의 양도·소각 행위 등 이 사건 일련의 거래를 구성하는 개별 거래들에 관하여 조세부담 회피의 목적 외에 각각 독립한 경제적 목적과 실질이 존재한다거나 다른 합리적인 거래의 경제적 이유가 있다고 볼 수 있는 사정을 찾아보기 어렵다.

③ 원고는, 배우자증여재산공제 제도를 이용하여 배우자에게 주식을 증여하여 취득 가액을 높인 후 발행 법인이 이를 취득하여 소각하는 거래가, 절세를 위한 통상 적인 거래로서 세법이 금지하는 방법이라고 볼 수 없다는 취지로 주장한다. 그러 나 위와 같은 통상의 거래는 그 소득의 실질을 배우자에게 귀속하고자 하는 것일 때 배우자증여재산공제 제도의 취지에 반하지 않으나, 이 사건 일련의 거래는 배 우자에게 증여하였던 주식의 대금 상당을 원고가 곧바로 배우자로부터 증여받음 으로써, 증여에 따른 이득의 실질이 결국 원고 자신에게 귀속되는 것이어서, 배우 자에게 자신이 기여한 이득을 환원하고자 하는 배우자증여재산공제 제도의 취지 에 부합하지 않고, 자신이 직접 발행법인에게 주식을 양도하여 소각하는 경제적 효과를 달성하면서도 의제배당에 따른 종합소득세 납부 의무를 회피하고자 하는 의도가 아니라면, 위와 같은 자전거래(원고와 배우자 ○○○ 사이의 증여와 재증여)를 선택할 이유가 없어, 이를 통상적으로 일어나는 거래의 하나라고 치부할 수 없다.

판결요약 및 추가의견

현재까지 확인되는 5개의 판례는 "소각대금이 실질적으로 누구에게 귀속되었는가" 가 주된 쟁점이 되었습니다. 다만 판결에서는 소각대금의 실질 귀속 외에도 거래의 정당한 사유가 있었는지, 누구의 주도하에 진행되었는지 등을 복합적으로 판단하고 있으니 컨설팅 전에 반드시 판결전문을 읽어보실 것을 권유 드립니다.

판례번호	판결	판결요지	소각대금 사용
수원지법 2022구합 73353, 2023.07.05	국패	여러 단계의 실제 거래를 부인하고, 이를 다시 복수의 거래로 재구성하는 것은 국세기본법에 따른 실질과세가 아님	수증자 (예적금)
수원지법 2022구합 70965, 2023.04.26			수증자 (채무상환)
부산지법 2023구합 20578, 2023.08.18	국승	소각대금이 다시 증여자에게 반환되었으므로 실질과세원칙에 따라 증여자에게 과세함이 타당함	증여자에게 대여
부산지법 2022구합 58883, 2023.08.10			증여자에게 재증여

02
명의신탁주식

(1) 명의신탁주식이 뭔가요?

사례 1

최근 아버지가 돌아가셔서 상속재산을 정리하다 깜짝 놀랐습니다. 가족들도 몰랐던 거액의 비상장주식이 있었기 때문입니다. 확인해보니 아버지 친구분께서 30년 전에 건설회사를 설립하면서 아버지 명의를 빌렸고, 상당 시간이 지나면서 가격이 크게 오른 것이었습니다. 명의신탁임을 주장하여 본래 소유주인 친구분께 돌려드리려 해도 너무 오랜 기간이 지나서 입증 조차 어려울 거라고 합니다. 팔지도 못하는 비상장주식 때문에 얼마나 세금이 늘어날지, 이 일을 어떻게 해야 할지 억울하고 답답합니다.

사례 2

자동차부품 제조 중소기업을 운영하고 있습니다. 최근 아들이 유학을 마치고 들어와 가업승계를 진행하려 했지만, 세무사로부터 가업승계가 어려울 수도 있다는 뜻 밖의 얘기를 들었습니다. 내 회사이고, 평생을 일군 회사인데 도저히 이해할 수 없어 자세히 물어보니, 제3자에게 명의신탁한 주식으로 인해 대표자인 저의 지분이 40%에 미달하여 가업승계가 불가능하다 합니다. 그동안 명의상 주주들로 인해 다소 불편한 점은 있었어도 큰 문제없이 사업을 할 수 있었는데, 이제 와서 명의를 다 돌려놔야 한다니 어떻게 해야 하나 막막합니다.

명의신탁으로 인한 두가지 사례를 살펴봤는데요, "명의신탁주식"에 대해 감이 좀 오시나요? 어떻게 저런 일이 있나 싶지만, 안타깝게도 모두 실제 사례들입니다. 명의신탁이란 소유관계를 공시하도록 되어 있는 재산(주식, 부동산 등)에 대해 소유자 명의를 실제 소유자가 아닌 다른 사람 이름으로 해 놓은 것을 의미합니다(실제 소유자를 명의신탁자, 명의상 소유자를 명의수탁자라 함).

1993년 "금융실명제"가 실시되고, 1995년 "부동산 실권리자명의 등기에 관한 법률"이 제정되면서 어떠한 명목의 명의신탁도 그 효력을 인정받지 못하게 되었습니다.

(2) 명의신탁주식은 왜 생길까요?

명의신탁주식은 단순히 세금을 회피하고자 하는 목적 외에도 다양한 원인이 존재합니다. 명의신탁주식 컨설팅을 위해서는 발생원인을 정확히 분석하는 게 무엇보다 중요합니다. 현장에서 명의신탁주식이 발생하는 대표적 원인은 다음과 같습니다.

원인	주요내용
상법 규정	• 법인설립을 위해서는 발기인(주주)이 필요하며, 현재는 1인 주주도 가능하지만 과거에는 발기인의 수를 제한한 적이 있음. • 1996년 9월까지 설립된 법인 : 발기인 7인 이상 • 1996년 10월부터 2001년 7월 23일까지 설립된 법인 : 발기인 3인 이상 • 2001년 7월 24일 이후 설립되는 법인 : 1인 이상(발기인 수 제한 없음)
조세 회피 목적	1) 주식을 분산하여 배당소득에 대한 종합소득 합산과세(누진세율)를 회피할 목적 2) 출자자의 제2차 납세의무˚를 피하려는 목적 3) 과점주주의 간주취득세 납세의무˚˚를 피하려는 목적

˚ 법인 체납액에 대해 법인이 변제할 능력이 없는 경우, 출자지분이 50%가 넘는 과점주주에게 2차적으로 납세의무를 부여하는 제도
˚˚ 주식 취득 시 과점주주(출자지분이 50%를 초과하는 자)가 되는 경우 법인이 보유하는 부동산 등의 소유권을 간접취득하는 것으로 보아 주주에게 취득세를 과세하는 제도

이하에서는 현장에서 가장 많이 발생하는 두 가지(상법규정, 제2차 납세의무 회피)에 대해 구체적으로 살펴보도록 하겠습니다.

상법규정으로 인한 명의신탁

앞서 살펴보았듯이, 예전에는 7명, 3명의 발기인 수 조건이 있었기에 어쩔 수 없이 명의신탁이 발생하는 경우가 잦았습니다.

하지만 상법개정에 따라 2001년 7월 24일 이후 설립되는 법인은 법인의 유형, 목적사업, 자본금 규모와 일체 관계없이 발기인 수 제한이 삭제되었고, 1인 주주로도 법인설립이 가능해졌습니다.

다만, 이런 개정내용을 인지하지 못한 채 관행적으로 발기인을 굳이 3명으로 맞춰 명의신탁을 하는 경우가 아직도 현장에서 발생하고 있습니다.

과점주주 회피를 위한 명의신탁

과점주주란 본인과 특수관계인을 포함한 주식 소유가 전체의 50%를 초과하는 자를 말합니다. '법인설립시 과점주주를 피하는 게 좋다'는 막연한 인식이나 일부 전문가의 잘못된 조언으로 불필요한 명의신탁이 발생하는 경우가 있습니다.

과점주주의 불이익은 크게 2가지로 구분됩니다. 첫째, 법인의 체납액에 대해 과점주주가 책임을 지는 "출자자의 제2차 납세의무"이며, 둘째, "과점주주의 간주취득세"입니다.

하지만 법인 설립시점부터 향후 법인이 청산하거나 세금을 체납하는 등의 상황을 가정해 과점주주를 회피할 필요가 있을까요? 또한 설립 시점부터 특수관계자를 포함한 주식비율을 100%로 설정한다면 그 이후 과점주주의 간주취득세 문제는 발생하지 않으므로 이런 이유로 법인주식을 명의신탁 하는 것은 추천하지 않습니다.

출자자의 제2차 납세의무에 대한 구체적 내용

구분	주요내용
제도의 취지	• 법인의 과점주주라 하더라도 주주이기에 출자금액을 한도로만 책임을 지는 것은 당연함(상법상 유한책임) • 다만 이러한 상법규정에도 불구하고 세법상 출자자인 과점주주에게 2차 납세의무를 지우는 것은 이른바 "법인격부인의 법리"에 근거하고 있는데, 이는 일반적으로는 법인격 자체를 인정하되, 특정한 경우에는 법인격을 부인하고 그 배후의 실체를 기준으로 법률관계를 처리하겠다는 것을 의미함 (즉 사업운영에 대한 책임을 과점주주에게 묻겠다는 의미)
법인의 범위	• 주된 납세자인 법인은 증권시장(유가증권시장, 코스닥시장)에 증권이 상장된 법인은 제외함(즉, 비상장법인만을 대상으로 함) • 세법 개정 전에는 상장여부에 관계없이 모든 법인을 대상으로 하였으나, 상장법인은 과점주주가 법인격 남용을 통한 조세회피의 가능성이 낮기 때문에 2021년부터는 주된 납세자인 법인의 범위에서 상장법인 제외
2차 납세의무자	1) 주주 1명과 그의 특수관계인으로서 그들의 소유주식의 합계(또는 출자액의 합계)가 해당 법인의 발행주식총수(또는 출자총액)의 50%를 초과하면서 2) 그 법인의 경영에 대하여 지배적인 영향력을 행사하는 자들 ※ 세법 개정 전에는 경영지배력에 관계없이 지분율(또는 출자총액)이 50%를 초과하면 제2차 납세의무를 부담했으나, 2021년부터는 과점주주이면서 실제 법인의 경영을 지배하고 있는 경우만 제2차 납세의무를 부담하도록 과점주주의 범위를 축소함
납부책임의 한도액	과점주주의 제2차납세의무 한도액 = 징수부족한 금액 × $\dfrac{\text{과점주주의 소유주식수 (또는 출자액)}}{\text{발행주식총수 (또는 출자총액)}}$

이런 경우도 간주취득세가 과세될까요? ⋯ 사례별 간주취득세 과세여부 🔍

지분변화	구분	과세여부
50% / 100%	설립 시부터 과점주주	과세 이슈 없음
50% / 45% ➡ 70%	일반주주에서 과점주주	70% 전체에 대해 과세
50% / 51% ➡ 60%	과점주주 상태 지분증가	증가된 9%만 취득세과세
50% / 70% ➡ 45% ➡ 55%	지분감소 후 지분취득	과세 이슈 없음
50% / 60% ➡ 45% ➡ 70%	지분감소 후 지분증가취득	증가된 10%에 대해 과세
50% / 45% ➡ 70%	주주차입금 출자전환(증자)	70% 전체에 대해 과세
50% / 45% ➡ 70%	기존 법인의 경영권 인수	70% 전체에 대해 과세

(3) 명의신탁주식, 어떤 문제가 발생할까요?

어떤 이유에서든 일단 명의신탁이 된 주식은 실제 소유주와 명의자가 다르기 때문에 여러 문제가 발생할 수 있습니다. 대표적으로 명의신탁주식이 있으면 배당에 어려움을 겪게 됩니다. 이런 기업들 대부분이 수십 년간 배당을 하지 못한 상태를 지속합니다. 또 명의수탁자인 차명주주나 차명주주의 상속인이 소유권을 주장할 수도 있습니다. 사업이 잘 돼 주식가치가 높아질수록 명의신탁주식의 위험도 덩달아 커지게 됩니다.

명의수탁자인 차명주주의 채무관계로 명의신탁주식까지 압류되는 문제가 발생할 수 있습니다. 특히 가업승계를 고민하고 있다면 명의신탁주식은 반드시 해결해야 할 과제입니다.

경영상의 문제만 있는 게 아닙니다. 과세당국과의 마찰이나 추가적인 세금부담도 심각한 문제입니다.

취득을 위해 복잡한 단계를 거쳐야 하는 부동산과 달리 주식은 서류변경만으로 소유권 이전이 가능하며, 주식을 보유한다는 것은 법인의 모든 재산과 잉여금을 주식 비율만큼 소유한다는 의미이므로 조세회피목적으로 악용될 소지가 높습니다. 이에 세법에서는 주식의 명의신탁행위를 불법행위로 가정하고, 증여세를 부과하는 규정을 두고 있습니다(상속세 및 증여세법 제45조의2).

명의신탁주식의 문제점

☑ 소유권 분쟁

☑ 수탁자의 채무로 인한 명의신탁 주식 압류

☑ 배당, 증자 등 자본거래 시 제약

☑ 명의신탁주식에 대한 증여세 과세 위험

부동산과 주식(비상장주식)의 취득단계 차이점

구분	주요내용
부동산	• 취득세를 납부해야 등기가 가능하며, 이 과정에서 자금조달계획서 작성을 통해 취득자의 인적사항과 자금조달능력 등을 검증하게 됨 • 등기사항증명서(등기부등본)에 소유권 변동내역을 모두 기록 • 임대차나 근저당 등이 설정된 부동산은 소유권 변경 외에도 추가적인 절차가 복잡하게 진행되어야 함
비상장주식	• 주주명부에 주주명을 변경(명의개서)함으로써 소유권 이전

명의신탁재산의 증여의제

과세요건

명의신탁재산에 대한 증여세 과세요건(①+②+③+④)
① 권리 이전 및 행사에 등기·등록·명의개서가 필요한 재산일 것 ② 실제소유자와 명의자가 다를 것 ③ 명의신탁 설정에 대한 당사자의 합의가 있을 것 ④ 조세회피목적으로 명의신탁을 할 것

명의신탁이 합의가 아닌 일방적으로 이루어진 경우에는 증여세를 과세하지 않음

명의자의 의사와는 관계없이 일방적으로 명의자 명의를 사용(도용)하여 등기한 경우에는 증여의제 규정이 적용될 수 없으며, 이 경우 과세관청은 그 실질소유자가 명의자와 다르다는 점 만을 입증하면 족하고, 명의자의 의사와 관계없이 실질소유자의 일방적인 행위로 이루어졌다는 입증은 이를 주장하는 명의자가 해야 합니다(대법원 2007두15780, 2008.02.14).

주주명부 등 사문서 위조로 판단되므로 증여세를 부과하지 않은 사례

조심 2008전2825, 2009.03.16

① 상속세 및 증여세법 제41조의 2(명의신탁재산의 증여의제)의 규정은 실지소유자와 명의자가 다른 경우라도 실지소유자와 명의자 간의 합의나 명의자의 승낙에 따

라서 그 명의자의 명의로 등기된 경우에 적용되는 것이지, 실지소유자가 명의자의 의사와 관계없이 일방적으로 명의자의 명의로 등기 등을 한 경우에는 적용되지 않는다 할 것인 바,

② 이 건의 경우 청구인이 쟁점주식을 발행한 법인의 대표이사 및 이사로 등기되어 있던 사실은 확인되고 있으나 청구인의 학력, 쟁점주식의 실질소유자인 김○○을 만나게 된 경위, 청구인의 회사 내에서 수행한 실질적인 업무내용, 청구인의 자금능력, 의견진술내용 등을 감안하면 김○○이 청구인의 명의를 이용하기 위한 목적을 갖고 청구인을 쟁점주식 발행법인 등에 취업시켰다고 보여지는 점,

③ 쟁점주식의 실질소유자인 김○○도 청구인의 명의를 도용하였다고 시인하고 있는 점, 특히 ○○지방법원 ○○지원의 약식명령 및 ○○지방검찰청 ○○지청의 불기소결정서에 의하면 김○○이 청구인을 임원으로 등기한다고 하면서 미리 받아둔 주민등록등본으로 주주명부 내지 주식등변동상황명세서에 청구인의 성명 및 주민등록번호를 기재하는 방법으로 권리행사에 관한 사문서인 주식등변동상황명세서(또는 주주명부)를 위조하였다 하여 김○○에게 벌금을 선고(또는 공소시효경과로 불기소)한 사실이 확인되는 점 등을 종합하여 볼 때,

④ 이 건은 명의도용에 의한 명의신탁에 해당되므로 조세회피목적 유무에 대하여는 살펴볼 필요도 없이 처분청이 구 상속세및증여세법 제41조의2(또는 상속세및증여세법 제45조의2)의 규정을 적용하여 청구인에게 증여세를 과세한 처분은 부당하다고 판단된다.

임원도장 등을 전달하였으나 명의를 도용 당한 것으로는 보기 어렵다는 판례

조심 2012부1724, 2012.12.26

① 청구인은 명의신탁에 동의한 사실이 없으며 검찰조사결과 명의수탁자가 명의를 도용한 것으로 드러난 이상, 증여세 부과처분은 부당하다고 주장하나, 명의신탁자인 김○○의 진술에 의하면 청구인이 주주로 등재된 사실을 알고 있었고 회사의 이익을 위하여 일익을 담당한다는 생각으로 협조를 잘 해주었다고 진술한 점,

② 청구인은 임원 등재를 위해서 요청한 인감증명서 및 인감도장을 김○○에게 전달하였다고 하나, 임원 등재시점은 2006.01.25.로 주식양수일 2006.01.27.과는 그 시점이 비슷하지만, 유상증자에 의한 주식인수증 확인일인 2006.08.01.과는 그 시점이 차이가 많으며 2009.01.25. 임원 퇴임일과 2009.03.31. 주식양도계약서 작성일과도 차이가 많은데, 임원 퇴임을 한 후 주식을 양도할 때에도 청구인의 인감도장이 날인되었던 사실로 볼 때 단순히 임원 등재 만을 위하여 인감도장과 인감증명서를 전달하였다고 보기는 어려운 점,

③ 쟁점주식을 김○○의 명의로 할 경우 지분 100%로써 향후 예상되는 배당소득의 소득세 합산과세, 과점주주로서의 취득세 및 출자자의 제2차납세의무 부담 등의 조세를 회피할 목적이 있었다고 보이는 점 등을 감안할 때, 이는 청구인이 명시적 또는 묵시적으로 쟁점법인 주식의 명의신탁에 승낙한 것으로 밖에 볼 수 없어, 청구인이 명의신탁에 동의한 사실이 없으며 명의를 무단으로 도용당하였다는 주장은 받아들이기 어렵다(조심 2012중3663, 2012.11.03. 같은 뜻).

조세회피목적이 없다는 것이 입증된 경우에는 증여세를 과세하지 않음

조세회피의 목적 없이 명의신탁한 경우에는 증여세를 부과하지 않습니다(상속세 및 증여세법 제45조의2 제1항 제1호). 다만, 명의신탁행위 자체를 일단 조세회피목적이 있는 것으로 추정하기에, 조세회피목적이 객관적으로 없었음은 명의자가 직접 주장해야 합니다. 또한 조세회피목적이 없었다고 인정될 정도로 조세회피와 상관없는 뚜렷한 목적이 있어야 하고, 조세회피 목적 여부는 명의신탁 당시를 기준으로 판단해야 합니다(즉 명의신탁 후 실제 조세를 포탈하였는지 보다 명의신탁 당시를 기준으로 판단)(서울고법 2015누46170, 2015.12.04).

조세회피목적이 없음을 인정한 사례

조심2017중4414, 2018.05.24

법인 설립 후 한번도 배당을 실시한 사실이 없을 뿐 아니라 조세의 체납이나 탈루한

사실도 없으며 명의신탁 당시를 기준으로 조세회피 의도나 그 개연성이 있었다고 보이지 않는 점, 명의신탁은 조세회피목적보다는 상법상의 발기인 수 충족 및 대기업 협력업체 선정·유지 등 경영상의 목적으로 이루어진 것이라는 점 등에 비추어 명의신탁에 따른 증여세를 과세한 처분은 잘못이 있음

조심2017서4216, 2018.01.09

명의신탁 당시를 기준으로 볼 때 법인의 배당 여력이 없어 배당소득세 경감이나 회피한 사실이 없고, 설립 당시 창업중소기업에 해당하여 취득세 감면으로 회피된 취득세가 없는 등 조세를 회피하거나 부수하여 발생한 사소한 경감도 없는 것으로 나타나는 점, 사업자금 대출과 여신사후관리를 명의신탁한 것으로 보이는 점 등에 비추어 명의신탁을 조세회피목적이 있는 것으로 보아 과세한 처분은 잘못이 있음

대법2017두68332, 2018.02.28

해당 명의신탁은 대표자의 신용불량으로 경영상 어려움을 타개하기 위한 조치로 보이고, 명의수탁자들 또한 특수관계자들로서 제2차 납세의무를 회피할 목적이 있었다고 보기 어려우며, 배당소득의 종합소득 합산과세에 따른 누진세율 적용을 회피할 목적이 없었다고 볼 여지가 크다고 판단됨

(4) 명의신탁주식을 반환하거나 수탁자가 사망하면 어떻게 과세하나요?

명의신탁해지에 따른 증여세 과세문제

명의신탁을 해지하여 그 주식의 실질소유자인 명의신탁자 명의로 환원하는 경우, 그 환원하는 것에 대해서는 증여세가 발생하지 않습니다. 다만, 주주의 명의변경이 신탁해지에 의한 것인지 또는 실질적인 증여나 양도에 의한 것인지 여부는 명의신탁약정서, 배당금 수령내역, 증자대금의 출처 등으로 당해 주식의 실질소유자를 구체적으로 확인하여 판단할 사항입니다(재산-125, 2009.01.13).

명의신탁재산을 신탁해지하여 환원하는 경우

상속세및증여세법 기본통칙 45의2-0-2

법 제45조의2에 따른 증여에 해당하는 재산의 신탁을 해지하여 그 재산의 실제소유자인 위탁자 명의로 환원하는 경우 그 환원하는 것은 증여에 해당하지 아니하나, 실제소유자 외의 자에게 무상으로 명의 이전하는 경우에는 그 명의를 이전한 날에 실제소유자가 그 명의를 이전 받은 자에게 증여한 것으로 본다.

명의신탁해지에 따른 과점주주 간주취득세 과세대상 해당 여부

주주명부상 주식의 소유명의를 차명하여 등재하였다가 실질주주 명의로 개서한 경우, 주주명부상 주식의 소유 명의자로 기재되어 있던 차명인은 명의상의 주주에 불과하므로 주식의 실질주주가 주식에 관한 주주명부상의 주주 명의를 자기 명의로 개서하였다고 하더라도 이는 실질주주가 주주명부상의 명의를 회복한 것에 불과하여 지방세법에서 규정하는 취득세 부과대상인 주식을 취득한 경우에 해당하지 않습니다 (대법원 98두7619, 1999.12.28 ; 서울세제-5066, 2012.04.26).

명의수탁자가 사망한 경우

명의신탁주식을 서둘러 정리해야 하는 큰 이유 중 하나인데요. 명의수탁자가 사망하는 경우 명의수탁자의 상속재산에 가산되어 거액의 상속세가 과세될 수 있고, 명의수탁자와 달리 그 상속인들은 본인들의 소유권을 주장하면서 거액의 합의금이나 매각대금을 주장할 수 있기 때문입니다.

또한 피상속인이 명의수탁한 주식을 상속개시 후 상속인(명의수탁자의 상속인을 말함) 명의로 명의개서한 경우에는 당초 피상속인의 명의로 명의개서한 때와 그 상속인 명의로 명의개서한 때에 각각 그 명의자가 실제소유자로부터 증여받은 것으로 보아 "명의신탁재산의 증여의제" 규정이 적용될 수도 있습니다(즉 상속인에게 다시 명의신탁 증여세 과세)(재산-812, 2010.11.01).

다만, 실제소유자와 상속인 간에 새로운 명의신탁 약정이 없었다고 인정되는 경우에는 그러하지 아니하는 것이며, 이에 해당하는지 여부는 당해 주식을 상속인 명의로 명의개서한 경위 등 구체적 사실관계에 따라 판단해야 합니다(서면4팀-1384, 2008.06.10 ; 재산-593, 2010.08.13).

상속을 원인으로 명의개서한 것은 명의신탁에 관한 의사합치가 있다고 보기 어려움

부산고법 2012누2702, 2013.01.30 / 국패 / 상급없음

명의수탁받은 자가 사망함에 따라 그 상속인들에게 상속을 원인으로 명의개서하는 것이 불가피하였고 상속이라는 형식을 취하는 이상 서류의 작성·제출은 반드시 수반되는 것일 뿐이어서 이를 새로운 명의신탁에 관한 의사의 합치가 있었다고 보기는 어려움.

(5) 유상증자로 수령한 주식, 새로운 명의신탁에 해당할까요?

유상증자도 새로운 명의신탁에 해당합니다

유상증자로 인하여 교부받은 신주를 실제소유자가 아닌 제3자 명의로 명의개서한 경우 명의신탁재산의 증여시기는 그 제3자 명의로 명의개서한 날이 되는 것이며, 주식의 가액은 그 명의개서한 날을 기준으로 평가한 가액이 되는 것임(서면상속증여 2019-212, 2019.04.29)

무상주는 재원에 따라 달리 판단하고 있습니다

무상주 재원	주요내용
이익잉여금	명의신탁된 주식에 배정된 무상주로써 이익잉여금의 자본전입에 따른 무상주에 대해서는 명의신탁 증여의제 규정이 적용됨(재산-598, 2011.12.20)
자본잉여금	자산재평가 적립금, 주식발행초과금 등과 같은 자본잉여금을 자본금으로 전입함에 따라 기존주주에게 지분비율대로 무상주가 발행된 경우에는 종전의 명의신탁주식이 실질적으로 분할된 것에 불과하므로 추가 명의신탁으로 볼 수 없음(대법2004두11220, 2006.09.22; 대법2006두20600, 2009.03.12)

(6) 명의신탁주식, 어떻게 해결할 수 있을까요?

앞서 살펴본 바와 같이 명의신탁주식은 그 자체만으로도 여러 세금문제를 발생시킬 수 있고, 시간이 지날수록 명의신탁여부를 입증함에 어려움이 커질 수밖에 없는데요. 더욱이 비상장주식가액은 계속하여 증가하면서 환원(신탁해지)을 결심하는 시점에는 예상치 못하게 높은 금액이 되어 이러지도 저러지도 못하는 경우가 발생할 수 있습니다.

이하에서는 명의신탁주식의 환원방안과 그에 따른 유의점을 함께 살펴보도록 하겠습니다.

명의신탁주식 환원방안과 쟁점

명의신탁주식을 환원하는 방안 중 최선은 명의신탁임을 입증해 실소유자가 주식을 돌려받는 것입니다. 하지만 입증이 까다롭고 관련 증빙이 없는 경우엔 다른 방법을 사용하기도 합니다. 다만 이 모든 해결방법은 수탁자인 차명주주의 동의가 전제되어야 합니다. 그럼, 다양한 해결방안과 쟁점에 대해 하나씩 살펴보겠습니다.

명의신탁주식 해결방안

- **사내근로복지기금, 신탁 활용**
  - 거래의 타당성 부족
  - 환원시점이 늦춰지는 문제

- **자기주식취득**
  - 거래의 타당성 부족
  - 자기주식의 처분방안 고민

- **단순 양도**
  - 거래대금의 실제 지급·수취 여부

- **명의신탁 입증 후 실소유자 환원**
  - 신탁사실 입증여부 (금융거래내역 등 관련 증빙)

- **국세청 명의신탁주식 환원제도 이용**
  - 신청요건 충족여부 (설립시기, 주주구성 등)

- **단순 증여**
  - 거액의 증여세 발생
  - 무상증여의 타당성 부족

명의신탁주식 환원을 위한 컨설팅 흐름도

명의신탁주식 발생원인, 시기, 입증여부 분석	• 설립시 주주구성 및 주금납입, 유상증자시 증자방법과 자금납입 검토 • 명의신탁 입증여부 및 계좌거래내역, 배당내역, 주주총회 참석내용 등 세부검토 • 명의신탁자 및 수탁자 인터뷰, 각종 서류작성 검토
환원방안연구 및 관련세금분석	• 주식환원방안별 세금과 실행가능성, 과세당국과의 마찰 가능성 비교분석 • 환원방안, 환원시 재원마련과 그에 따른 각종 영향검토 (재무제표 등)
최적의 환원방안 검토	• 회사와 컨설턴트의 지속적인 미팅을 통한 방안 협의 • 과세당국의 조사여부, 세무조사 동향 등 마찰 가능성 종합 분석
주식환원 실행, 사후관리	• 환원방안 결정 후 실제 환원업무 실행, 각종 서류 작성 및 수정 • 향후 조사 및 서면검증에 대비한 사전 서류준비, 종합피드백을 통한 검증

보험절세모음 (법인편)

환원방안별 주요내용 검토

명의신탁 입증 후 실 소유자로 환원하는 방안

일반적으로 가장 적은 비용으로 명의신탁문제를 해결할 수 있는 방법입니다. 다만 명의신탁임을 입증하기 위해서는 까다로운 서류와 절차가 필요합니다.

장점	• 실제소유자로 소유권을 환원하는 것이므로 증여세, 양도소득세, 간주취득세 등의 과세문제가 발생하지 않음
쟁점	• 장기간 수탁자 명의로 방치된 거액의 주식을 무상으로 환원하는 것이므로 입증이 매우 중요하며, 설립시점부터 현재까지의 각종 서류와 거래내역을 면밀히 검토하고 분석해야 함에 따라 절차가 복잡하고 다소 긴 시간이 소요됨. 환원 시 명의신탁주식 증여의제로 인한 증여세가 부과될 수 있으니 제척기간을 반드시 검토해야 함

국세청 실제소유자 확인제도를 사용하는 방법

이 제도는 과거 상법상 발기인 규정 등으로 인해 부득이하게 명의신탁을 한 경우, 국세청에서 실제 소유자 확인을 도와줌으로써 중소기업의 어려움을 덜어 주기 위해 만들어졌습니다. 다만 입증이 명확하지 않거나 요건이 충족되지 않으면 증여세가 과세될 수 있습니다.

요건	1) 법인이 2001.07.23 이전에 설립되었을 것 2) 실명전환일 현재 조세특례제한법에 따른 중소기업일 것 3) 실제소유자와 명의수탁자가 모두 "설립 당시" 발기인이었을 것
쟁점	• 차명주식으로 인한 중소기업의 어려움을 해소하고자 국세청에서 자체적으로 진행하는 제도 • 위 3가지 요건을 모두 충족하는 경우 관련 서류를 첨부하여 명의신탁주식을 실소유자로 환원한 이후 확인제도를 신청해야 함. 이에 요건을 충족하지 못하는 것으로 결론 나는 경우 이미 환원한 주식에 대해서는 현 시점으로 증여세 등 과세

Q. 신청대상 요건에 해당되어 확인신청을 하였으나, 검토 후 불인정 통지를 받는 경우 세금은?

A. 명의개서가 실제소유자의 실명전환이 아닌 것으로 확인되었으므로 「상속세 및 증여세 사무처리규정」에서 정하는 절차에 따라 해당 명의개서의 거래 목적과 실질 등 사실관계를 확인하여 양도소득세 또는 증여세 등의 과세여부를 검토하여 처리함.

현 시점으로 증여나 양도하여 환원하는 방안

만약 앞의 두 가지 방법을 사용하여 명의신탁 주식을 환원할 수 없다면, 증여나 양도를 통한 환원도 검토할 수 있습니다.

구분	내용
내용	• 명의신탁의 입증이 도저히 불가능하거나, 수탁자에게 명의대여의 대가로 일정금액을 보전해주기로 한 경우 등에는 현 시점으로 주식을 양도하거나 증여하는 방식으로 처리하는 경우도 존재
과세 문제	• 현 시점의 주식가액을 기준으로 하기에 거액의 증여세가 과세될 수 있고, 양도의 경우 양도금액이 시가와 차이가 나는 경우 양도소득세 외에 추가로 저가양수에 따른 증여세가 과세될 수 있음 • 그 외에 증권거래세, 간주취득세 등의 추가 세금 문제가 발생함
쟁점	• 통상 명의신탁은 특수관계가 아닌 제3자에게 신탁하는 경우가 많고, 특수관계자라 하더라도 직계존비속이 아닌 기타 친족 등(형제자매, 고모, 이모, 치제, 처남 등)에게 신탁하는 경우가 많음 • 비록 비상장주식이라 하더라도 평가금액이 있는 자산을 내 직계가족이 아닌 기타친족 혹은 제3자에게 무상 또는 저가로 양도하는 것이 일반적이지 않고, 특수관계자간의 유상거래의 경우 세무서측에서 매매대금의 지급 및 반환여부 등을 면밀히 조사할 가능성이 높음

자녀들이 제3자로부터 매매의 형식으로 취득한 쟁점주식에 대하여 실제는 부친의 명의신탁주식을 증여받은 것으로 보아 증여세를 과세한 사례

조심2023중3164, 2023.12.12

【사실관계】

• 청구인은 주식회사 A의 대표자·대주주인 E의 자녀와 배우자로서, 2019년 및 2021년에 주주 C, D로부터 주식회사 A의 주식을 매매로 취득함

• 서울지방국세청은 세무조사를 통해 청구인의 부친이 주주 C 및 D 명의로 보유해 온 쟁점 명의신탁주식을 청구인들이 2차례에 걸쳐 매매를 원인으로 취득한 것은 양수도거래를 가장한 증여에 해당한다고 판단하여 청구인에게 증여세를 과세함

• 즉, C와 D가 보유하던 주식은 실 소유자인 E가 명의신탁한 주식에 해당하고, 정상적 매매거래가 아님에 따라 양수도거래를 부인, E가 직접 청구인에게 증여한

것으로 보아 증여세를 과세함

• 청구인들은 이에 불복하여 2023.01.11 심판청구를 제기함

【판결(기각)】

청구인들은 쟁점주식의 양수도거래를 증여로 보아 증여세를 부과한 이 건 처분은 부당하다고 주장하나,

① C 및 D(C 등)이 당초의 쟁점주식을 취득한 것과 관련하여 주식매매계약서 및 이러한 매매거래와 관련한 대금 증빙을 제출하지 아니하였고, C 등은 쟁점주식을 보유하는 동안 주주총회에 참석하거나 배당금을 수령한 내역이 나타나지 아니하는 등 주주권을 실제로 행사하지 않은 것으로 보이며,

② C 등은 시가(상증법상 보충적 평가방법에 따른 평가금액) 대비하여 현저하게 낮은 가격(시가 대비 1/10 또는 1/600 상당의 거래가격)으로 사주 일가인 청구인들에게 쟁점주식을 양도한 것에 반해 청구인들이 제출한 증빙만으로는 C 등이 쟁점주식을 매매로 취득하였는지 충분하게 입증되었다고 보기 어려운 점 등을 종합하면 C 등은 쟁점주식 명의수탁자들로 보이고, C 등이 현저하게 낮은 가격으로 쟁점주식을 청구인들에게 양도한 것과 관련하여 청구인들은 C 등이 그동안 이 건 법인의 사업에 제대로 기여하지 못하였고, E로부터 저가양수도 방식을 듣게 되어 이처럼 낮은 가격으로 쟁점주식을 양도하였다고 주장하나 이러한 비특수관계자들 간의 매매거래는 경제적 합리성 측면에서 납득하기 어려운 점 등에 비추어 위와 같은 청구주장은 이를 받아들이기 어렵다 할 것이다.

사내근로복지기금이나 신탁을 활용하는 방안

최근 들어 사내근로복지기금이나 민사신탁을 활용해 차명주식을 해결하는 방안들이 활발하게 논의되고 있습니다. 여러가지 세제혜택에 상대적으로 낮은 비용부담 등 장점이 많지만, 차명주주가 근로복지기금에 출연하는 합리적 근거가 필요하며, 무엇보다 기금 자체가 제대로 운영되어야 하므로 꼼꼼하게 검토한 후에 활용하시기를 추천 드립니다.

구분	내용
사내근로 복지기금° 출연	• 사내근로복지기금이란 직원들의 복지증진을 위해 기업·주주 등이 재산을 출연하여 설립하는 비영리법인 입니다. • 출연재산에는 제한이 없으므로 비상장주식 출연도 가능하나, 거액의 주식을 무상으로 사내근로복지기금에 출연하는 것에 합리적 근거와 이유가 필요합니다. • 또, 실제 사내근로복지기금이 정상 운영되어야 하므로 유의해야 합니다. • 사내근로복지기금에 출연하는 재산은 법인은 손금산입, 개인은 상속재산에서 제외하는 특례가 있으나 한번 설립된 복지기금은 설립취소나 임의해산이 불가능하므로 실행 시 면밀한 검토가 필요합니다.
신탁 활용	• 명의신탁자와 수탁자 사이에 새로운 신탁계약을 체결하는 것 • 명의수탁자가 본인 사망전까지 해당 주식의 소유권을 명의신탁자에게 신탁하고, 이후 본인 사망시 소유권은 실제소유자인 명의신탁자 혹은 사내근로복지기금 등 제3자에게 귀속되도록 지정 • 명의수탁자의 사망시점까지 명의신탁주식이 정리되지 못한 채 시간이 흐르는 결과가 되고, 사망시점까지 주식가액이 지속적으로 증가할 수도 있으며, 명의수탁자의 사망 이후 재산처리에 대해 과세당국에 해명이 필요할 수도 있으니 실행 시 면밀한 검토가 필요

° 사내근로복지기금 및 신탁과 관련된 내용은 〈Part3. 05, 06〉(288~314p)을 참고

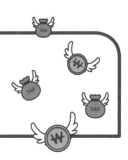

03 자기주식 취득

(1) 자기주식이 뭔가요?

자기주식(자사주)이란 "회사가 자기의 재산으로 회사가 발행한 주식을 취득해 보유하고 있는 주식"을 말합니다. 주식은 발행과 동시에 주주들이 보유하는 게 원칙이나 회사는 특정 목적을 위해 자기자신의 주식을 매수할 수 있고 시장 유통주식수는 그만큼 감소하게 되는데요. 상법개정에 따라 비상장법인도 자기주식 취득이 가능해짐에 따라 현장에서는 다양한 컨설팅방법으로 소개되고 있습니다.

'자기주식취득'이란 회사(자기)가 발행한 주식을 주주로부터 매입하거나 증여로 재취득해 회사가 보유하는 것을 말합니다. 이 때 회사는 지분의 가치에 해당하는 대가를 주주에게 지급해야 하고, 주주는 필요한 여러 분야의 자금으로 사용합니다. 회사가 보유한 자기주식을 임직원을 위한 스톡옵션 주식으로 활용하거나 앞서 살펴보았듯이 가지급금을 해결하는 자금 등으로 활용할 수도 있습니다. 또, 법인의 과다한 잉여금을 처분하거나 가업승계를 위한 상속세 재원을 마련하는 데 쓰이기도 합니다.

자기주식 취득 활용방법 및 효과

구분	내용
주가안정화 & 기업PR	• 자기주식 취득을 통해 시장 유통물량 감소, 주식가치 조절 • 자기주식 매입 행위 자체가 기업이 주가를 관리한다는 시그널
경영권 안정 도모	• 저평가된 기업의 주가를 적정가격 이상으로 관리, 유통주식 수를 축소시켜 매집을 어렵게 함(적대적 M&A방지) • 자기주식에 대한 의결권 제한으로 실질적인 대주주 지분율 상승효과
기업의 여유자금 홍보 효과	• 자기주식 매입으로 자금력이 부족하지 않다는 것을 대외에 홍보
주주 이익 환원	• 자기주식에는 배당과 신주인수권이 제한되므로, 주주의 배당증대 및 유무상 증자시 배정 비율의 증대효과 발생
재무전략적 차원	• 적정수준의 주가 유지로 자금조달을 용이하게 함 • 자기주식을 통한 매매이익 실현가능(자기주식 처분이익) • 스탁옵션, 스탁그랜트(수식성과급) 지급 등을 위한 재원 미련

상장법인과 비상장법인의 자기주식 취득 비교

구분	내용
상장법인	자본시장과 금융투자업에 관한 법률(구 증권거래법)
	자기주식 취득을 원칙적으로 허용하며, 배당가능이익 범위 내에서 자기주식 취득이 가능함 (증권제도 선진화를 통한 시장활성화, 적대적 M&A방어수단 활용 등)
비상장법인	상법
	(개정 전) 특정 목적이 아닌 경우에는 자기주식 취득 원칙적으로 금지 (개정 후) 배당가능이익의 범위 내에서 자기주식 취득 허용

비상장법인의 자기주식 관련 상법개정흐름과 내용

비상장장법인의 자기주식 취득을 제한한 이유

상법 개정 전(2011.04.14 개정 전)에는 주식회사가 자기의 계산으로 주식을 취득하는 것은 회사의 자본적 기초를 위태롭게 하여 회사와 주주 및 채권자의 이익을 해하고, 주주평등의 원칙을 해하며, 대표이사 등에 의한 불공정한 회사지배를 초래하는 등 여러가지 폐해를 생기게 할 우려가 있다고 판단하였습니다. 이에 자기주식 취득을 원칙적으로 금지하되, "소각·합병·양수도" 등 특정 목적 하에서는 예외적으로 취득을 허용하였습니다.

상법 개정을 통한 자기주식 취득 전면 허용

자기주식 취득의 본질은 이익배당과 마찬가지로 회사의 재산을 주주에게 반환하는 한 방법에 불과하기 때문에 이익배당이 허용되는 이상 자기주식 취득이 금지될 이유가 없다는 점, 또한 상법의 엄격한 규정과 달리 자본시장과 금융투자업에 관한 법률에서는 상장법인의 자기주식 취득을 자유롭게 허용하고 있다는 점 등을 토대로 2011년 4월 상법은 개정되었으며, 1년의 유예기간을 거쳐 2012년 4월 15일부터 개정상법이 시행되게 되었습니다.

구분		내용
상법 제341조, 제341조의2	개정 전	특정목적에 의한 자기주식 취득만 허용
	개정 후	배당가능이익의 범위 내에서 자기주식 취득 전면 허용
상법 제342조	개정 전	자기주식 취득 후에는 상당 시기 내에 자기주식 실효절차를 밟아야 하며, 그 외의 경우에는 상당 시일 내에 자기주식을 처분해야 함
	개정 후	이사회 결정으로 회사 보유주식을 자유롭게 처분 및 보유 가능(자기주식 처분기간 규정 삭제)

(2) 자기주식 취득절차는 어떻게 되나요?

상법개정에 따라 비상장법인도 자기주식 취득이 원칙적으로 가능해졌고, 기존의 특정목적에 따른 자기주식의 취득방법도 그대로 유효하기에 결국 상법상 자기주식 취득은 일반목적의 취득(상법 제341조)과 특정목적의 취득(상법 제341조의2)으로 그 취득 방법이 이원화되었다 볼 수 있습니다. 이하에서는 자기주식 취득의 유형별 조건과 현장에서 대부분 사용되고 있는 "일반목적의 자기주식 취득"의 세부적 절차와 유의사항을 살펴보도록 하겠습니다.

자기주식 취득의 유형

취득유형	취득조건
일반목적에 의한 취득 (상법 제341조, 동법시행령 제9조)	① 배당가능의 이익 범위 내에서, ② 각 주주가 가진 주식 수에 따라 균등한 조건으로, ③ 모든 주주에게 자기주식 취득의 통지 또는 공고를 하여 취득
특정목적에 의한 취득 (상법 제341조의2)	① 회사의 합병 또는 다른 회사의 영업전부의 양수 ② 회사의 권리실행에 있어 목적달성을 위해 필요한 경우 ③ 단주의 처리를 위해 필요한 경우 ④ 주주가 주식매수청구권을 행사한 경우 ⑤ 자본금 감소 규정에 의해 주식을 소각하는 경우

 잠깐! "각 주주가 가진 주식수에 따라 균등한 조건으로 취득", 어떻게 해석해야 할까요?

상법 제341조 제1항 제2호가 규정한 "각 주주가 가진 주식수에 따라 균등한 조건"의 취지는 모든 주주들에게 주식양도의 "기회"를 주고, 양도를 원하는 주주들에게 "동일"한 조건으로 주식을 취득하라는 것으로 해석해야 합니다. 만약 "기회와 조건의 균등"이 아닌, "수량이나 비율의 균등"으로 해석하게 되면, 주식을 보유하는 모든 주주들에게 주식매도를 강제하는 결과가 되기 때문입니다.

자기주식 취득의 절차

자기주식은 각종 이사회 및 주주총회 결의, 20일 이상의 주식양도 신청기간 등 그 절차가 복잡하고 최소 2개월정도의 기간이 소요됩니다(특정한 경우 소집통지 등을 생략하여 그 기간을 다소 단축할 수는 있습니다). 또한 상법상 절차를 위반한 자기주식 취득은 가지급금 등 세법상 문제를 발생시킬 수 있으니 주의가 필요합니다.

보험절세모음 (법인편)

절차	업무	주요내용
1	상법상 취득가능 한도 계산	배당가능이익 = ① − ② − ③ − ④ ① 직전 결산기 재무상태표상 순자산가액 ② 자본금 ③ 그 결산기까지 적립된 준비금 합계액 ④ 그 결산기에 적립해야 할 이익준비금액
2	취득가액 결정	상속세 및 증여세법상 주식가치평가
3	주주총회 결의	① 취득할 수 있는 주식의 종류와 수 ② 취득가액 총액의 한도 ③ 자기주식 취득 기간
4	이사회 결의	① 자기주식 취득의 목적 ② 취득할 주식의 종류와 수 ③ 주식 1주의 취득대가 및 교부금액의 총액 ④ 20일 이상 60일 이내의 범위에서 주식양도를 신청할 수 있는 기간 ⑤ 양도신청기한의 종료일로부터 1개월 내 양도대가 금전을 교부하는 시기
5	모든 주주에게 서면 통지 및 공시	양도신청기한이 시작하는 날의 2주 전까지 모든 주주에게 회사 재무현황, 자기주식 보유현황, 자기주식 취득을 위한 이사회결의내용을 서면으로 통지
6	주주의 양도신청	회사에 주식을 양도하려는 주주는 양도신청기간이 끝나는 날까지 양도하려는 주식의 종류와 수를 적은 서면으로 회사에 양도 신청
7	계약체결 및 대금지급	주주와 회사 양수도계약 체결, 1개월내 대금 지급
8	서류의 비치	자기주식 취득내용을 6개월간 본점 비치

일자	주요내용	비고
××.04.15	이사회 소집통지서 발송	이사회 개최 1주 전
××.04.23	이사회결의	임시주주총회 개최 승인의 건
××.04.23	임시주주총회 소집통지서 발송	주주총회 개최 2주 전
××.04.30	이사회 소집통지서 발송	이사회 개최 1주 전
××.05.08	임시주주총회 개최	자사주 매입 결의
××.05.08	이사회 결의	자사주 취득 관련 세부사항 결정
××.05.08	자사주 취득 공고&통지서 발송	재무현황 및 자기주식 보유현황 포함
××.05.23	주식양도 신청기간 시작	자사주 취득공고 후 2주 이상 경과
××.06.13	주식양도 신청기간 종료	20일 이상 60일 이내
××.06.15	주식양수도 계약체결&대금지급	서류날인, 1개월내 대금지급

※ 이사회 소집통지는 이사 전원의 동의로, 주주총회 소집통지는 주주전원의 결의로 생략가능
※ 이사 3인 미만으로 이사회가 성립되지 않는 경우 주주총회에서 이사회 역할을 대신 수행

 잠깐! 상법상 절차를 위배한 자기주식 취득, 어떻게 될까요?

자본충실의 원칙과 주주평등의 원칙에 비추어 볼 때, 상법에 위배된 자기주식 취득은 당연 무효에 해당하며, 자기주식 취득대금은 업무무관 가지급금에 해당하며, 자기주식 취득행위는 부당행위계산의 부인대상에 해당함(서울고등법원 2017누35631, 2017.08.30)

(3) 자기주식 취득에 따른 세금문제와 회계·세무처리

자기주식 취득 목적에 따른 구분

자기주식은 주주와 법인간의 거래로 특수관계자간 거래에 해당하며, 법인의 자기주식 취득목적에 따라 주주의 세금이 달라집니다. 일반적인 주식양도는 "양도소득"에 해당하므로 분류과세가 적용되고 건강보험료가 과세되지 않으나, 소각목적의 주식양도는 "배당소득(의제배당)"에 해당하여 종합소득세와 건강보험료가 부과되기 때문입니다. 이하에서는 자기주식 거래와 관련하여 발생할 수 있는 과세문제를 정리하고자 합니다.

자기주식취득 목적에 따른 세금 비교

소각목적으로 취득시 [자본거래]	소각외 목적으로 취득시 [손익거래]
의제배당에 해당, 종합과세 건강보험료 부과 O 종합소득세 납부(6%~45%)	양도소득에 해당하여 분류과세, 건강보험료 부과 × 양도소득세(20~30%) + 증권거래세

자기주식의 취득부터 처분까지의 회계·세무처리

자기주식을 유상으로 취득한 경우

구분	회계·세무처리
기업회계	자기주식 취득원가를 자본에서 차감하는 형식으로 처리(자본조정)
법인세법	자기주식을 자산의 범위에 포함함(매입가액+부대비용)

회계처리		세무처리
차변	대변	세무조정
자기주식(자본조정) 10	보통예금 10	〈손금산입〉 자본조정 10 (기타)
		〈익금산입〉 자기주식 10 (유보)

자기주식을 무상으로 취득한 경우

구분	회계·세무처리
기업 회계	• 기업회계기준상 자기주식은 자산이 아닌 "자본의 차감항목"이므로 무상으로 수증받은 자기주식의 취득에 대하여는 별도의 회계처리를 하지 않음 ※ 회계기준적용의견서 08-2 [무상수증 자기주식의 회계처리] 회사가 주주로부터 무상으로 받은 자기주식은 별도의 회계처리를 하지 않는다. 다만, 주식수·취득경위·향후처리계획 등을 주석으로 공시한다
법인 세법	1) 소각목적의 무상취득인 경우 : 세무처리 없음(자기주식 소각손익은 법인세법상 익금과 손금에 해당하지 않음)(서면-2020-법령해석법인-3696, 2020.12.29) 2) 소각목적이 아닌 경우 : 무상취득한 자기주식은 익금에 해당하여 법인세 과세 ※ 서면인터넷방문상담2팀-0683, 2007.04.19 : 내국법인이 특수관계자인 개인으로부터 자기주식을 무상으로 증여받아 시가상당액을 익금산입(유보)한 금액은 소각 또는 처분시점에 손금산입으로 추인하는 것임

회계처리		세무처리
차변	대변	세무조정
–	–	소각목적 시 : 세무조정 없음 소각목적이 아닌 경우 : 익금산입(유보)

자기주식을 매각하는 경우

구분	회계·세무처리
기업 회계	• 자기주식 매각에 따른 처분손익은 자본거래로 보아 당기 손익으로 처리하지 않음 • 자기주식처분이익은 자본잉여금으로, 자기주식처분손실은 자기주식처분이익으로 계상된 기타자본잉여금과 우선 상계하고, 잔액은 자본조정으로 계상한 후, 결손금의 처리순서에 준하여 처리
법인세법	• 자기주식을 매각함으로써 생긴 손익은 익금 또는 손금에 산입함

회계처리		세무처리
차변	대변	세무조정
보통예금 15	자기주식(자본조정) 10 처분이익(자본잉여금) 5	〈익금산입〉 자본조정,잉여금 15 (기타) 〈손금산입〉 자기주식 10 (△유보)

자기주식을 소각하는 경우

구분	회계·세무처리
기업 회계	자기주식 소각에 따른 소각이익은 자본잉여금으로, 소각손실은 감자차익의 범위 내에서 상계 처리하고 미상계된 잔액은 자본조정의 감자차손으로 처리
법인 세법	자기주식을 소각함으로써 생긴 손익은 법인세법상 익금 또는 손금에 해당하지 않음(법인세법기본통칙 15-11-7).

회계처리		세무처리
차변	대변	세무조정
자본금 5 감자차손 5	자기주식(자본조정) 10	〈익금산입〉 자본조정 10 (기타) 〈손금산입〉 자기주식 10 (△유보)

 잠깐! 자기주식거래에 따라 지분비율이 증가하는 경우 간주취득세를 내야 하나요?

자기주식 취득에 따라 지분율이 증가하는 경우

이 건 법인이 자기주식을 취득할 당시에 청구인과 그 특수관계인은 해당 법인의 주식을 별도로 취득하지 않았고, 명목상 보유지분율만 증가한 것에 불과하므로 간주취득세를 부과한 이 건 처분은 부당함(조심2020지693, 2020.06.09).

자기주식 소각에 따라 지분율이 증가하는 경우

기존주주는 법인이 자기주식을 취득하여 소각함에 따라 그 지분비율이 증가하여 과점주주가 된 것일뿐, 기존주주가 주식을 취득하는 어떠한 행위가 있었다고 보기 어려움(대법2010두8669, 2010.09.30).

취득목적에 따른 세금문제 요약

취득목적	소득구분	세금문제	소득세율
매매(재처분) 목적의 자기주식 취득	양도소득 (분류과세)	양도소득세	20~30%
		증권거래세	0.35%
소각목적의 자기주식 취득	의제배당소득 (종합과세)	타 소득(근로, 사업 등)과 합산하여 종합소득세 과세	6~45%

시가보다 저가로 취득하는 경우 세금문제

구분	소각목적 취득시	매매목적 취득시
법인	자기주식 소각손익은 익금과 손금에 해당하지 않음°	시가와의 차액 익금산입(유보)°°°
주주	저가소각액으로 의제배당 계산°°	시가를 기준으로 양도소득세 계산 (양도소득세 부당행위계산부인 적용)
기타	불균등감자이므로 감자에 참여하지 않은 잔여주주에게 증여세 과세	–

° 법인이 자본을 감소할 목적으로 특정주주로부터만 자기주식을 취득하여 소각하는 경우 법인은 부당행위계산의 부인규정이 적용되지 않으며(서면2팀-821, 2007.05.02), 주식소각을 목적으로 주주로부터 주식을 시가에 미달하게 매입한다고 하더라도 시가와 매입가액의 차이에 대해 법인세법 제15조 제2항(특수관계자인 개인으로부터 유가증권을 저가로 양수하는 경우 익금산입 규정)도 적용되지 않음(서면2팀-674, 2004.04.01)

°° 회사가 취득한 자기주식을 소각하는 경우 이는 주주 입장에서 출자금의 반환에 해당하기에 세법상 "의제배당" 소득에 해당하므로 소득세법상 부당행위계산의 부인규정이 적용되지 않음

°°° 법인이 자산을 저가로 취득하는 경우에는 일반적으로 부당행위부인 규정이 적용되지 않음(향후 처분 시 처분이익으로 세금이 과세되기 때문). 다만, 특수관계에 있는 개인으로부터 유가증권(자기주식 포함)을 시가 대비 저가로 매입하는 경우에는 예외적으로 시가와의 차액을 익금에 산입하도록 규정하고 있음

시가보다 고가로 취득하는 경우 세금문제

구분	소각목적 취득시°	매매목적 취득시
법인	자기주식 소각손익은 익금과 손금에 해당하지 않음	시가초과액은 손금산입(△유보)하고, 동 금액은 부당행위계산부인액이므로 익금산입(배당)
주주	고가소각액으로 의제배당 계산	시가를 기준으로 양도소득세 과세, 시가초과분(배당 처분금액)은 종합소득세 과세
기타	불균등감자이므로 감자에 참여한 주주에게 증여세 과세(의제배당으로 소득세가 과세되는 금액 차감)(상속증여-270, 2014.07.22)	–

° 고가소각은 법인에게는 자금부담이 발생함과 동시에 주주들에게는 의제배당 과세문제가 발생하기 때문에 일반적으로는 거의 진행되지 않습니다.

(4) 소각목적과 매매목적, 어떻게 구분할까요?

상법 개정에 따라 비상장법인이 취득한 자기주식의 처분조건이 삭제되면서 회사는 취득한 자기주식을 회사의 취득목적 및 상황에 따라 보유할 수도, 소각할 수도 있게 되었습니다. 다만, 앞서 살펴본 바와 같이 자기주식의 취득거래가 매매목적인 경우에는 양도소득세가, 소각목적인 경우에는 의제배당으로 종합소득세가 과세되기에 자기주식의 취득목적은 세무상 매우 중요한 쟁점이 되고 있습니다.

주식의 양도행위의 판단기준

대법원 2013두22550, 2014.02.13

법원은 주식의 매도가 손익거래인 주식의 양도인지 또는 자본거래인 주식의 소각 내지 자본의 환급인지는 법률행위 해석의 문제로서, 실질과세의 원칙상 단순히 당해 계약서의 내용이나 형식에 의존할 것이 아니라 당사자의 의사와 계약체결의 경위, 대금의 결정방법, 거래의 경과 등 거래의 전체과정을 실질적으로 파악하여 판단해야 한다고 판시하였습니다.

소각사실 인지여부에 따른 과세문제

구분	주요내용
의제배당으로 세금을 재 과세하는 경우	① 당초 주식을 양도한 주주가 주식을 매도한 이후 해당 주식이 소각될 것을 인지하고 있던 경우 ② 주식을 소각하는 것 외에 별다른 방법이나 검토가 없었던 경우 ③ 주식을 소각하는 시점에 여전히 대주주 등으로서 소각행위에 직접적으로 관여한 경우
양도소득을 그대로 인정하는 경우	① 주식이 소각되는 사실을 인지하지 못할 타당한 사유가 있는 경우 ② 주식의 소각과정에 참여하지 못하는 합리적 사유가 있는 경우

양도거래가 인정되기 위해서는 타당한 사유가 필요합니다

당초의 양도거래가 인정되기 위해서는 ① 취득한 자기주식을 처분 또는 활용하려 다양한 검토와 시도를 했었고, ② 그럼에도 현재까지 보유할 수 밖에 없었던 합리적 사유가 존재하며, ③ 최초 자기주식 취득시점부터 소각을 특정하지 않았고, ④ 소각할 수 밖에 없었던 타당한 사유(당초 주식을 양도한 주주가 현재도 대주주인 경우에는 대주주의 자발적 의사결정이 아님을 입증하는게 매우 중요)의 존재 등이 매우 중요하다 할 것입니다.

주주가 주식 양도 후 소각될 사실을 인지하였다 하여 의제배당으로 다시 과세한 사례

판결번호	판결	주요내용
조심2009부1994, 2010.12.10	기각	청구인의 해명자료에 의하면 자기주식 취득경위에 대하여 당초 청구인의 주식을 소각목적으로 취득한 것으로 되어 있고, 임시주주총회 의사록에 쟁점주식과 관련하여 자사주취득 및 감자하기로 하는 내용이 기재되었던 점 등을 종합적으로 고려할 때, 법인이 감자목적으로 자기주식을 취득한 것으로 보이는 바, 쟁점주식 양도와 관련하여 처분청이 이를 의제배당으로 과세한 것은 잘못이 없는 것으로 판단됨
창원지법2011구합523, 2012.06.07	국승	주식의 양수인은 개인이 아닌 법인 대표이사로 기재되어 있고, 기명 날인란에도 법인 대표이사 인장이 서명날인되어 있으며, 합의서 "매입주체" 항목에는 "자사주 취득이며, 매입대금은 회사 자금으로 한다"고 기재되어 있는 등 주식 소각을 위한 자기주식 취득으로 보여지므로 의제배당으로 과세한 처분은 정당함
부산고법2012누1030, 2013.09.26	국승	주식 매도가 손익거래인 주식 양도인가 또는 자본거래인 주식의 소각 내지 자본의 환급인가는 법률행위 해석의 문제로서, 실질과세의 원칙상 단순히 당해 계약서의 내용이나 형식에만 의존할 것이 아니라 당사자의 의사와 계약체결의 경위, 대금의 결정방법, 거래의 경과 등 거래의 전체과정을 실질적으로 파악하여 판단해야 함
대법2013두22550, 2014.02.13	국승	상동

주식을 양도한 주주가 감자에 관여한 바가 없다고 판단하여 양도소득을 유지한 사례

판결번호	판결	주요내용
조심2011중1623, 2011.10.13	기각	청구인은 자기주식인 쟁점주식을 ○○○○에 양도하였고, ○○○○은 주식소각 이외에 자기주식을 취득할 수 있는 예외적인 사유가 없었으며, ○○○○이 소각을 목적으로 보유중이던 주식수(416,200주)와 청구인으로부터 양수한 주식수가 일치하는 점을 고려할 때, 자산거래(주식의 양도)라기 보다는 자기주식 소각을 통한 자본감소 절차의 일환으로 이루어진 것(자본거래)으로 보는 것이 타당해 보이므로, 쟁점주식 매각에 대하여 이를 자본거래로 보아 의제배당소득금액을 산정하여 과세한 처분은 잘못이 없는 것으로 판단된다.
인천지법2011구합5296, 2012.05.03	국승	주주가 그 보유주식을 발행회사에 양도하는 때에는 주식취득의 목적을 알수 있고, 원고가 발행주식 대부분을 소유한 대표이사였던 점 등을 볼 때, 주식 감자 사실을 알고 양도하였다고 보여지므로 의제 배당으로 종합소득세 과세 처분은 적법함
서울고법2012누14530, 2012.12.20 대법2013두1843, 2013.05.24 (2심판결과 같음)	국패	1) 원고는 보유하던 주식 전부를 김○○ 등 양수인에게 일괄 양도하였고, 이는 실질적으로 포괄적 영업양도를 하기 위한 방법이었던 것을 보이는 점, 2) 소각을 위한 주주총회에서는 사업형편상 소각한다는 결의를 하였을 뿐, (주)○○산업이 사전에 소각을 목적으로 위 주식을 보유 중이었다고 인정할만한 객관적 자료가 없는 점(주식 양수도계약서나 양도 및 소각을 위한 주주총회의사록에는 ○○산업이 소각을 목적으로 주식을 취득하였다는 취지의 기재가 전혀 없음)에 비추어 볼 때, 소각목적의 양도 혹은 취득이라 보기 어려움

판결번호	판결	주요내용
조심2017서591, 2017.06.19 (상급 없음)	국패	쟁점주식의 양도가 실질적으로 주식소각에 따른 자본거래에 해당하기 위해서는 매매대가와 감자대가가 같거나 유사하여야 하나, 서로 금액 차이가 커서 쟁점주식의 양도를 자산거래를 가장한 자본거래라고 보기는 어려운 점, 청구인들이 쟁점법인을 되사하여 출자관계를 해소하려는 목적에서 주식을 양도하였으므로 그 후 쟁점법인이 주식소각을 결의한 것은 청구인들과 무관하다고 볼 수 있는 점, 처분청은 실질과세의 측면에서 쟁점주식 양도거래를 부인하고 감자에 따른 의제배당으로 보아 과세하였으나 이를 뒷받침할 수 있는 구체적인 근거가 부족해 보이는 점 등에 비추어 보면 쟁점주식 거래는 주식소각 목적이 아닌 정상적인 주식매매거래로 보는 것이 타당함

(5) 자기주식과 관련된 세무상 쟁점은 무엇이 있을까요?

Q1. 자기주식은 업무무관자산에 해당하나요?

A. 서면법령해석재산2015-1711, 2015.11.13

조세특례제한법 제30조의 6 및 같은 법 시행령 제27조의6 제9항에 따른 가업 자산상당액은 상속세 및 증여세법 시행령 제15조 제5항 제2호를 준용하여 계산한 금액을 말하는 것이며, 이 경우 가업에 해당하는 법인이 일시적으로 보유한 후 처분할 자기주식은 같은 호 마목에 따른 "법인의 영업활동과 직접 관련없이 보유하고 있는 주식"에 해당함.

Q2. 차입금으로 자기주식을 취득하는 것은 불가능한가요?

A. 대법원 2017두63337, 2021.07.29

① 상법상 배당가능이익은 채권자의 책임재산과 회사의 존립을 위한 재산적 기초를 확보하기 위하여 직전 결산기상의 순자산가액에서 자본금의 액, 법정준비금 등을 공제한 나머지로서 회사가 당기에 배당할 수 있는 한도를 의미하는 것이지 회사가 보유하고 있는 특정한 현금을 의미하는 것은 아니다.

② 또한 회사가 자기주식을 취득하는 경우 당기의 순자산이 그 취득가액의 총액만큼 감소하는 결과 배당가능이익도 같은 금액만큼 감소하게 되는데, 이는 회사가 자금을 차입하여 자기주식을 취득하더라도 마찬가지이다.

③ 따라서 상법 제341조 제1항 단서는 자기주식 취득가액의 총액이 배당가능이익을 초과하여서는 안 된다는 것을 의미할 뿐 "차입금으로 자기주식을 취득하는 것이 허용되지 않는다"라는 것을 의미하지는 않는다.

Q3. 비상장법인의 자기주식 취득, 무조건 가지급금으로 보나요?

A. 서면법규—168, 2014.02.25

내국법인이 주주에게 우회적으로 자금을 지원할 목적이 없이, 「상법」(2011.04. 14. 법률 제10600호로 개정된 것) 제341조에 따라 주주로부터 자기주식을 취득하면서 지급한 금액은 인정이자 계산 대상 가지급금에 해당되지 아니하는 것이며, 귀 서면질의의 경우가 이에 해당하는지는 「상법」 규정 위반 여부, 자기주식의 취득 목적, 취득 후 주주에게 재매각하는지 등 거래 내용의 제반 사항을 종합적으로 고려하여 사실 판단할 사항임

Q4. 대표이사만 주식을 양도한 행위는 상법의 절차를 위배한 것에 해당하나요? (균등 조건 위배)

A. 조심2016서1700, 2016.07.07 (기각)

청구법인이 쟁점주식을 자기주식으로 취득하는 과정에서 개정된 「상법」에 따른 절차를 위배한 것으로 보이지 아니하나, 대표이사를 제외한 나머지 모든 주주는 주식양도를 청구하지 아니하여 결국 대표이사만 쟁점주식을 양도하게 되었고, 이는 실질적으로 청구법인이 특정주주만 선택하여 그 주식만 취득한 것이 되어 「상법」을 위배하였다고 볼 수 있는 점, 청구법인의 쟁점주식 취득은 고령의 대표이사가 상속에 대비하기 위하여 자기주식으로 취득하도록 한 것으로 보이는 점 등에 비추어 처분청이 쟁점주식 취득대금을 업무무관가지급금으로 보아 과세한 처분은 잘못이 없음

1심, 2심판결 (국승)
서울행법 2016구합73658, 2017.01.20
서울고법 2017누35631, 2017.08.30
자본충실의 원칙과 주주평등의 원칙에 비추어 볼 때 상법에 위반된 자기주식 취

득은 당연무효에 해당하며, 자기주식 취득대금은 업무무관 가지급금에 해당하며, 자기주식취득행위는 부당행위계산 부인대상에 해당함

대법2017두63337, 2021.07.29 (국패)

① 상법 제341조 제1항 제2호, 상법 시행령 제9조 제1항 제1호, 제10조 제1, 2호에서 회사가 일정한 방법과 절차에 따라 자기주식을 취득하도록 정한 취지는 주주들에게 공평한 주식양도의 기회를 보장하려는 데에 있다.

② 원심이 인정한 사실관계에 의하면, 원고는 이사회에서 상법 시행령 제10조 제1호 각 목이 정한 사항을 결의한 다음 모든 주주들에게 자기주식 취득의 통지를 하였으나 그 통지서에 자기주식 취득의 목적 등이 누락된 사실을 알 수 있다. 그런데 기록에 의하여 인정되는 다음과 같은 사정, 즉 원고의 이사회에서 결의한 자기주식 취득의 목적은 과다한 이익잉여금 적립으로 인한 재무적 낭비를 제거하고 주식가치를 제고하기 위한 것인 점, 주식 1주를 취득하는 대가로 교부할 금전은 「상속세 및 증여세법」이 정한 비상장주식의 평가방법에 기초하여 산정된 점, 원고는 자기주식 취득의 통지를 하면서 양도신청기간을 명시하였고 실제로 원고가 한○○에게 주식양도대금을 지급한 날은 양도신청기간 다음 날이었던 점과 주주들의 관계, 주주들이 이 사건 거래를 전후하여 이의를 제기한 것으로 보이지도 않는 점 등을 고려하여 보면, 원고가 자기주식 취득의 통지를 하면서 이사회에서 결의한 사항의 일부를 누락하였다는 이유만으로 주주들의 공평한 주식양도의 기회가 침해되었다고 보기 어렵다.

③ 또한 원고가 모든 주주들에게 자기주식 취득의 통지를 한 점 등에 비추어 보면, 원심이 든 사정만으로 원고가 처음부터 한○○가 보유하고 있던 주식만을 취득하려고 하였다고 단정할 수 없다. 따라서 이 사건 거래를 무효로 볼 수 없다.

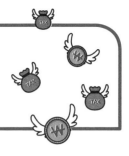

04

미처분이익잉여금의 관리

(1) 미처분이익잉여금이 뭔가요?

> Q. 20년 넘게 중소기업체를 운영해온 A씨. 그 동안 회사를 키우는 데에만 전력을 다했
> 으나 몇 년 전부터 아들에게 업무를 위임하면서 본인은 제2의 삶을 꿈꾸고 있었습니
> 다. 승계를 고려하다 보니 본인 회사의 가치가 설립 시에 비해 약 80배가량 증가하
> 였다는 사실을 알게 되었는데, 이럴 경우 증여세나 상속세가 너무 많이 나올 것 같아
> 고민입니다. 왜 이렇게까지 올랐나 했더니 그 원인이 미처분이익잉여금 때문이라는
> 얘기를 들었는데요. 도대체 미처분이익잉여금이 뭐길래 회사가치를 이렇게 올리는
> 걸까요?

미처분이익잉여금의 개념

이익잉여금은 "기업이 영업활동을 한 결과 얻게 된 순이익금 중에서 주식배당 등의
형태로 처분되지 않은 부분"을 말하는데요, 미처분이익잉여금이란 이러한 잉여금이
계속하여 누적된 것을 말합니다.

이를 이해하기 위해서는 먼저 기업회계에 대한 이해가 필요한데요, 법인의 1년간의
영업실적 등을 집계하여 매출에서 매출원가와 각종 비용을 차감한 이익은 손익계산
서의 당기순이익이라는 계정으로 표시되게 되고, 이 당기순이익은 재무상태표의 자
본 항목 중 "이익잉여금"이라는 계정으로 대체되게 됩니다. 이익잉여금은 회사에 투

자한 주주들의 몫이기에 배당이라는 절차를 통해 주주에게 반환해주어야 하지만, 회사의 운영상 목적(설비투자 등을 위한 재원마련, 운영을 위한 자금 축적)을 위해 배당을 보류하고 누적된 금액이 "미처분이익잉여금"으로 표시되게 됩니다.

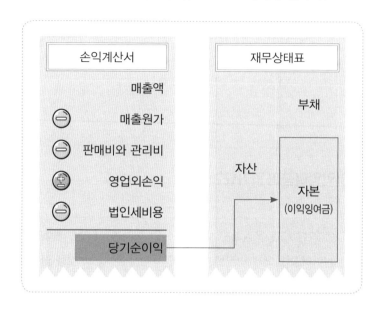

미처분이익잉여금의 발생구조

구분	재무상태표상 과목명	설명
	전기이월 미처분이익잉여금	설립 시부터 전기까지 누적된 당기순이익에서 배당 등을 지급하고도 남은 유보금액의 누적액
⊕	당기순이익	올해 영업활동을 통해 발생한 회계상 당기순이익
⊖	배당금	중간배당금, 현금배당금, 주식배당금
⊖	이익준비금	배당금의 10%를 적립(자본금의 1/2에 달할 때까지)
⊖	각종 적립금	특정목적을 위해 잉여금을 별도 적립하는 금액
⊜	차기이월 미처분이익잉여금	

미처분이익잉여금만큼 현금을 가지고 있어야 하나요?

컨설팅을 진행하다 보면 의외로 많이 듣는 질문인데요. 정답은 "아니요" 입니다.

당기순이익만큼 계속하여 현금이 누적되는 게 아니기 때문입니다. 대표적으로 "매출채권, 재고자산, 부동산이나 기계 등의 설비구입 등" 정상적 영업활동 과정에 그 차이의 원인이 있을 수도 있고, 이익조작 등 비정상적 활동으로 차이가 발생할 수도 있습니다.

미처분이익잉여금과 현금자산의 차이 주요항목

구분	내용
매출채권, 어음	• 매출세금계산서 발급 등을 통해 매출과 이익이 발생했으나, 아직 회수하지 못한 금액
재고자산, 재공품	• 당기에 판매된 경우 : 매출원가로 대체되어 당기순이익 감소 • 당기에 판매되지 않은 경우 : 현금은 지출하였으나 아직 판매되지 않았으므로 원가로 대체되지 못한 채 기말재고자산에 반영
부동산, 기계 등 구입	• 금액이 크고 장기간 운영되면서 매출발생에 기여하기에 구입시점에 일시 비용처리하지 않고, 내용연수에 걸쳐 감가상각을 통해 비용처리(즉 구입비용과 비용반영액의 차이 발생)
비정상적 활동 등	• 입찰이나 대출 등을 위해 실제 이익보다 회계상 이익을 과도하게 반영하는 경우(매출 과대계상, 매출원가 과소계상, 사업상 발생한 비용을 자산으로 대체하는 행위 등)

(2) 왜 유독 비상장 중소기업의 미처분이익잉여금이 문제일까요?

〈Part2. CEO를 위한 소득설계〉편에서 설명했듯이 중소기업의 경우 창업주가 회사를 손수 일구면서 회사에 대한 애착이 깊고, 외부투자자 없이 대표님 혼자 또는 가족들로 주주가 구성된 경우가 매우 많습니다. 이에 "회사=나"라는 인식이 강하고, "대표님=주주"인 경우가 대부분입니다. 급·상여를 통해서만 소득을 가져가고 배당을 받아야 한다는 인식 자체가 없는 경우도 많습니다. 하지만 법인은 대표님과 엄격히 별개의 존재이기에 법인에 유보된 현금 등 자산은 법인의 소유이며, 이를 배당 등 절차를 통해 회수해야만 대표님의 자산이 됨을 반드시 기억해야 합니다.

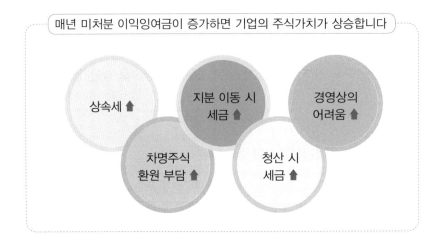

매년 미처분 이익잉여금이 증가하면 기업의 주식가치가 상승합니다

상속세 ⬆

지분 이동 시 세금 ⬆

경영상의 어려움 ⬆

차명주식 환원 부담 ⬆

청산 시 세금 ⬆

중소기업 CEO의 자산구성 분포

노블리치센터의 최근 5년간 상담통계를 보면, 중소기업 CEO의 자산 중 약 60%가 비상장주식으로 집계됐는데요. 내 자산 중 대부분을 차지하는 비상장주식, 소중한 만큼 잘 관리되고 있을까요?

비상장주식의 재무건전성을 판단하는 지표는 여러가지가 있지만, 그 중 대표적으로 ① 대표님은 적정 급여를 수령하고 있는가? (경영대가), ② 대표님을 포함한 주주들은 적정 배당을 수령하고 있는가? (투자대가)를 검토할 수 있습니다.

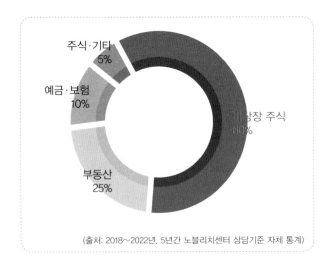

주식·기타
5%

예금·보험
10%

비상장 주식
60%

부동산
25%

(출처: 2018~2022년, 5년간 노블리치센터 상담기준 자체 통계)

회사 운영에 대한 대가의 유형 및 그에 따른 과세문제

구분	경영에 대한 대가	소유(투자)에 대한 대가
개념	회사 운영에 대한 대가	주식 소유에 대한 대가
대표적 소득유형	1. 급여와 상여 2. 퇴직금	1. 배당(정기배당, 중간배당 등) 2. 주식의 양도 3. 유상감자 및 이익소각
예측가능성	지급시점과 금액의 예측가능성 높음	지급시점과 금액의 예측가능성 낮음
지급시기	정기적으로 발생 (퇴직금은 퇴직시점에 발생)	비정기적으로 발생
법인입장	손금항목(비용 ○)	손금항목 아님(비용 ×)
개인입장	소득세 발생 (소득유형, 금액규모에 따른 과세방법 차이 있기에 소득설계가 필요함)	

잉여금, 매년 배당해서 없애야 하나요?

그렇다고 매년 발생하는 잉여금을 모두 배당으로 지급하라는 것은 아닙니다. 회사 운영을 위해서는 자금이 필요하고, 이를 위해 당기에 발생한 현금과 잉여금을 회사에 유보(즉 외부로 유출하지 않고 회사가 보유하면서)해야 할 필요도 있습니다. 다만, 이러한 고민과 관리 없이 매년 누적되는 잉여금은 1) 기업가치를 불필요하게 증가시키며, 2) 이로 인해 상속이나 증여 시 과도한 세금이 발생하고, 3) 외부 이해관계자에게 왜곡된 정보를 줄 가능성이 높고, 4) 법인 청산이나 폐업 시 일시에 배당으로 처분되어 막대한 세금으로 이어질 가능성이 높습니다.

기업 가치 증가	상속세 증가
• 매년 잉여금 증가 ➔ 주식가치 증가 • 가업승계&주식증여 세금 증가 • 명의신탁주식 환원비용 및 세금증가 • 과도하게 누적된 잉여금은 회사가 안정적이라는 의미, 이에 거래처에서 단가인하, 리베이트 요구 등 발생	• 법인 폐업·청산 시 일시 소득처분 • 상속 발생시 현금화 어려운 비상장주식, 상속세 재원미련 불가(상속세 납부를 위한 주식 처분 시 지분율&의결권 감소) • 상속세 재원마련을 위해 환가성이 높은 부동산, 상장주식 등을 처분하여 경제적 손실 발생

(3) 미처분이익잉여금, 왜 관리해야 할까요?

과도하게 누적된 미처분이익잉여금은 비상장주식가치를 크게 증가시키는 원인이 되고, 이러한 주식가치 상승의 종점은 언제나 세금으로 이어지게 됩니다. 적정하게 관리되지 못한 채 누적된 미처분이익잉여금이 어떻게 세금에 영향을 미치는지 구체적으로 살펴보도록 하겠습니다.

(비상장주식평가에 관한 구체적 내용은 〈Part1. 04 비상장법인의 주식가치평가〉(093p) 참조)

비상장주식 처분유형에 따른 과세문제 요약

유형	세금문제	주요내용
매각 시	양도소득세	양도차익(양도가액 – 취득가액)에 대해 최고 30% 과세 (과표 3억이하 20%, 3억초과 25%, 1년미만 30%)
	증권거래세	양도가액의 0.35% 과세
증여 시	증여세	증여하는 주식가치 기준 최고 50% 증여세 과세
상속 시	상속세	상속되는 주식가치 기준 최고 50% 상속세 과세
법인청산 시	종합소득세	청산시 의제배당액°에 대해 최고 45%의 소득세 과세

° 의제배당액 = 잔여재산분배가액 – 주식취득가액

※ 양도소득세, 종합소득세는 10%의 지방소득세 추가 과세

매각시 과세문제

회사를 매각한다는 의미는 곧 주식을 매각한다는 뜻입니다. 주식의 양도는 '양도소득'으로 타 소득과 분류과세 하도록 규정하고 있는데요. 근로소득이나 사업소득과 같은 종합소득에 비해서 분류과세의 세부담이 다소 적긴 하지만 그럼에도 20%의 단일 세율이 적용되고, 과세표준 3억 원 초과분에 대해서는 25%의 세율이 적용되기에 적은 세부담이라 할 수 없습니다.

물론 기업매각의 경우 실제 대가를 수령하고 처분하는 것이기에 세금을 내더라도 매우 좋은 사례라고 할 수 있습니다. 하지만 현장에서 중소기업의 매각이나 합병은 매우 드물게 발생합니다.

따라서 기업매각의 가능성이 낮은 대부분의 중소기업에서는 평소에 배당을 통해 잉여금을 적절히 처분하는 전략이 필요합니다. 배당의 경우 2천만 원까지는 14% 분리과세가 적용되므로 매년 배당을 잘 활용하면 적정 기업가치를 유지하는 데 도움이 됩니다. (단, 2천만 원 초과시 타 소득과 합산하여 종합소득세 과세) 한 번에 몰릴 수 있는 세부담을 회사 운영기간 동안 분산하는 것이 절세전략의 시작이라 할 수 있습니다.

증여나 상속 시 과세문제

현금이나 주식 등 대가를 받고 회사를 매각하는 "매각시 과세문제"의 사례와 달리, 증여나 상속은 '무상거래'이기에 문제가 더욱 커집니다. 우리나라의 상속·증여세율은 최고세율 50%로 OECD국가 중 2번째로 높은 수준입니다. 비상장주식처럼 현금화 가능성이 낮은 자산을 증여나 상속받는 경우 수증자나 상속인의 세부담은 더욱 커질 수밖에 없죠. 이에 배우자나 자녀에게 일정 지분을 사전에 증여하고 꾸준한 배당을 통해 자금출처를 만드는 작업은 중요한 절세 전략으로 꼽힙니다.

준비된 자금으로 대표님의 지분을 증여 받거나, 보험가입 등을 통해 향후 상속세납부를 위한 재원마련으로 사용할 수 있기 때문입니다.

현장에서 상담을 진행하다 보면 가업승계나 가업상속 특례제도를 사용할 예정이니 증여나 상속세 부담이 아예 없을 거라고 가볍게 생각하시는 경우가 의외로 많습니다. 하지만 가업승계증여특례의 경우 요건을 충족하더라도 10%의 세금은 납부해야 하고, 회사의 보유 자산 중 업무무관자산에 대해서는 특례가 적용되지 않고 일반 상속증여세율이 적용됩니다. 특례제도를 활용하더라도 생각보다 세부담이 크게 발생할 수 있습니다.

(배당정책의 활용방안은 〈Part2. 03 배당정책의 활용〉(151p)을, 컨설팅을 활용한 주식가치 조절은 〈Part1. 04 비상장법인의 주식가치 평가〉(093p)를 참조)

가업승계 유형별 개념과 유의사항 정리

구분	특례제도 활용방법	일반적인 방법
유형	가업승계 증여특례, 가업상속공제	일반증여나 상속
쟁점	• 특례요건 충족여부 검토 • 업무무관비율 관리	• 주식가치 인하 • 증여세, 상속세 납부재원 마련
컨설팅방안	• 주기적인 특례요건 검토 • 과다보유현금 관리 • 업무무관자산의 업무화 방안 검토	• 사전증여를 통한 배당실행 • 배우자나 자녀가 실제 근무하는 경우 적정 급·상여 설정 • 주기적인 주식가치 평가 및 관리전략 수립

청산 시의 과세문제

법인 청산이란 법인이 더 이상 사업을 운영할 수 없는 경우 법인을 해산하고, 이 과정에서 법인이 보유하고 있는 자산과 부채를 정리하는 것을 말합니다. 법인은 해산과 청산절차를 통해 자산을 모두 처분하여 부채를 상환하고, 잔여금액을 주주에게 배당한 후 완전히 소멸하게 되는데요. 그 동안 정리되지 않고 누적된 미처분이익잉여금이 일시에 배당(의제배당)으로 처분되면서 높은 누진세율이 적용되어 거액의 종합소득세와 건강보험료가 일시에 부과되는 문제가 발생합니다.

의제배당액 = 잔여재산분배가액 – 주식의 취득가액	
잔여재산의 분배가액	해산일 현재의 미처분이익잉여금 등 배당가능금액 또는 실제 주주에 대한 분배가액
주식의 취득가액	주주의 실제 주식취득일 현재 취득가액

잉여금을 관리하지 않으면 승계, 매각, 청산이라는 법인 출구전략의 모든 경우에 과다한 세금이 부과될 수 있다는 것을 알아보았습니다. 그러면 어떻게 해야 잉여금을 제대로 관리할 수 있을까요?

(4) 어떻게 잉여금을 관리할 수 있을까요?

미처분이익잉여금 관리의 접근전략

미처분이익잉여금은 회사가 영업활동을 통해 얻은 당기순이익이 매년 누적된 금액이라고 했는데요. 이에 잉여금 관리를 위해서는 기존에 누적된 미처분이익잉여금을 줄이면서, 앞으로 쌓일 잉여금을 적정하게 관리하는 전략이 모두 필요합니다. 다만 여러 상황에 따라 두 전략을 모두 사용할 수도, 하나의 전략만 사용해야 할 수도 있으니 회사의 미처분이익잉여금의 규모, 주주구성, 매년 발생하는 이익규모 등을 종합적으로 검토하여 판단하시기 바랍니다.

구분		내용
1단계	현재 상황 파악	1) 누적된 미처분이익잉여금 규모와 원인 파악 2) 비상장주식가치 및 재무비율 평가 3) 신규 발생할 예상 잉여금 파악(과거 2~3년간의 당기순이익 추이와 향후 예측되는 이익규모)
2단계	회사에 대한 이해	1) 회사의 주된 "이해관계자(은행 등)"와 그에 따른 회사의 목표 재무비율(부채비율 등) 파악 ※ 입찰이나 대출 등을 위해서 부채비율은 몇%로 유지해야 하는지 등 2) 회사의 유동성 자금 규모와 지출시기 등 파악 ※ 미처분이익잉여금이 많다고 해도 배당으로 유출할 수 있는 현금에는 제약이 있을 수 있음.
3단계	처분전략 수립	1단계와 2단계를 종합하여 회사에 맞는 처분전략 검토 및 그에 따른 실행가능성과 예상 세금규모 등 파악
4단계	실행 및 피드백	전략 별 필요절차와 서류 준비(의사록, 정관개정, 세금신고 등)

관리전략 별 주요내용

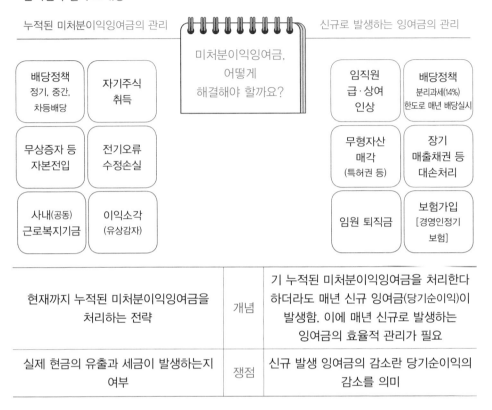

현재까지 누적된 미처분이익잉여금을 처리하는 전략	개념	기 누적된 미처분이익잉여금을 처리한다 하더라도 매년 신규 잉여금(당기순이익)이 발생함. 이에 매년 신규로 발생하는 잉여금의 효율적 관리가 필요
실제 현금의 유출과 세금이 발생하는지 여부	쟁점	신규 발생 잉여금의 감소란 당기순이익의 감소를 의미

누적된 미처분이익잉여금의 관리전략

배당정책의 활용

잉여금 관리전략의 가장 기본이 되는 방법으로, 배당을 통해 주주에게 잉여금을 환원하는 방법입니다. 다만 실제 자산이 회사외부로 유출된다는 점과 주주에게 세금이 발생한다는 점을 유의하셔야 합니다. 대표님에게 집중되어 있는 주식을 특수관계자들로 일부 분산하고, 매년 2천만 원 이하의 배당금을 지급하면서 분리과세(14%)를 적용 받도록 하는 것이 절세전략의 가장 기본이라 할 수 있습니다.

중간배당을 활용한다면 연 최대 2회의 배당이 가능하고, 대표자 가지급금이 있는 경우 배당금과 상계 처리가 가능하므로 유동성 문제도 어느정도 극복이 가능하다는 장점도 있습니다. (배당과 관련된 절세전략은 〈Part2. 03 배당을 꼭 해야 할까요? … 배당

정책의 활용〉(151p) 참조)

자본전입

자본전입이란 "잉여금의 일부를 자본금으로 전입하는 것"을 말합니다. 이는 주식배당 또는 무상증자를 통해 주주에게는 실제 배당과 같은 효과를 발생시키되 현금자산의 유출을 막고 주식수 자체를 증가시키는 방법을 말합니다. 이를 통해 잉여금은 감소하게 되지만, 자본금이 증가하므로 회사의 전체 자본총액은 바뀌지 않습니다(회계 계정과목의 대체).

즉, 잉여금의 감소는 가능하나, 실제 외부로 유출되지 않기에 비상장주식가치가 감소하는 효과는 발생하지 않습니다. 주주 입장에서도 주식수량은 증가하지만 보유 주식의 총가치는 변동이 없어 다소 한계가 있는 전략이라 할 수 있습니다.

구분	주식배당	무상증자(준비금의 자본전입)
공통점	주식대금의 납입없이 자본금과 주식수량이 증가 (즉 회사 재무상태표상 자본총계의 변동 없음)	
주요재원	미처분이익잉여금	주식발행초과금, 이익준비금
유의사항		미처분이익잉여금은 무상증자 재원으로 사용이 불가하므로, 잉여금을 먼저 이익준비금으로 전환 후 무상증자 필요 ※ 자본금의 1/2를 초과하는 이익준비금은 "임의적립금"으로 보아 무상증자 재원으로 사용불가
주주 세금문제	의제배당 소득세 과세	주식발행초과금 : 과세제외 이익준비금 : 의제배당 소득세 과세

전기오류수정손실

전기오류수정손실이란 전기 또는 그 이전의 기간에 있었던 회계적 오류를 당기에 수정하는 것을 말하며, 대표적으로 정상적으로 발생했던 비용을 누락하였다가 이를 누적하여 반영하는 것을 말합니다. 회계상 전기오류의 원인이 중요하다 판단되는 경우에는 이를 잉여금의 감소로 표현하도록 하고 있고, 이를 통해 미처분이익잉여금은 감소하게 됩니다. 다만, 그 오류의 원인이 되는 과거의 법인세 신고내역을 수정해야 할 수 있으니 주의가 필요합니다.

구분	주요내용
항목	• 전기오류 수정손실(전기이월이익잉여금 차감)
주요유형	• 유·무형자산의 감가상각비·감가상각누계액 설정 누락 • 퇴직급여·퇴직급여추계액 설정 누락 등
비고	• 당기의 손금이 아니므로 손금불산입 후, 과거 비용이 발생한 연도의 법인세를 수정해야 하는지 여부 검토

감자와 소각

감자와 소각은 회사의 주식수를 감소시키면서 자본을 줄인다는 개념에서는 동일하나 그 절차와 자본금 및 이익잉여금의 직접적 감소여부에 차이가 발생하게 됩니다. 자본금은 상법상 규정에 따라 유상감자의 방법으로 직접 주식을 소각하는 것이지만, 이익소각은 회사가 자기주식 취득절차를 먼저 진행하고, 이후 회사가 취득한 자기주식을 소각하는 것이기 때문이지요.

또한 유상감자는 자본금의 감소를 초래하기에 채권자보호절차 등을 거쳐야 하지만, 이익소각은 자본금은 유지한 채 미처분이익잉여금을 직접 감소시키기에 채권자보호절차 등이 필요 없다는 점에서도 차이가 나타납니다.

구분	유상감자	이익소각
발행주식수	감소	감소
자본금	감소	–
이익잉여금	감소 (감자차손 계상 후 미처분이익잉여금으로 상계)	감소 (미처분이익잉여금 직접 감소)
부채비율	증가	증가
절차	주주총회특별결의와 채권자보호절차 필요	자기주식 취득 후 이사회결의로 소각
주주 과세문제	의제배당	의제배당

신규로 발생하는 잉여금의 관리전략

급여와 상여금 활용

당기순이익을 관리하는 가장 효과적이고 직접적인 방법으로 급여를 인상하거나, 적정 상여금을 지급하는 것을 말합니다. 물론 개인(임직원) 입장에서는 소득세와 4대 보험이 증가하지만 이를 지급하는 법인은 비용처리를 통해 법인세가 감소하므로 소득세증가와 법인세감소를 동시에 검토하여 적정수준을 찾아내는 것이 중요합니다. 임원의 상여금은 객관적인 기준과 근거 없이는 손금불산입될 수 있으니 주의가 필요합니다(〈Part2. CEO를 위한 소득설계〉(125p)편 참조).

특허권

법인의 매출이나 영업활동에 도움을 주는 무형자산(특허권 등)을 개인이 보유하고 있을 경우, 이를 법인에 매도하고 법인은 매년 감가상각(비용)을 통해 잉여금을 관리할 수 있습니다. 또한 무형자산을 매도하면서 받는 소득은 세법상 기타소득으로 총수입금액(매도금액)의 60%가 필요경비로 인정되고, 40%에 대해서만 과세되니 상당한 절세효과도 기대할 수 있습니다.

다만 해당 특허권이 대표이사로서 회사를 운영하면서 자연스럽게 개발된 경우, 특허권 개발비용을 회사가 부담한 경우, 특허권의 평가금액이 과도하거나 법인의 매출에 기여하지 못하는 경우 등은 특허권 취득자체가 문제될 수 있으니 주의가 필요합니다.

특허권개발을 대표이사 본연의 업무수행으로 보아 기타소득이 아닌 상여로 재과세한 사례

조심2021구5945, 2022.10.12 / 상급없음

【사실관계】

청구법인은 2001년 설립되어 차량용 시트원단 등 자동차 부품제조업을 영위하는 법인으로 2018년 대표이사로부터 "자동차시트용 라미네이팅 장치" 특허권을 취득하였고, 기타소득으로 원천징수 후 무형자산 감가상각을 진행함

【쟁점】

쟁점특허권의 소유권이 청구법인의 대표이사에게 있는지 여부

【판단】

청구법인은 쟁점특허권이 ○○○대표이사의 개인발명에 해당하므로 청구법인과 ○○○의 쟁점특허권 거래가 정당하다고 주장하나,

① 청구법인은 쟁점특허권과 유사한 자동차 차량용시트 제조방법 및 라미네이팅 장치 관련한 특허권을 이미 개발·출원하였고, 2008년부터 연구개발전담부서를 두고 있는 것으로 확인되므로 쟁점특허권도 청구법인이 관여하지 않았다고 단정할 수 없고,

② 회사의 대표이사가 쟁점특허권의 개발에 참여하였다 하더라도 이는 법인 소속으로 있는 자가 본연의 업무를 수행한 것으로 볼 수 있는 점,

③ 단순한 아이디어 제시나 기존 기술에 대한 추가 보완은 발명으로서의 필수적인 요건을 갖추었다고 보기 어렵고, 청구법인의 대표 ○○○는 청구법인의 인적·물적지원없이 쟁점특허권을 개발했다고 하는 지출내역 등을 제출하지 못하고 있는 점,

④ 청구법인은 쟁점특허권의 승계를 거부하였으므로 쟁점특허권이 ○○○에게 귀속된 것으로 보아야 한다고 주장하나, 청구법인의 대표이사이자 최대주주인 ○○○를 「발명진흥법」상의 사용자와 대비되는 종업원으로 보기 어려운 점 등에 비추어 처분청이 쟁점특허권의 실질적 소유권이 청구법인에게 있는 것으로 보아 청구법인이 대표이사로부터 쟁점특허권을 취득한 거래를 부인하여 과세한 이 건 처분은 잘못이 없는 것으로 판단됨

퇴직연금

퇴직연금제도는 근로자의 퇴직금 수급권을 보호하기 위하여 퇴직금상당액을 외부 금융기관 등에 적립하고, 회사에 대해서는 이를 불입하는 시점에 손금(비용)으로 인정해주는 제도를 말합니다. 퇴직연금에는 DC형 퇴직연금(확정기여형)과 DB형 퇴직연금(확정급여형)이 있고, 각 유형별 회계처리와 세법상 손금인정의 방법 등에 차이가

있으니 회사별 상황에 적합한 퇴직연금 가입을 통해 잉여금을 관리하는 것도 방법이 될 수 있습니다. (퇴직연금과 관련된 자세한 내용은 〈Part2. 04 임원퇴직금〉(177p) 참조)

경영인정기보험

경영인정기보험이란 "만기환급금은 없으나 중도해약환급금은 존재하는 형태의 보험"으로, 만기가 존재한다는 점과 특정시점 중도해약환급금이 납입보험료의 대부분 혹은 그 이상이라는 점에서 종신보험과 차이가 있습니다. 통상 근로자의 경우 퇴직금 수급 여부 자체가 쟁점이고 퇴직금의 지급을 근로자퇴직급여보장법(근퇴법)에서 강제하고 있기에 퇴직연금으로 준비하는 경우가 대부분이지만, 임원의 경우 퇴직연금이 아닌 경영인정기보험 등 보험을 활용하는 것이 유리할 수 있는데요. 그 이유는 다음과 같습니다.

- 퇴직금 자체보다는 회사의 안정적 운영(대표자 유고 시 유동성문제로 인한 기업의 RISK 대비)이 우선되는 경우가 많고
- 근로자퇴직급여 보장법이 아닌 세법에서 임원의 퇴직금 지급요건을 별도로 규정하고 있는데 일시금 지급이 아닌 경우 퇴직급여 자체를 부인하는 문제가 있으며
- 경영인정기보험은 납입기간에 손금산입 되므로 당기순이익과 법인세가 감소한다는 점 등이 퇴직금 재원으로 경영인정기보험을 선택하는 이유입니다.

  다만, 해약환급금을 지급받는 경우 익금에 산입하여 법인세가 과세되므로(과세이연 효과), 추가 컨설팅이 필요합니다.

사전에 해약환급금을 산정할 수 없고 만기환급금이 없는 경우, 납입보험료는 손금에 산입함

서면법인2018-1779, 2018.07.18

【질의요약】

- 대표이사를 피보험자로, 계약자와 수익자는 법인으로 하며,
- 월 300만 원의 보험료를 납입하되 90세 만기납부 형태의 보험임
- 질의법인은 대표이사의 퇴직시점에 대한 규정이 없는 바,

  납입보험료에 대한 세무처리 기준은?

【답변】

- 법인이 납부한 보험료 중 만기환급금은 자산으로, 기타의 부분은 기간의 경과에 따라 손금에 산입하는 것임
- 다만, 피보험자인 대표이사의 퇴직기한이 정해지지 않아 사전에 해약환급금을 산정할 수 없고, 이에 만기환급금에 상당하는 보험료 상당액이 없는 경우에는 납입한 보험료를 보험기간의 경과에 따라 손금에 산입하고, 이후 해약환급금은 익금에 산입하는 것임

대손상각 등

"대손"이란 매출대금의 회수가 불가능해지는 것을 말하며, 세법상 요건을 충족한 경우 대손상각을 통한 손금산입을 허용하고 있습니다. 즉, 매출세금계산서 발급을 통해 매출로 반영하여 이미 법인세를 납부하였지만, 대금을 회수하지 못하는 사유가 발생하는 경우 대손상각을 통해 비용처리 하여 법인세를 줄여주는 제도를 말하는데요. 실제로 매출채권을 회수하지 못하는 사유가 발생하지만 이를 세무대리인에게 제대로 전달하지 못하거나 세무대리인이 파악하지 못하는 경우 계속하여 매출채권 등으로 재무상태표상 남아 있는 경우가 생각보다 많습니다. 이에 컨설팅을 통해 회수불가능 사유가 확정된 매출채권을 파악하고, 이를 재무제표에 반영하여 잉여금을 감소시키는 것도 하나의 전략이 될 수 있습니다.

	대손금의 손금산입 요건 [법인세법시행령 제19조의2]
1	상법에 따른 소멸시효가 완성된 외상매출금 및 미수금
2	어음법, 수표법에 따른 소멸시효가 완성된 어음과 수표
3	채무자 회생 및 파산에 관한 법률에 따른 회생계획인가의 결정 및 법원의 면책결정에 따라 회수불능으로 확정된 채권
4	채무자의 파산, 강제집행, 형의 집행, 사업의 폐지, 사망, 실종, 행방불명으로 회수할 수 없는 채권
5	부도발생일로부터 6개월 이상 지난 수표 또는 어음상의 채권 및 외상매출금 (중소기업의 외상매출금으로서 부도발생일 이전의 것에 한함)
6	중소기업의 외상매출금 및 미수금으로서 회수기일이 2년 이상 지난 외상매출금 등
7	회수기일이 6개월 이상 지난 채권 중 채권가액이 30만 원 이하인 소액채권

잉여금 관리전략 한 페이지 요약! 🔍

방안	현금유출여부	세금발생여부
배당활용	O	O
자본전입	X	△
전기오류수정손실	X	X
감자·소각	O	O
급여인상·상여지급	O	O
특허권	O	O
퇴직연금	O	세금감소
경영인정기보험	O	세금감소(과세이연)
대손상각	X	세금감소

05
민사신탁의 활용

(1) 민사신탁이 뭔가요? … 개념과 특징

민사신탁의 개념

"신탁"이란 신탁을 설정하는 자(위탁자)와 신탁을 인수하는 자(수탁자) 간의 신임관계에 기하여 위탁자가 수탁자에게 특정의 재산(영업이나 저작재산권의 일부를 포함함)을 이전하거나 담보권의 설정 또는 그 밖의 처분을 하고 수탁자로 하여금 일정한 자(수익자)의 이익 또는 특정의 목적을 위하여 그 재산의 관리, 처분, 운용, 개발, 그 밖에 신탁 목적의 달성을 위하여 필요한 행위를 하게 하는 법률관계를 말합니다(신탁법 제2조).

즉 쉽게 말해 ① 재산을 소유하고 있는 위탁자가 자신의 재산에 대한 각종 권리(임대, 처분, 운용 등)를 수탁자에게 맡기고, ② 수탁자는 위탁자를 대리하여 권리를 행사하며, ③ 신탁재산에서 발생하는 신탁이익은 수익자에게 귀속시키는 법률관계를 말합니다.

일반적으로 소유권의 이전이 양 당사자간의 의사결정에 따라 결정되고 그 즉시 세금이 발생하는 일반적인 양수도, 증여, 상속과 달리 신탁은 신탁내용·신탁의 범위·수탁자와 수익자의 설정·신탁이익의 귀속시기 등을 조정하여 세금문제를 탄력적으로 조절할 수 있다는 장점이 있습니다.

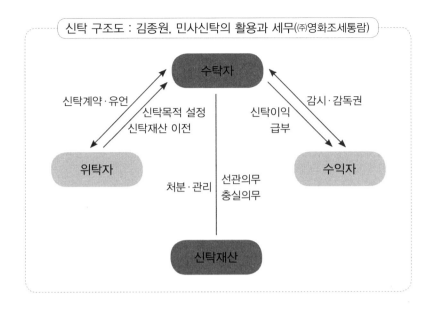

신탁 구조도 : 김종원, 민사신탁의 활용과 세무(㈜영화조세통람)

신탁제도의 특징 : 신탁재산의 독립성

신탁제도의 가장 큰 법률효과는 "신탁재산의 독립성"에 있습니다. 이는 신탁재산은 위탁자 및 수탁자로부터 완전히 독립된 별개의 재산이라는 개념인데, 이에 따라 신탁재산은 ① 위탁자나 수탁자의 채권자에 대한 책임재산에서 배제되어 강제집행 등을 할 수 없고, ② 수탁자의 상속재산이나 이혼 시 재산분할대상에서도 제외된다는 장점이 있습니다.

구분	신탁법	주요내용
신탁재산의 강제집행 금지˚	22조	• 신탁재산에 대하여는 강제집행, 담보권 실행 등을 위한 경매, 보전처분(강제집행) 또는 국세 등 체납처분을 할 수 없다. • 다만, 신탁 전의 원인으로 발생한 권리 또는 신탁사무의 처리상 발생한 권리에 기한 경우는 그러하지 아니하다
수탁자와의 독립성	23조 24조	• 신탁재산은 수탁자의 상속재산에 속하지 아니한다 • 신탁재산은 수탁자의 이혼 시 재산분할 대상이 되지 아니한다 • 신탁재산은 수탁자의 파산재단, 회생절차의 관리인이 관리 및 처분 권한을 갖고 있는 채무자의 재산이나 개인회생재단을 구성하지 아니한다

구분	신탁법	주요내용
채무상계의 금지	25조	• 신탁재산에 속하는 채권과 신탁재산에 속하지 아니하는 채무는 상계하지 못한다

° "신탁 전의 원인으로 발생한 권리에 기한 경우"란 신탁 전에 이미 신탁부동산에 저당권이 설정되어 있거나, 대항력 있는 임차권이 설정된 경우 등 그 신탁재산 자체를 목적으로 하는 채권이 발생된 경우를 말함(신탁 전에 위탁자에 관하여 생긴 모든 채권이 포함되는 것이 아님에 주의)

(2) 신탁제도의 유형에는 어떤 것이 있나요?

상사신탁과 민사신탁

일반적으로 "신탁"하면 부동산신탁을 취급하는 신탁회사를 떠올리실 텐데요. 신탁법에서는 인가를 받은 법인이 영리(수익)를 목적으로 하는 신탁을 상사신탁으로, 영업활동이 아닌 신탁은 민사신탁으로 구분합니다. 즉, 신탁행위를 통해 반복적인 수익이 발생하면 상사신탁, 그 외의 경우는 민사신탁으로 이해하시면 됩니다.

구분	상사신탁	민사신탁
근거법률	자본시장과 금융투자업에 관한 법률	신탁법
수탁자 자격	신탁업 인가를 받은 법인	개인이나 단체°
신탁가능 재산	부동산.증권 등 법에 열거된 재산 (자본시장법 제103조)	신탁하고자 하는 재산(포괄규정) (신탁법 제2조)
신탁의 유형	반복적 상행위	반복적이지 않은 행위
보수관계	보수발생	무보수가 원칙이나, 신탁계약으로 달리 정할 수 있음°°

° 신탁법 제11조(수탁능력) : 미성년자, 금치산자, 한정치산자 및 파산선고를 받은 자는 수탁자가 될 수 없다.

°° 신탁법 제47조(보수청구권) : 수탁자는 신탁행위에 정함이 있는 경우에만 보수를 받을 수 있다(단, 신탁을 영업으로 하는 수탁자의 경우에는 신탁행위에 정함이 없는 경우에도 보수를 받을 수 있다).

자익신탁과 타익신탁

신탁은 위탁자, 수탁자, 수익자의 총 3면 구조이며 이를 활용하여 다양한 신탁설계가 가능한데요. 대표적으로 수익자의 구분에 따른 자익신탁과 타익신탁을 살펴보겠습니다.

구분	자익신탁	타익신탁
기본개념	위탁자가 본인의 재산에 대해 수탁자와 신탁계약을 체결	
수익자	위탁자 본인	제3자 지정
예시	상가를 신탁하되 위탁자 사망시까지의 임대료는 위탁자 본인에게 귀속, 사망 이후 상가소유권을 상속인에게 이전	상가를 신탁하되, 위탁자 사망 시까지 임대료는 위탁자의 배우자에게 귀속, 사망 이후 상가 소유권을 상속인에게 이전
상속세	위탁자 사망 시	위탁자 사망 시
증여세	–	배우자(수익자)의 임대료(신탁이익) 수령분에 대해 증여세과세

※ 신탁유형별 과세문제는 후단 (4)에서 자세히 설명

(3) 유언대용신탁의 개념과 활용방안, 유류분 문제

신탁에 대해서는 잘 몰라도 아마 유언대용신탁은 한번쯤 들어 보셨을 텐데요. 유언대용신탁은 위탁자가 생전에는 본인의 의지대로 재산을 관리하다가 사후에 미리 정해 놓은 수익자에게 재산을 승계하는 것으로, 유언과 달리 생전에 효력이 발생하고 그 내용을 탄력적으로 수정할 수 있다는 점에서 최근 각광받고 있는 신탁의 유형입니다. KB국민·신한·하나·우리·NH농협 등 5대 은행의 2023년말 유언대용신탁의 누적신탁액이 약 3조원 규모라고 하니 자산관리를 위해서는 반드시 알아야 할 내용이라 할 수 있습니다.

유언대용신탁의 개념

위탁자가 수탁자에게 재산을 신탁하면서 소유권을 이전하고, 수탁자는 재산을 관리하면서 발생하는 신탁이익을 생전에는 위탁자에게 지급하다가 위탁자가 사망한 이후에는 생전에 정한 수익자에게 신탁재산을 이전하는 것을 말합니다. 앞서 살펴본 자익신탁(위탁자 본인이 수익자가 되는 신탁)과 동일하나, 여기에 사후 재산분할에 대한 내용(유언)을 첨부하는 것이 특징이라 할 수 있습니다.

🔍 관련 법규

신탁법 제59조 : 유언대용신탁

① 다음 각 호의 어느 하나에 해당하는 신탁의 경우에는 위탁자가 수익자를 변경할 권리를 갖는다. 다만 신탁행위로 달리 정한 경우에는 그에 따른다.

1. 수익자가 될 자로 지정된 자가 위탁자의 사망 시에 수익권을 취득하는 신탁

2. 수익자가 위탁자의 사망 이후에 신탁재산에 기한 급부를 받는 신탁

② 제1항 제2호의 수익자는 위탁자가 사망할 때까지 수익자로서의 권리를 행사하지 못한다. 다만, 신탁행위로 달리 정한 경우에는 그에 따른다.

유언대용신탁과 유언공증의 차이점

유언에는 다양한 방법(자필증서, 녹음, 공정증서, 비밀증서, 구술증서)이 있으나 ① 효력발생의 요건이 매우 엄격하고, ② 피상속인이 생전에 공개하지 않은 경우 상속인들이 그 내용을 알 수 없으며, ③ 상속인의 선 사망 등 다양한 경우의 수를 반영할 수 없다는 한계가 있습니다.

한편 유언대용신탁은 생전에 그 내용의 수정이 언제든 가능하고, 다양한 경우의 수를 신탁내용에 포함하여 신탁계약 체결이 가능하다는 장점이 있습니다(예를 들어 피상속인의 사망 전에 상속인이 먼저 사망하는 경우를 대비하여 제2·제3의 상속인을 설정해두는 경우, 상속인이 미성년인 경우 일정 연령이 도달할 때까지는 신탁회사에서 관리하고 성년이 되었을 때 재산을 상속하도록 설정하는 경우 등). 유언대용신탁과 유언공증(공정증서로 하는 유언)을 비교하면 다음과 같습니다.

구분	유언대용신탁	유언공증
효력발생 시기	신탁계약 체결 시	사망 시
효력발생 요건		증인 2명 등 요건 필요
강제집행	특정한 경우를 제외하고는 신탁재산은 강제 집행대상이 아님°	유언자의 채권자에 의한 강제집행 가능
재산운용	신탁사	유언자 본인
내용변경	신탁계약서 내용변경 (위탁자와 수탁자의 협의)	유언철회공증 후 새로 유언공증 진행
상속인 지정	세대연속자 지정가능	특정 1세대
만료시점	계약종료시점	유언집행시점
비용	신탁보수	유언집행비용

° 〈(1) 민사신탁이 뭔가요? … 개념과 특징〉(288p) 참조

유언대용신탁은 유류분 대상에 포함되나요?

유류분제도는 피상속인의 재산처분행위로부터 유족의 생존권을 보호하고 법정상속분의 일정비율에 해당하는 부분을 유류분으로 산정하여 상속인의 상속재산 형성에 대한 기여와 상속재산에 대한 기대를 보장해주는 제도를 말하며(대법원 2017다235791, 2021.08.19), 상속개시시점의 피상속인 재산에 사전증여재산을 합산하여 유류분 산정을 위한 기초재산을 계산하도록 하고 있습니다.

유류분 산정시 가산하는 사전증여재산의 범위

구분	사전증여재산의 범위
증여를 받은 자가 공동 상속인이 아닌 경우	상속이 개시되기 전 1년 동안에 증여한 것으로 한정 (당사자 양쪽이 유류분권리자에게 손해를 입힐 것을 알고 증여한 경우에는 1년 전의 것도 산입, 민법 제1114조)
증여를 받은 자가 공동 상속인인 경우	증여가 상속개시 1년 이전의 것인지, 손해를 가할 것을 알고 있었는지 여부에 관계없이 증여 받은 재산은 유류분 산정을 위한 기초재산에 산입됨(대법원 95다17885, 1996.02.09).

유언대용신탁, 유류분대상이 아닐까요?

앞서 살펴본 바와 같이, 유언대용신탁은 생전에 위탁자가 수탁자(신탁사 등)와 신탁계약을 체결하면서 소유권이 신탁사로 넘어가게 되고, 이후 위탁자가 사망하면 수탁자인 신탁사는 소유권을 신탁내용에 따라 특정 상속인에게 이전하는 형태로 진행되게 됩니다.

이 경우 유언대용신탁을 체결한 신탁재산이 유류분 대상에 해당하는지에 대해서는 아래와 같이 상충된 판례가 존재하는데요, 아직 대법원 판결이 없는 상황에서 서로 다른 하급심판결이 있는 만큼 유언대용신탁과 유류분의 문제는 좀 더 지켜봐야 할 것 같습니다.

유언대용신탁에 따른 신탁재산은 유류분 산정대상이 아니라는 판결

수원지법 2017가합408489, 2020.01.10

원고들은 이 사건 신탁재산 역시 피고에게 증여된 재산으로 보아야 한다고 주장한다. 유류분 산정의 기초가 되는 재산의 범위에 관한 민법 제1113조 제1항에서의 증여재산이란 상속개시 전에 이미 증여계약이 이행되어 소유권이 수증자에게 이전된 재산을 가리키는 것이고, 아직 증여계약이 이행되지 아니하여 소유권이 피상속인에게 남아 있는 상태로 상속이 개시된 재산은 당연히 피상속인의 상속 개시에 있어서 가진 재산에 포함되는 것이므로 수증자가 공동상속인이든 제3자이든 가리지 않고 모두 유류분 산정의 기초가 되는 재산을 구성한다(대법원 1996.08.20. 선고 96다13682 판결).

① 살피건대, 이 사건 신탁재산은 망인의 사후에 비로소 피고의 소유로 귀속된 사실은 앞서 본 바와 같으므로, 망인이 피고에게 이 사건 신탁재산을 생전증여하였다고 보기는 어렵다. 또한, 망인의 사망 당시 이 사건 신탁재산은 수탁인인 L에 이전되어 대내외적인 소유권이 수탁자인 L에게 있었으므로, 이 사건 신탁재산이 망인의 적극적 상속재산에 포함된다고 보기도 어렵다.

② 그런데, 신탁재산의 수탁자로의 이전은 수탁자가 위탁자에게 신탁재산에 대한 대가를 지급한 바 없다는 점에서 성질상 무상이전에 해당하고, 민법 제1114, 1113조에 의해 유류분 산정의 기초로 산입되는 증여는 본래적 의미의 증여계약에 한정되는 것이 아니라 무상처분을 포함하는 의미로 폭넓게 해석되므로, 민법 제1114조에 해당하는 경우나 상속인을 수탁자로 하는 경우에는 민법 제1118조, 제1008조에 따라 유류분 산정의 기초가 되는 증여재산에 포함될 수 있다.

③ 이 사건 신탁계약의 수탁자는 상속인이 아니므로, 이 사건 신탁재산이 민법 제1114조에 의하여 증여재산에 산입될 수 있는지 보건대, 이 사건 신탁계약 및 그에 따른 소유권의 이전은 상속이 개시된 2017.11.11.보다 1년 전에 이루어졌으며, 이 사건 기록에 의할 때 수탁자인 L이 이 사건 신탁계약으로 인하여 유류분 부족액이 발생하리라는 점을 알았다고 볼 증거가 없으므로, 이 사건 신탁재산은 민법 제1114조에 따라 산입될 증여에 해당하지 않아 유류분 산정의 기초가 될 수 없다.

➡ 피상속인의 상속개시 시점에 소유권이 수탁자에게 있었으므로 적극상속재산이 아니며, 수탁자인 신탁회사는 상속인이 아니므로 상속개시일로부터 소급하여 1년내 증여한 재산만 유류분대상에 포함하는데 본 건 신탁계약에 따른 소유권 이전은 상속일로부터 소급하여 1년 전에 이루어졌기에 유언대용신탁의 신탁재산은 유류분 산정 시 포함될 수 없다 판결하였습니다.

유언대용신탁에 따른 신탁재산이라 하더라도 유류분대상에 포함된다는 판결

창원지방법원 마산지원 20220가합100994, 2022.05.04

앞에서 인정한 바와 같이 망인의 사망 당시 이 사건 신탁재산은 L증권에 신탁되어 있었고, 망인의 사후에 비로소 피고 C가 위 신탁재산을 취득하였으므로, 이 사건 신탁재산이 유류분 산정의 기초가 되는 재산액 중 적극적 상속재산에는 해당하지 않는다. 그러나 앞에서 든 증거들에 변론 전체의 취지를 더하여 인정할 수 있는 다

음과 같은 사실 또는 사정들을 종합하면, 위 신탁재산이 상속재산은 아니라고 할지라도 피고 C의 특별수익에는 해당한다고 보아 유류분 산정의 기초가 되는 재산액에 포함함이 상당하다. 따라서 이 부분 피고들의 주장은 이유 없다.

① 이 사건 유언대용 신탁계약의 결과 수탁자인 L증권은 이 사건 신탁재산의 대내외적 소유권을 취득하고, L증권은 위 신탁재산에 대하여 대가적 의미 있는 급부를 하지 않기 때문에 위 유언대용 신탁을 L증권에 대한 증여로 볼 여지도 있다. 그러나 신탁법 제22조 이하를 살펴보면 신탁재산은 수탁자의 상속재산에 속하지 아니하며, 수탁자의 이혼에 따른 재산분할을 하지 못할 뿐 아니라 강제집행의 대상이 되지 아니하는 등 여러 가지 제약이 따르는 바, 신탁재산은 수탁자의 고유재산과는 독립된 재산으로 취급된다. 또한 이 사건 유언대용신탁의 특약을 살펴보더라도 망인의 사망 전까지 위 신탁재산은 실질적으로 망인의 재산처럼 운용되었던 것으로 보인다. 위 각 사정들을 종합하면 이 사건 신탁재산을 통한 이익을 향유할 권리 및 그 처분권한(이하 '수익권 및 처분권'이라 한다)은 수탁자인 L증권이 아니라 수익권의 형태로 위탁자인 망인에게 귀속되어 있었다고 보는 것이 타당하므로, 유언대용신탁계약 체결을 곧바로 L증권에 대한 이 사건 신탁재산의 증여로 볼 수는 없다.

② 만일 피고들의 주장처럼 이 사건 신탁재산이 피고 C가 아니라 L증권에게 증여된 것이라고 본다면, 이 사건 유언대용신탁이 망인의 사망 1년 전에 이루어졌으므로 망인과 L증권이 유류분권리자에게 손해를 가할 것을 알고 증여를 하였다는 것이 입증되지 않는 한 유류분 산정의 기초가 되는 재산액에 포함되지 않게 되는 결과가 된다. 그런데 특별수익자가 있는 경우에 공동상속인들 사이의 공평을 기하기 위하여 수증재산을 상속분의 선급으로 다루어 구체적인 유류분 산정의 기초가 되는 재산액을 산정할 때 이를 참작하려는 민법 제1118조, 제1008조의 취지를 고려하면, 위와 같은 결론은 공동상속인들 사이의 공평을 잃을 수 있고 유류분 제도를 잠탈할 우려가 있다.

(4) 민사신탁의 세금문제는 어떻게 되나요?

취득세

신탁계약에 따라 표면상의 소유권은 수탁자로 이전되나, 실질적 재산권의 지배 통제권이 변동되지 않은 신탁의 경우에는 지방세법상 취득세 과세대상에 해당하지 않습니다.

지방세법 제9조[비과세]

③ 신탁(신탁법에 따른 신탁으로서 신탁등기가 병행되는 것만 해당한다)으로 인한 신탁재산의 취득으로써 다음 각 호의 어느 하나에 해당하는 경우에는 취득세를 부과하지 아니한다.
  1. 위탁자로부터 수탁자에게 신탁재산을 이전하는 경우
  2. 신탁의 종료로 인하여 수탁자로부터 위탁자에게 신탁재산을 이전하는 경우
  3. 수탁자가 변경되어 신수탁자에게 신탁재산을 이전하는 경우

법인세, 소득세

신탁재산에 귀속되는 소득에 대하여 수익자는 법인세 및 소득세 납세의무를 지는 것이 원칙이나, 수익자가 특별히 정해지지 않았거나 위탁자가 신탁재산을 실질적으로 지배통제하고 있는 경우에는 예외적으로 위탁자에게 납세의무를 지고 있음에 주의해야 합니다(신탁을 통해 세부담을 부당히 회피하는 것을 방지하기 위해 세법개정, 2024년 이후 발생하는 신탁재산의 이익부터 적용)

관련 법규

신탁재산의 위탁자 납세의무 요건(소득령 §4의2, 법인령 §3의2)
((1) 또는 (2)의 요건 충족할 것)
(1) 위탁자가 신탁재산을 실질적으로 통제하고 있을 것
위탁자가 신탁재산을 실질적으로 통제하는 경우라 함은, 위탁자가 ①신탁계약의 해지권, ②수익자의 지정·변경권, ③신탁 해지시 신탁의 잔여재산의 귀속권 등을 보유하는 경우를 말한다.

(2) 신탁재산의 원본수익과 이익수익에 대한 수익자를 다음의 경우와 같이 구분하여 설정할 것

　① 원본수익권 : 위탁자

　② 이익수익권 : 배우자 또는 직계존비속

상속세 및 증여세

상속세

피상속인이 신탁한 재산은 상속재산에 포함되나, 타익신탁(수익자를 제3자로 지정하는 신탁)의 경우에는 수익자에게 증여세가 과세되므로 해당 증여재산가액(신탁의 이익을 받은 권리의 가액)은 상속재산에서 제외됩니다(상속세 및 증여세법 제9조).

반대로 피상속인이 신탁으로 인하여 타인으로부터 신탁의 이익을 받을 권리를 소유하고 있는 경우(즉 피상속인이 수익자인 경우)에는 그 이익의 상당액 또한 상속재산에 포함하도록 규정하고 있습니다.

구분	위탁자	수익자		상속재산 범위
		신탁원본	신탁이익	
자익신탁 (위탁자 = 수익자)	피상속인	피상속인	피상속인	신탁재산과 신탁이익
타익신탁 (위탁자 ≠ 수익자)	피상속인	피상속인	제3자	신탁재산°
	제3자	제3자	피상속인	신탁이익

° 타익신탁의 경우 신탁이익을 받는 제3자에게는 증여세 과세

증여세

타익신탁계약의 경우, 수익자가 원본 또는 이익을 받는 경우에는 원본 또는 이익이 수익자에게 실제 지급되는 날을 증여일로 하여 신탁의 이익을 받을 권리의 가액을 수익자의 증여재산가액으로 하여 증여세가 과세됩니다.

재산세 및 종합부동산세(2020.12.29. 세법개정 이후 내용)

구분	주요내용
재산세	• 신탁법에 따라 수탁자 명의로 등기된 신탁재산에 대한 재산세 납세의무자는 위탁자임(지방세법 제107조)(신탁을 활용한 조세회피 방지를 위함) • 위탁자의 재산으로 징수하기 부족한 경우 수탁자는 물적납세의무를 짐
종합부동산세	• 신탁재산에 대한 종합부동산세 납세의무자는 위탁자이며, 수탁자는 신탁재산의 범위 내에서 물적납세의무를 부담함(신탁을 활용한 조세회피 방지) • 2020.12.29. 개정 전에는 납세의무자가 수탁자였으나, 세법개정을 통해 재산세와 종합부동산세 납세의무자를 모두 위탁자로 규정함

(5) 민사신탁, 어떻게 활용할까요?

민사신탁은 위탁자·수탁자·수익자 구조에 따라, 그리고 신탁계약의 내용에 따라 다양한 신탁설정이 가능하다는 것이 가장 큰 장점이라 할 수 있는데요, 이하에서는 민사신탁을 활용한 다양한 사례들을 살펴보도록 하겠습니다.

사례 검토 1 증여 후 신탁을 활용한 사례

Q. 와이프와 공동명의로 서울 소재 아파트(시가 15억)를 가지고 있는 A씨. 딸에게 아파트를 사전증여하려 하는데, 사위와 딸에게 공동으로 증여하는 경우 증여세 절세가 가능하다는 얘기를 들었습니다. 증여 후 사위가 아파트를 처분하거나 대출받아서 사업자금으로 사용하다 아파트를 뺏기는 일이 생길까 걱정되는 A씨에게 해줄 수 있는 조언은 무엇일까요?

A. 증여를 통해 소유권을 딸과 사위가 이전 받고, 이를 다시 신탁하는 것으로 해결할 수 있습니다. 즉 딸과 사위가 위탁자, 부모님(사위 입장에서는 장인, 장모님)을 수탁자로 설정하고 부모님이 재산을 관리하는 것이죠. 신탁설정 시 신탁으로 인한 이익은 딸과

사위로 유지하되, 신탁기간만 부모님이 생각하시는 기간(예를 들어 신탁일로부터 10년 혹은 수탁자인 부모 중 일방의 사망시점 등)으로 설정하여 재산의 임의처분 등을 방지할 수 있습니다.

사례 검토 2 수익자연속신탁 활용 사례

Q. 시가 50억 원의 상가를 소유하고 있는 B씨. 상속인은 배우자와 아들 1명으로 아들이 상가를 상속받는 거야 자명하지만, 본인이 죽고 나면 혼자 남은 엄마를 아들이 잘 부양할 지가 걱정입니다. 본인이 죽더라도 배우자가 안전하게 임대료로 생활할 수 있도록 해주고 싶은 B씨에게 해줄 수 있는 조언은 무엇일까요?

A. 이 경우 수익자연속신탁을 통한 해결을 고민할 수 있는데 수익자연속신탁이란 신탁계약 시 신탁이익(본 사례에서는 임대료)의 수익자를 여러 명 연속으로 설정하는 신탁계약을 말합니다. 본 사례에서는 신탁의 이익에 대한 수익자는 생전에는 B로, B가 사망하면 배우자로 설정하고 신탁의 원본은 배우자 사망 시 아들에게 귀속되는 형태로 신탁계약을 체결할 수 있습니다(B 사망 시 상속세를 어떻게 과세할 것인가에 대해서는 아직 명확한 규정이나 판결이 없고 이견이 있음).

사례 검토 3 신탁을 통한 명의신탁주식 보호 사례

Q. 15년 전 중소기업을 설립한 C씨는 과거 법인설립 시 친척 D의 명의로 명의신탁한 주식때문에 고민이 깊습니다. 명의신탁사실을 입증하고 회수하는 게 제일이라는 것은 알지만, 입증이 쉽지 않을 것 같고 주식가치도 크게 올라 엄두가 나지 않는 상태입니다. 더욱이 D가 와병 중이라 곧 상속까지 개시될 것 같습니다. 이 상황에서 C씨에게 해줄 수 있는 조언은 무엇일까요?

A. 명의신탁주식은 그 자체로도 증여세 과세대상에 해당하고, 이를 섣불리 명의변경하는 경우 현 시점의 주식가액을 기준으로 증여세가 과세될 수 있기에 매우 신중하게

접근해야 합니다. 명의신탁주식 입증이 도저히 어려운 C씨에게는 신탁이 대안이 될 수 있는데요.

명의수탁자(주주명부상 현 소유자)인 D를 위탁자로, 실제 소유자인 C를 수탁자로 설정하고 D 사망 시 C의 자녀가 주식신탁의 수익권 전부를 승계하는 형태의 신탁계약을 체결할 수 있습니다. 이를 통해 D의 생전에는 C가 의결권 행사 등을 하고, D 사망 시에는 별도의 재산분쟁없이 실 소유자 C의 자녀로 소유권확보가 가능합니다.

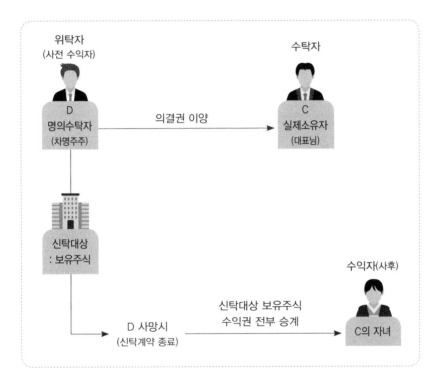

다만 이 경우 신탁기간 동안에는 별도의 세금이 발생하지 않을 수 있으나, ① 신탁으로 인한 소유권 변동내역이 세무서에 제출되기에(주주명부가 변경되므로 주식등변동상황명세서 수정 필요) 만약의 경우 법적으로 유효한 신탁절차를 소명할 수도 있어야 하고, ② 위탁자(앞 사례의 D)의 사망시점까지 명의신탁주식이 정리되지 않고 남아있으며, ③ D 사망시점의 주식가액을 기준으로 상속세가 과세된다는 점을 감안하여 신중한 의사결정이 필요합니다.

사례 검토 4 신탁을 활용한 가업승계사례 ①

Q. 3명의 아들을 둔 중견기업 오너 E씨는 가업승계문제로 고민이 많습니다. 첫째와 둘째는 회사운영에는 관심이 없고, 평사원부터 시작해 열심히 경영승계수업을 받은 막내아들에게 가업을 승계해주고 싶은데, 이 경우 첫째와 둘째의 상속분쟁으로 막내아들이 온전히 회사를 물려받지 못할 것 같기 때문입니다. E씨는 신탁을 통해 어떤 도움을 받을 수 있을까요?

A. 이 경우 신탁재산의 수익권을 '수익수익권(배당 등의 권리)'과 '원본수익권(의결권 행사 등의 권리)'으로 구분하여 신탁계약을 체결하는 것이 도움이 될 수 있습니다. 즉, 오너 E의 생전에는 모든 수익권을 E가 갖고, E 사망 시 '수익수익권'은 모든 상속인에게 주되, '원본수익권'은 막내아들에게만 귀속시키는 방법을 말하는데요. 이를 통해 모든 상속인에게 공평한 상속이 가능할 수 있고, 의결권은 후계자인 막내아들에게 안전하게 귀속시킬 수 있습니다.

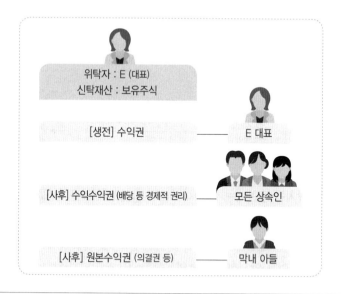

위탁자 : E (대표)
신탁재산 : 보유주식

[생전] 수익권 ———— E 대표

[사후] 수익수익권 (배당 등 경제적 권리) ———— 모든 상속인

[사후] 원본수익권 (의결권 등) ———— 막내 아들

보험절세모음 〈법인편〉

사례 검토 5 신탁을 활용한 가업승계사례 ②

Q. 중소기업을 운영하는 F씨는 몇 년 전부터 아들과 함께 근무하고 있습니다. 가업을 물려받겠다는 아들이 고맙지만 한편으로는 주식을 주고 난 이후에도 회사를 잘 운영할 수 있을지가 걱정입니다. 이에 본인 건강이 허락하는 한 회사를 경영하다가 아들에게 잘 물려주고 싶은데, 가족력으로 치매가 있어 항상 불안한 마음입니다. 이 경우 F씨에게 해줄 수 있는 조언은 무엇이 있을까요?

A. 이 경우 아들을 수탁자로 하여 신탁계약을 체결하면서 주식을 양도해주되, 생존 중에는 본인이 수익자로서 경영권을 행사하고 사망이나 유고 시점에는 아들이 수익권을 취득하도록 신탁설정을 할 수 있습니다. 이에 주식 위탁자인 F씨가 건강할 때에는 수탁자에 대한 의결권 행사 지시권을 통해 본인이 경영권을 행사할 수 있고, 건강에 이상이 생겨 정상적 경영권 행사가 어려운 경우에는 아들이 의결권을 행사하도록 할 수 있습니다.

06

사내근로복지기금의 이해와 활용

(1) 사내근로복지기금이 뭔가요?

　최근 사내근로복지기금을 활용한 컨설팅이 각광받고 있는데요, 사내근로복지기금은 설립절차와 요건이 복잡하고 회사와 별개의 기금법인이 설립되면서 재산의 처분이나 사용에 제약이 있다는 점에서 신중한 검토가 필요합니다. 이하에서는 사내근로복지기금의 개념과 장단점, 주의사항 등을 살펴보도록 하겠습니다.

개념

　사내근로복지기금이란 ① 사업주가 기업이익의 일부를 출연하여, ② 회사와는 독립된 사내근로복지기금 법인을 설립하고, ③ 그 기금을 관리·운영하여 근로자의 생활안정이나 복지증진을 위한 복지사업을 시행하는 제도를 말합니다.

기금법인의 성격

비영리법인°	공익법인°°
○	×

° 비영리법인 : 경제적이익을 도모하는 것이 아닌 법인

°° 공익법인 : 종교·장학·의료 등 사회일반의 이익을 목적으로 민법과 공익법인법률에 따라 설립된 비영리법인

사내근로복지기금과 공동근로복지기금의 비교

구분	주요내용
사내근로 복지기금	• 하나의 사업장 내의 근로자들만을 대상으로 하는 복지기금 • 사업장과 근로자들의 특성에 맞는 복지사업 시행이 가능하며, 복지기금 조성 및 운영에 관해 노사간 합의가 용이함
공동근로 복지기금	• 여러 사업주가 공동으로 기금을 출연하여 운영하는 복지기금 • 사업장의 규모가 작아 자체적 복지제도 시행이 어려운 경우 유용함 (대-중소기업, 원-하청기업, 중소-중소기업 등 다양한 형태 설립 가능)

출연가능한 재산과 기금재원의 사용범위

출연가능한 재산

: 현금, 유가증권, 기금법인의 업무수행상 필요한 부동산, 정관에서 정한 재산

• 사업주가 임의로 출연할 수 있는 재산은 '기금법인의 업무수행상 필요한 부동산'
과 '정관이 정하는 재산'으로써 사실상 어떠한 재산이라도 출연 가능

• 사내근로복지기금은 상장주식을 출연받을 수 있고, 부동산과는 달리 명시적으
로 주식 보유를 금지하고 있지 않으므로 비상장주식의 출연도 가능(퇴직연금복지
과-4150, 2019.09.30)

• 단, 기금법인은 자금차입을 할 수 없으므로 자금차입으로 인한 채무가 있는 재산
은 출연 불가

기금사업 재원의 사용요건

: 원칙적으로 기본재산에서 발생한 '수익금'을 사용해야 하나, 예외적으로 기본재
산을 사용할 수 있음

재원		사용요건
수익금		기금운용을 통한 수익금 발생 시 사용가능 (주택구입자금 보조, 저소득근로자 생활안정자금, 장학금 등)
출연금	50%	아래 요건 모두 충족 시 당해연도 출연금의 50%까지 사용가능 ① 사업주가 해당 회계연도에 출연한 금액이 있고, ② 하고자 하는 사업이 근로복지기본법 제62조 제1항의 사업에 해당하며, ③ 정관에 기본재산 사용조항이 있고 출연금 50% 사용결의가 있는 경우

재원		사용요건
출연금	80%	아래 요건 모두 충족 시 당해연도 출연금의 80%까지 사용가능 ① 사업주가 해당 회계연도에 출연한 금액이 있고, ② 하고자 하는 사업이 근로복지기본법 제62조 제2항(선택적 복지제도 등)의 　사업에 해당하며, ③ 정관에 기본재산 사용조항이 있고 출연금의 80% 사용결의가 있는 경우

기금의 해산

기금법인은 사업의 폐지, 기금의 합병·분할 또는 분할합병, 공동근로복지기금의 조성 참여 또는 중간참여 등의 경우에만 해산할 수 있습니다. 따라서 한번 설립한 사내근로복지기금은 일반적인 사유로는 임의해산이 불가능하며, 본 법인의 사업이 어려운 경우 및 지방고용노동부 장관의 직권으로도 그 인가를 취소할 수 없으므로 설립 전에 충분한 검토가 필요합니다.

(2) 사내근로복지기금의 목적사업(복지제도)은 무엇이 있나요?

사내근로복지기금은 근로자의 복지증진을 위한 제도를 말합니다. 회사가 근로자에게 당연히 지급해야 하는 급·상여나 성과급·퇴직금, 전 근로자에게 일률적으로 지급하는 금품 등은 복지기금의 목적사업이 될 수 없으니 주의가 필요합니다. 이하에서는 사내근로복지기금의 수익금을 활용한 목적사업 유형에 대해 살펴보도록 하겠습니다(사내 및 공동근로복지기금 실무매뉴얼, 고용노동부 발췌).

구분	허용되는 경우	허용되지 않는 경우
근로자 주택구입, 임차자금 보조	• 주택구입, 임차자금 지원 또는 대부 (무주택 근로자&국민주택규모 이하 우선 지원) • 유주택자의 경우 수혜자격, 지원한도 등의 기준을 정관에 엄격하게 규정해야 함	전 직원에게 일률적으로 "주택구입&임대자금"의 명목으로 금품 지급
저소득근로자의 생활안정자금 대부	• 소정 자격요건(부양가족, 세대주 여부 등 정관에서 자율적으로 결정)을 갖춘 후 저소득근로자의 신청을 받아 심사 후 생활안정자금 대부	자격요건과 관계없이 전 직원 대상으로 생활안정자금명목 자금대부
장학금 지급, 대부	• 근로자&자녀의 초·중·고·대학교 등의 장학금, 입학금 지급 및 대부	직원이 아닌 불우이웃에게 장학금 지급
재난구호금 지급	• 천재지변이나 돌발사고(교통사고 등)를 당한 근로자에게 재난구호금 지급 • 전 직원을 대상으로 코로나19 등 재난극복 지원금 지급	회사에서 지급할 의무가 있는 재난구호금
모성보호 및 일과 가정 양립을 위한 비용지원	• 근로자 지원프로그램(EAP) 비용지원 • 직원의 보육료 지원	
근로자의 날 행사지원	• 근로자의 날 행사운영비, 기념품지원	
체육·문화활동의 지원	• 연극, 영화, 공연, 스포츠게임 관람료 지원 • 문화상품권, 스포츠·레저장비 구입비 지원 • 헬스클럽, 수영장, 테니스장 등 체육시설비 지원 • 사내동호회 운영비 지원	전 직원에게 일률적으로 '체력단련비' 또는 '복리후생비' 등의 명목으로 소정의 금품 지급
근로자복지시설에 대한 출자, 출연 및 구입, 설치, 운영 지원	• 기숙사, 사내구판장, 보육시설, 휴양콘도, 체육시설 등의 취득 및 운영지원 • 사내휴게실, 자판기, 구내식당 운영지원 • 소득세법 시행규칙 제15소의2 제1항에 따른 사택의 운영	• 일반인을 대상으로 하는 사내구판장, 자판기, 구내식당의 운영지원 • 사원주택° • 일반아파트를 구입하여 기숙사로 활용°°

° 주택구입은 수혜자가 소수인 반면 소요비용이 크기에 기금재원으로 사용할 수 없음

°° 기숙사는 공동주택으로 공장 등 종업원을 위하여 사용되는 것으로 공동취사 등의 구조를 갖추되 독립된 주거형태를 갖추지 않아야하므로 아파트는 기숙사에 해당치 않음

구분	허용되는 경우	허용되지 않는 경우
기타 근로자의 재산형성 &생활원조 사업	• 단체보험(보장성, 저축성 모두 가능) 가입지원 • 경조비(축의금, 조의금, 재해위로금 등) 지원 • 자녀학원비, 근로자 자신의 학원수업료 지원 • 근로자 사기진작을 위한 국내외 사찰비 지원 • 근로자&가족의 의료비, 건강진단비 지원 • 회사창립기념일 기념품, 명절선물, 상품권 지급 • 전 사원이 가입하고 있는 근로자 개인연금 지원 • 직원생일, 결혼기념일 등 기념품·상품권 등 지원	• 4대보험 등 법령에 따른 사용자 부담비용 지원 • 업무수행과 관련된 학원비, 출장비, 연수비 지원 • 전 직원에게 차량유류비 명목의 금품 지급 • 사용자가 지급해야할 퇴직금, 퇴직위로금 지원 • 퇴직자에게 대한 전별금, 생활안정자금 지원 • 결손가정·장애인·불우이웃 성금 지급 • 전 직원에게 일률적으로 휴가비, 월동비 지원 • 전 직원에게 일률적으로 상조예적금 지원 • 업무수행과 관련된 격려금, 포상금, 보상금 지원

사내근로복지기금 수혜대상의 범위

수혜 가능자	수혜 불가능자
1) 재직 중인 근로자	1) 퇴직근로자
2) 사실상 근로자인 임원	2) 임원
3) 재계약직, 아르바이트, 현장직, 임시직근로자	3) 직원친목단체, 사회복지단체
4) 직접도급업체의 근로자, 파견근로자	4) 근로자가 아닌 불우이웃
5) 근로자의 배우자와 가족 : 정관규정이 있는 경우	5) 자회사의 근로자
6) 사망한 근로자의 유족 : 정관규정이 있는 경우	6) 2차, 3차 협력업체 소속근로자

(3) 사내근로복지기금을 활용하면 무엇이 좋을까요?

사내근로복지기금제도의 장점

사업주	사내근로복지기금	근로자
•출연금 비용인정	•출연재산 증여세 비과세	•근로소득세 비과세
•출연재산 상속세 비과세		•증여세 비과세(일부제외)
•회사부담 4대보험 감소		•직원부담 4대보험 감소

사업주(출연자)에 대한 세제혜택

구분	주요내용
손금산입에 따른 세금감소효과	내국법인(또는 사업자)이 기금법인에 출연하는 출연금에 대해 법인세 또는 소득세 손비 인정(비용처리되어 세금 감소) ※ 출연하는 기업은 개인사업자든 법인이든 관계없지만 설립되는 사내근로복지기금은 반드시 "법인"이어야 함
상속세 감소효과	피상속인이 사내 및 공동근로복지기금에 유증 등을 한 재산에 대해서는 상속세 비과세(상속세 및 증여세법 제12조 제5호)
4대보험 감소효과	기금법인에서 지급하는 금품은 "근로소득세 비과세" 대상 임에 따라 회사가 부담하는 4대보험료도 감소
기타	① 대기업이 협력업체 사내 및 공동근로복지기금법인 지원 시 동반성장지수 가점 부여(0.2~1.0점) ② 상생중소기업이 설립한 사내근로복지기금법인 또는 상생중소기업간 공동으로 설립한 공동근로복지기금에 출연하는 경우, 출연금의 10%에 상당하는 금액을 법인세 세액공제로 적용

 잠깐! 상속재산에서 제외되는 사내근로복지기금 출연 쟁점

재산상속46014-1256, 2000.10.19

피상속인이 사내근로복지기금법의 규정에 의한 사내근로복지기금에 유증하거나 사인증여한 상속재산에 대해서는 상속세가 비과세되는 것이나, 피상속인의 유증 등에 의하지 않고 상속인이 상속재산을 사내근로복지기금에 출연하는 경우에는 상속세가 과세되는 것임

재재산-1136, 2008.12.31

피상속인이 사망 전에 설립 전 우리사주조합에 기증할 것을 조건으로 법인에게 사망 직전에 주식을 증여하고, 상속 기한 내에 우리사주조합을 설립하여 기부한 경우에는 비과세되는 상속재산에 해당함

근로자에 대한 세제혜택

구분	근로소득세	증여세	쟁점
원칙	비과세	과세	기금 용도사업 ○
예외	과세	비과세	기금 용도사업 ×
예외	비과세	비과세	기금 용도사업 ○ & 사회통념

구분	주요내용
근로소득세 비과세	• 기금법인으로부터 받은 금품은 근로소득세 과세대상이 아님
증여세	• (근로소득세가 비과세된 경우) 무상으로 받은 것이므로 증여세 과세대상에 해당하나, 아래 금품은 증여세 비과세 가) 구호금품, 치료비, 교육비로서 사회통념상 인정되는 금품 나) 학자금 또는 장학금 기타 이와 유사한 금품 • (근로소득세가 과세된 경우) 유상으로 받았으므로 증여세 과세대상 아님
증여세의 분리과세효과	• 증여세가 과세되는 경우에도 종합소득세로 과세하지 않음에 따라 절세효과 발생 가) 과세 증여금품 가액이 1억 원 미만일 경우 10% 세율적용 　(3개월 내 자진신고 시 증여세 산출세액의 3% 공제적용) 나) 증여세 과세표준이 50만 원 미만일 경우 증여세 비과세

사내근로복지기금으로부터 수령한 금품의 증여세 과세여부

근로복지기본법에 따른 사내근로복지기금법인이 고용노동부장관으로부터 인가된 사내근로복지기금의 용도사업으로 사내 근로자에게 지급하는 각종 지원금이 그 근로자의 근로소득에 해당하지 아니하는 경우에는 증여세 과세대상에 해당하는 것이나, 그 지원금이 사회통념상 인정되는 치료비, 학자금, 장학금 기타 이와 유사한 금품 또는 기념품, 축하금, 부의금 기타 이와 유사한 금품 등 통상 필요하다고 인정되는 금품으로서 해당 용도에 직접 지출한 것은 증여세가 비과세되는 것임(상속증여세과-295, 2014.08.11).

(4) 사내근로복지기금, 어떻게 활용할까요?

출연자에 대한 손비인정, 상속재산에서 제외, 근로소득세 비과세 등 대표적 세제혜택을 살펴보았는데요, 이를 통해 이하에서는 사내근로복지기금의 다양한 활용사례에 대해 알아보도록 하겠습니다. 하지만 사내근로복지기금은 임의해산이 불가능하며, 출연자 또는 출연법인과 독립되어 운영된다는 점에 주의하셔야 합니다. 이에 장점만을 보고 설립하기 보다는 내 회사에 적합한지, 장기적으로 운영이 가능할지 등을 면밀히 검토하고 실행하시기를 권유 드립니다.

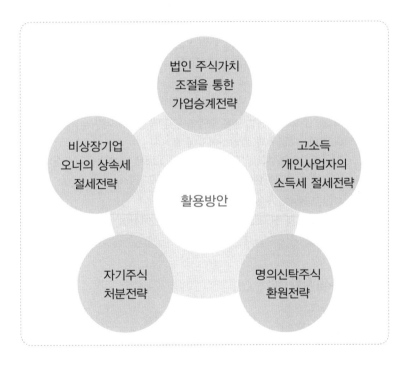

법인의 주식가치조절을 통한 가업승계전략

구분	주요내용
필요한 경우	• 가업승계·상속을 고민하고 있으나 요건 충족이 어려운 경우 • 임대부동산, 자회사주식 등 사업무관자산이 많아 사업무관자산비율이 높게 측정되는 경우(업무무관비율 상당분은 특례적용 불가) • 그 외 주식가치를 낮출 필요가 있는 경우

구분	주요내용
특례내용 및 효과	• 사내근로복지기금법인에 출연하는 금액은 법인세법상 손금인정 • 순손익가치 감소에 따른 주식가치 인하
유의사항	• 사내근로복지기금의 설립과 운영문제 • 기금사업의 수혜대상은 정규 근로자 뿐만 아니라 계약직, 아르바이트, 임시직, 현장직 근로자 모두를 포함 　(퇴직근로자나 비근로자성 임원은 수혜대상에서 제외)

고소득 개인사업자의 소득세 절세전략

구분	주요내용
필요한 경우	• 성실신고 확인 대상(의사, 변호사 등 전문직의 경우 수입금액 5억 이상)에 해당하는 경우 소득세 부담증가 • 직원들에게 다양한 복지제도를 시행하고 있으나, 세법상 근로소득에 해당하여 근로소득세 및 4대보험을 납부하고 있는 경우
특례내용 및 효과	• 사내근로복지기금법인에 출연하는 금액은 소득세법상 필요경비에 해당하며, 이에 사업주의 종합소득세 감소 • 기금법인으로부터 받은 금품은 근로소득세 과세대상이 아님에 따라 근로소득세 및 4대보험(사업주＋근로자분 모두) 감소
유의사항	• 사내근로복지기금의 설립과 운영문제 • 필요경비 증가 시 세무조사, 사후 검증 대상이 될 수 있음에 주의

명의신탁주식(차명주식) 환원 전략

구분	주요내용
필요한 경우	• 명의신탁주식이 있으나 주식가치가 크게 증가하고, 입증에 어려움이 있는 경우 • 명의수탁자의 상속이 곧 예정되는 경우 등 단기간 내 환원이 필요한 경우
특례내용 및 효과	• 사내근로복지기금에 유증한 재산은 상속세 비과세 • 기금법인이 증여받은 금액은 증여세 비과세 　※ 상속세 및 증여세법 제12조, 제46조4 • 기금법인은 증여받은 주식의 배당수익 등으로 목적사업 운영

구분	주요내용
유의사항	• 사내근로복지기금의 설립과 운영문제 • 명의신탁주식에 대한 세무조사 및 명의신탁자의 증여세 과세문제(명의신탁주식은 제3자에게 신탁하는 경우가 일반적인데, 제3자가 거액의 비상장주식을 무상으로 기금법인에 출연하는 행위에 대해 문제제기 소지 있음에 주의)

자기주식 처분 전략

구분	주요내용
필요한 경우	• 자기주식을 취득하였으나 재처분이 어려워 장기간 보유하는 경우 (자기주식을 가지급금으로 보거나, 소각 시 양도소득이 아닌 의제배당으로 재과세하는 사례가 있음)
특례내용 및 효과	• 자기주식을 사내근로복지기금법인에 출연하여 정리하고, 기금법인은 배당수익으로 목적사업을 운영
유의사항	• 사내근로복지기금의 설립과 운영문제 • 목적사업을 위해서는 수익금이 필요한 바, 주기적인 배당 혹은 기금법인이 보유한 자기주식을 다시 처분하여 수익금을 마련해야 함

비상장법인 오너의 상속세 절세전략

구분	주요내용
필요한 경우	• 비상장기업의 주식이 많고, 현금화가 가능한 유동자산이 적은 경우
특례내용 및 효과	• 사내근로복지기금에 유증한 재산은 상속세 비과세 • 기금법인은 배당수익으로 목적사업 운영
유의사항	• 사내근로복지기금의 설립과 운영문제 • 피상속인의 유증 등에 의하지 않고 상속인이 상속재산을 사내근로복지기금에 출연하는 경우에는 상속세 과세됨에 주의(재산상속46014-1256, 2000.10.19)

지금까지 사내근로복지기금을 컨설팅에서 활용하는 방법까지 알아보았습니다. 이제 사내근로복지기금에 대해 자신이 생기셨나요? 얼마나 이해하셨는지, 마무리 퀴즈로 확인해 보시기 바랍니다.

QUIZ 사내근로복지기금, 나는 얼마나 알고 있을까?

	문제	정답
1	근로자가 기금에서 지원받는 복지사업은 무조건 증여세가 과세되지 않는다.	
2	복지사업의 수혜대상은 계약직, 임시직, 현장직, 파견근로자 등 모두 가능하다.	
3	복지사업의 수혜대상 중 임원은 무조건 제외된다.	
4	사내근로복지기금과 공동근로복지기금을 듀얼로 운영할 수 있다.	
5	기금에서 직원들에게 여름휴가비를 일률적으로 지급해도 문제 없다.	
6	사내근로복지기금은 조건 없이 폐업, 청산이 가능하다.	

번호	1	2	3	4	5	6
정답	×	O	×	O	×	×

3. (사실상 근로자여부로 판단)

PART 4

가업승계와
가업상속

가업을 물려주려는 CEO들은 무엇을 고민할까요?

(1) 고령화, 중소기업은 더욱 심각합니다

중소기업의 가장 큰 특징은 CEO에게 집중된 맨파워라고 할 수 있습니다. 영업, 직원관리, 마케팅, 수금, 제품개발 등의 업무가 CEO에게 집중되어 있다 보니, "CEO가 기업의 가장 큰 리스크다"라는 반 농담까지 생길 정도입니다. 경제성장을 이끌어온 창업세대의 고령화는 그 중에서도 가장 큰 문제로 대두되고 있는데 이에 정부에서도 가업상속공제나 증여특례제도를 통해 중소기업을 지원해주고 있지만 복잡한 요건과 사후관리 등의 문제로 그 효과는 미미한 상황입니다. 이에 본 Part에서는 중소기업의 현실적 문제와 특례제도를 면밀히 살펴보고, 이를 통해 평생 일군 소중한 기업을 안전하게 지키는 방법에 대해 알아보겠습니다.

60세 이상 CEO 비율의 빠른 증가

중소기업중앙회 자료에 따르면 전체 중소기업 중 경영자의 나이가 60세 이상인 기업은 2018년 23%에서 2020년 30.7%로 매우 빠르게 증가하고 있습니다. 전체 인구의 고령화를 감안하면 그 증가속도는 더욱 빨라질 것으로 예상됩니다. 60세 이상의 창업 1세대가 다음 세대로 가업을 적시에 승계하지 못하면 어떤 일이 벌어질까요? 기업 내부의 축적된 기술과 노하우가 손실되어 중소기업의 성장이 제한되거나 심하면 폐업으로 이어질 수 있습니다. 원활한 승계의 실패는 국민경제적 손실로 되돌아옵니다.

보험절세모음 (법인편)

제조 중소기업 경영자의 연령별 구성비(2018~2020)

단위: %, 세

연도	30세 미만	30~39세	40~49세	50~59세	60~69세	70세 이상	평균 연령
2020	0.3	4.2	20.9	44.0	26.4	4.3	54.9
2019	0.7	5.4	23.9	43.9	22.4	3.8	53.9
2018	0.1	4.2	23.3	49.1	18.6	4.6	54.1

(자료: 중소기업중앙회, 각 년도 중소기업실태조사 보고서)

가업승계, 반드시 준비해야 합니다

'장수기업'이라 하면 우리는 보통 50년, 100년된 기업을 떠올립니다. 하지만 중소기업은 업력이 10년만 넘어도 장수기업이라는 사실, 알고 계셨나요? 중소기업 통계자료에 의하면 '업력 10년 이상'의 중소기업은 전체 중소기업 중 30%정도 밖에 되지 않습니다.

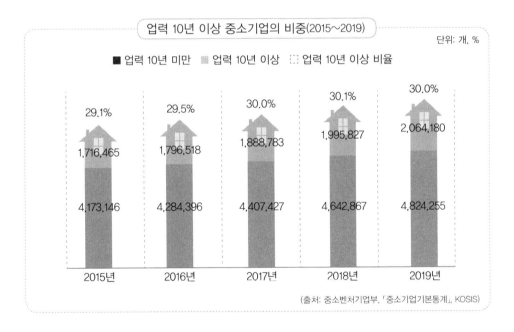

업력 10년 이상 중소기업의 비중(2015~2019)

단위: 개, %

■ 업력 10년 미만   ▨ 업력 10년 이상   ⬚ 업력 10년 이상 비율

	2015년	2016년	2017년	2018년	2019년
비율	29.1%	29.5%	30.0%	30.1%	30.0%
업력 10년 이상	1,716,465	1,796,518	1,888,783	1,995,827	2,064,180
업력 10년 미만	4,173,146	4,284,396	4,407,427	4,642,867	4,824,255

(출처: 중소벤처기업부, 「중소기업기본통계」, KOSIS)

(2) 중소기업은 가업승계에 대해 어떻게 생각할까요?
… 가업승계제도 요약 및 이용실태

가업승계, 그 막연한 두려움

정부는 중소기업의 가업승계와 관련된 세금문제를 완화하고 지원하기 위하여 1997년부터 가업상속공제와 가업승계 증여특례제도를 활용하고 있습니다. 하지만 활용도는 매우 저조한 상황입니다. 복잡한 사전요건과 사후관리 등의 문제에 막연한 두려움이 더해진 결과입니다. 많은 기업 대표들은 가업승계가 곧 거액의 세금으로 이어지지 않을까, 후계자가 사업을 잘 영위할 수 있을까 하는 두려움을 갖고 있습니다.

실제 중소기업중앙회의 조사에 따르면 중소기업 대부분이 가업승계의 중요성과 필요성에는 동의하나, '막대한 조세부담'과 '정보부족', '후계자에 대한 고민' 등이 가업승계를 주저하게 하는 문제로 집계되었습니다.

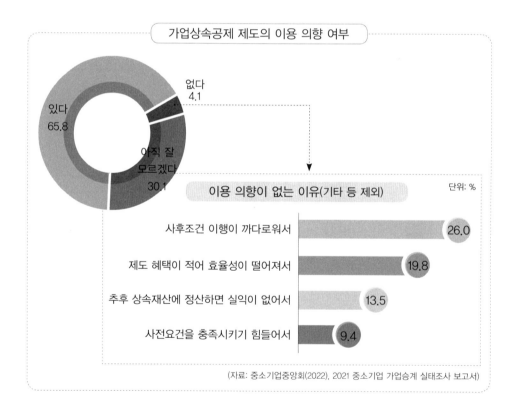

가업상속공제 제도의 이용 의향 여부

없다 4.1
있다 65.8
아직 잘 모르겠다 30.1

이용 의향이 없는 이유(기타 등 제외) 단위: %

사후조건 이행이 까다로워서   26.0
제도 혜택이 적어 효율성이 떨어져서   19.8
추후 상속재산에 정산하면 실익이 없어서   13.5
사전요건을 충족시키기 힘들어서   9.4

(자료: 중소기업중앙회(2022), 2021 중소기업 가업승계 실태조사 보고서)

보험절세모음 〈법인편〉

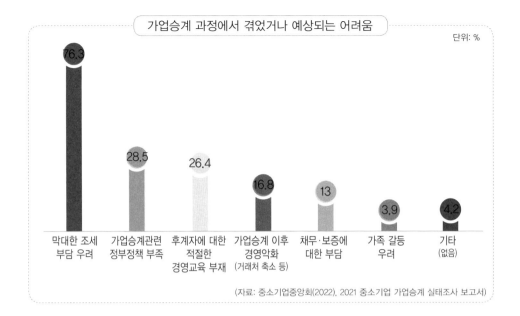

가업승계 과정에서 겪었거나 예상되는 어려움

단위: %

76.3 막대한 조세 부담 우려
28.5 가업승계관련 정부정책 부족
26.4 후계자에 대한 적절한 경영교육 부재
16.8 가업승계 이후 경영악화 (거래처 축소 등)
13 채무·보증에 대한 부담
3.9 가족 갈등 우려
4.2 기타 (없음)

(자료: 중소기업중앙회(2022), 2021 중소기업 가업승계 실태조사 보고서)

가업승계제도, 잘 활용하고 있을까요? … 가업승계 지원제도 요약 정리

세법에서는 살아생전 가업을 안전하게 물려줄 수 있도록 '가업승계 증여세 과세특례 제도'를 두고 있고, 경영자의 사망 이후에는 상속세 부담을 줄일 수 있도록 '가업상속공제' 제도를 두고 있습니다. 하지만 복잡한 요건과 사후관리, 그리고 세금 추징에 대한 걱정 때문에 활용도는 저조한 상황인데요. 이에 정부에서도 매년 세법개정을 통해 요건과 사후관리를 완화하고 납부유예제도를 신설하는 등 중소기업을 지원하고자 노력하고 있습니다. 지금부터 가업승계제도의 내용과 개정사항을 자세히 알아보겠습니다.

가업승계 지원을 위한 상속세·증여세 제도 요약

가업상속공제제도(상증법 제18조의2)		
혜택	중소기업 등의 원활한 가업승계 지원을 위해 상속세 과세가액에서 공제 ※ 가업영위기간 (10년 이상) 300억, (20년 이상) 400억, (30년 이상) 600억 원 한도	
요건	피상속인	• 최소 10년 이상 경영한 기업 • 피상속인 포함 최대주주 지분 40%(상장 20%) 이상을 10년간 보유
	상속인	• 18세 이상이면서 상속개시일 2년 전부터 가업에 종사

가업의 승계에 대한 증여세 특례(조특법 제30조의6)		
혜택	600억 원을 한도로 10억 원 공제 후, 120억 원까지 10%(120억 원 초과분은 20%) 세율 적용	
	※ 가업영위기간 (10년 이상) 300억, (20년 이상) 400억, (30년 이상) 600억 원 한도	
요건	증여자	• 최소 10년 이상 가업을 경영한 60세 이상 부모
	수증인	• 18세 이상 거주자(자녀)

가업상속·승계에 대한 상속증여세 연부연납제도(상증법 제17조)	
상속세	총 상속세 중 가업상속재산 해당분은 20년 분할납부 (또는 10년 거치 10년 분할납부)
증여세	가업승계 증여특례에 따른 과세특례를 적용받은 증여재산 : 15년 분할납부

가업승계시 상속(증여)세 납부유예제도(상증법 제72조의2, 조특법 제30조의7)	
혜택	가업재산을 상속·증여받은 거주자가 양도·상속·증여하는 시점까지 세금납부 유예 ※ 상속인·수증자가 재차 가업승계(상속)시 계속 납부유예 적용
요건	중소기업

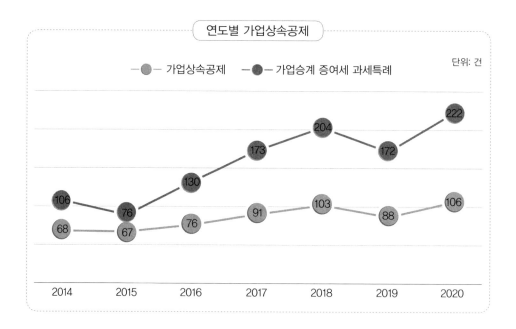

연도별 가업상속공제

─●─ 가업상속공제 ─●─ 가업승계 증여세 과세특례

단위: 건

	2014	2015	2016	2017	2018	2019	2020
가업승계 증여세 과세특례	106	76	130	173	204	172	222
가업상속공제	68	67	76	91	103	88	106

가업승계 증여특례제도 이용실적

단위: 건, 백만 원

연도	가업상속공제			가업승계 증여세 과세특례		
	건수	공제총액	건당평균공제액	건수	과세특례 총액	건당 평균 특례액
2014	68	98,608	1,450	106	139,329	1,314
2015	67	170,593	2,546	76	107,798	1,418
2016	76	318,378	4,189	130	202,257	1,556
2017	91	222,598	2,446	173	263,596	1,524
2018	103	234,421	2,276	204	311,920	1,529
2019	88	236,343	2,686	172	238,280	1,385
2020	106	421,049	3,972	222	316,951	1,428

(자료: 국세통계연보)

가업승계 증여세 과세특례제도 연도별 주요 개정사항 요약

구분	~2022년	2023년	2024년 이후
지분율 요건	50%이상(상장30%)	40%이상(상장20%)	좌동
공제금액	5억 원	10억	좌동
특례세율	30억 이하 10%, 30억 초과 20%	60억 이하 10%, 60억 초과 20%	120억 이하 10%, 120억 초과 20%
한도	100억 원	300~600억 원	좌동
사후관리	7년	5년	좌동
연부연납	5년	5년	15년

가업상속공제제도 연도별 주요 개정사항 요약

구분	개정 전	개정 후(현재)
지분율요건	50%이상(상장30%)	40%이상(상장20%)
공제금액	(10년이상 20년미만) 200억 (20년이상 30년미만) 300억 (30년 이상) 500억	(10년이상 20년미만) 300억 (20년이상 30년미만) 400억 (30년 이상) 600억
상속인요건	상속인 한명이 가업의 전부 상속	가업의 공동상속 허용
사후관리	7년(2019년까지는 10년)	5년
고용유지	①&② 유지 ① (매년) 정규직근로자수(or총급여)의 80%이상 ② (7년통산) 정규직근로자수(or총급여액)의 100%이상	5년간 통산 근로자수(or총급여) 90%이상 ※ "매년" 요건 삭제
자산유지	가업용 자산 80%이상 유지	가업용 자산 60%이상 유지

02 가업을 물려주고 싶다면 절세 가능한 특례제도를 활용하자

(1) 창업자금에 대한 증여세 과세특례 활용하기

현장에서 상담을 진행하다 보면 자녀들이 부모님의 가업을 물려받길 원치 않는 경우가 생각보다 많습니다. 다양한 경제환경의 변화가 큰 원인으로 꼽힙니다. 창업 1세대가 제조업 중심이었다면 IT·서비스·소프트웨어산업 등으로 업종 변화가 이어지면서 가업을 물려받기보다 자녀 본인의 사업을 하고자 하는 경향이 강해졌습니다. 2022년말 기준 전체 사업자 중 약 20%가 40세 미만이라는 국세통계연보의 자료만 보아도, 젊은 세대의 창업 열기가 뜨겁다는 걸 알 수 있습니다.

정부에서는 이러한 창업을 지원하기 위해 창업세액감면 등 다양한 세제특례제도를 운영하고 있습니다. 그 중에서 '창업자금에 대한 증여세 과세특례' 제도가 가장 대표적입니다. 지금부터 창업자금 증여특례의 요건과 내용에 대해 구체적으로 살펴보겠습니다.

창업자금 증여세 과세특례란?

'창업자금에 대한 증여세 과세특례' 제도는 창업활성화를 통해 투자와 고용 창출을 유도하고, 경제활력을 도모하기 위해 도입되었는데요. 60세 이상의 부모가 18세 이상의 자녀에게 창업목적의 재산을 증여하는 경우 5억 원까지는 세금을 과세하지 않고, 5억 원 초과분에 대해서는 10%의 단일세율로 과세하는 제도를 말합니다(조특법

제30조의5).

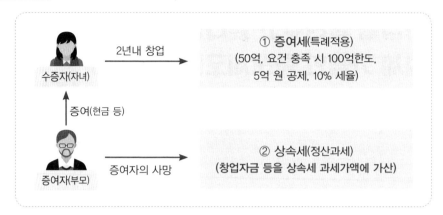

적용요건과 특례내용

구분	내용
증여자요건	60세 이상의 부모(증여 당시 부모가 사망한 경우 조부모 가능)
수증자요건	18세 이상의 거주자인 자녀 ※ 창업자금 증여특례는 수증인 수에 관계없이 특례 적용 (부모가 자녀 2명에게 각각 20억 원씩 창업자금 증여 시 각각 과세특례 적용 가능)
증여물건	양도소득세 과세대상이 아닌 재산 • 특례가능 자산 : 현금, 예금, 소액주주의 상장주식, 국공채나 회사채 등 • 특례불가능 자산 : 토지, 건물, 부동산에 관한 권리, 주식 등
창업요건	증여일로부터 2년내 조특법 제6조 제3항에 따른 중소기업 창업
과세특례	• 증여받은 재산의 가액 중 창업자금으로 사용한 금액°에 대해서는 5억 원 공제 후, 10% 단일세율 적용 • 한도 : 50억 원 (10명 이상 신규 고용 시 100억 원)
기타	• 일반재산은 상속개시일로부터 소급하여 10년내 증여재산만 합산 • 창업자금 특례증여분은 기간에 관계없이 합산하여 상속세 정산 • 창업자금 과세특례는 가업승계 과세특례와 중복적용 불가

° 창업자금으로 사용한 금액이란 창업에 직접 사용되는 다음의 금액을 말합니다(조특령 제27조의5 제2항).

① 사업에 필요한 토지, 건물, 기계장치 등 사업용 자산의 취득에 사용된 자금

② 임차보증금(전세금을 포함), 임차료 지급에 사용된 자금

Q. 대출상환에 사용한 창업자금, 특례 적용될까요?

(서면−2018−상속증여−3674, 2020.03.30) 중소기업 창업 후 모친으로부터 자금을 추가로 증여받아 공장 취득에 소요된 대출을 상환하려 합니다. 대출상환에 사용하는 증여자금도 특례적용이 가능할까요?

A. No

창업 후 대출금 상환목적으로 증여받은 자금은 창업자금 과세특례 대상에 해당하지 않습니다.

사후관리 위반시 증여세 추징

일반 증여가 10년간 5천만 원의 증여재산공제를 하고 10~50%의 세율을 적용하는 것과 달리 창업자금 특례는 5억 원 공제와 10%의 단일세율을 적용합니다. 절세효과가 정말 크다고 할 수 있는데요. 혜택이 큰 만큼 사후관리가 철저하게 적용되며, 이를 위반하는 경우 증여세 뿐만 아니라 이자상당액까지 추징될 수 있으니 주의가 필요합니다.

사후관리 위반사유	추징내역
2년 내 창업하지 않는 경우	창업자금 전체 과세
특례업종 외의 업종을 창업하는 경우	특례업종 외의 사용된 자금 과세
증여일로부터 4년내 모두 미사용 시	사용되지 않은 금액 과세
증여일로부터 10년 내 창업 외 사용시	창업용도 외 사용금액 과세
창업 후 10년내 폐업, 휴업, 수증자 사망 시	창업자금 전체 과세

창업중소기업의 범위

창업의 범위

'창업'이란 신규사업을 위해 새로 사업자등록을 하는 것을 말합니다. 즉, 신규로 사업을 개시하면서 사업자등록을 해야 창업으로 인정된다는 점을 꼭 기억하기 바랍니다. 단, 다음의 경우는 창업으로 보지 않으니 주의해야 합니다.

▶ **창업으로 인정하지 않는 경우**

① 합병, 분할, 현물출자 또는 사업양수를 통한 종전 사업의 승계

② 종전 사업에 사용되던 자산을 인수(매입)하여 같은 종류의 사업을 하는 경우로서 인수(매입)한 자산 합계액이 사업용 자산가액의 30%를 초과하는 경우

③ 거주자가 영위하던 사업을 법인으로 전환하여 새로운 법인을 설립하는 경우

④ 폐업 후 사업을 다시 개시하여 폐업 전의 사업과 같은 종류의 사업을 하는 경우

⑤ 다른 업종을 추가하는 등 새로운 사업을 최초로 개시한 것으로 보기 어려운 경우

▶ **'창업'관련 주요 예규 요약**

Q. 이런 경우도 창업자금 특례 적용 될까요?

A. Yes

부모로부터 자녀 2인이 각각 증여받아 공동창업을 한 경우에도 수증자별로 창업 자금에 대한 증여세과세특례를 적용받을 수 있음(재산-4457, 2008.12.30).

A. No

창업자금을 증여받아 자녀가 법인을 설립하고 증여자인 부모와 함께 해당 법 인의 공동대표이사로 취임한 경우에는 창업자금 과세특례를 적용하지 않음(재 산-291, 2012.08.21).

A. Yes

부모가 영위하던 사업과 동종사업을 개시하여도 창업에 해당함(서면4팀-3162, 2006.09.14).

A. Yes

창업자금을 증여받아 증여자의 토지를 매입하고, 그 위에 창고를 지어 물류산 업을 영위하는 경우에도 창업자금에 대한 증여세 과세특례가 적용됨(재산-250,

2009.01.21).

A. No

부동산임대사업자가 자기의 임대건물 지하층에서 부로부터 증여받은 자금으로 본인이 직접 음식점업을 영위하는 경우 해당 음식점은 창업자금 증여세 과세특례가 적용되지 아니함(법규재산 2011-118, 2011.04.05).

A. Yes

창업자금을 증여받아 1년 이내에 창업을 한 자가 새로 창업자금을 증여받아 그 자금으로 증자를 하여 당초 창업자금 중소기업의 사업과 관련하여 사용하는 경우에는 창업자금 과세특례 적용이 가능함(재산-247, 2012.07.04).

A. No

중소기업을 창업(개인사업자로 납세지 관할세무서장에게 사업자등록하는 것을 말함)한 후에 60세 이상의 부모로부터 증여받은 자금에 대하여는 그 자금을 사업에 필요한 기계장치의 취득자금으로 사용하였다 하더라도 창업자금 과세특례 적용이 불가능함(재산-446, 2012.12.10).

반드시 창업자금 증여 후 사업자등록을 신청해야 함에 주의하시기 바랍니다.

창업중소기업에 해당하는 업종

조특법 제6조 제3항

- 광업, 수도, 하수 및 폐기물처리, 원료재생업
- 제조업(제조업체에 의뢰하여 제품을 제조하는 사업 포함)
- 건설업, 통신판매업, 물류산업, 음식점업
- 정보통신업(뉴스제공업 및 암호화자산 매매·중개업은 제외)
- 금융 및 보험업 중 정보통신을 활용하여 금융서비스를 제공하는 업
- 전문, 과학 및 기술 서비스업(변호사, 변리사, 회계사, 세무사 등 전문직 제외)
- 사업시설관리, 사업지원 임대 서비스업, 사회복지 서비스업
- 예술, 스포츠 및 여가관련 서비스업(오락업 제외)

조특법 제6조 제3항

- 개인 및 소비용품 수리업, 이용 및 미용업
- 직업기술분야교습학원, 직업능력개발훈련시설업
- 관광진흥법에 따른 관광숙박업, 관람객 이용시설업
- 노인복지시설 운영 사업
- 전시산업

▶ '업종별' 창업중소기업 해당여부

Q. 이런 업종도 창업중소기업일까요?

A. × 〔커피숍〕

한국표준산업분류표상 '주점 및 비알콜음료점'에 해당하는 커피전문점은 특례
대상이 아님(상속증여-0204, 2017.02.14).

A. △ 〔프랜차이즈 음식점〕

프랜차이즈 중 기존 가맹점으로 매장을 운영하고 있던 곳을 이어받아 임차하여
가맹점 사업자로서 계약을 하고 기존 업종과 동일한 업을 영위하는 경우 창업
자금 증여세 과세특례 대상 창업이 아님(상속증여-273, 2013.06.26).

※ 프랜차이즈 음식점업은 특례대상에 해당하나, 이미 가맹점 매장으로 운영하던 곳을 승
   계하는 것은 특례대상 창업이 아니라는 해석

A. ○ 〔스크린 골프장〕

2019년 세법개정을 통해 창업중소기업의 범위에 '스포츠 및 여가관련 서비스업'
을 추가하였고, 스크린골프장은 한국표준산업분류상 "예술, 스포츠 및 여가관
련 서비스업(90~91)"에 해당함.

A. × 〔치과 등 병원〕

병의원은 한국표준산업분류상 보건업(86)에 해당하며, 이에 특례대상 업종에 해당하지 않음.

A. × 〔영어·수학 등 학원〕

직업기술분야를 교습하는 학원 또는 직업능력훈련시설을 운영하는 사업만 특례대상에 해당함.

A. × 〔예식장〕

예식장은 협회, 단체, 기타개인서비스업 중 '기타개인서비스업'에 해당하나, 조특법에서는 "개인 및 소비용품 수리업, 이용 및 미용업"만을 열거하고 있으므로 특례대상 업종이 아님.

A. △ 〔펜션 등 숙박업〕

숙박업은 '관광진흥법'에 따른 관광숙박업 등 대통령령으로 정하는 관광객 이용 시설업만 가능.

(2) 가업승계에 대한 증여세 과세특례 활용하기

"가업상속공제제도"는 중소기업의 승계를 지원하는 대표적 제도지만, 창업주의 상속개시 이후 적용되다 보니 안정적인 가업승계가 어렵다는 지적이 계속되었습니다. 또한 1세대 창업주의 고령화 속도가 생각보다 빠르게 진행되면서 예상치 못한 상속이 개시되는 경우도 많아졌습니다. 이에 정부에서는 '자녀에게 가업을 생전에 계획적으로 사전 승계할 수 있도록 지원하여 가업의 영속성을 유지하고 경제활력을 도모하자' 라는 취지 하에 2008년 "가업의 승계에 대한 증여세 과세특례" 제도를 신설하게됩니다.

가업승계에 대한 증여세 과세특례, 어떤 내용인가요?

개요

18세 이상의 거주자가 60세 이상의 부모로부터 가업승계를 목적으로 주식을 증여받는 경우 증여세 과세가액에서 10억 원을 공제하고 10%(과세표준 120억 원 초과분은 20%)의 낮은 세율로 과세한 후, 증여한 부모의 사망 시 증여 당시의 가액을 상속재산에 가산하여 상속세로 정산하는 제도를 말합니다.

즉, 10억 원까지는 세금 없이, 120억 원까지는 10%의 세율로 자녀에게 가업을 넘길 수 있습니다. 일반 증여가 5천만 원을 넘으면 10%, 30억 원 초과분에 대해서 50%의 세율을 적용하는 것과 비교하면 혜택이 얼마나 큰지 실감하실 겁니다.

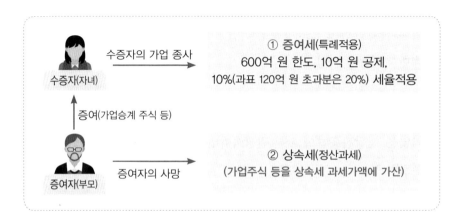

일반증여와 가업승계에 대한 증여세 과세특례제도의 차이점

구분	일반 증여	가업승계 증여세 과세특례
증여재산공제	5천만 원(미성년 2천)	10억 원
세율	10~50%	10%(120억 초과분 20%)
신고세액공제	가능	불가능
상속재산합산°	상속개시일로부터 소급하여 10년 내 증여재산만 합산	기간에 관계없이 무조건 상속재산에 가산

° 상속재산에 합산되는 재산은 "증여일 당시의 가액"을 기준으로 함

적용요건과 특례내용

증여자 요건

구분	내용
증여자 요건	① 증여일 현재 중소기업 등 가업을 10년 이상 계속하여 경영한 60세 이상의 부모(증여 당시 부모가 사망한 경우에는 그 사망한 부모의 부모를 포함) ② 증여자는 최대주주로서 그와 특수관계인의 주식을 합하여 해당 법인의 발행주식총수 or 출자총액의 40%(상장 20%) 이상을 계속하여 보유

Q1. "10년 이상 계속하여 경영"이란 무엇인가요?

A. 가업의 실제 경영 여부는 사실판단에 따라 달라짐.

가업승계에 대한 증여세 과세특례는 증여자인 60세 이상의 부 또는 모가 각각 10년 이상 계속하여 가업을 경영한 경우에 적용되는 것으로, 여기서 경영이란 단순히 지분을 소유하는 것을 넘어 가업의 효과적이고 효율적인 관리 및 운영을 위하여 실제 가업운영에 참여한 경우를 의미하는 것이고, 가업의 실제 경영 여부는 사실판단 사항임(기획재정부재산-825, 2011.09.30).

Q2. 가업승계 특례 증여일 현재 증여자가 가업에 종사하고 있어야 하나요?

A. No

가업의 승계에 대한 증여세 과세특례 적용 시 증여자인 부모가 증여일 현재 가업에 종사하지 아니하였더라도 증여세 과세특례를 적용할 수 있는 것임(상속증여-2304, 2022.07.04)

Q3. 가업승계 특례 증여 시 증여자가 대표이사로 반드시 재직해야 하나요?

A. No (사실관계*에 따라 달라짐)

「조세특례제한법」 제30조의6제1항에 따라 가업의 승계에 따른 증여세 과세특례를 적용함에 있어 증여자에 대해 「상속세 및 증여세법 시행령」 제15조제4항제1호의 대표이사 재직요건을 요하지는 않으나 증여일 전 10년 이상 계속하여 해당 가업을 실제로 영위한 것으로 확인되어야 하는 것이며, 다른 요건을 모두 충족하였다면 수증자가 가업의 승계를 목적으로 주식 등을 증여받기 전에 해당 기업의 대표이사로 취임한 경우에도 적용되는 것임(서면법규-1415, 2013.12.30).

* 사실관계
- 子는 최초 법인설립 시점부터 대표이사로, 현재까지 계속 대표이사로 재직중이며, 30% 지분 보유
- 父는 법인설립시부터 최대주주(46%) 및 이사로 재직하면서 10년 이상 경영에 직접 참여함
- 【질의】 대표이사 재직 사실이 없는 父의 지분에 대해 가업승계 증여세 과세특례가 적용되는지 여부

Q4. 증여자가 10년 이상 보유한 주식에 대해서만 특례가 적용되나요?

A. No

국세청은 "가업을 경영하는 자의 주식 중 보유기간이 10년이 경과하지 아니한 주식에 대해서는 가업상속공제 또는 가업승계에 대한 증여세 과세특례를 적용하지 않는다"고 일관되게 해석해 왔습니다. 반면 대법원 등에서는 "증여자가 해당 주식을 10년 이상 보유할 것은 조세특례제한법에서 정한 가업의 승계에 대한 증여세 과세특례를 적용하기 위한 요건이 아니다"고 판결하였습니다. 이에 기획재정부에서도 "가업상속에 해당하는 법인의 주식 중 피상속인이 직접 10년 이상 보유한 주식만이 가업상속공제 대상이 되는 것은 아니다"고 해석을 변경하였습니다(기획재정부조세법령-10, 2022.01.05).

가업상속 시 보유기간 10년 미만 주식도 공제대상에 해당한다는 해석이지만, 가업상속공제와 가업승계 증여특례의 법문 구조상 가업승계 증여세 과세특례에도 적용되는 해석이라 판단됩니다.

대법2019두44095, 2020.05.28	증여자가 해당 주식을 10년 이상 보유할 것은 구 조세특례제한법 제30조의6 제1항에서 정한 가업의 승계에 대한 증여세 과세특례를 적용하기 위한 요건이라 할 수 없음
기획재정부조세법 령-10, 2022.01.05	가업상속에 해당하는 법인의 주식 중 피상속인이 10년 이상 보유한 주식만이 가업상속공제 대상이 되는 것은 아님(2022.01.05 이후 결정·경정분부터 적용)

수증자 요건

수증자 요건	① 증여일 현재 18세 이상이고 거주자인 자녀일 것 ② 가업주식을 증여 받은 수증자 또는 그 배우자가 증여세 과세표준의 신고 기한(증여일의 말일로부터 3개월)까지 가업에 종사하고, 증여일로부터 3년 내 대표이사로 취임할 것

▶ 공동 가업승계 요건 완화(수증자가 2인 이상**인 경우)

2019년 이전	가업승계에 대한 증여세 과세특례는 수증자 1인에 대하여만 적용됨
2020년 이후	• 가업의 공동승계(수증) 허용 • 단, 수증자별로 특례를 각각 적용하는 것이 아니라, 수증자 1인이 모두 증여받은 것으로 보아 증여세를 계산함(조특법 제30조의6 제2항 신설).
적용 시기	• 2020.01.01 이후 증여분부터 시행

** 2인 이상의 수증자가 가업을 승계하는 경우 대표이사로 취임하는 등 가업승계 요건을 모두 충족한 수증자의 승계 지분에 대해 가업승계에 대한 증여세 과세특례를 적용하는 것임(서면상속증여2020-5330, 2021.04.30)

공동 증여 시 과세특례 적용방법

Q. 가업 경영자인 부친의 소유주식을 장남에게 150억 원, 차남에게 100억 원을 가업승계 특례증여 하였습니다. 증여세 산출세액은 얼마일까요?

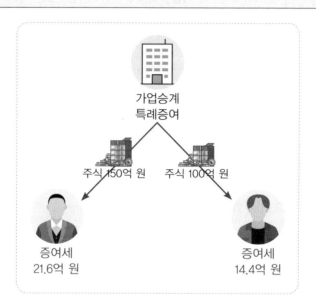

산출세액계산

수증자 1인이 모두 증여받았다고 보아 증여세 과세특례 적용

1) 증여세 과세표준 : 250억(장남＋차남) － 10억 원 ＝ 240억 원

2) 증여세 산출세액 : 120억 × 10% ＋ 120억 × 20% ＝ 36억 원

인별 납부할 증여세 계산

장남 : 36억 원 × 150/250 ＝ 21.6억 원

차남 : 36억 원 × 100/250 ＝ 14.4억 원

사례 검토 2 부모가 '각각' 운영하던 가업을 증여하는 경우 과세특례 적용방법 (서면법규재산2020-5942, 2022.03.31)

Q. A 법인은 母가 지분 50%를 보유하면서 실제 경영 중이며 B 법인은 父가 지분 80%를 보유하면서 실제 경영 중입니다. 母가 장남에게, 父가 차남에게 각각의 가업을 승계하는 경우 가업승계 특례규정 적용방법은 어떻게 되나요?

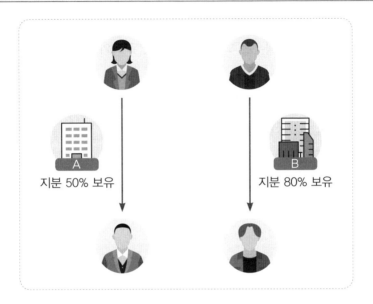

지분 50% 보유   지분 80% 보유

A. 귀 서면질의의 경우와 같이, 부(父)와 모(母)가 각각 영위하는 가업의 주식 또는 출자지분을 장남, 차남에게 각각 증여하여 가업을 승계하는 경우로서, 「조세특례제한법」 제30조의6 제1항 및 같은 법 시행령 제27조의6 제1항에 따른 요건을 모두 갖춘 경우에도, 같은 법 제30조의6 제2항에 따라 거주자 1인이 모두 증여받은 것으로 보아 증여세를 계산하는 것임

▶ 대표이사 취임 요건 완화

2014.12.31 이전	2015.01.01 이후
18세 이상의 거주자인 자녀	18세 이상의 거주자인 자녀 (요건을 갖춘 경우 자녀의 배우자도 가능)

▶ 대표이사 취임 관련 사례

Q. 이런 경우도 대표이사 취임으로 볼까요?

A. ① "대표이사에 취임"이란 수증자가 대표이사로 선임되어 법인등기부에 등재되고 대표이사직을 수행하는 경우를 말함(재산-551, 2010.07.27).

② 수증자의 배우자가 가업에 종사하는 경우에도 과세특례를 적용하는 규정은 2015.02.03 이후 증여받는 분부터 적용한다. 이 때 가업승계의 주체는 "자녀"외에 "자녀의 배우자"도 될 수 있으나, 주식의 수증자는 "자녀"이어야 한다(서울행법 2018구합88159, 2019.06.21).

③ 수증자가 가업의 승계를 목적으로 주식을 증여받기 전에 해당 기업의 대표이사(또는 공동대표이사)로 취임한 경우에도 적용되는 것임(재산-251, 2010.04.26).

④ 수증자가 대표이사직을 사임하고 다른 직책으로 계속 가업에 종사하다 증여일로부터 3년 이내에 대표이사에 다시 취임하는 경우에도 적용되는 것임(재산-707, 2010.09.27).

⑤ 수증자가 다른 기업의 대표이사를 겸직하는 경우에도 적용되는 것임(상속증여-3200, 2020.09.29).

⑥ 수증자가 이미 비상장주식의 40% 이상을 보유한 경우에도 적용되는 것임(법령해석재산-2596, 2016.12.09).

가업승계 후 '동일 법인'의 최대주주 등의 주식 등에 대한 과세특례 추가 적용 배제

개요

주식을 증여 받아서 가업을 승계한 후에 가업의 승계 당시 최대주주(또는 최대출자자)에 해당하는 자로부터 당초 가업을 승계한 동일한 법인의 주식을 증여 받는 경우에는 그 주식에 대하여 증여세 과세특례가 적용되지 않습니다(다만, 가업의 승계 당시 해당 주식의 증여자 및 해당 주식을 증여 받은 자는 제외)(조특법 제30조의6 제1항 단서).

현장에서 가장 혼선이 많은 부분입니다. 해당 법률의 취지는 가업을 경영한 최대주주 1인에 대해서만 특례를 적용하겠다는 것으로 만약 최대주주가 복수인 경우에는 그 중 1인의 자녀에게만 증여세 과세특례 적용이 가능함에 유의해야 합니다. 즉, 최대주주들 중 1인(A)이 먼저 자녀에게 증여세 과세특례 적용을 한 경우 다른 주주(B)는 자녀에게 가업주식 증여 시 증여세 과세특례 적용을 할 수 없다는 의미입니다.

2010.12.31 이전 증여분

Yes (적용 가능)

동일기업을 50%의 지분으로 공동 경영하던 2인이 각각의 자녀에게 해당 기업의 주식을 증여하는 경우에는 수증자별로 적용 받을 수 있는 것임(기획재정부재산-547, 2009.03.20).

2011.01.01 이후 증여분

No (적용 불가)

「상속세 및 증여세법」 제18조 제2항 제1호에 따른 가업을 갑과 을이 공동으로 경영하는 경우로서 갑의 자녀가 갑으로부터 해당 가업의 승계를 목적으로 「조세특례제한법」(2010.12.27. 개정된 것)제30조의 6에 따라 가업을 승계 받는 경우에는 증여세 과세특례를 적용 받을 수 있는 것이며, 이 경우 갑과 을이 「상속세 및 증여세법 시행령」 제19조 제2항(현행 제2조의2 제1항) 각 호의 특수관계에 해당하여 동일한 최대주주 등에 해당하는 경우에는 갑의 자녀가 가업을 승계 받은 후 을의 자녀가 가업을 승계 받는 것에 대해서는 증여세 과세특례를 적용 받을 수 없는 것임(재산-469, 2011.10.07).

경영에 참여한 父母로부터 가업을 물려받는 경우 가업승계 증여세 과세특례 적용 여부

가업 해당여부는 "사업장별"로 판단합니다. 父母가 각각 다른 법인을 운영하면서 가업승계를 하는 경우 증여세 과세특례가 적용됨에는 이견이 없습니다(법규재산-5942, 2022.03.31). 반면 하나의 가업에서 父母 모두 경영에 참여하는 경우, 父母의 지분 모두에 대해 증여세 과세특례가 적용되는지에 대해서는 상반되는 해석 사례가 존재합니다.

父母의 주식을 순차적으로 증여 받는 것은 안되고 동시에 증여 받는 것은 가능하다는 것인지 등에 대한 해석이 명확하지 않고 이견이 존재하므로, 컨설팅 시 주의가 필요합니다. 경우에 따라서는 배우자의 지분을 남편인 대표이사가 증여 받아 본인의 기존 주식과 함께 가업승계 특례증여를 하는 것도 대안이 될 수 있습니다.

노블리치 TIP ▬ ☒

이런 경우도 증여세 과세특례 될까요? … 증여특례 관련 사례 모음 🔍

Q1. 父母가 10년 이상 경영한 가업을 子1, 2가 각각 증여 받아도 특례 적용 될까요?

A. No. 그 중 1인에 대해서만 증여특례 적용

사실 관계	가업요건을 충족하는 A법인을 부모가 각각 10년 이상 계속하여 실질적 으로 가업을 경영하였음
질의 내용	• 父(대표이사, 지분 50%)의 주식은 子1에게, • 母(사내이사, 지분 30%)의 주식은 子2에게 각각 증여하는 경우, 가업승 계에 대한 증여세 과세특례를 적용 받을 수 있는지?
답변	가업승계에 대한 증여세 과세특례는 가업을 승계한 후 가업의 승계 당시 「상속세 및 증여세법」 제22조제2항에 따른 최대주주 또는 최대출자자에 해당하는 자(가업의 승계 당시 해당 주식의 증여자 및 해당 주식을 증여받은 자는 제외)로부터 증여 받는 경우에는 적용되지 않는 것임(서면상속증여 2020-694, 2020.06.03).

Q2. 母 주식 증여에 대해 가업승계 증여특례 적용을 받은 후 父의 주식을 증여
받아도 특례 적용 될까요?

A. No. 아버지의 주식 증여에 대해서는 특례 적용되지 않음

질의 내용	母로부터 가업 주식을 증여받아 가업승계 증여세 특례를 적용받은 후 父로부터 가업 주식을 증여받은 경우 가업승계 증여세 특례를 적용할 수 있는지?
답변	父와 母가 공동사업을 경영하는 가업의 母 지분을 자녀가 증여받아 「조세 특례제한법」 제30조의6 제1항에 따른 "가업의 승계에 대한 증여세 과세특 례"를 적용받은 후, 父 지분을 증여받은 경우는 해당 특례를 적용하지 아 니하는 것임(서면법규재산2021-4361, 2022.06.29).

Q3. 父母의 지분을 동시에 증여 받아도 모두 특례 적용 될까요?

A. No. 실질 경영자로부터 증여 받은 주식에 대해서만 특례가 적용됨

사실 관계	2001년 창업 이후 父는 대표이사(지분 44%)로, 母는 감사(지분 9%)로 경영에 참여하고 있음
질의 내용	父의 지분과 母의 지분을 동시에 증여 받는 경우 가업승계에 대한 증여세 과세특례가 모두 적용되는지?
답변	대표이사 父와 감사 母의 지분을 동시에 증여 받는 경우, 실질 경영자로부터의 승계 지분에 대하여 과세특례가 적용됨(서면상속증여2021-7540, 2022.12.22)

Q4. 父母로부터 증여 받는 주식 모두에 적용된다는 해석사례

사실 관계	• 본인은 10년 이상 대표이사로 재직하면서 가업을 운영 중, • 본인의 배우자 또한 본인과 공동대표로 재직하면서 10년 이상 가업을 운영 중
질의 내용	주주이며, 공동대표(10년 경과)인 배우자 지분 주식도 가업승계에 대한 증여세 과세특례 적용이 가능한지?
답변	증여자인 60세 이상의 父 또는 母가 각각 10년 이상 계속하여 가업을 경영한 경우에 한정하여 父母로부터 증여 받는 주식 모두에 적용됨(서면상속증여2019-1465, 2019.06.12)

1개의 가업을 父母가 공동경영하는 경우, 가업승계 증여특례 정리 🔍

수차례 개정을 거치면서 복잡해진 증여자·수증자 요건, 한눈에 정리해 보겠습니다.

구분	2010년 이전	2011년 ~ 2019년	2020년 이후
증여자	父母 모두 가능	父母 중 1명만 가능	
수증자	2명 이상 가능	1명만 가능	2명 이상 가능

※ 1개 가업을 父母가 공동경영하고 가업 요건을 모두 갖추었다고 가정함

가업의 규모 및 업종요건, 증여재산의 범위

가업승계 증여세 과세특례를 적용받기 위해서는 증여일이 속하는 법인세 사업연도의 직전 사업연도 말 현재 다음에 해당하는 중소기업 또는 중견기업이어야 합니다.

중소기업 요건(상증령§15①)

상속개시일이 속하는 사업연도의 직전 사업연도 말 현재 다음 각 호의 요건을 모두 갖춘 기업을 말함

㉠ 상증령 별표에 따른 업종을 주된 사업으로 영위
㉡ 조특령 §2조①항 1호 및 3호 요건(매출액, 독립성 기준)을 충족
㉢ 자산총액 5천억 원 미만

중견기업 요건(상증령§15②)

상속개시일이 속하는 사업연도의 직전 사업연도 말 현재 다음 각 호의 요건을 모두 갖춘 기업을 말함

㉠ 상증령 별표에 따른 업종을 주된 사업으로 영위
㉡ 조특령 §9②1호 및 3호 요건(중견기업법상 독립성 기준)을 충족
㉢ 상속개시일 직전 3개 과세기간 또는 사업연도의 매출액°의 평균금액이 5천억 원 미만

° 기업회계기준에 따라 작성한 손익계산서상의 매출액

※ 상증령에 따른 업종, 조특령에 따른 중소·중견기업의 범위는 〈Part4. '참고; 부록' 가업승계제도의 가업요건〉(p392) 참조

Q1. 개인사업자도 가업승계 증여세 과세특례를 적용받을 수 있을까요?

A. No

가업의 승계에 대한 증여세 과세특례를 적용할 때 증여재산의 종류는 주식 및 출자지분에 한하고 있으므로 중소기업인 가업을 개인기업 형태로 영위하는 경우에는 가업의 승계에 따른 증여세 과세특례 규정이 적용되지 않음(재산-1556, 2009.07.27).

Q2. 법인전환한 경우 개인사업자의 사업기간이 가업영위기간에 포함될까요?

A. △ (사업용 자산의 일부를 제외하고 법인전환한 경우 개인사업자 사업기간은 포함하지 않음)

증여자가 개인사업자로서 영위하던 가업이 동일한 업종의 법인으로 전환된 경우로서 증여자가 법인 설립일 이후 계속하여 당해 법인의 최대주주 등에 해당하는 경우에는 개인사업자로서 가업을 영위한 기간을 포함하는 것이나,

개인사업의 사업용 자산의 일부를 제외하고 법인전환한 경우에는 개인사업자로서 가업을 영위한 기간은 포함하지 않는 것임(서면4팀-998, 2008.04.22 ; 상속증여-2773, 2019.03.05).

Q3. 가업승계를 위해 증여받은 주식은 모두 증여특례가 적용될까요?

A. No

가업승계 증여세 과세특례가 적용되는 증여재산은 가업의 승계를 목적으로 증여받은 주식 등의 가액 중 다음의 산식에 따라 계산된 '가업자산상당액'을 말합니다. 즉, 업무무관자산의 비율만큼 가업승계특례 적용을 받을 수 없습니다.

$$\text{가업자산상당액} : \text{증여한 주식가액} \times \left(1 - \frac{\text{업무무관 자산가액}}{\text{총 자산가액}}\right)$$

여기서 '업무무관자산'이란 주식 증여일 현재 법인의 총 자산 중 다음의 자산을 말합니다.

> 업무무관자산이란?
> ① 법인세법 제55조의2(토지 등 양도소득에 대한 과세특례)에 해당하는 자산
>   - 법인 소유의 주택과 부수토지, 주택을 취득할 수 있는 권리, 비사업용토지

② 법인세법 시행령 제49조(업무무관자산) 및 타인에게 임대하고 있는 부동산
    – 업무에 직접 사용하지 않는 부동산 및 동산자산, 임대부동산
③ 법인세법 시행령 제61조 제1항 제2호(대여금)에 해당하는 자산
④ 과다보유 현금(증여일 직전 5개 사업연도말 평균 현금 보유액의 150% 초과분)
⑤ 법인의 영업활동과 직접 관련 없이 보유하고 있는 주식, 채권, 금융상품 등

실질적인 혜택을 받기 위해서는 반드시 챙겨봐야 하는 부분입니다. 다음의 질의응답을 통해 업무무관자산 여부를 판단해 보시기 바랍니다.

Q1. 가업법인의 총자산가액 중 질권 설정된 법인의 금융자산가액 및 종업원 등에게 임대중인 공동주택(사원아파트)이 사업무관자산 일까요?

A1. Yes

법인이 보유하는 임직원 등에게 임대하는 사업용 아파트와 해당 법인기업이 자금확보를 위하여 해당 금융상품을 금융기관 등에 담보로 제공하여 질권 등이 설정된 금융상품은 사업무관자산에 해당하는 것임(기준-2016-법령해석재산-0138, 2016.10.25).

Q2. 법인이 보유하고 있는 금융상품은 무조건 사업무관자산 일까요?

A2. No

법인이 보유하고 있는 만기가 3개월 이내인 금융상품은 현금에 포함하여 과다보유현금 해당 여부를 판단하는 것이며, 만기가 3개월 초과하는 금융상품은 사업무관자산에 해당하는 것임(서면-2018-상속증여-2569, 2018.10.31).

Q3. 자회사 주식은 무조건 사업무관자산 일까요?

A3. No (사실관계에 따라 판단)

가업상속공제 적용대상 주식 판단 시 '영업활동과 직접 관련 없이 보유하고 있는 주식'은 그 문언 그대로 영업활동과 직접 관련이 있는지 여부만으로 판단해야 하며, '법인의 영업활동과 직접 관련하여 보유하고 있는 주식'은 법인 제품의 생산활동, 상품·용역의 구매 및 판매활동 등과 직접 관련하여 보유하고 있는 주식을 의미하고, 투자활동이나 재무활동과 관련하여 보유하고 있는 주식, 법인이 단순히 관계회사에 대한 지배권, 경영권을 보유할 목적으로 보유하고 있는 주식은 제외되는 것임(대법원2021두52389, 2021.12.30).
(기존에 국세청은 모회사가 가지고 있는 자회사 주식은 무조건 업무무관자산에 해당한다고 해석하였으나, 최근 법원은 자회사 주식이라 하더라도 가업상속공제 대상 법인의 영업활동과 직접 관련이 있다는 것을 입증하면 업무관련자산에 해당한다고 해석하고 있습니다.)

Q4. 중도인출, 약관대출 등을 통해 사업자금으로 활용한 보험계약도 업무무관 자산 일까요?

A4. No (사실관계에 따라 판단)
1) 쟁점보험 약관 상 대출계약은 약관상의 의무의 이행으로 행하여지는 것으로 쟁점보험 계약과 별개의 독립된 계약이 아니라 일체를 이루는 하나의 계약이라고 보아야 하고, 쟁점보험 약관대출금의 경제적 실질은 보험회사가 장차 지급하여야 할 보험금이나 해약환급금을 미리 지급하는 선급금과 같은 성격인 점,
2) ㈜○○○이 영업상에 필요한 노임지급 등의 용도를 위하여 쟁점보험에서 중도인출 또는 약관대출을 하거나 받은 것으로 확인되는 점,
3) 피상속인의 사망으로 인하여 중도인출금 등을 제외하고 실제 수령한 해지환급금 등의 전액을 ㈜○○○ 명의의 계좌에 이체하여 노임지급 등 운영자금에 사용된 점 등 거래 당시의 제반 상황 및 실질내용 등을 감안할 때, 쟁점보험이 ㈜○○○의 영업활동과 직접 관련이 없다고 보기에는 상당한 무리가 있음(조심2019광3069, 2020.01.30).

Q5. 상속개시일 현재 가업법인이 보유한 쟁점보험의 가액을 현금성자산 또는 사업관련자산으로 볼 수 있을까요?

A5. No (사실관계에 따라 판단)

보험절세모음 〈법인편〉

1) 쟁점보험은 취득일로부터 만기가 5~10년에 해당되어 해당 규정의 적용대상이 아닌 점,

2) 같은 호 마목은 중소기업이 가업상속의 외관을 꾸며 가업과 무관한 재산에 관해서도 상속공제혜택을 받는 것을 방지하기 위하여 가업상속공제액 계산 시 영업활동과 직접 관련이 없이 보유하고 있는 금융상품은 그 법인의 총자산가액에서 제외하도록 규정하고 있는 바, 가업법인이 보험가입일부터 상속개시일까지 쟁점보험을 영업에 사용한 사실 등이 확인되지 않는 점,

3) 쟁점보험의 보험금 지급사유에 대표이사의 퇴직이 명시되어 있지 않으므로, 가업법인이 대표이사의 퇴직금을 지급하기 위한 목적으로 쟁점보험에 가입한 것으로 보기도 어려운 점 등에 비추어 처분청이 상속개시일 현재 가업법인이 보유한 쟁점보험의 장부가액을 사업무관자산으로 보아 가업상속 재산가액을 계산하여 상속세를 결정한 이 건 처분은 달리 잘못이 없는 것으로 판단됨(조심2021중2868, 2021.07.28).

Q6. 자기주식은 사업무관자산 일까요?

A6. Yes

가업승계에 대한 증여세 과세특례 적용 시 가업에 해당하는 법인이 일시 보유 후 처분할 목적인 자기주식은 사업무관자산에 해당함(서면법령해석재산 2015-1711, 2015.11.13).

증여세 과세특례의 사후관리

가업 주식의 증여일로부터 5년까지 정당한 사유 없이 가업승계 의무를 이행하지 아니한 경우에는 해당 가업주식의 가액을 일반 증여재산으로 보아 이자상당액과 함께 기본세율(10~50%)로 증여세를 다시 납부해야 합니다.

사후 의무이행 위반에 해당하는 경우(증여세 추징)

▶ 가업을 승계하지 아니한 경우

수증자가 증여세 신고기한까지 가업에 종사하지 아니하거나, 증여일로부터 3년내 대표이사에 취임하지 아니한 경우

▶ 주식 증여일로부터 5년 내 정당 사유 없이 다음에 해당하는 경우

2008년~2014년	2015년~2022년	2023년 이후
사후관리기간 10년	사후관리기간 7년	사후관리기간 5년

- 가업에 종사하지 아니하거나 가업을 휴업·폐업하는 경우
  - 수증자(배우자 포함)가 증여일로부터 5년까지 대표이사직을 유지하지 않는 경우
  - 가업을 1년 이상 휴업(실적이 없는 경우 포함)하거나 폐업하는 경우

- 주식 등을 증여받은 수증자의 지분이 감소하는 경우(증여받은 주식 등의 지분이 줄어드는 경우)
  - 수증자가 증여받은 주식을 처분하는 경우(합병, 분할 등 조직 변경에 따른 처분으로서 수증자가 최대주주에 해당하는 경우 및 상장요건을 충족시키기 위한 지분 감소는 제외)
  - 증여받은 주식을 발행한 법인이 유상증자 등을 하는 과정에서 실권 등으로 수증자의 지분이 낮아지는 경우(특정 목적에 따른 증자로서 증자 이후에도 수증자가 최대주주인 경우는 제외)

사후 의무이행 위반에 해당하지 않는 경우(증여세 추징 제외)

① 수증자가 사망한 경우로서 수증자의 상속인이 상속세 과세표준 신고기한까지 당초 수증자의 지위를 승계하여 가업에 종사하는 경우

② 수증자가 증여받은 주식 등을 국가 또는 지방자치단체에 증여하는 경우

③ 수증자가 법률에 따른 병역의무의 이행, 질병의 요양, 취학상 형편 등으로 가업에 직접 종사할 수 없는 부득이한 경우

다음 질의응답을 살펴보면서 '사후관리요건'이 실제 어떻게 적용되는지 확인하시기 바랍니다.

▶ **이런 경우도 사후 의무이행 위반일까요? … 사후관리에 관한 사례**

Q1. 가업승계 전에 이미 보유하고 있던 주식 혹은 가업승계 후 추가로 취득한 주식은 처분해도 괜찮을까요?

A. Yes

- 수증자가 가업을 승계받기 전에 보유한 주식을 처분한 경우로서 주식을 처분한 후에도 최대주주 등에 해당하면 증여세를 과세하지 않음(재산-1931, 2008.07.28).

- 수증자가 가업승계 후 취득한 주식을 처분하는 경우로서 처분 후에도 최대주주 등에 해당하면 증여세를 과세하지 않음(상속증여-5744, 2017.07.28).

Q2. 증여세 과세특례로 증여받은 주식을 지분율 변동 없이 균등 유상감자 해도 증여세가 추징되나요?

A. Yes

- 「조세특례제한법」 제30조의6제1항에 따라 주식 등을 증여받은 수증자가 가업을 승계한 후 주식 등을 증여받은 날부터 10년 이내에 같은 법 시행령 제27조

의6제3항에 따른 정당한 사유 없이 증여받은 주식 등의 지분이 줄어드는 경우 같은 법제30조의6제2항에 따라 그 주식 등의 가액에 대하여「상속세 및 증여세법」에 따른 증여세를 이자상당액을 가산하여 부과하는 것이며, 이 경우 증여받은 주식 등의 지분이 줄어드는 경우에는 균등 유상감자를 포함하는 것임(상속증여-616, 2013.12.10).

Q3. "수증자의 지분율이 낮아지는 경우"는 어떤 게 있을까요?

A. • 가업의 승계에 대한 증여세 과세특례를 적용 받은 후 해당 법인의 채무가 출자전환됨에 따라 수증자의 지분율이 낮아지는 경우로서 수증자가 최대주주에 해당하는 경우에는 증여세를 부과하지 아니함(상속증여-3472, 2018.05.18).
　　• 가업승계 증여세 과세특례 후 10년 이내에 유상증자를 하는 과정에서 수증자의 모친이 주식을 취득함으로써 수증자의 지분이 감소한 경우에는 증여세를 부과하는 것임(상속증여세과-281, 2014.07.31).

 잠깐! 가업승계 증여세 과세특례, 절세효과가 궁금해요!

가업승계 증여 특례제도 활용 시 절세효과는 다음과 같이 증여·보유·상속단계로 구분할 수 있습니다.

구분	내용
증여단계	1. 증여 재산가액에서 10억 원 공제 2. 과세표준 120억 원까지는 10%, 120억 원 초과분에 대해서는 20%의 단일세율 적용(업무무관비율 해당분은 특례적용불가, 일반 증여세율로 과세) 3. 최대 15년 연부연납 허용(24년 이후 증여분부터)
보유단계	1. 대부분의 주식은 증여자가 보유하고 있으며, 소득세 부담 등으로 인해 배당을 하지 못한 채 잉여금 누적에 따라 주식가치만 증가하고 있는 경우가 많음. 이에 특례증여를 활용하여 승계자(수증자)에게 많은 지분을 증여하고, 이후 적극적 배당정책을 활용하여 주식가치 인하 및 승계자로의 자산이전(자금출처 확보)이 가능함

구분	내용
보유 단계	2. 특례증여 이후 주식가치 상승분은 승계자(수증자)에게 귀속 3. 조기에 주식확보 및 대표자 취임 등을 통해 안정적인 가업승계가 가능
상속 단계	1. 특례 증여자산은 증여일 당시의 가액으로 합산되기에 증여일부터 상속일까지의 가치 상승분에 대해서는 상속세가 과세되지 않음 2. 생전에 가업승계를 활용하고 이후 상속시점까지 지속적인 컨설팅을 통해 업무무관 비율 관리 가능 3. 특례 증여 당시 업무무관비율에 따라 일반 증여세를 납부한 재산은 증여 후 10년이 경과하여 상속개시시 합산대상에서 제외 4. 특례 증여재산은 상속 시 가업상속공제 추가 적용 가능

일반증여와 특례증여의 세금비교

특례증여 시 얼마나 증여세가 감소하는지에 대해 사례를 살펴볼 텐데요. 특례증여의 개념과 절세효과를 더 정확히 이해하기 위해 업무무관비율은 없다고(0%) 가정하여 그 절세효과를 검토해보도록 하겠습니다.

▶ **주식증여가액이 100억 원인 경우**

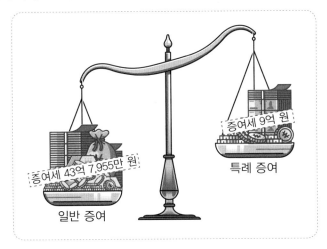

일반증여	구분	특례증여
100억 원	증여세과세가액	100억 원
(0.5억 원)	증여재산공제	(10억 원)
99.5억 원	과세표준	90억 원
50%	세율	10%
45억 1,500만 원	산출세액	9억 원
(1억 3,545만 원)	신고세액공제	–
43억 7,955만 원	자진납부세액	9억 원

▶ 주식증여가액이 600억 원인 경우

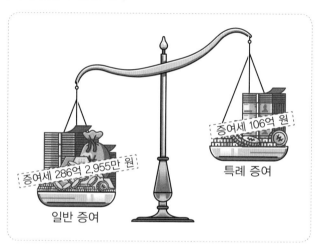

일반 증여 — 증여세 286억 2,955만 원

특례 증여 — 증여세 106억 원

일반증여	구분	특례증여
600억 원	증여세과세가액	600억 원
(0.5억 원)	증여재산공제	(10억 원)
599.5억 원	과세표준	590억 원
50%	세율	10%(120억 초과분은 20%)
295억 1,500만 원	산출세액	106억 원
(8억 8,545만 원)	신고세액공제	–
286억 2,955만 원	자진납부세액	106억 원

업무무관비율 관리의 필요성

좀 더 현실적인 절세효과 비교를 위해서는 업무무관비율을 감안해야 합니다. 업무무관비율에 해당하는 가액은 특례증여가 적용되지 않아 세부담이 증가할 수 밖에 없습니다. 지속적인 재무제표 점검을 통해 회사의 업무무관자산을 정확히 파악하고, 이를 조정하거나 정리하는 방안을 검토해야 합니다.

▶ **주식증여가액이 100억 원인 경우**

구분	업무무관비율 20%		업무무관비율 40%	
	특례증여분	일반증여분	특례증여분	일반증여분
증여과세가액	80억 원	20억 원	60억 원	40억 원
증여재산공제	(10억 원)	(0.5억 원)	(10억 원)	(0.5억 원)
과세표준	70억 원	19.5억 원	50억 원	39.5억 원
세율	10%	40%	10%	50%
산출세액	7억 원	6.2억 원	5억 원	15억 1,500만 원
신고세액공제	–	(1,860만 원)	–	(4,545만 원)
자진납부세액	7억 원	6억 140만 원	5억 원	14억 6,955만 원
총합계	13억 140만 원		19억 6,955만 원	

일반증여·특례증여·업무무관비율에 따른 세금 차이 요약

주식증여가액 100억 원일 때

단위: 억 원

※ 특례 증여 시 업무무관비율에 따라 절세효과가 얼마나 달라지는지 실감 하셨나요? 가업승계를 준비할 때 장기적인 관점에서 업무무관자산 비율을 조절한다면 동일한 주식을 증여하면서 더욱 큰 절세효과를 얻을 수 있을 것입니다.

가업승계 증여특례 주요 개정사항 요약

구분	~2022년	2023년	2024년 이후
지분율 요건	50%이상(상장30%)	40%이상(상장20%)	좌동
공제금액	5억 원	10억	좌동
특례세율	30억 이하 10%, 30억 초과 20%	60억 이하 10%, 60억 초과 20%	120억 이하 10%, 120억 초과 20%
한도	100억 원	300~600억 원	좌동
사후관리	7년	5년	좌동
연부연납	5년	5년	15년

(3) 가업상속공제제도 활용하기

"가업상속공제"란 중소기업 등의 원활한 가업승계를 지원하기 위하여 피상속인이 생전에 10년 이상 경영한 중소기업 등을 상속인에게 승계한 경우, 최대 600억 원까지 상속공제를 적용해 가업승계에 대한 상속인의 세부담을 크게 경감시켜주는 제도를 말합니다.

앞서 살펴본 "가업승계 주식에 대한 증여세 과세특례제도"가 기업 경영자가 생전에 가업을 물려줄 수 있도록 지원하는 제도라면, "가업상속공제"는 사후에 적용된다는 차이가 있습니다.

가업상속공제제도, 어떤 내용인가요?
일반적인 상속세 세액계산의 흐름

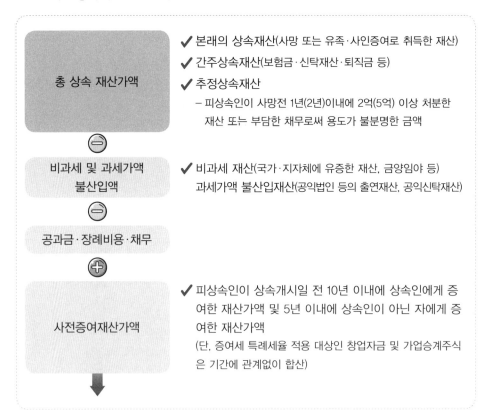

상속세 과세가액

 (−)

상속공제

✔ (기초공제+그 밖의 인적공제)와 일괄공제(5억) 중 큰 금액
✔ 가업(영농)상속공제·배우자 상속공제·금융재산 상속공제·재해손실공제·동거주택상속공제
　－ 단, 위 합계 중 공제적용 종합한도 내 금액만 공제 가능

 (−)

감정평가수수료

✔ 부동산감정평가법인의 수수료 등

상속세 과세표준

 (×)

세율

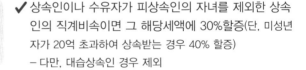

과세표준	1억 원이하	5억 원이하	10억 원이하	30억 원이하	30억 원초과
세율	10%	20%	30%	40%	50%
누진공제액	없음	1천만 원	6천만 원	1억 6천만 원	4억 6천만 원

산출세액

✔ (상속세 과세표준 × 세율) − 누진공제액

 (+)

세대생략
할증과세액

✔ 상속인이나 수유자가 피상속인의 자녀를 제외한 상속인의 직계비속이면 그 해당세액에 30%할증(단, 미성년자가 20억 초과하여 상속받는 경우 40% 할증)
　－ 다만, 대습상속인 경우 제외

 (−)

세액공제

✔ 신고세액공제·증여세액공제·단기재상속세액공제·외국납부세액공제·문화재자료 징수유예세액

 (+)

신고납부 불성실 가산세 등

 (−)

연부연납·물납·분납

납부 할 상속세액

가업상속공제 개요

▶ 가업상속공제 적용 대상 자산이란?

가업상속공제 적용대상이 되는 '가업상속 재산'이란 소득세법을 적용받는 개인가업과 법인세법을 적용받는 법인가업으로 구분해 다음과 같이 산정합니다. 생전승계인 가업승계 증여특례는 "법인"만 적용되지만, 사후승계인 가업상속제도는 법인 뿐만 아니라 개인기업까지 모두 적용 가능합니다.

구분	내용
개인가업	상속재산 중 가업에 직접 사용되는 토지, 건축물, 기계장치 등 사업용 상속재산의 가액에서 해당 자산에 담보된 채무를 뺀 가액
법인가업	상속재산 중 가업에 해당하는 법인의 주식가액(사업무관자산 비율분은 제외)

여기서 '사업무관자산'이란 상속일 현재 법인의 총 자산 중 다음의 자산을 말합니다.

사업무관자산이란?	
①	법인세법 제55조의2(토지 등 양도소득에 대한 과세특례)에 해당하는 자산 – 법인 소유의 주택과 부수토지, 주택을 취득할 수 있는 권리, 비사업용토지
②	법인세법 시행령 제49조(업무무관자산) 및 타인에게 임대하고 있는 부동산 – 업무에 직접 사용하지 않는 부동산 및 동산자산, 임대부동산
③	법인세법 시행령 제61조 제1항 제2호(대여금)에 해당하는 자산
④	과다보유 현금(상속개시일 직전 5개 사업연도말 평균 현금 보유액의 150% 초과분)
⑤	법인의 영업활동과 직접 관련 없이 보유하고 있는 주식, 채권, 금융상품 등

▶ 가업상속공제 금액은?

가업상속공제액은 가업상속재산에 상당하는 금액을 상속세 과세가액에서 공제하며, 피상속인의 가업영위기간이 10년 이상이면 300억 원, 20년 이상이면 400억 원, 30년 이상이면 600억 원을 한도로 합니다.

비상장주식은 세법상 평가에 따라 가치가 높게 평가되며 현금화가 매우 어렵다는 특징이 있습니다. 또한 법인 CEO는 자산의 대부분이 비상장주식으로 구성되어 있어 상속이 발생하면 거액의 상속세를 납부할 현금 확보에 어려움을 겪게 됩니다. 이 때 가업상속공제 제도가 큰 도움이 될 수 있습니다.

가업상속공제 금액 한도 개정 내용		
사업영위기간	공제금액	
	2018년 ~ 2022년	2023년 이후
10년 이상	200억 원	300억 원
20년 이상	300억 원	400억 원
30년 이상	500억 원	600억 원

사례 검토 가업상속공제 적용 여부에 따른 상속세 차이 비교

• 30년 이상 경영한 중소기업이며, 피상속인은 비상장주식 외 타 재산은 없다고 가정함

• 상속인은 자녀 1명, 상속공제는 가업상속공제와 일괄공제만 적용함

▶ 상속재산가액이 700억 원인 경우

세금 332억 6,130만 원
미적용

세금 41억 원 6,130만 원
가업상속공제 적용

상속세 절세효과 291억 원

가업상속공제 미적용	구분	가업상속공제 적용
700억 원	상속재산가액	700억 원
–	가업상속공제액	(600억 원)
(5억 원)	일괄공제	(5억 원)
695억 원	과세표준	95억 원
50%	세율	50%
342억 9,000만 원	산출세액	42억 9,000만 원
(10억 2,870만 원)	신고세액공제	(1억 2,870만 원)
332억 6,130만 원	자진납부세액	41억 6,130만 원

▶ 피상속인이 2개 이상의 가업을 영위하였다면?

피상속인이 2개 이상의 서로 다른 기업을 영위하던 중 사망한 경우에 피상속인이 계속하여 경영한 기간이 가장 긴 기업을 기준으로 공제한도 금액을 적용하여 순차적으로 공제하되, 각 기업별 공제금액은 기업의 경영기간별 공제한도 내에서 공제하게 됩니다. 사례를 통해 자세히 알아보겠습니다.

총 가업상속공제 금액은 얼마일까요?

 30년 이상 경영, 주식가치 50억 원

 10년 이상 경영, 주식가치 400억 원

공제금액 : Min(1, 2) = 350억 원
1. 경영기간이 가장 긴 A기업의 공제한도 : 600억 원(30년 이상)
2. 경영기간이 가장 긴 기업의 가업상속 재산가액부터 순차적으로 공제 : 350억 원(ㄱ+ㄴ)
　ㄱ. A 기업 : 50억 원 전액 공제
　ㄴ. B 기업 : 400억 원 중 300*억 원 공제

° Min(총한도 600억 − A기업 50억 = 550억, B기업(10년) 경영기간에 대한 한도 300억 원)

적용요건과 특례내용

가업요건

▶ 가업의 규모 및 업종요건

가업상속공제를 적용받기 위해서는 상속개시일 직전 과세연도 말 현재 다음에 해당하는 중소기업 또는 중견기업이어야 합니다.

중소기업 요건(상증령§15①)

상속개시일이 속하는 사업연도의 직전 사업연도 말 현재 다음 각 호의 요건을 모두 갖춘 기업을 말함

> ㉠ 상증령 별표에 따른 업종을 주된 사업으로 영위
> ㉡ 조특령 §2조①항 1호 및 3호 요건(매출액, 독립성 기준)을 충족
> ㉢ 자산총액 5천억 원 미만

중견기업 요건(상증령§15②)

상속개시일이 속하는 사업연도의 직전 사업연도 말 현재 다음 각 호의 요건을 모두 갖춘 기업을 말함

> ㉠ 상증령 별표에 따른 업종을 주된 사업으로 영위
> ㉡ 조특령 §9②1호 및 3호 요건(중견기업법상 독립성 기준)을 충족
> ㉢ 상속개시일 직전 3개 과세기간 또는 사업연도의 매출액°의 평균금액이 5천억 원 미만

° 기업회계기준에 따라 작성한 손익계산서상의 매출액

(상증령에 따른 업종, 조특령에 따른 중소·중견기업의 범위는 〈Part4, '참고: 부록' 가업승계제도의 가업요건〉(p392) 참조)

▶ **가업경영기간 요건**

• 피상속인은 10년 이상 가업을 경영해야 하며, '경영'이란 단순히 지분을 소유하는 것을 넘어 실제 가업운영에 참여한 경우를 말합니다.

• 이 경우 법인가업의 가업영위기간은 "피상속인이 특수관계인의 주식수와 합하여 40% 이상인 최대주주 상태를 유지하면서 실제 가업의 경영에 참가한 때"부터 기산합니다(법규재산2013-432, 2014.01.22).

가업 관련 주요 Q&A

Q1. 여러가지 다른 사업을 영위하는 경우 업종요건은 어떻게 판단하나요?

A1. 2개 이상의 서로 다른 사업을 영위하는 경우에는 사업별 사업수입금액이 큰 사업을 주된 사업으로 보고 10년 이상 계속하여 상증령 별표에 따른 업종을 주된 사업으로 영위한 경우 가업상속공제 적용이 가능함(서면–2019–상속증여–4227, 2021.03.30).

Q2. 100% 지분을 보유하는 해외법인의 매출액을 포함하면 5천억 원을 초과하지만, 포함하지 않으면 5천억 원 미만인 경우 가업상속공제를 받을 수 있나요?

A2. 중견기업이 100% 지분을 보유하는 종속기업의 매출액을 포함하여 기업회계기준에 따라 연결재무제표를 작성하여야 하는 경우에도 상증법에 따른 중견기업 매출액 기준 판단 시에는 종속기업의 매출액은 포함하지 않는 것임(서면–2017 법령해석재산–0299, 2017.04.12).

Q3. 주식회사에서 유한책임회사로 전환하려 하는데 유한책임회사의 출자지분도 가업상속공제를 받을 수 있나요?

A3. 가업상속공제 대상인 '주식 등'에는 유한책임회사의 출자지분이 포함되며, 유한책임회사의 업무집행자를 대표이사로 보아 가업상속공제 규정 적용이 가능함(서면–2019–법규재산–2914, 2022.05.31).

Q4. 개인사업을 영위하던 중 공장으로 사용하던 건물을 제외하고 법인사업으로 전환하면 가업영위기간은 어떻게 계산하나요?

A4. 개인사업자로서 일부 사업용 자산을 제외하고 법인전환을 하였다 하더라도, 법인 전환 후에 동일한 업종을 영위하는 등 가업의 영속성이 유지되는 경우에는 피상속인이 개인사업자로서 가업을 영위한 기간을 포함하는 것임(기획재정부 재산세제과-725, 2019.10.28).

※ 종전에는 사업용 자산의 일부를 제외하고 법인전환한 경우에는 개인사업자로서 가업 영위한 기간은 포함되지 않는 것으로 해석하였으나, 기재부 예규가 변경되었습니다.

Q5. 의류 제조업에서 식품 제조업으로 업종 변경하는 경우, 의류 제조업 영위기간도 가업기간으로 인정받을 수 있나요?

A5. 통계법 제22조에 따라 통계청장이 작성·고시하는 표준분류표상 동일한 '대분류(제조업)' 내의 업종으로 주된 사업을 변경하는 경우에도 가업을 유지한 것으로 인정하므로 의류 제조업의 영위기간을 합산하는 것임(상증령 제15조 제3항 제1호 나목).

Ex (제조업)음료 ⋯ (제조업)자동차부품 : 대분류 내 업종변경으로 영위기간 합산

(도매업)의류 ⋯ (제조업)의류 : 대분류 외 업종변경으로 영위기간 합산 불가

한국 표준산업분류(예)

대분류	중분류	세분류
제조업	식료품 제조업	도축, 육류 가공 및 저장처리업·수산물 가공 및 저장처리업·곡물가공품, 전분 및 전분제품 제조업·기타 식품 제조업…
	음료제조업	알콜음료제조업·비알콜음료 제조업
	…	
도매 및 소매업	도매 및 상품중개업	상품 중개업·산업용 농축산물 및 동식물 도매업·음식료품 및 담배 도매업·생활용품 도매업…
	소매업; 자동차제외	종합 소매업·음식료품 및 담배 소매업·가전제품 및 정보 통신장비 소매업…
	…	

피상속인 요건

▶ 상속개시일 현재 피상속인은 다음 요건을 모두 충족해야 합니다

구분	피상속인 요건(모두 충족)
(1)	상속개시일 현재 거주자일 것
(2)	최대주주인 경우로서 피상속인과 그의 특수관계인의 주식을 합하여 발행주식총수의 40%(상장법인 20%) 이상을 10년 이상 계속하여 보유할 것 ※ 최대주주란 주주 1인 및 그와 특수관계에 있는 주주가 보유하고 있는 의결권 있는 주식을 합하여 그 보유주식의 합계가 가장 많은 경우의 해당 주주와 그의 특수관계인 ※ 즉, 피상속인과 특수관계인의 주식합계가 최대주주에 해당하는 경우에는, "피상속인 및 그와 특수관계에 있는 자" 모두를 최대주주로 보는 것이므로, 피상속인의 지분이 가장 크지 않은 경우라도 다른 요건을 모두 충족하는 경우에는 가업상속공제 적용이 가능함
(3)	가업의 영위기간 중 아래의 기간 어느 하나에 해당하는 기간을 대표이사(개인사업자인 경우 대표자)로 재직할 것 (ㄱ) 100분의 50 이상의 기간 (ㄴ) 상속개시일부터 소급하여 10년 중 5년 이상의 기간 (ㄷ) 10년 이상의 기간(상속인이 피상속인의 대표이사 등의 직을 승계하여 승계한 날부터 상속개시일까지 계속 재직한 경우로 한정)

헷갈리기 쉬운 피상속인인 대표이사 재직요건, 한눈에 정리해 드릴게요! 🔍

대표이사 재직요건	가업요건(피상속인이 10년 이상 경영한 기업의 의미)
(ㄱ) 가업영위 기간 중 50% 이상의 기간 재직	• 피상속인이 10년 이상 계속하여 경영한 기업이어야 가업상속공제 가능 • 피상속인이 상속개시일 현재 대표이사(개인기업은 대표자)가 아닌 경우에도 가업을 사망일까지 영위해야 함
(ㄴ) 상속일로부터 소급하여 10년 중 5년 이상 기간 재직	
(ㄷ) 가업영위기간 중 10년 이상의 기간 재직	• 상속인이 피상속인의 대표이사 직을 승계하여 승계한 날부터 상속개시일까지 계속 재직한 경우에는 피상속인이 10년 이상 계속하여 경영한 기업이면 가업상속공제 허용(상속개시일부터 소급하여 10년 이상 계속 경영의 의미가 아님) • 고령화 사회의 질병 등으로 피상속인이 상속개시일 현재 가업에 종사하지 못한 경우에도 예외를 인정하는 규정임

Q1. 피상속인이 전문경영인과 각자 공동대표이사로 되어있던 기간도 대표이사 재직기간에 포함되나요?

A1. Yes

'대표이사 재직기간'에는 공동대표이사 또는 각자대표이사로 재직한 기간을 포함하는 것으로(상속증여세과-206, 2014.06.19), '대표이사 등으로 재직한 경우'란 피상속인이 대표이사로 선임되어 법인등기부에 등재되고 대표이사 직을 수행하는 경우를 의미하는 것임(재산세과-172, 2011.04.01).

Q2. 8년간 대표이사로 재직 후 대표이사 직에서 물러났다가 재취임하여 5년 간 대표이사로 재직하였습니다. 가업상속공제 가능한가요?

A2. Yes

연속된 10년 이상이 아니라 가업영위기간 중 대표이사로 재직한 기간을 통산하여 10년 이상을 의미하는 것이므로 가업상속공제 가능함(기준-2021-법령해석재산-0024, 2021.02.24).

Q3. 가업상속공제를 적용받기 위해선 사망 시까지 회사를 경영해야 하나요?

A3. No

피상속인이 '상속개시일 현재' 가업에 종사하지 아니하였더라도 가업상속공제를 적용할 수 있음(기획재정부 조세법령운용과-571, 2022.05.30).

※ 종전에는 경영에서 물러난 이후 사망으로 상속이 개시되는 경우 가업상속공제를 적용받지 못하는 것으로 해석하였으나, 기재부 예규가 변경되었습니다.

Q4. 피상속인이 상속개시일 현재 대표이사로 재직하지 않는 경우에도 가업상속공제 되나요?

A4. Yes

피상속인의 대표이사 재직요건은 상속개시일 현재 피상속인이 대표이사로 재직하지 않는 경우에도 적용되는 것임(재산-463, 2011.09.30).

▶ 가업상속공제 적용 피상속인은 "최대주주 1명"만 적용

- 2011년 이후 상속분부터는 가업상속이 이루어진 후에 가업상속 당시 최대주주 또는 최대출자자에 해당하는 자(가업상속을 받은 상속인은 제외)의 사망으로 상속이 개시되는 경우에는 가업상속공제를 추가로 받을 수 없습니다. 동일한 법인 내에서 최대주주 중 1인에 대해서만 가업상속공제가 적용된다는 뜻입니다.
- 다만, 가업상속공제를 받은 상속인이 사망하여 다시 상속이 이루어지는 경우, 재상속 당시 가업상속공제 요건을 또 다시 충족하는 경우에는 가업상속공제를 적용받을 수 있습니다(상증령 제15조 제3항 단서규정).

Q1. 父로부터 가업을 상속받아 가업상속공제를 적용받은 후 母의 사망으로 母가 운영하던 가업을 상속받게 되었습니다. 가업상속공제를 재차 적용받을 수 있을까요?

A. Yes

父의 가업을 상속받고 「상속세 및 증여세법」 제18조 제2항 제1호에 따른 가업상속공제를 적용받은 상속인이 상속 받은 가업과 별도로 母가 10년 이상 경영하던 가업을 상속받은 경우로서 같은 법 시행령 제15조의 가업상속요건을 모두 충족한 경우에는 가업상속공제를 적용받을 수 있는 것임(서면법규-487, 2014.05.15).

Q2. 부모가 공동사업(중국음식점)을 영위하다가 순차적으로 사망하면, 부모 상속지분 각각에 대해 가업상속공제 될까요?

A. △

2011.01.01.이후 상속분부터는 「상속세 및 증여세법 시행령」 제15조 제3항 단서의 규정에 의하여 피상속인인 최대주주 또는 최대출자자 중 1인에 한하여 가업상속공제가 적용되는 것으로, 부모가 공동사업(중국음식점)을 영위하다가 순차적으로 상속이 개시되는 경우로서 귀 질의 1의 경우 가업상속을 받은 장남이 모로부터 받는 가업상속재산에 대해서는 가업상속공제가 적용되지 아니하나, 질의 2

의 경우 가업상속을 받은 모로부터 장남이 받는 가업상속재산에 대해서는 가업 상속공제가 적용됨(재산-375, 2012.10.15).

질의 1 父 지분을 子가 가업상속 받은 이후 母의 지분 50%를 상속받는 경우

구분	현재지분	父 사망 시	母 사망 시	가업상속공제 적용 여부
父	50%	(50%)	–	–
母	50%	–	(50%)	–
子	–	50%	50%	父 상속 시 가업상속공제 적용 가능 母 상속 시 가업상속공제 적용 불가

질의 2 父의 지분을 母가 가업상속 받은 이후 母의 지분 100%를 상속받는 경우

구분	현재지분	父 사망 시	母 사망 시	가업상속공제 적용 여부
父	50%	(50%)	–	–
母	50%	50%	(100%)	父 상속 시 가업상속공제 적용 가능
子	–	–	100%	母 상속 시 가업상속공제 적용 가능

▶ 피상속인이 10년 이상 보유한 주식에 대해서만 가업상속공제가 적용되나요?

국세청은 "가업을 경영하는 자의 주식 중 보유기간이 10년이 경과하지 아니한 주식에 대해서는 가업상속공제 또는 가업승계에 대한 증여세 과세특례를 적용하지 않는다"고 일관되게 해석해 왔습니다. 반면 대법원 등에서는 "증여자가 해당 주식을 10년 이상 보유할 것은 조세특례제한법에서 정한 가업의 승계에 대한 증여세 과세특례를 적용하기 위한 요건이 아니다"고 판결하였습니다. 기획재정부에서도 "가업상

속에 해당하는 법인의 주식 중 피상속인이 직접 10년 이상 보유한 주식만이 가업상속공제 대상이 되는 것은 아니다"고 해석을 변경하였습니다(기획재정부조세법령-10, 2022.01.05).

결론적으로 피상속인이 주식을 증여받거나 유상증자로 취득하는 등 보유기간이 10년 미만인 경우에도 가업상속공제가 적용 가능합니다.

대법2019두44095, 2020.05.28
증여자가 해당 주식을 10년 이상 보유할 것은 구 조세특례제한법 제30조의6 제1항에서 정한 가업의 승계에 대한 증여세 과세특례를 적용하기 위한 요건이라 할 수 없음

기획재정부조세법령-10, 2022.01.05
가업상속에 해당하는 법인의 주식 중 피상속인이 10년 이상 보유한 주식만이 가업상속공제 대상이 되는 것은 아님(2022.01.05 이후 결정·경정분부터 적용)

상속인 요건

▶ **상속개시일 현재 상속인은 다음 요건을 모두 충족해야 합니다**

구분	상속인 요건(모두 충족)
(1)	상속개시일 현재 18세 이상일 것
(2)	상속개시일 전에 2년 이상 직접 가업에 종사할 것 〈예외규정〉 • 피상속인이 65세 이전에 사망 • 피상속인 천재지변 및 인재 등으로 사망 ※ 상속개시일 2년 전부터 가업에 종사한 경우로서 병역·질병 등의 사유로 가업에 종사하지 못한 기간은 가업에 종사한 기간으로 봄
(3)	상속세 과세표준 신고기한까지 임원으로 취임하고, 상속세 신고기한으로부터 2년 이내에 대표이사로 취임할 것

• 상속인의 배우자가 위 (1), (2), (3)의 요건을 모두 갖춘 경우에는 상속인이 그 요건을 갖춘 것으로 봅니다(즉, 피상속인의 주식은 상속인이 상속받고, 그 상속인의 배우자(사위, 며느리)가 위 요건을 충족하는 경우 가업상속공제 적용 가능).

▶ 가업의 공동상속 허용

세법 개정 전에는 상속인 1명이 해당 가업의 '전부'를 상속받은 경우에만 가업상속공제 적용하였으나, 2016.02.05 이후 상속분부터는 상속인 1명이 가업의 전부를 상속받아야 하는 요건이 삭제되었습니다. 이에 1개의 가업을 자녀들이 공동상속하고, 각각의 자녀가 대표자로 취임하는 등 가업승계요건을 모두 충족하였다면 가업상속공제 적용이 가능합니다(2017-상속증여-2203, 2018.02.21).

 요약 정리

1개의 가업을 父母가 공동경영하는 경우, 가업상속공제 정리

수차례 개정을 거치면서 복잡해진 피상속인·상속인 요건, 한눈에 정리해 드릴게요.

구분	'11.01.01 이전	'11 ~ '16.02.04	'16.02.05 이후
피상속인	父 母 모두 가능	父 母	중 1명만 가능
상속인	1명만 가능		2명 이상 가능

※ 1개 가업을 父母가 공동경영하고 가업 요건을 모두 갖추었다고 가정함

상속인 가업종사 및 대표이사 취임 관련 주요 Q&A

Q1. 상속인이 다른 사업체를 운영하면서 가업에 종사하는 경우, 가업상속공제 될까요?

A1. Yes

다른 사업체 대표이사로 재직하면서 해당 가업에 상속개시일 2년 전부터 계속하여 직접 종사하는 경우에는 가업상속공제 적용 가능하며(재산세과-649, 2010.08.27), '상속인의 가업 종사여부'는 전적으로 가업에만 종사한 경우 뿐 아니라 겸업의 경우에도 그 가업의 경영과 의사결정에 있어서 중요한 역할을 담당하였다면 '상속인이 가업에 직접 종사한 경우'에 포함됨(서울행정법원-2014-구합-59832, 2015.04.16).

Q2. 상속인이 가업에 종사하다가 퇴사한 후 다시 입사한 경우, 가업 종사기간을 어떻게 계산할까요?

A2. 재입사 전 가업종사기간을 포함하여 계산

상속인이 가업에 종사하다가 중도에 퇴사한 후 다시 입사한 경우 재입사 전 가업에 종사한 기간은 포함하여 계산함(상증통 18-15-1).

Q3. 상속인이 공동대표이사로 취임하는 경우 가업상속공제 될까요?

A3. Yes

상속인이 특수관계 없는 자와 공동대표이사로 취임한 경우에도 적용되는 것이고(재산-495, 2009.10.19), 피상속인(父) 및 상속인(子)이 특수관계에 있는 자(母)와 공동대표이사로 등기된 경우에도 적용되는 것임(재산-2975, 2008.09.29).

Q4.   가업주식과 가수금을 각각 다른 상속인이 상속받아도 가업상속공제 될까요?

A4.   Yes
법인의 주식은 가업에 종사하는 상속인 A가 전부 상속받고, 법인의 피상속인에 대한 가수금은 다른 상속인 B가 상속받는 경우에도 가업상속공제를 적용 받을 수 있음(서면4팀-1239, 2004.08.06).

Q5.   근로소득세를 신고한 사실이 없어도 가업종사여부를 인정받을 수 있을까요?

A5.   Yes
비록 근로소득세를 신고한 사실이 없지만 근로소득으로 매월 일정금액이 입금된 것이 확인되고, 가업에 필요한 전문지식을 습득하기 위해 관련 학원을 수강한 사실 등으로 볼 때 청구인은 대학생의 신분이었으나 상속개시일 2년 이전부터 피상속인의 가업을 승계하기 위하여 학업과 가업에의 종사를 병행하였다는 주장이 신빙성이 있어 보임(조심 2011부1761, 2011.11.02).

▶ 피상속인이 명의신탁한 주식에 대한 가업상속공제 적용 여부

실무상 명의신탁주식(차명주식)은 중소기업에서 빈번히 발생하는 문제입니다. 특히 명의신탁의 시점이 오래되고 그 금액이 클수록 명의신탁주식을 정리하지 못한 채 계속 유지하는 경우가 생각보다 많습니다. 이 상황에서 갑작스레 대표자(명의신탁자)의 상속이 발생한다면, 명의신탁주식은 수탁자 명의로 그대로 유지한 채 대표자의 주식만 가업상속을 신청할 가능성이 높습니다. 이후 상속조사 등의 과정에서 명의신탁주식이 적발되면 기존에 신청한 가업상속공제에는 어떤 영향을 미칠까요?

상속시점	피상속인 상속주식 (가업상속공제 신청분)	명의신탁주식 (수탁자 명의,상속재산 포함X)
~ 2016.02.04 까지	가업상속공제 모두 적용 불가	
	피상속인이 보유한 차명주식을 상속세 과세표준 신고시 상속재산에 포함하지 아니하고 신고함으로써 상속인 1인이 상속세 과세표준 신고기한까지 해당가업의 전부를 상속받지 아니한 경우에는 가업상속공제를 적용하지 않고 결정한 것은 잘못이 없음(조심2015중1071, 2016.05.26).	
2016.02.05 이후	가업상속공제 유지	가업상속공제 불가
	고의적으로 신고누락한 명의신탁 주식까지 공제대상으로 인정할 경우 납세자들의 성실신고 가능성이 낮아지고 대다수 성실하게 신고하는 납세자와 형평이 맞지 아니한 점 등에 비추어 피상속인의 명의신탁 재산인 쟁점주식의 상속에 대하여는 가업상속공제 요건이 충족되지 아니한 것으로 보아 피상속인 명의의 쟁점주식에 대하여 가업상속공제를 부인한 이 건 처분은 잘못이 없음. 다만, 2016.02.05. 1인 가업상속 공제 규정이 삭제되어 전부 상속되지 아니한 것에 대하여도 가업상속공제가 적용된다고 보아야 하므로 이미 신고한 주식에 대하여는 가업상속공제가 적용됨이 타당하다고 판단됨(조심2020구841, 2020.10.28).	

명의신탁주식에 대해서도 가업상속공제 적용받을 수 있습니다 🔍

명의신탁주식은 가업승계 혹은 가업상속 전에 반드시 정리해야 하지만 경우에 따라 조기 정리가 어려울 수 있습니다. 만약 명의신탁주식을 정리하지 못한 채 상속이 개시되었다면, 어떻게 해야 할까요?

상속세 신고기한까지 명의신탁 입증자료를 검토 및 준비하고 반드시 상속재산에 포함하여 상속세 신고 및 가업상속공제를 신청해야 합니다.

신고를 누락했다가 향후 조사를 통해 명의신탁재산이 적발되는 경우, 상속재산에 포함되어 상속세가 추징되거나 명의신탁주식 상당액에 대해서는 가업상속공제가 적용되지 않기 때문입니다.

참고

> 재산세과-596, 2010.08.16
> 명의신탁한 주식이 있는 사실이 명백히 확인되는 경우에는 그 명의신탁한 주식을 포함하여 10년간 계속하여 발행주식총수의 50%˚ 이상 보유 요건 충족여부를 검토하는 것임.
>
> 강릉지원-2016-구합-50618, 2017.09.14
> 가업상속 재산명세서 및 가업상속사실을 입증할 수 있는 서류를 상속세 과세표준 신고기한까지 제출하지 않으면 가업상속공제를 적용받을 수 없음.

˚ 23.01.01 이후 상속개시분부터는 지분율 40%(상장법인 20%)로 개정됨

가업상속공제 신고서 제출

가업상속공제를 신청하고자 하는 경우 상속세 과세표준신고서와 함께 아래 서류를 납세지 관할 세무서장에게 제출해야 합니다.

- 가업상속공제신고서(중소기업기준검토표 포함)

- 가업상속재산명세서

- 가업용 자산 명세

- 가업상속재산이 주식 또는 출자지분인 경우에는 해당 주식 또는 출자지분을 발행한 법인의 상속개시일 현재와 직전 10년간의 사업연도의 주주현황

- 기타 상속인이 당해 가업에 직접 종사한 사실을 증명할 수 있는 서류

가업상속공제 신청 시 입증 서류

1. 주식 등 변동상황명세서(상속일 전 10년 이상)

2. 주주명부(상속일 현재)

3. 법인등기부등본

4. 가업 직접 종사 사실을 증명할 수 있는 서류
   (급여지급, 4대보험 징수, 업무수행관련 내부결재서류 등)

5. 기준고용인원 및 기준총급여액 계산 내역

6. 주식평가 보고서(비상장 주식인 경우)

7. 사업용 자산 비율 계산 내역
   (과다보유현금 검토서, 사업무관자산가액을 확인할 수 있는 입증서류 등)

상속세과세가액 합산 및 기타 특례

일반 증여재산은 상속개시일로부터 소급하여 10년 내 증여분만 상속세 과세가액에 합산되지만, 증여세 과세특례가 적용된 주식의 가액은 기간에 관계없이 '증여 당시 평가액'이 상속세 과세가액에 합산되어 상속세가 정산된다는 차이점이 있습니다. 다만, 상속공제 종합한도 및 증여세액공제 한도 계산 시 특례가 적용되며 요건 충족 시 가업상속공제까지 추가로 받을 수 있다는 장점이 있습니다. 아래에서 살펴 볼 가업승계 절세 로드맵을 꼭 기억하시기 바랍니다.

구분	내용
상속재산에 가산	• 가업승계 주식은 증여와 상속의 기간에 관계없이 상속재산에 가산하여 상속세를 정산. 단, 이 경우에도 합산하는 증여재산의 가액은 '증여 당시 평가액'을 기준으로 함. • 이에 주식가치가 지속적으로 상승하는 비상장법인의 특성상 사전증여를 통한 절세효과가 발생하며, 주식가치 상승폭이 클수록 절세효과는 높아짐.
상속공제의 한도계산 특례	• 상속공제 종합한도액°을 계산하는 경우 증여세 과세특례가 적용된 주식의 가액은 상속세 과세가액에서 차감하는 증여재산가액으로 보지 않고 공제한도액 계산. 이에 공제한도액이 증가함.
증여세액공제의 한도적용 배제	• 가업의 승계에 대한 증여세액은 '증여세액의 한도 적용을 배제'하며, 이에 상속세 산출세액에서 전액 공제. 다만, 공제할 증여세액이 상속세 산출세액보다 많은 경우에도 그 차액은 환급하지 아니함. • 즉, 증여세액 전체가 공제되어 일반 상속재산에서 발생하는 상속세까지 절세가 가능함.

° 상속공제 종합한도액

상속세 과세가액
– 상속인이 아닌 사람에게 유증, 사인증여, 증여채무 이행 중 재산
– 상속인의 상속포기로 그 다음 순위의 상속인이 상속받은 재산의 가액
– 증여재산가액(중여재산공제 및 재해손실공제액을 뺀 후의 금액)
= 상속공제 종합한도액

가업승계에 대한 증여세 과세특례 후 가업상속공제

증여받은 주식에 대하여 가업승계 증여세 과세특례를 적용받은 후, 증여자의 사망으로 상속세를 정산할 때 상속개시일 현재 다음의 요건을 모두 충족한 경우에는 가업승계한 주식에 대하여 가업상속공제를 추가로 적용받을 수 있습니다.

▶ **가업승계 후 가업상속공제 적용을 위한 요건 정리**

구분	내용
요건1	상속시점에 가업상속공제 요건을 모두 충족할 것 (단, 가업상속공제 요건 중 피상속인이 가업의 영위기간 중 일정기간동안 대표이사로 재직해야 하는 요건은 갖추지 않아도 되며, 증여자의 주식을 100% 가업승계목적으로 증여하여 상속 당시 증여자가 주식을 소유하지 않아도 가능)
요건2	수증자가 증여받은 주식 등을 처분하거나 지분율이 낮아지지 아니한 경우로서 가업에 종사하거나 대표이사로 재직하고 있을 것

Q. 피상속인이 법인기업과 개인기업을 모두 영위하는 경우, 가업승계증여특례와 가업상속공제는 어떻게 적용되나요?

A. 가업승계에 대한 증여세 과세특례규정을 적용받은 수증자가 개인기업을 가업상속 받는 경우, 이미 가업승계에 대한 증여세 과세특례규정을 적용받은 법인기업의 주식도 개인기업에 속하는 상속재산가액과 합산하여 가업상속공제를 적용받을 수 있음(재산-779, 2009.11.19).

가업상속공제제도의 사후관리

가업상속공제를 적용 받았다 하더라도 가업상속인이 상속개시 이후에 정당한 사유 없이 아래의 세법에서 정한 사후의무요건을 이행하지 않은 경우에는 상속세가 부과되므로 주의해야 합니다(상증법 제18조 제6항).

구분	내용
사후관리기간	5년 ('23년 이후 상속개시에 따른 가업상속공제 신청 분 + '22년 이전 상속개시에 따라 가업상속공제 신청하고 사후관리 중인 경우도 적용)
요건 1 (가업종사)	• 해당 상속인이 가업에 종사할 것
요건 2 (지분유지)	• 해당 상속인의 지분이 감소하지 않아야 함(감소사유에 아래사항 포함) ㄱ) 상속인이 상속받은 주식을 처분하는 경우 ㄴ) 유상증자 시 상속인이 실권하여 지분율이 감소하는 경우 ㄷ) 상속인과 특수관계에 있는 자가 주식을 처분하거나 유상증자 시 실권하여 상속인이 최대주주 등에 해당하지 아니하게 된 경우 ㄹ) 해당 법인의 감자로 인해 보유주식수가 감소한 경우
요건 3 (가업유지)	• 상속 후 5년간 가업용 자산의 40% 이상 처분금지, 1년 이상 해당 가업을 휴업하거나 폐업하지 않고, 주된 업종을 변경하지 않아야 함
요건 4 (고용확대)	• 5년간 정규직 근로자수 평균 또는 총급여액 평균이 기준고용인원(기준총급여액)°의 90% 이상 유지해야 함

° 기준고용인원(기준총급여액) : 상속개시일 직전 2개 사업연도 평균

Q1. 가업상속공제를 받은 토지가 수용당한 경우도 사후관리 위반인가요?

A1. No

처분 즉시 처분자산 양도가액 이상의 금액에 상당하는 같은 종류의 자산을 취득(대체취득)하여 가업에 계속 사용하는 경우에는 자산 처분으로 보지 않음(2019-상속증여-3357, 2020.04.21).

Q2. 기존지분 18%와 가업상속받은 지분 76%를 합한 94%를 보유하던 중, 사후관리 기간 중 기존주식을 5% 가량을 처분하여 상속인 지분이 감소하면 사후관리 위반인가요?

A2. No

상속인이 상속개시일 전 보유한 기존주식을 처분하는 경우로서 처분 후에도 최대주주 등에 해당하는 경우에는 가업상속공제 사후관리 위배에 해당하지 않음(사전-2020-법령해석재산-0930, 2020.11.30).

Q3. 가업승계 주식을 증여받고 사후관리 기간이 경과한 후, 가업상속공제를 적용받았습니다. 사후관리기간은 어떻게 되나요?

A3. 상속개시일로부터 5년이 사후관리기간임.

가업승계 과세특례 규정을 적용받은 자가 가업상속공제를 적용받는 경우 상속개시일로부터 5년 이내*에 정당한 사유 없이 가업상속공제 사후관리 요건 위반에 해당하는 경우 상속세와 이자상당액이 부과되는 것임(서면-2021-상속증여-2055, 2021.04.29).

---

* 종전 7년에서 '23.1.1 이후 상속개시분(현재 사후관리 중인 경우 포함)은 5년으로 개정

잠깐! 가업승계와 가업상속을 통한 절세효과가 궁금해요!

앞서 설명한 바와 같이, 주식가치가 지속적으로 상승하는 대부분의 기업은 가업승계와 가업상속을 모두 활용하여 절세효과를 극대화할 수 있는데요. 사례를 통해 그 절세효과를 살펴보면 다음과 같습니다.

사례 검토

- ✔ 제조업 비상장법인(30년 이상 영위), 대표자 A가 100% 주주
- ✔ 총 발행주식수는 10만주, 주당 기업가치는 50만 원, 총 기업가치 500억 원
- ✔ 업무무관비율은 30%

- 15년 후 대표자 A의 사망시점의 주식가치는 주당 120만 원으로 증가
- 피상속인은 가업주식 외 재산은 없고 상속공제는 10억 원만 적용한다고 가정.

- 현 시점에 가업승계 증여특례 실행시 세부담
  - A의 보유주식 100% 증여가정, 총 증여재산가액 500억 원일 때

구분	특례적용분	일반증여분
증여재산가액	350억 원	150억 원
증여공제	(10억 원)	(0.5억 원)
과세표준	340억 원	149.5억 원
세율	10%(120억 초과분은 20%)	50%
산출세액	56억 원	70.15억 원
신고세액공제	–	(2억 1,045만 원)
자진납부세액	56억 원	68억 455만 원
총 세액합계	124억 455만 원	

※ 증여특례 적용 증여재산에 대한 증여세는 15년간 연부연납 가능('24년 이후 증여분부터)

• 가업승계 15년 후 상속이 개시되는 경우 세액비교

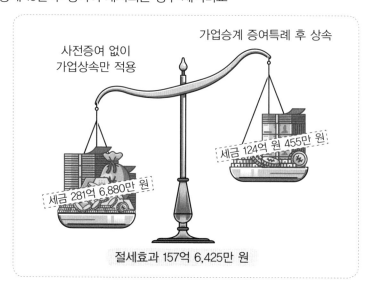

사전증여 없이
가업상속만 적용

가업승계 증여특례 후 상속

세금 124억 원 455만 원

세금 281억 6,880만 원

절세효과 157억 6,425만 원

구분	가업승계 증여특례 후 상속	사전증여 없이 가업상속만 적용
증여특례재산	350억 원	–
일반증여재산°	–	–
총 상속재산	350억 원	1,200억 원
상속공제	(10억 원)	(10억 원)
가업상속공제	(340억 원)	(600억 원)
과세표준	–	590억 원
세율	–	50%
산출세액	–	290억 4,000만 원
증여세액공제	(56억 원)	–
신고세액공제	–	(8억 7,120만 원)
납부세액	–	281억 6,880만 원
총 부담세액 (상속세+증여세)	124억 455만 원	281억 6,880만 원
가업승계 증여특례 활용에 따른 절세효과		157억 6,425만 원

° 일반증여분 150억 원은 상속개시일 기준 10년 경과하였으므로 합산 제외

※ 30년 이상 경영에 대한 가업상속공제한도 600억 원 적용

보험절세모음 〈법인편〉

위 계산사례와 같이 상속세 계산시 상속재산가액은 증여 당시의 시가로 합산되며, 일반 증여분은 증여 후 10년 경과하여 상속 시 합산 제외되어 절세효과가 크게 나타납니다. 큰 폭의 기업가치 상승이 예상된다면 가업승계 증여특례를 적극 활용하는 것이 유리합니다.

다만, 기업 여건에 따라 가업승계 증여 과세특례가 유리한지, 가업상속공제 적용이 유리한 지는 달라질 수 있으므로 컨설팅을 통해 충분히 검토하시기 바랍니다.

(4) 가업상속과 가업승계, 연부연납 활용하기

우리나라 자산가들의 특성상 상속이나 증여재산은 비상장주식이나 부동산 등으로 구성된 경우가 대부분입니다. 이러한 재산은 현금화하는데 상당한 시일이 소요되고 경우에 따라 현금화가 불가능할 수도 있습니다. 이 경우 세금납부를 위해 부득이 사업용 재산을 급매하게 되어 사업을 정상적으로 유지하기 어려워집니다.

이에 세법에서는 세금을 수차례에 걸쳐 분할납부할 수 있는 연부연납 제도를 운영하고 있습니다. 또한 안정적인 승계를 지원하기 위해 가업상속이나 증여특례의 경우 연부연납 기간을 더 확대하였습니다.

연부연납 신청요건과 허가
연부연납 신청 요건 : 다음 요건 모두 충족할 것

구분	내용
요건 1	상속세° 또는 증여세 납부세액°°이 2천만 원을 초과할 것
요건 2	과세표준 신고기한(기한 후 신고 포함)이나 납부고지서상 납부기한까지 연부연납 신청서를 제출할 것
요건 3	연부연납 신청세액(연부연납 가산금 포함)에 상당하는 납세담보를 제공할 것 납세담보°°°를 제공하여 연부연납 허가를 신청하는 경우에는 그 신청일에 허가를 받은 것으로 봄

° 상속인별로 분배하지 않은 전체 상속세액을 말함(재삼01254-1696, 1991.06.22).

°° 세무조사를 통해 증여세가 고지되는 경우로서 증여자·수증자·납부기한이 모두 동일하다면 각각의 고지세액은 2천만 원 이하라 하더라도 고지세액의 합계가 2천만 원 초과시에는 연부연납 신청 가능함(조심2014서1333, 2014.06.25).

°°° 납세담보 : 연부연납 신청 시 담보할 국세(연부연납 가산금 포함)의 120%의 가액에 상당하는 납세담보를 제공해야 함(단, 현금·납세보증보험증권 또는 은행의 납세보증서의 경우에는 110%에 상당하는 담보 제공)

가업승계제도의 연부연납 기간 특례

일반 상속증여와 특례 상속증여의 연부연납 기간 비교

구분	일반적인 경우	가업상속공제, 가업승계 증여특례
상속세	10년	20년 (혹은 10년 거치 후 10년)
증여세	5년	15년

가업상속의 연부연납 특례

가업상속공제를 신청한다 하더라도 업무무관비율 혹은 공제한도금액 초과분에 대해서는 일반 상속세율이 적용되어 세부담이 발생합니다. 이때, 업무무관비율 적용분에 대해서는 최대 10년의 연부연납을, 공제한도금액 초과분에 대해서는 최대 20년의 연부연납을 신청할 수 있습니다. 안정적으로 가업이 승계되도록 연부연납을 활용하시는 것도 좋은 방법입니다.

상속세 납부세액 중 최대 20년의 특례를 적용할 수 있는 납부세액의 범위

$$\text{상속세 납부세액} \times \frac{(\text{가업상속재산가액} - \text{법 제18조의2 제1항에 따른 가업상속공제 금액})}{(\text{총 상속재산가액} - \text{법 제18조의2 제1항에 따른 가업상속공제 금액})}$$

상속세 납부세액 중 최대 20년의 특례를 적용할 수 있는 납부세액은?

구분	Case 1	Case 2	Case 3
상속세 납부세액	100억	100억	100억
총 상속재산가액	500억	500억	500억
가업상속재산가액	500억	300억	300억
가업상속공제액	300억	300억	200억
연부연납 특례대상 상속세액	100억°	없음°°	33.33억°°°

° 상속세 전액이 가업상속공제 한도초과금액으로 발생

°° 가업상속재산으로 인한 상속세 없음(가업상속재산 전액 가업상속공제가 적용되므로)

°°° 총 상속세 중 가업상속공제 한도초과금액으로 인한 비율은 100억/300억

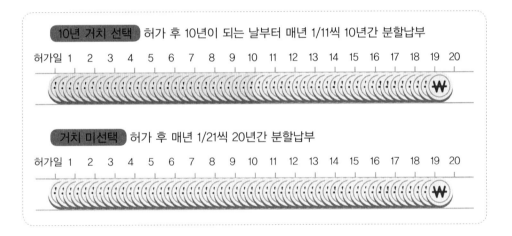

10년 거치 선택 허가 후 10년이 되는 날부터 매년 1/11씩 10년간 분할납부

거치 미선택 허가 후 매년 1/21씩 20년간 분할납부

가업승계증여의 연부연납 특례

가업승계 증여특례 제도는 생전에 안정적 가업승계를 지원하기 위한 목적이지만, 일부 세부담이 발생할 수 있습니다. 증여주식가액에서 10억 원을 공제한 후 10%(120억 초과분에 대해서는 20%)의 세율이 적용되기 때문입니다. 이를 보완하고자 2024년 증여분부터 가업승계 증여특례 적용재산에 대해서는 증여세 연부연납기간을 최대 15년으로 확대하였습니다.

성공적인 승계를 위한 가업승계 지원제도 활용 전략 3단계 🔍

가업승계 지원제도를 십분 활용하기 위해서는 다음과 같은 지속적인 컨설팅을 추천 드립니다.

- 현재 기업주식가치와 향후 예상 상승금액을 파악한다.

- 업무무관비율 점검
  - 업무무관자산의 관리 및 정리방안 강구
  - 적정 증여특례 실행시기를 결정한다.

- 적극적 배당정책을 통해 승계자(수증자)가 안정적으로 연부연납세금 을 납부하도록 설계

연부연납 가산금

연부연납의 허가를 받은 자는 각 회분의 분납세액에 '납부일 현재'의 연부연납 가산율을 적용하여 계산한 금액(연부연납 가산금)을 합산하여 납부해야 합니다.

기존에는 연부연납 가산율이 중도에 변경되었더라도 분납 전체기간의 일수에 납부일 현재 연부연납 가산율을 적용하였으나, '23.02.28 이후 연부연납 가산금을 납부하는 분부터는 기간을 안분하여 가산율을 다르게 적용합니다.

참고	연부연납 가산금 이자율					
'17.3.15.~ '18.3.18.	'18.3.19.~ '19.3.19.	'19.3.20.~ '20.3.12.	'20.3.13~ '21.3.15.	'21.3.16~ '23.3.19.	'23.3.20~ '24.3.21	'24.3.22~
연 1.6%	연 1.8%	연 2.1%	연 1.8%	연 1.2%	연 2.9%	연 3.5%

(5) 새로 생긴 납부유예제도, 어떻게 활용할까요?

'가업상속·증여세 납부유예제도'는 2023년 상속(증여)분부터 도입된 제도로, 가업승계를 받은 상속인 또는 수증자가 상속(증여) 받은 가업재산을 양도·상속·증여하는 시점까지 상속세 또는 증여세의 납부를 유예하는 제도입니다. 상속인(수증자)이 승계받은 가업을 영위하는 동안에는 상속세(증여세) 부담 없이 가업을 경영하도록 지원하겠다는 취지입니다. 이제 상속인(수증자)은 기업의 경영여건에 따라 기존의 가업승계제도와 납부유예방식 중 선택할 수 있습니다.

납부유예제도의 개요

구분	납부유예세액
가업 상속	상속세 납부세액 $\times \dfrac{\text{가업상속재산}}{\text{총 상속재산가액}}$
	가업상속재산 　가) 개인가업 : 가업에 직접 사용하는 토지,건축물,기계장치 등 사업용 자산의 가 　　　액·해당 자산에 담보된 채무액 　나) 법인가업 : 가업에 해당하는 법인의 주식 등의 가액 중 사업관련비율에 해당 　　　하는 금액
가업 승계	증여세 납부세액 $\times \dfrac{\text{가업자산상당액}}{\text{총 증여재산가액}}$
	가업자산상당액 주식가액 중 사업용자산 비율 상당액

- 납부유예제도는 가업상속공제 또는 증여세 과세특례 요건을 충족하는 중소기업이라면 신청할 수 있지만 기존의 가업승계제도(가업상속공제, 증여세 과세특례)와 납부유예는 중복할 수 없습니다.

- 납부유예제도는 기존 가업승계 지원제도에 비해 사후관리 요건이 완화된 것으로, 사후관리기간은 5년이고 가업과 지분요건만 유지하면 되며, 업종 유지 요건은 적용되지 않습니다(즉 가업승계 후 업종을 변경해도 사후관리 위반이 아님).

- 또한 고용유지 의무도 사후관리기간 5년을 통산하여 정규직 근로자 수의 전체 평균 또는 총급여액 전체 평균이 기준고용인원 또는 기준총급여액의 70% 이상을 유지하면 됩니다. 가업상속공제의 경우 90% 이상을 유지해야 하는 것에 비해 완화되었습니다. 만약 미래에 업종 변경이 예상되거나 종업원의 감축이 예상되는 경우에는 납부유예제도를 활용하는 것이 유리할 수 있습니다.

가업승계제도와 납부유예제도, 요약정리 🔍

가업상속공제제도와 상속세 납부유예 제도

구분		가업상속공제	납부유예
대상		중소·중견(매출액 5천억 원 미만)기업	중소기업
혜택		상속재산에서 공제	상속인이 양도·상속·증여하는 시점까지 상속세 납부유예 ※ 재차 가업승계 시 계속 납부유예 가능
공제한도		300억 원~600억 원	없음
사후 관리	기간	5년	5년 (법인지분유지는 납부유예 기간동안)
	업종	대분류 내 변경 허용	–
	고용	5년 평균 90%	5년 평균 70%
	지분	5년 이내 지분감소 금지	납부유예 기간동안 지분감소 금지

가업승계 증여특례제도와 증여세 납부유예 제도

구분		가업승계 증여특례	납부유예
대상		중소·중견(매출액 5천억 원 미만)기업	중소기업
혜택		10억 원 공제 후 10~20% 과세	수증자가 양도·상속·증여하는 시점까지 증여세 납부유예 ※ 재차 가업승계 시 계속 납부유예 가능
상속정산		상속 시 기간제한 없이 상속세 정산	상속 시 기간제한 없이 상속세 정산
공제한도		300억 원~600억 원	없음
사후 관리	기간	5년	5년 (지분유지는 납부유예 기간동안)
	업종	대분류 내 변경 허용	–
	고용	–	5년 평균 70%
	지분	5년 이내 지분감소 금지	납부유예 기간동안 지분감소 금지

납부유예 신청 요건

가업상속에 대한 상속세 납부유예 (다음 요건 모두 충족)

구분	내용
요건 1	상속인이 상속세 및 증여세법 제18조의2 제1항에 따른 가업(중소기업으로 한정)을 상속받았을 것(가업상속공제 준용)
요건 2	가업상속공제(영농상속공제 포함)를 적용 받지 않았을 것
요건 3	납세담보를 제공할 것 ※ 담보할 국세의 120%(현금, 납세보증보험증권, 은행납세보증서는 110%)
요건 4	상속세 과세표준 신고기한까지 신청서를 제출할 것 ※ 상속세 법정결정기한(신고기한으로부터 9개월) 내 허가여부 서면 통지

가업승계에 대한 증여세 납부유예 (다음 요건 모두 충족)

구분	내용
요건 1	가업(중소기업으로 한정)의 승계를 목적으로 해당 가업의 주식 또는 출자지분을 증여받았을 것(가업승계 과세특례 요건 준용)
요건 2	가업승계에 대한 증여세 과세특례, 창업자금에 대한 증여세 과세특례를 적용받지 않았을 것
요건 3	납세담보를 제공할 것 ※ 담보할 국세의 120%(현금, 납세보증보험증권, 은행납세보증서는 110%)
요건 4	증여세 과세표준 신고기한까지 신청서를 제출할 것 ※ 증여세 법정결정기한(신고기한으로부터 6개월) 내 허가여부 서면 통지

납부유예에 대한 사후관리

납부유예를 적용받았다고 하더라도 가업 상속인이나 수증자가 사후의무요건을 이행하지 않으면 상속세(증여세)를 재계산하여 납부해야 합니다. 일반적인 가업승계제도에 비해 사후관리요건은 다소 완화되었으나, 사후관리내용에 차이가 있으므로 주의가 필요합니다.

가업상속에 대한 상속세 납부유예 사후관리

구분	내용
1	(개인 가업자산 유지) 40% 이상을 처분한 경우
2	(가업 미종사) 5년 이내 대표이사 미종사 및 1년 이상 휴·폐업하는 경우
3	(법인 가업지분 감소) 주식 등을 상속받은 상속인의 지분이 감소한 경우
4	(고용 미유지) 5년 통산 정규직 근로자 수와 총급여액이 70%에 미달하는 경우
5	(상속 개시) 상속인이 사망하여 재상속이 개시되는 경우

가업승계에 대한 증여세 납부유예 사후관리

구분	내용
1	(가업 미종사) 5년 이내 대표이사 미종사 및 1년 이상 휴·폐업하는 경우
2	(지분 감소) 주식 등을 상속받은 상속인의 지분이 감소한 경우
3	(고용 미유지) 5년 통산 정규직 근로자 수와 총급여액이 70%에 미달하는 경우
4	(상속 개시) 수증자가 사망하여 상속이 개시되는 경우

납부유예의 재허가 신청

납부유예에 대한 사후관리 위반사유가 발생하였더라도, 다음 중 어느 하나에 해당하는 경우에는 납부유예를 계속하여 신청할 수 있습니다(조특법 제30조의7 제6항).

구분	내용
지분감소	(상속인 또는 수증인의 지분이 감소한 경우) • 수증자가 가업승계에 대한 증여세 과세특례를 적용받거나, 가업승계 시 증여세 납부유예제도 허가를 받은 경우
상속개시	(상속인 또는 수증인이 사망한 경우) • 그 상속인 또는 수증자로부터 다시 상속받은 상속인이 상속받은 가업에 대하여 가업상속공제를 받거나 납부유예 허가를 받은 경우

■ 가업승계제도가 적용되는 중소·중견기업의 해당 업종(상증법 제15조 제1항 및 제2항 관련 별표)

· 한국표준산업분류에 따른 업종

표준산업분류상 구분	가업 해당 업종
가. 농업, 임업 및 어업 (01~03)	작물재배업(011) 중 종자 및 묘목생산업(01123)을 영위하는 기업으로서 다음의 계산식에 따라 계산한 비율이 100분의 50 미만인 경우 [제15조제7항에 따른 가업용 자산 중 토지(「공간정보의 구축 및 관리 등에 관한 법률」에 따라 지적공부에 등록해야 할 지목에 해당하는 것을 말한다)및 건물(건물에 부속된 시설물과 구축물을 포함한다)의 자산의 가액]÷(제15조제7항에 따른 가업용 자산의 가액)
나. 광업(05~08)	광업 전체
다. 제조업(10~33)	제조업 전체. 이 경우 자기가 제품을 직접 제조하지 않고 제조업체(사업장이 국내 또는 「개성공업지구 지원에 관한 법률」 제2조제1호에 따른 개성공업 지구에 소재하는 업체에 한정한다)에 의뢰하여 제조하는 사업으로서 그 사업이 다음의 요건을 모두 충족하는 경우를 포함한다. 1) 생산할 제품을 직접 기획(고안·디자인 및 견본제작 등을 말한다)할 것 2) 해당 제품을 자기명의로 제조할 것 3) 해당 제품을 인수하여 자기책임하에 직접 판매할 것
라. 하수 및 폐기물 처리, 원료 재생, 환경정화 및 복원업(37~39)	하수·폐기물 처리(재활용을 포함한다), 원료 재생, 환경정화 및 복원업 전체
마. 건설업(41~42)	건설업 전체
바. 도매 및 소매업 (45~47)	도매 및 소매업 전체
사. 운수업(49~52)	여객운송업[육상운송 및 파이프라인 운송업(49), 수상 운송업(50), 항공 운송업(51) 중 여객을 운송하는 경우]
아. 숙박 및 음식점업 (55~56)	음식점 및 주점업(56) 중 음식점업(561)

표준산업분류상 구분	가업 해당 업종
자. 정보통신업(58~63)	출판업(58)
	영상·오디오 기록물제작 및 배급업(59). 다만, 비디오물 감상실 운영업(59142)은 제외한다.
	방송업(60)
	우편 및 통산업(61) 중 전기통신업(612)
	컴퓨터 프로그래밍, 시스템 통합 및 관리업(62)
	정보서비스업(63)
차. 전문, 과학 및 기술서비스업(70~73)	연구개발업(70)
	전문서비스업(71) 중 광고업(713), 시장조사 및 여론조사업(714)
	건축기술, 엔지니어링 및 기타 과학기술 서비스업(72) 중 기타 과학기술 서비스업(729)
	기타 전문, 과학 및 기술 서비스업(73) 중 전문디자인업(732)
카. 사업시설관리 및 사업지원 서비스업 (74~75)	사업시설 관리 및 조경 서비스업(74) 중 건물 및 산업설비 청소업(7421), 소독, 구충 및 방제 서비스업(7422)
	사업지원 서비스업(75) 중 고용알선 및 인력 공급업(751, 농업노동자 공급업을 포함한다), 경비 및 경호 서비스업(7531), 보안시스템 서비스업(7532), 콜센터 및 텔레마케팅 서비스업(75991), 전시, 컨벤션 및 행사 대행업(75992), 포장 및 충전업(75994)
타. 임대업 : 부동산 제외 (76)	무형재산권 임대업(764, 「지식재산 기본법」 제3조제1호에 따른 지식재산을 임대하는 경우로 한정한다)
파. 교육서비스업(85)	교육 서비스업(85) 중 유아 교육기관(8511), 사회교육시설(8564), 직원훈련기관(8565), 기타 기술 및 직업훈련학원(85669)
하. 사회복지 서비스업 (87)	사회복지서비스업 전체
거. 예술, 스포츠 및 여가 관련 서비스업 (90~91)	창작, 예술 및 여가관련 서비스업(90) 중 창작 및 예술관련 서비스업(901), 도서관, 사적지 및 유사 여가관련 서비스업(902). 다만, 독서실 운영업(90212)은 제외한다.
너. 협회 및 단체, 수리 및 기타 개인 서비스업(94~96)	기타 개인 서비스업(96) 중 개인 간병인 및 유사 서비스업(96993)

- 개별법률의 규정에 따른 업종

기업 해당 업종
가.	「조세특례제한법」 제7조제1항제1호커목에 따른 직업기술 분야 학원
나.	「조세특례제한법 시행령」 제5조제9항에 따른 엔지니어링사업
다.	「조세특례제한법 시행령」 제5조제7항에 따른 물류산업
라.	「조세특례제한법 시행령」 제6조제1항에 따른 수탁생산업
마.	「조세특례제한법 시행령」 제54조제1항에 따른 자동차정비공장을 운영하는 사업
바.	「해운법」에 따른 선박관리업
사.	「의료법」에 따른 의료기관을 운영하는 사업
아.	「관리진흥법」에 따른 관광사업(카지노업, 관광유흥음식점업 및 외국인전용 유흥음식점업은 제외한다)
자.	「노인복지법」에 따른 노인복지시설을 운영하는 사업
차.	법률 제15881호 노인장기요양보험법 부칙 제4조에 따라 재가장기요양기관을 운영하는 사업
카.	「전시산업발전법」에 따른 전시산업
타.	「에너지이용 합리화법」 제25조에 따른 에너지절약전문기업이 하는 사업
파.	「국민 평생 직업능력 개발법」에 따른 직업능력개발훈련시설을 운영하는 사업
하.	「도시가스사업법」 제2조제4호에 따른 일반도시가스사업
거.	「연구산업진흥법」 제2조제1호나목의 산업
너.	「민간임대주택에 관한 특별법」에 따른 주택임대관리업
더.	「신에너지 및 재생에너지 개발·이용·보급 촉진법」에 따른 신·재생에너지 발전사업

■ 중소·중견기업의 범위(조특법시행령 제2조 제1항 제1호 및 제3호)

① 법 제6조1항 각 호 외의 부분에서 "대통령령으로 정하는 중소기업"이란 다음 각 호의 요건을 모두 갖춘 기업(이하 "중소기업"이라 한다)을 말한다. 다만, 자산 총액이 5천억 원 이상인 경우네는 중소기업으로 보지 않는다.

1. 매출액이 업종별로 「중소기업기본법 시행령」 별표 1에 따른 규모 기준("평균 매출액등"은 "매출액"으로 보며, 이하 이 조에서 "중소기업기준"이라 한다)이내일 것

3. 「독점규제 및 공정거래에 관한 법률」 제31조제1항에 따른 공시대상기업집단에 속하는 회사 또는 같은 법 제33조에 따라 공시대상기업집단의 국내 계열회사로 편입·통지된 것으로 보는 회사에 해당하지 않으며, 실질적인 독립성이 「중소기업기본법 시행령」 제3조제1항제2호에 적합할 것. 이 경우 「중소기업기본법 시행령」 제3조제1항제2호나목의 주식등의 간접소유 비율을 계산할 때 「자본시장과 금융투자업에 관한 법률」에 따른 집합투자기구를 통하여 간접소유한 경우는 제외하며, 「중소기업기본법 시행령」 제3조제1항제2호다목을 적용할 때 "평균매출액등이 별표 1의 기준에 맞지 아니하는 기업"은 "매출액이 「조세특례제한법 시행령」 제2조제1항제1호의 따른 중소기업기준에 맞지 아니하는 기업"으로 본다.

「조세특례제한법 시행령」 제9조제4항제1호 및 제3호

④ 법 제10조제1항제1호가목2)에서 "대통령령으로 정하는 중견기업"이란 다음 각 호의 요건을 모두 갖춘 기업을 말한다.

1. 중소기업이 아닐 것
3. 소유와 경영의 실질적인 독립성이 「중견기업 성장촉진 및 경쟁력 강화에 관한 특별법 시행령」 제2조제2항제1호에 적합할 것

■ 중소기업기본법 시행령 별표1(주된 업종별 평균매출액 등의 중소기업 규모 기준)

	해당 기업의 주된 업종	분류기호	규모 기준
1.	의복, 의복액세서리 및 모피제품 제조업	C14	평균매출액등 1,500억 원 이하
2.	가죽, 가방 및 신발 제조업	C15	
3.	펄프, 종이 및 종이제품 제조업	C17	
4.	1차 금속 제조업	C24	
5.	전기장비 제조업	C28	
6.	가구 제조업	C32	
7.	농업, 임업 및 어업	A	평균매출액등 1,000억 원 이하
8.	광업	B	
9.	식료품 제조업	C10	
10.	담배 제조업	C12	

해당 기업의 주된 업종		분류기호	규모 기준
11.	섬유제품 제조업(의복 제조업은 제외한다)	C13	평균매출액등 1,000억 원 이하
12.	목재 및 나무제품 제조업(가구 제조업은 제외한다)	C16	
13.	코크스, 연탄 및 석유정제품 제조업	C19	
14.	화학물질 및 화학제품 제조업(의약품 제조업은 제외한다)	C20	
15.	고무제품 및 플라스틱제품 제조업	C22	
16.	금속가공제품 제조업(기계 및 가구 제조업은 제외한다)	C25	
17.	전자부품, 컴퓨터, 영상, 음향 및 통신 장비 제조업	C26	
18.	그 밖의 기계 및 장비 제조업	C29	
19.	자동차 및 트레일러 제조업	C30	
20.	그 밖의 운송장비 제조업	C31	
21.	전기, 가스, 증기 및 고기조절 공급업	D	
22.	수도업	E36	
23.	건설업	F	
24.	도매 및 소매업	G	
25.	음료 제조업	C11	평균매출액등 800억 원 이하
26.	인쇄 및 기록매체 복제업	C18	
27.	의료용 물질 및 의약품 제조업	C21	
28.	비금속 광물제품 제조업	C23	
29.	의료, 정밀, 광학기기 및 시계 제조업	C27	
30.	그 밖의 제품 제조업	C33	
31.	수도, 하수 및 폐기물 처리, 원료재생업(수도업은 제외한다)	E(E36 제외)	
32.	운수 및 창고업	H	
33.	정보통신업	J	
34.	산업용 기계 및 장비 수리업	C34	평균매출액등 600억 원 이하
35.	전문, 과학 및 기술 서비스업	M	
36.	사업시설관리, 사업지원 및 임대 서비스업(임대업은 제외한다)	N (N76 제외)	
37.	보건업 및 사회복지 서비스업	Q	
38.	예술, 스포츠 및 여가 관련 서비스업	R	
39.	수리(修理) 및 기타 개인 서비스업	S	

해당 기업의 주된 업종	분류기호	규모 기준
40. 숙박 및 음식점업	I	평균매출액등 400억 원 이하
41. 금융 및 보험업	K	
42. 부동산업	L	
43. 임대업	N76	
44. 교육 서비스업	P	

PART 5

법인에서
보험 활용하기

　마지막 Part 5에서는 보험을 활용해 법인의 고민을 해결하고, 더 나아가 절세까지 할 수 있는 전략들을 소개합니다.

　먼저 경영인정기보험, 종신보험, 연금을 비롯한 저축성보험 등 보험 종류별 특징을 파악하고 실제 컨설팅 사례 중 보험이 활용된 경우를 따로 정리하였습니다. 마지막으로 평소 문의가 많은 분야인 법인보험*의 회계처리에 대해서도 자세히 살펴보겠습니다. 준비 되셨나요?　법인보험의 세계로 출발합니다.

---

* 　PART 5에서는 편의상 법인이 계약자로 가입한 보험을 '법인보험'이라 통칭한다.

보험절세모음 (법인편)

01 법인에 보험이 꼭 필요할까요?

사례 1

김 대표님이 20년 가까이 운영하던 기업은 내실이 있었고 최근 거래처가 늘어 규모도 커졌습니다. 하지만 갑자기 급성심근경색으로 대표님이 쓰러진 후 회사 사정은 급속도로 나빠졌습니다. 결국 외상대금을 상환일까지 갚지 못해 부도처리를 해야만 했습니다. 분명 매출도 이익도 충분히 나고 있었는데 왜 이런 일이 벌어졌을까요?

사례 2

큰 아이가 회사에서 함께 일하며 가업을 물려줄 준비를 하고 싶은 박 대표님. 회사주식을 자녀에게 증여하려 했지만, 주식가치가 너무 높게 나와 증여세가 부담스럽습니다. 회사에 미처분 이익잉여금이 너무 많이 쌓여서 이런 일이 일어났다는데, 박 대표님은 의아하기만 합니다.

"이익잉여금이 수십 억 쌓여 있다는 건, 그냥 장부일 뿐입니다. 실제로 회사에 그만한 자금이 없는데, 거기에 세금을 매기니 황당한 기분입니다."

기업 운영에는 언제나 크고 작은 위험이 존재하며, 그 중 하나가 기업의 돈줄이 막히는 유동성 위험입니다. 특히 사례 1의 김 대표님처럼 CEO 유고 시에는 유동성 위험이 더 높아집니다. 대출에 대한 조기상환과 매입채무 상환에 대한 압력이 거세지

고 매출채권의 회수는 지지부진해지기 때문입니다. 재무제표상 이익잉여금과 당기순이익이 충분하더라도, 현금흐름이 원활하지 못해 회사가 부도를 맞는 경우를 어렵지 않게 볼 수 있습니다.

유동성 위험을 관리하는 데 보험이 유용합니다.

유동자금이 꼭 필요한 시기에 현금으로 보험금이 지급되기 때문입니다. 일반적으로 기업에 필요한 유동자금은 운영자금, 투자자금, CEO의 갑작스러운 유고에 대비하는 비상자금, 상속세 납부재원 등이 있습니다.

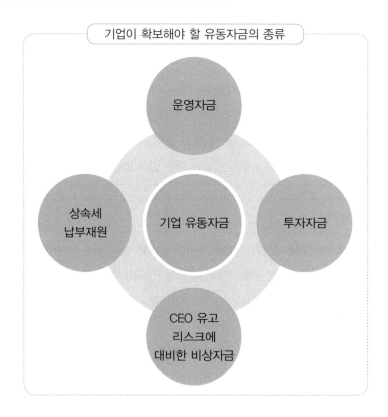

기업 유동성을 확보하면서 절세까지 가능

법인보험은 기본적으로 CEO의 유고에 따른 기업 유동성 위기에 대비하는 것에 목적이 있습니다.

보험절세모음 (법인편)

중소기업일수록 CEO에 대한 의존도가 높기 때문에 유고 시 경영위기가 찾아올 위험이 크며, 충분한 자금 유동성을 확보해야 합니다.

CEO가 재직 중일 때는 임원의 퇴직금 지급을 위한 재원을 마련하는 용도로 보험을 활용하며, 퇴직시점이 되면 이 자금으로 임원의 퇴직금을 지급합니다. 즉, 법인보험에 가입해 CEO 사망 시에는 사망보험금을 비상경영자금으로, CEO가 생존 시에는 적립금을 퇴직금 재원으로 사용하는 겁니다.

대표님 개인적으로는 상대적으로 실효세율이 낮은 퇴직소득세를 부담해 은퇴자금을 마련할 수 있고, 법인 입장에서는 퇴직금 적립재원이나 지급하는 퇴직금을 비용처리 할 수 있어 기업의 주식가치가 하락하는 효과가 발생합니다. 주식을 자녀에게 이전하거나 회사를 물려주고 싶을 때 활용하기 좋은 전략입니다.

정리하면 법인이 보험을 가입하는 목적은 다음과 같습니다.

☑ 필요한 시기에 법인의 자금 유동성 확보
☑ 다양한 종류의 보험과 설계방법으로 절세효과 극대화

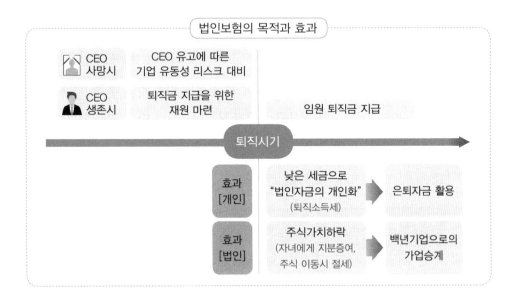

법인보험의 목적과 효과

제대로 효과를 누리려면 계·피·수* 설정이 중요

법인보험을 잘 활용하려면, 생명보험이 일반적인 금융상품과 다른 점 몇 가지 특징을 알아야 합니다.

생명보험의 가장 큰 특징은 바로 '피보험이익'이 존재한다는 점입니다.

피보험이익의 사전적 의미는 이렇습니다.

> '보험사고 발생에 의해 손해를 입을 우려가 있는
> 피보험자의 경제적 이익, 보험계약의 목적'

다시 말해 피보험자에게 보험사고가 발생하면 보험회사에서 약속한 보험금을 지급하므로 이로 인해 경제적 이익이 발생합니다. 개인의 삶에서 너무 일찍 죽거나 너무 오래 살거나 아프거나 사고를 당하는, 생로병사의 위험이 존재하며 이 손해에 대비하기 위해 생명보험이 필요하듯 법인 또한 마찬가지입니다. 법인의 인적 구성원인 임직원의 생로병사에 대비한 보험이 필요합니다. 이 때 발생하는 피보험이익을 활용해 법인은 위기 시 자금 유동성을 확보할 수 있습니다.

두 번째로 보험의 특징은 보험계약자와 수익자, 피보험자가 구분되어 있다는 점입니다.

일반 금융상품이 계약자와 수익자의 구조로 되어 있는 것과 다른 구조입니다. 따라서 보험은 계약자와 수익자, 피보험자를 어떻게 구성하는가에 따라 법인의 회계처리, 세금 등 여러가지 면에서 차이가 발생합니다. 특히 컨설팅을 할 때 신경 써야 하는 부분입니다.

---

* 보험계약자, 피보험자, 수익자를 줄인 말

보험 용어 바로 알기
① 보험계약자 : 보험회사와 계약을 체결하고 보험료를 납부하는 자
② 피보험자 : 보험(보상)의 대상이 되는 자
③ 보험수익자 : 보험금을 지급받기로 지정된 자

법인보험은 기본적으로 계약자 및 보험료를 납입하는 자가 '법인'인 경우를 가리킵니다. 피보험자는 가입목적에 따라 해당 법인의 대표이사, 임원, 직원 등으로 설정합니다. 사고가 발생했을 때 보험금을 지급받게 되는 수익자는 법인으로 지정하는 경우가 대부분이며, 경우에 따라 피보험자인 임직원을 지정할 수도 있습니다.

고객이 직접 들려주는 법인보험 활용사례   🔍

"CEO의 갑작스러운 사망, 그리고 닥친 자금 위기. 보험 덕분에 숨통이 틔었습니다."

: CEO 사망으로 인한 법인유동성 위기 극복

20년 가까이 제조업을 해 온 L 대표님. 의젓하게 장성한 아이들이 회사에서 함께 일하게 되면서 주위의 부러움을 샀습니다. 앞으로 내실을 키워 아이들에게 물려줄 일만 남았다며 친구들에게 자랑하곤 했습니다. 꽃길만 걸으리란 예상이 깨진 건 갑작스레 대표님께서 사망하신 후였습니다. 온전한 애도의 시간을 갖기도 전에 자금상환 압박이 거세지고 채권회수는 늦어졌습니다. 이대로 부도가 나겠구나 싶을 때, 아버지가 가입하셨던 보험이 숨통을 틔워 주었습니다. 사망보험금이 경영이 안정될 때까지 버틸 자금이 되어 주었죠. 보험 덕분에 아버지의 바람대로 회사를 물려 받아 성장시킬 기회를 갖게 되었습니다.

"너무 높은 상속세 때문에 회사를 팔아야 하는지 고민하던 중에 해법을 제시해 준 법인보험"

: 법인보험과 자기주식취득을 활용하는 일명 '상속 감자 플랜'

회사 말고 다른 자산은 별로 있지도 않은데, 회사 가치가 높아 상속세가 수십억 원이 될 거란 얘기를 듣게 되었습니다. 막막했지요. 결국 세금 때문에 회사를 처분해야 할 수도 있겠구나 싶었습니다. 그런데 법인보험으로 이 문제를 해결할 수 있었습니다. 이제 상속세 걱정 말고, 후계자 양성에만 힘 쏟으면 될 것 같습니다.

> "은퇴자금, 상속세 재원… 요즘 종신보험은 다용도로 쓸모 있으니까 마음 편하게 가입했습니다."

: 추가납입, 생활자금 등 부가기능의 활용

요즘 종신보험은 사망보험금만 받는 게 아니라 다용도로 자금을 사용할 수 있는 기능들이 더해져 있어 마음 편하게 가입 했습니다. 재직 중에는 필요하면 법인 자금으로 사용하고, 퇴직하면 일부를 생활비로 쓰다가 나중에 아이들에게 물려주면 되니까요.

> "누가 우리 같은 중소기업 주식을 한 주에 100만 원씩 주고 사겠습니까? 그런데 증여세나 상속세는 터무니없이 높은 주식가치에 맞춰서 내라고 하다니요. 다행히 비용처리 되는 보험으로 주식가치를 낮출 수 있어 한시름 놓았습니다."

: 보험을 활용한 주식가치 절감과 가업승계, 청산 등 Exit Plan

누가 우리 같은 중소기업 주식을 한 주에 100만 원씩 주고 사겠습니까? 우리 회사 주식가치가 그렇게나 높다는 말에 코웃음을 쳤었죠. 그런데 세금은 이 주식가격에 맞춰 내야 한다면서요? 이제 슬슬 아들에게 기업을 물려주려고 생각하고 있는데, 주식가치가 높은 만큼 세금이 터무니없이 많더군요. 이래저래 걱정하던 차에, 다행히 비용처리 되는 보험으로 주식가치를 낮출 수 있어 한시름 놓았습니다.

어떤 보험을 얼마나 가입할까요?

법인보험 가입에서 의사결정이 필요한 사항은 크게 3가지입니다.

Step 1. [가입목적] 법인에 보험이 왜 필요한가? 어떤 목적으로 보험을 활용하고자 하는가?

Step 2. [상품종류] 가입목적에 맞는 최적의 상품은 무엇인가?

Step 3. [보험료 및 보장의 크기] 보험료 및 보험금은 얼마가 적정한가?

STEP1 법인에 보험이 필요한 이유는 무엇인가요?

CEO와 임원이 재직 중일 때는 퇴직금 재원으로, 임원 유고 시에는 유동성 확보가 주요한 목적이 되며, CEO와 임원의 퇴직 후에는 퇴직금으로 지급하여 은퇴자금을 확보할 수 있습니다. 또한 시기와 상관없이 사망 시에는 상속세 납부를 위해 보험금을 활용합니다.

- 임원퇴직금 지급을 위한 재원 마련
- 임원의 은퇴자금 마련
- CEO 유고 시 발생할 수 있는 유동성 위기에 대비한 긴급 운영자금
- CEO 사망 후 가업을 물려주고자 할 때를 위한 승계자금 확보, 상속세 대비
- 보험료의 경비처리로 법인의 잉여금을 관리하고 법인세 절감

• 상속세 재원마련 및 상속세 절감

두 가지 이상의 복합적인 목적을 갖고 있는 경우가 대부분으로, 보험상품의 특성과 계약자, 피보험자, 수익자를 전략적으로 설정해 절세효과를 극대화합니다. 법인세, 상속세, 개인의 퇴직소득세 등 경우에 따라 여러 분야에서 절세컨설팅이 이루어집니다.

STEP2 가입목적에 맞는 최적의 상품은 무엇일까요?

보험 종류에 따라 법인에서 활용하는 대표적인 방법을 정리하였습니다. 세부적으로 계·피·수 설정방식을 다르게 하거나 상품의 특징에 따라 활용법은 더 다양해집니다.

보험종류	대표적 상품 특징	설정*	가입목적
종신보험	• 언제든지 종신 사망보장 • 납입보험료 대비 높은 사망보험금 • 납입보험료 중 위험보험료는 비용처리, 나머지는 자산처리 가능	계: 법인 피: 임원 수: 법인	☑ CEO 유고 리스크 대비 : 법인의 비상 유동자금 확보, 상속세 납부재원 활용 ☑ 임원퇴직금 지급 재원 : 퇴직 시 임원퇴직금으로 지급. ☑ 퇴직금 지급 시 한꺼번에 비용처리, 주식가치가 일시에 큰 폭으로 하락하여 지분 이동시 증여세 절세 가능 ☑ 원활한 상속 및 승계자금 활용
경영인 정기보험	• 정해진 시점까지 사망보장 • 해약환급률 상승했다 만기 시 0으로 떨어지는 구조 • 납입보험료 전액 비용처리(요건 충족 시), 이후 해약시점까지 법인세 과세이연 효과 발생	계: 법인 피: 임원 수: 법인	☑ 잉여금 관리 : 보험료 비용처리로 법인세 절감 효과 ☑ 재직 중 CEO 유고 리스크 대비 ☑ 임원퇴직금 지급 재원
연금 또는 저축성 보험	• 저축성 상품으로 높은 환급률 • 납입보험료 또는 적립금은 자산처리	계: 법인 피: 임원 수: 법인	☑ 법인 중장기 목적자금 운용 ☑ 임원 퇴직금 지급 재원 : 퇴직 시 임원의 은퇴자금으로 활용

보험종류	대표적 상품 특징	설정°	가입목적
단체성 (정기)보험	• 정해진 시점까지 보장 • 보험료는 복리후생비로 처리 가능°°	계: 법인 피: 직원 수: 직원	☑ 직원 복리후생 ☑ 근로기준법상 유족보상금 지급 재원

※ 위 표는 이해를 돕기 위해 보험상품의 대표적인 속성을 기준으로 구분한 것이며, 개별 상품에 따라 세부적인 내용이 달라질 수 있습니다.

° 계(계약자), 피(피보험자), 수(수익자)

°° 요건 충족 시 (자세한 요건은 이어지는 개별 상품별 활용방법을 참고하시기 바랍니다.)

자세한 내용은 이어지는 상품종류별 활용법에서 살펴보겠습니다.

STEP3 보험료 및 보험금의 사이즈는 어느 정도가 적정한가?

개인 재무설계에서는 위험에 대비한 보험의 필요성을 강조하며 적정 보험료를 산정합니다. 저자는 보험료가 소득 대비 10% 전후일 때 적정하다고 판단하며, 가족 전체를 기준으로 할 때는 소득의 15%를 넘지 않도록 추천합니다.(보장성 보험 기준)

법인보험은 어느 정도일 때 적정한 걸까요? 가입 보험의 크기를 결정할 때 반드시 고려해야 할 기준은 두 가지입니다.

첫째, 피보험이익의 크기입니다. 필요한 보장의 규모를 산정해 이를 기준으로 삼는 겁니다.

'CEO 유고에 따른 기업 유동성 위험에 대비한다'는 목적으로 보험에 가입한다고 가정해 보겠습니다. 기업에 꼭 필요한 유동자금으로는 거래처 매입채무 및 단기 금융부채(단기차입금) 상환자금, 운영자금 등이 있습니다. 해당 기업의 현금보유 규모를 따져 산출된 부족금액이 '기업 유동성 위험에 대비해 필요한 보험 가입 크기'가 됩니다.

기업 부채위험에 대비한 필요자금 = (A−B)

- 사업용부채(A) = 매입채무 + 단기 금융부채 + 운영자금
- 기업의 현금보유액(B)

예시 1 기업 유동자금 규모를 통해 예측한 보험가입 규모

	2019년	2020년	2021년	2022년	2023년
사업용부채(A)	119.7억 원	104.3억 원	113.0억 원	109.7억 원	100.5억 원
기업현금보유액(B)	6.3억 원	15.5억 원	4.2억 원	5.2억 원	10.2억 원
최소 기업 필요자금(A−B)	113.3억 원	88.8억 원	108.9억 원	104.5억 원	90.3억 원

또 다른 경우를 생각해 볼까요?

CEO의 퇴직금 재원 마련을 목적으로 보험을 가입하려고 합니다.

임원의 퇴직시점은 10년 후, 퇴직금 규모는 10억으로 예상됩니다. 법인의 매출, 이익은 높지만 정작 CEO 퇴직금을 일시에 10억이나 지급할 정도로 현금 여력이 있진 않습니다. 그래서 임원의 퇴직금 재원 마련을 위한 보험을 가입하기로 했습니다. 필요한 보험의 크기를 다음처럼 계산할 수 있습니다.

> 1) 퇴직시점 예상 퇴직금 규모 = 10억 원
>
> 2) 연간 필요 적립액 = 필요한 퇴직금 재원(10억) ÷ 남은 기간(10년) = 1억 원
>
> 3) 월보험료 = 1억 ÷ 12개월 = 약 833만원

※ 위 계산은 납입보험료를 기준으로 단순 예시한 것이며, 보험의 종류나 적립률에 따라 달라질 수 있습니다.

원금 기준으로 월보험료 800~900만 원 정도면 목표를 달성하기에 적당한 규모라 할 수 있습니다.

둘째, 법인의 재무상황입니다. 회사가 지속적으로 보험료를 납입할 여력은 어느 정도인지 따져 보는 겁니다.

가장 기본적으로는 재무제표상 당기순이익을 기준으로 납입여력을 가늠한 다음, 유동성과 현금흐름 등을 반영해 실제 보험료를 조정합니다. 이 때는 한 해의 재무제표만 보지 말고, 최근 3년 이상의 흐름을 살펴보는 것이 좋습니다. 손익계산서의 분석 지표 중 하나인 EBITDA를 활용해 현금창출능력을 가늠해 보는 것도 한 방법입니다. (자세한 내용은 〈Part1. 재무제표를 통한 기업의 보험가입여력, 어떻게 확인할까요?〉(086p) 부분을 참고하시기 바랍니다.) 물론 재무제표만으로 모든 것을 파악할 수 없습니다. 상담을 통해 실질적인 기업의 현금흐름과 자금여력을 파악하려는 노력이 필요합니다.

경험적으로는 법인보험의 연간보험료가 당기순이익의 10~30% 정도일 때, 현금흐름에 큰 부담을 느끼지 않는 것으로 나타났습니다.

QUIZ. 임원소득보상 플랜을 통해 제시할 적정 보험료는 얼마일까요?

사례 A 회사의 대표님은 2024년 1월 현재 연봉 1억 원(2019년 직전 3년 평균 연봉은 5,000만 원), 2014년 1월부터 근속하였습니다.

10년 후(20년 근무) 퇴직 시 퇴직금 재원을 마련하기 위해 얼마의 보험을 제안하면 될까요?

(퇴직금 지급규정상 지급배수는 2019년 이전 근속분은 3배, 2020년 이후 근속분은 2배로 가정함)

계산 퇴직금 예상액 계산

= (5,000만 원 × 10% × 6년 × 3배) + (1억 원 × 10% × 14년 × 2배) = 3.7억 원

⇨ 앞으로 10년후 퇴직 예정이므로 퇴직금 3.7억 원 ÷ 10년 ÷ 12개월

= 월 308만 원

03 경영인정기보험은 언제 필요할까요?

법인세 절감, 임원 유고 리스크 대비, 임원 퇴직금. 세 마리 토끼를 모두 잡고 싶다면

(1) 상품의 특징은 무엇일까요? ··· 상품의 구조와 특징

경영인정기보험은 법인에 특화된 보험으로 상품의 구조는 다음과 같습니다.

첫 번째 특징은, 일정 기간(일반적으로 90세)까지 정해진 기간 동안 사망보장을 하는 '정기보험'이라는 점입니다. 사망보장은 상품에 따라 차이가 있지만 대체로 일정기간 동안 동일한 보장을 하다가, 그 기간 이후부터는 일정률로 체증하여 사망보장이 늘어나는 체증형 구조로 되어 있습니다.

둘째, 보험료 납입기간은 전기납입니다. 이는 보험료의 비용처리를 위해 지켜야 하는 항목입니다. 경영인정기보험의 납입보험료를 비용으로 인정받기 위해서 몇 가지의 요건이 필요하며, 그 중 하나가 '납입기간과 보장기간이 동일한가'입니다.

셋째, 해약환급금 환급률이 일정기간 상승하다가 하락해 만기에 0이 되는 구조입니다. 환급률이 상승하는 시기에는 납입보험료 대비 100% 전후의 높은 환급률을 보이므로, 이 시기에는 퇴직금 재원이나 법인의 비상자금으로 활용할 수 있습니다.

(2) 어떻게 활용할까요? ··· 가입목적과 활용

CEO의 갑작스러운 부재는 기업 유동성 위기로 이어집니다. CEO 유고 시 사망보험

금으로 유동자금을 준비합니다. 이 자금은 남겨진 유족에게 보상금으로 지급하거나 직원의 미지급 급여, 매입채무변제, 대출상환 등 부채를 해결하는 자금으로 쓰입니다.

만약 재직중 별다른 일이 생기지 않는다면, 적립금을 임원퇴직금 지급을 위한 재원으로 활용합니다. 동시에 연간보험료만큼 경비처리 가능하므로, 기업의 이익을 줄이고 법인세 과세시기를 해약시점까지 늦추는 법인세 과세이연 효과도 누릴 수 있습니다.

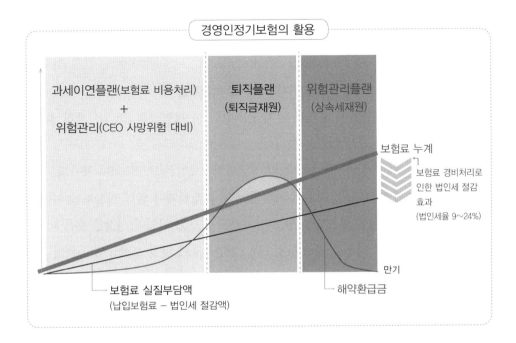

보험료 누계

보험료 경비처리로 인한 법인세 절감 효과
(법인세율 9~24%)

만기

해약환급금

보험료 실질부담액
(납입보험료 − 법인세 절감액)

보험료 전액 비용처리로 법인세 절감

만약 경영인정기보험을 가입해 매월 1,000만 원의 보험료를 납입하고, 법인세율이 19%인 법인이라고 가정해 보겠습니다. 이 경우, 매년 2,508만 원의 법인세 절감효과를 얻을 수 있습니다.

(정확한 표현은 "과세이연"으로 납입시점에는 비용처리, 이후 해약 시 해약환급금은 익금에 산입하므로 법인세 과세)

법인세 절감액

월보험료 1,000만 원 × 12개월 × (법인세율 19% + 지방소득세 1.9%) = 2,508만 원

비상장주식 가치를 떨어트려 증여세, 상속세, 양도세 절세

비상장주식 가치 평가의 기초가 되는 것이 순자산가액과 순손익액입니다. 경영인정기보험은 보험료를 비용처리 하므로, 연간 납입보험료만큼 순이익이 줄어들어 비상장주식가치를 떨어트리는 효과가 있습니다.

기업가치가 낮아지면 무엇이 좋을까요?

기업의 지분, 즉 주식을 자녀에게 증여하거나 상속이 일어날 때, 줄어든 자산의 가치만큼 상속세나 증여세를 절세할 수 있습니다.

재직 중 CEO 유고 시 기업 유동성 위기에 대비한 비상자금

경영인정기보험은 사망 시 보험금을 지급합니다. 이 보험금은 CEO가 재직 중 사망했을 때 경영안정화 자금 역할을 합니다.

상품마다 다소 차이가 있지만 대부분의 경영인정기보험은 보장금액이 체증되는 형태가 많습니다. 가입 후 일정 기간이 지나면 매년 보장금액이 일정 비율로 늘어나는 구조입니다. 사업 초기에 필요한 보장보다 시간이 흐르고 기업이 성장할 수록 더 많은 자금이 필요하다는 니즈를 반영한 것으로, 기업성장에 맞춰 보장금액이 늘어나기 때문에 활용도가 높습니다.

CEO 및 핵심임원 퇴직 시 퇴직금 지급 재원으로 활용

경영인정기보험의 비용처리를 위해서는 '퇴직 시점이 예측되지 않는 소유경영인'을 피보험자로 설계하는 것이 원칙입니다. 하지만, 급변하는 기업환경 하에서 경영인정기보험의 피보험자인 CEO와 핵심임원이 불가피하게 퇴직하게 될 수도 있습니다. 이럴 때 가입한 경영인정기보험을 해약하여 퇴직금 재원으로 사용할 수 있습니다.

법인의 입장에서 해약환급금을 수령하면 이 보험금은 '영업외 이익'이 발생한 것으로 보아 익금처리 됩니다. 하지만, 보험금 수령과 동시에 퇴직금 지급이 일어나는 경우, 보험금과 퇴직금이 비슷한 규모라면 서로 상계되어 당기순이익은 변동하지 않을 수 있습니다. 결과적으로 법인의 순자산이 증가되지 않아 추가적인 법인세도 발생하지 않을 수 있습니다. 뿐만 아니라 기업가치의 변동이 적어 대출이나 자금유치 등에 영향을 미치지 않는다는 것도 장점입니다.

법인의 유동자금, 혹은 상속세 재원으로

갑자기 법인에 긴급한 현안과 투자계획이 생긴다면, 경영인정기보험의 해약환급금을 다양하게 운영할 수 있습니다. 또한 경영인정기보험을 담보로 약관대출을 통해 긴급한 자금조달도 가능합니다. 해약환급금의 50% 범위에서 즉시 대출 가능하며, 중도상환 수수료는 없습니다.

또한 중도에 보험료를 계속 납입하는 것이 힘들어지는 경우 감액완납, 연금전환이나 종신전환 등의 기타 기능을 활용하는 것도 좋습니다. 신청시점의 해약환급금으로 보장금액(사망보험금)을 다시 산정하며 보험료 납입에 대한 부담을 덜 수 있습니다.

요약 정리

경영인정기보험의 가입 목적 5가지

- 보험료 전액 비용처리로 법인세 과세이연
- 비상장주식가치를 하락시켜 증여세, 상속세, 양도세 절세
- 재직 중 CEO 유고시 기업유동성위기에 대비한 비상자금
- CEO 및 핵심임원 퇴직시 퇴직금 지급 재원
- 법인의 유동자금 혹은 상속세 재원

(3) 경영인정기보험은 법인세를 얼마나 줄일 수 있을까요?

법인세율

법인세 과세표준	법인세율	지방소득세 포함 시
2억 이하	9%	9.9%
2억 초과 ~ 200억 이하	19%	20.9%
200억 초과 ~ 3,000억 이하	21%	23.1%
3,000억 초과	24%	26.4%

경영인정기보험의 보험료를 비용처리 했을 때 법인세 절감액 예시

세전 당기순이익 (과세표준)	법인세율 (지방세 포함)	법인세 (지방세 포함)	경영인정기보험 가입, 보험료 비용처리 시	
			월보험료 (연간보험료)	연간 법인세 절감액 (지방소득세 포함)
5억 원	19% (20.9%)	7,500만 원 (8,250만 원)	1,000만 원 (1억 2,000만 원)	2,280만 원 (2,508만 원)
			2,000만 원 (2억 4,000만 원)	4,560만 원 (5,016만 원)

(4) 납입보험료를 100% 비용처리 할 수 있을까요?

경영인정기보험 보험료의 손비처리 여부는 한동안 논란이 있었으나, 2018년 대법원 판결로 마침표를 찍었습니다.

대법원은 판결문에서 '순수보장성보험으로 피보험자의 정년이 정해져 있지 않고 해지시점이 불확정인 경영인정기보험의 납입보험료는 전액이 비용의 성질을 가지므로 해당 납입연도에 손비처리 가능하다'고 판시하였습니다.(대법원2015다56147, 2018.08.30)

국세청 또한 비슷한 입장입니다. '대표이사의 퇴직기한이 정해지지 않아 해약환급

금을 산정할 수 없어 만기환급금이 없는 경우 납입보험료를 손금에 산입하고, 이후 해약환급금은 익금에 산입한다.' (국세청, 서면법인 2018-1779, 2018.07.18.)

다만, 이를 위해 다음 몇 가지 핵심요건을 만족해야 합니다.

	경영인정기보험 손비처리를 위한 핵심요건
1. 업무관련성	리스크 관리가 필요한 임원을 피보험자로 하였는가?
2. 금액 타당성	납입보험료와 보장금액이 적정한가?
3. 만기유지 가능	법인의 현금흐름과 규모상 만기까지 유지가 가능한가?
4. 전기납	납입기간과 보장기간이 동일한가?
5. 제반 서류 검토	정관 등 제반서류의 준비가 되었는가?

※ 상품별 보험의 회계처리는 〈Part5. 07 법인보험의 회계처리〉(461p)에서 자세히 다루고 있으니 참고하시기 바랍니다.

한 페이지로 보는 경영인정기보험 활용법 🔍

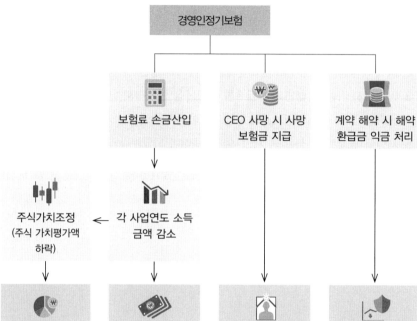

경영인정기보험

| 보험료 손금산입 | CEO 사망 시 사망 보험금 지급 | 계약 해약 시 해약 환급금 익금 처리 |

주식가치조정 (주식 가치평가액 하락) ← 각 사업연도 소득 금액 감소

주식 지분 이동 시 증여세, 양도세 절세 승계, 청산 시 절세

비상장주식 보충적 평가 방법 [일반법인]

(1주당 순손익가치×3+1 주당 순자산가치×2)/5

• 보험료 손금산입 각 사 업연도 소득금액 감소 −순손익가치 감소

• 임원 퇴직플랜−순자 산가치&순손익가치 감소

미처분이익잉여금 관리 −적절한 배당정책과 급 여관리 및 정기보험 가 입을 통한 비용처리

법인세 절세 (과세 이연 효과)

납입보험료 손금산입 비 용처리 [법인세 과세표 준−연간보험료]×법인 세율

• 2억 이하 9.9% (법인 세, 지방소득세 포함)

• 2억 초과~200억 이 하 20.9% (법인세, 지 방소득세 포함)

과세표준 하락 효과로 큰 폭의 법인세 절감 가 능 (2억 초과에서 2억 이 하로 구간 변경 시)

CEO Risk Hedge 유고 시 상속세 등 세금 납부, 기업부채 위기, 유동성 위기

CEO 유고 시 사망보험 금 통한 현금자산 확보

• 유동성 위기−대출 및 채무 상환·고정비 및 변동비 계속 지출

• 상속세 재원 마련−비 상장주식, 비사업용 재 산 포함

정기보험의 체증형 구조 를 통해 법인의 성장에 따른 CEO Risk Hedge

경기변동에 따른 법인자금 운영 Risk Hedge, 신용도 하락 방어

경기침체▶사업불황▶매 출감소▶당기순이익 감 소▶결손발생▶신용도 하 락 [자금 확보 어려움]

정기보험 해약환급금 활 용 영업외 이익 발생, 결 손방어 신용도 유지 법인 운영자금 안정적 확보

정기보험 환급금을 활 용 법인의 신용도 Risk Hedge

04 종신보험은 언제 필요할까요?

사업을 물려줄 계획이 있거나 상속세가 걱정된다면 요즘 대세는 종신보험

(1) 상품의 특징은 무엇일까요? … 상품의 구조와 특징

CEO의 사망은 대부분의 기업에 유동성 위기를 불러옵니다. 특히 중소기업에서 CEO는 분야를 가리지 않고 막대한 영향력을 보여주는 만큼, CEO 사망 시 회사가 휘청거릴 가능성이 큽니다. 대금지급과 대출상환에 대한 압력이 거세지고 이를 감당할 수 없으면 부도위기에 몰리게 되는 거지요. 인공호흡으로 막힌 숨을 뚫듯, 사망보험금이 법인의 자금위기를 극복할 숨통이 되어줍니다.

만약 경영상 대비가 잘 돼 있다면 상속으로 인한 경영 안정화 자금이나 상속세 납부 재원이 필요한데, 종신보험이 가장 광범위하게 활용됩니다. '기간에 제한 없이 종신토록' 사망보장을 하는 특징 때문입니다.

기간 제한 없이 평생 보장

'사람은 언제 죽을지 아무도 알 수 없고, 반드시 죽는다'는 명제에 비추어 보면, 정해진 금액을 받을 확률이 100%인 보험인 셈입니다. 정해진 기간만 한정적으로 보장하는 경영인정기보험에 비해 종신보험은 기간 제한 없이 CEO 유고 시 확실하게 보장받을 수 있습니다.

특히 우리나라 중소기업 CEO에게 회사란 '인생' 이며 '분신'이라 할 만큼 각별한 경

우가 대부분입니다. 때문에 CEO 유고 시에도 회사를 존속시키고 성장을 이루고자 하는 열망을 갖고 있으며, 이런 니즈에 종신보험이 정확히 부합합니다.

납입보험료 대비 높은 보장, 사망보장에 최적화된 가성비

종신보험은 사망보장에 최적화되어 있기 때문에 납입보험료에 대비해 높은 수준의 보장을 해 줍니다. 물론 보험회사나 상품별, 피보험자의 연령이나 성별, 병력 등에 따라 보험료는 모두 다르지만, 상속이나 상속세 재원 마련, 갑작스러운 CEO 유고 시 비상자금 등 사망시점에 필요한 자금을 준비하기에 안성맞춤입니다.

다양한 옵션으로 노후자금 또는 장기저축까지 기능 확장

특히 요즘 종신보험은 사망보험금의 일부를 노후 생활자금으로 지급하거나 추가납입을 통해 저축까지 겸비한 부가기능들이 선보이면서 활용폭이 더욱 커지고 있습니다. 추가납입은 보통 기본보험료의 1배까지 가능합니다. 추가납입한 보험료는 사업비를 거의 차감하지 않고 적립되므로, 이를 퇴직금 재원으로 활용하는 방식이 최근 CEO플랜에서 힘을 얻고 있습니다.

(2) 법인은 종신보험을 왜 가입할까요? … 가입목적

종신보험을 법인이 가입하여 활용하는 경우, 기대하는 효과는 두 가지로 나누어 볼 수 있습니다. 가입대상이 되는 CEO나 임원이 얻을 수 있는 혜택과 계약자이자 수익자인 법인에게 돌아가는 혜택입니다.

CEO와 핵심임원의 입장에서 본 가입목적
CEO와 핵심임원의 연대보증책임으로부터 유가족 보호

일반적으로 중소기업의 CEO들은 회사의 차입금과 외상채무에 대해 연대보증을 상당히 보유하고 있습니다. 갑작스럽게 CEO 유고 시 유가족들은 생전 CEO의 부담이

던 회사의 연대보증으로부터 자유롭지 않습니다. 종신보험의 보장금액이 이런 유가족의 연대보증책임을 부담하지 않도록 법인에게 유동성과 채무상환이 가능하도록 도와줍니다.

CEO와 핵심임원 유가족의 생활보장

종신보험의 1차 수익자인 법인이 보험금을 수령하고, 법인은 이 자금을 활용해 CEO와 핵심임원의 퇴직금을 지급합니다. 규정이 정비되어 있다면 퇴직위로금이나 유족위로금의 형태로 추가로 지급할 수도 있습니다. 유가족들의 생활을 보장하는 축이 준비되는 것입니다.

법인의 자산증가로 주식가치 상승, 더 많은 자산 상속

가족지분별로 증여의 효과를 볼 수 있습니다. 사망보험금 지급으로 법인자산이 늘어나므로, 만약 가족 구성원이 법인의 지분을 소유하고 있다면 간접적으로 지분가치가 상승하는 효과를 보게 됩니다. 사전에 법인의 지분설계를 가족 구성원 단위로 잘 분산했다면 효과는 더 높아집니다.

상속세 납부재원 마련, 상속분쟁 해결

CEO의 유고 시 CEO가 개인적으로 보유하고 있던 부동산, 금융자산 등 개인 자산과 법인의 주식가치가 합산되어 상속재산으로 평가됩니다. 생각보다 상속세가 많아지는 이유 중 하나입니다. 현금은 부족한데 당장 고액의 세금을 내려면 막막한 경우가 많은데요. 이 때 법인의 종신보험을 활용해 상속세 납부재원을 마련할 수 있습니다. 상속인들이 상속받은 지분 일부를 법인에 팔고 그 대가로 상속세를 납부할 수 있는데, 이 때 자기주식취득에 필요한 현금은 법인이 수령한 보험금을 이용하는 방식입니다.

상속세만 문제가 아닙니다. 상속에서 가장 어려운 일은 상속인들 사이의 분쟁을 해결하는 것입니다. 기업을 상속받을 때 이런 분쟁이 있으면 경영권 자체를 위협받을 수도 있습니다. 상속분쟁을 해결하는 데도 종신보험이 유용합니다.

법인의 입장에서 본 가입목적

법인의 비상예비자금 공급

자동차의 에어백에 비유할 정도로, 비상예비자금은 긴급한 상황을 극복하는 데 핵심적인 역할을 합니다. CEO의 유고는 발생확률은 낮지만 발생시 위험이 대단히 큰 사건입니다. 특히 중소기업에서 CEO의 역할과 비중을 생각한다면, 법인의 존폐가 달려있다 해도 과언이 아닙니다. 이런 상황에서 생명보험금은 CEO의 몸값인 동시에 법인에 긴요한 비상예비자금이 됩니다.

CEO유고시 단기 유동성 문제 해결

대부분의 CEO 유고 상황에서는 회사의 차입금과 외상매입금 상환의 압박을 경험할 수 있습니다. 하지만, 종신보험 보험금은 이런 단기 유동성 위기를 극복하게 해줍니다.

갑작스러운 임직원의 임금과 퇴직금 지급 재원

CEO의 유고로 임직원의 동요와 이탈이 발생할 수 있습니다. 하지만, 충분한 준비자금이 있다면 임직원의 상당기간의 임금보장과 발생할 수 있는 근로자들의 퇴직금

보험절세모음 (법인편)

지급부담을 해결할 수 있습니다.

세대를 뛰어넘는 지속가능한 성장과 승계 지원

마지막으로는 종신보험의 보장을 통해서 CEO의 유고 시라도 회사를 안정화하고 지속경영이 가능하도록 돕습니다. 만에 하나 회사를 정리하게 되더라도 자금이 부족해 회사를 헐값에 넘기거나 남겨진 유가족들이 회사의 소유권과 경영권을 부득이하게 넘길 가능성을 줄여줍니다.

우리나라 중소기업에서 CEO 및 핵심임원의 역할은 너무도 중요합니다. 이렇게 중요한 법인의 인적 리스크를 보장하는 것이 종신보험의 핵심가치이자 법인이 법인보험을 가입하는 목적일 것입니다.

(3) 어떻게 활용할까요? ⋯ 법인 종신보험 활용

법인 종신보험의 가입 목적은 세 가지로 정리할 수 있습니다.

> 1. CEO 유고 시 기업 유동성 위험 대비
> 2. 퇴직금 재원 마련
> 3. 상속세 재원 확보

종신보험의 다양한 활용방법을 알아 두면 이 목적을 더 효과적으로 달성할 수 있습니다.

추가납입을 활용하면 저축과 투자기능을 높여 더 효과적으로 퇴직금 적립 가능

종신보험은 대부분 월 보험료의 1배 정도의 추가납입을 통해 임원의 퇴직금 적립이 가능하도록 설계할 수 있습니다. 월 300만 원의 종신보험에 월 300만 원을 추가 납입할 수 있다는 의미입니다. 사업비가 거의 없이 월 300만 원의 저축을 할 수 있기 때문에 매우 효과적입니다.

종신보험은 대부분 최저사망보험금을 보장하도록 설계되어 있기 때문에 보험료가 안정적인 공시이율로 부리되거나 변액보험 형태라고 하더라도 주식편입비율이 최대 50% 가 초과되지 않도록 제한하고 있습니다. 하지만, 추가납입 보험료는 대부분 저축성보험과 비슷한 방식으로 운영됩니다. 변액보험의 경우 채권 100%부터 주식 100%까지 법인과 CEO의 선택에 따라 자유롭게 활용할 수 있습니다.

퇴직금을 적립하는 동안에는 공격적으로, 그리고 퇴직 기간 5년 전부터는 주식비중을 단계적으로 낮추면서 안정적인 채권형이나 MMF 비중을 늘려가는 방식으로 포트폴리오를 관리하는 것도 가능합니다.

보험계약을 퇴직금으로 수령해 노후자금으로 활용하면 세금혜택까지 누릴 수 있어

다음으로 퇴직금 지급 형태를 선택하여 퇴직 이후의 노후자금으로 활용하는 방법입니다.

먼저 장기간 적립된 종신보험을 해약하여 현금의 형태로 퇴직금을 수령하는 방법입니다.

다음은 종신보험을 해약하지 않고 유지한 상태로 퇴직금을 지급하는 방식입니다. 계약자와 수익자를 법인에서 퇴직하는 CEO로 변경하여 처리합니다. 보험의 종류에 따라 생활자금형태로 일정기간 확정적으로 생활자금을 수령하는 형태와 연금으로 전환해 종신토록 연금형태로 퇴직금을 수령할 수 있습니다.

종신보험의 생활자금은 약속된 사망보험금의 일부를 정기적으로 감액하는 방식으로 생활자금을 받게 됩니다. 지급되는 생활비가 확정적이고 안정적이라는 장점이 있고, 사망 시에는 그 시점에 감액하고 남은 사망보험금을 수령합니다. 생활자금을 모두 수령 한 후에도 가입시점의 사망보험금의 10%가 남아 있습니다. 단점은 생활자금이 종신으로는 지급되지 않는다는 점입니다.

종신보험의 생활자금은 세금 측면에서도 혜택이 있습니다.

종신보험은 기본적으로 보장성보험이므로 지급받는 생활자금은 소득세가 과세되지 않습니다.

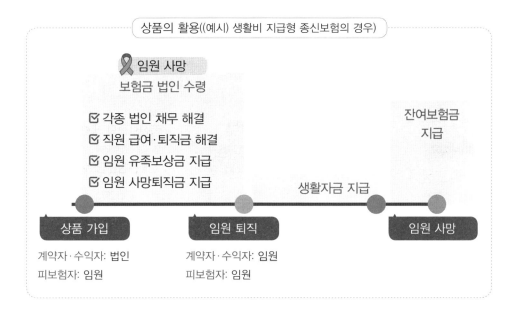

반면, 종신보험을 연금보험으로 전환하여 연금형태로 퇴직금을 수령하게 되면 일반적으로는 공시이율로 잔여 적립금을 운용합니다. 연금액수는 공시이율에 따라 약간씩 변동되어 연금을 받게 되며 사망보험금은 없습니다. (단, 상속형연금은 사망보험금 있음) 죽을 때까지 연금을 수령할 수 있어 수명이 길어지는 고령사회에서는 활용하기 좋습니다.

다만 보험계약을 퇴직금으로 지급할 때는 '종신보험을 얼마로 평가할 것인가' 하는 문제가 발생합니다. 간단히 정리하면, 종신보험의 "기납입보험료＋이자상당액"과 계약자적립금 그리고 해약환급금, 이렇게 세가지 중에서 가장 큰 금액으로 평가하고, 이 금액으로 퇴직금 처리를 합니다.

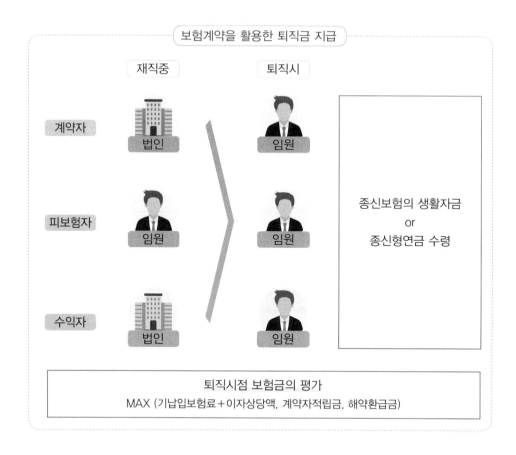

보험계약을 활용한 퇴직금 지급

	재직중	퇴직시	
계약자	법인	임원	종신보험의 생활자금 or 종신형연금 수령
피보험자	임원	임원	
수익자	법인	임원	

퇴직시점 보험금의 평가
MAX (기납입보험료＋이자상당액, 계약자적립금, 해약환급금)

보험으로 개인의 상속세 준비

법인 종신보험으로 상속세를 준비하는 효과적인 방법으로 자기주식취득 활용방안이 있습니다. 일명 상속감자 플랜이라고 불리는 방법입니다.

중소기업의 소유경영인인 CEO는 사실 고령이 되어서도 명예회장직 등으로 회사에 재직이 가능하며, 이런 경우 종신보험의 보험금을 회사가 수령하게 됩니다. 회사가 수령한 보험금을 개인의 상속세 납부재원으로 어떻게 활용할까요?

요약하자면 상속인은 법인에 상속받은 회사의 지분을 팔고, 그 대금을 지급받아 상속세를 납부하는 방법입니다. 이 때 회사는 수령한 사망보험금으로 지분매수 대금을 치릅니다. 좀 더 자세히 알아보겠습니다.

1) CEO 사망–상속 발생

  ① 상속인들은 회사 지분 상속, 상속세 발생

  ② 법인은 사망보험금 수령

2) 상속인은 상속받은 비상장주식 일부를 감자(소각) 진행

3) 회사는 수령한 보험금으로 감자(소각)대금을 상속인에게 지급

4) 상속인은 감자(소각) 대가로 받은 보험금을 활용해 상속세 납부

일반적으로 상속인들의 감자(소각)대가는 상속재산가액과 동일한 경우가 많으므로 소득세 등 과세문제는 발생하지 않습니다.

또한 법인이 수령한 보험금은 감자(소각)대가 외에도 상속 후 경영안정화 자금으로 경영에 활용할 수도 있습니다.

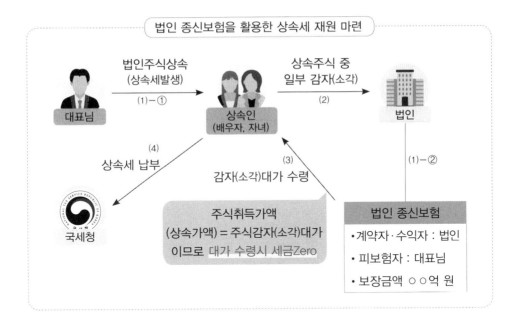

법인 종신보험을 활용한 상속세 재원 마련

(4) 종신보험도 비용처리 될까요?

법인이 납부한 보험료 회계처리 기준은 무엇일까요? 기본적으로 법인의 순자산을 증가시키는 거래는 이익 또는 수입 금액으로 판단하는 것이 원칙입니다. 즉 보험료의 일부 또는 전부가 법인에 되돌아올 것으로 예상된다면 자산, 그렇지 않은 보험료는 비용으로 처리합니다.

종신보험은 만기가 없고 피보험자가 사망하면 보험금을 지급하므로 반드시 한 번은 납입한 보험료 이상으로 보험금이 되돌아오게 돼 있습니다. 따라서 외감법인이 아닌 경우, 종신보험은 자산, 그 중 장기금융상품으로 처리하는 것이 바람직합니다.

다만 종신보험을 조기에 해약하면 손실이 발생할 수 있고 보험료의 일부는 사업비로 확정적으로 없어집니다. 이런 면을 반영하여 보험료의 일부를 일관성 있게 비용처리 하는 것도 가능합니다. 실무적으로는 보험회사에서 발행하는 보험료 납입증명서 등을 통해 위험보험료와 부가보험료 등 사업비는 비용처리 하고 저축성보험료는 자산처리합니다. 만약 사업비를 구분하기 어려운 경우 '해약환급금 상당액만 자산처리하고 나머지 부분은 보험기간 경과에 따라 비용처리' 하며, 이는 국세청의 예규에도 부합하는 종신보험 회계처리 방법 중 하나입니다.

납입보험료에 대해 다음 ①, ②, ③ 중 선택

① 전액 자산(보험예치금) 처리

② 해약환급금 상당액만 자산처리하고 기타부분은 보험기간의 경과에 따라 비용처리

③ 적립보험료는 자산처리하고 사업비는 비용처리

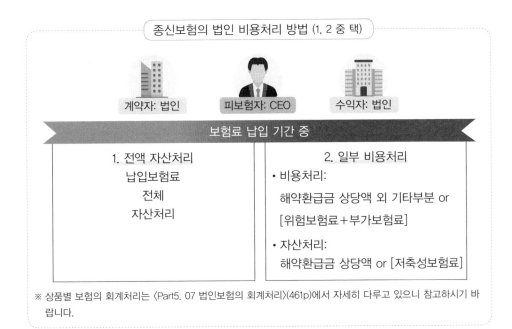

종신보험의 법인 비용처리 방법 (1, 2 중 택)

계약자: 법인 | 피보험자: CEO | 수익자: 법인

보험료 납입 기간 중

1. 전액 자산처리	2. 일부 비용처리
납입보험료 전체 자산처리	• 비용처리: 해약환급금 상당액 외 기타부분 or [위험보험료＋부가보험료] • 자산처리: 해약환급금 상당액 or [저축성보험료]

※ 상품별 보험의 회계처리는 〈Part5. 07 법인보험의 회계처리〉(461p)에서 자세히 다루고 있으니 참고하시기 바랍니다.

(5) 종신보험의 계약자를 변경해 지급해도 퇴직소득일까요?

퇴직금을 현금으로 지급하지 않고 종신보험으로 대신 지급해도 이를 퇴직금으로 볼 수 있을까요?

퇴직소득과 근로소득 간의 세금 차이가 상당한 만큼 이는 민감한 사안입니다. 결론부터 말씀드리자면, 법인이 종신보험에 가입하고 임원 퇴직 시 계약자와 수익자를 법인에서 임원으로 변경하여 해당 임원이 얻는 이익은 퇴직소득에 해당합니다. (서면법령해석소득2016-3158(2016.11.15))

제목

임원 퇴직 시 종신보험으로 지급하는 이익의 소득구분

서면-2016-법령해석소득-3158, 2016.11.15

---

(6) 퇴직시점에 지급하는 종신보험은 얼마짜리일까요?

법인이 종신보험으로 퇴직금을 지급하려면 이 보험이 얼마짜리인지 정확하게 평가되어야 합니다.

법인세법상 법인의 모든 거래는 시가평가가 원칙입니다. 시가를 평가하는 방법은 법인세법시행령에서 다음과 같이 정하고 있습니다.

 관련 법규

법인세법시행령 제89조 (시가의 범위 등) 1항

법 제52조제2항을 적용할 때 해당 거래와 유사한 상황에서

✔ 해당 법인이 특수관계인 외의 불특정다수인과 계속적으로 거래한 가격

✔ 또는 특수관계인이 아닌 제3자간에 일반적으로 거래된 가격이 있는 경우에는 그 가격에 따른다.

하지만 보험처럼 거래한 가액이 없는 경우에는 어떻게 시가를 평가해야 할까요?

보험절세모음 〈법인편〉

법인세법시행령 제89조 제2항에는 이렇게 시가 불분명한 경우 상속세 및 증여세법의 평가규정을 준용하여 평가한 가액을 사용하도록 하고 있습니다. 문제는 상속세 및 증여세법상 시가평가규정에는 보험계약의 명의변경 거래와 관련한 명확한 평가규정이 없다는 데 있습니다. 다만, 납입보험료에 이자상당액을 더한 금액으로 한다는 유권해석만 존재합니다.

제목

보험금 지급사유가 발생하기 전에 보험료납부자가 사망한 경우 상속재산 평가방법

재산세과-418 (2012.11.22), [참고 :재산세과-40 / 2010.01.20]

회신

귀 질의의 경우, 보험계약자(보험료 납부자임)와 피보험자가 다른 경우로서 보험사고가 발생하기 전에 보험계약자가 사망한 경우에는 「상속세 및 증여세법」 제8조 및 제34조에 따른 보험금의 상속·증여 규정이 적용되지 않는 것이며, 피상속인이 납부한 보험료상당액은 상속재산으로서 상속개시일까지 피상속인이 납부한 보험료의 합계액과 이에 가산되는 이자수입상당액을 합계하여 평가하는 것임. 다만, 상속인이 상속개시후에 당해 보험계약을 해지하고 수령하는 해약환급금을 상속재산의 가액으로 하여 상속세를 신고하는 경우에는 그 해약환급금 상당액으로 평가할 수 있음

위 유권해석에 따르면, 보험계약의 명의변경 거래 시 시가는 다음과 같이 평가하는 것이 타당합니다.

법인이 계약한 보험계약의 명의 변경 시 금액 평가 가이드라인

다음 중에 큰 금액(① 해약환급금 ② 보험료납입액+이자상당액 ③ 계약자 적립금)

이 부분에 대해서 일부 사람들은 해약환급금으로 생명보험을 평가한 판례를 근거로 법인의 생명보험을 해약환급금 기준으로 평가한다는 의견이 있는데, 이는 판례의 내용을 잘못 해석한 것으로 보여집니다. 왜냐하면 해약환급금으로 평가한 판례의 경

우는 일시납의 사례였으므로 일반적이지는 않으며, 이를 근거로 특히 저해지 혹은 무해지 생명보험상품의 해약환급금을 해당 생명보험의 시가평가금액으로 보는 것은 과세당국으로부터 부당행위계산부인*으로 적용될 수 있으므로 주의하여야 합니다.

---

* '부당행위계산부인'이란
법인 또는 개인사업자 등의 행위 또는 회계처리가 법률상으로나 기업회계기준상 그 내용에 보편타당성이 있다 할지라도 세무계산상 그 내용과 성질이 조세를 부당히 감소시킬 목적으로 행하였다고 인정되는 경우에는 그 행위나 계산에 불구하고 이를 부인하는 것을 말한다. 이는 조세의 회피를 방지하여 조세부담의 공평을 실현하기 위함에 그 목적이 있다.

한 페이지로 보는 종신보험 활용법 🔍

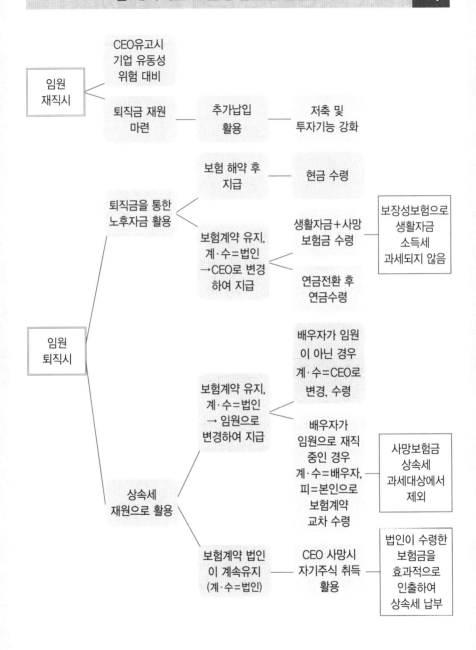

05

저축성보험(연금)은 언제 필요할까요?

법인보험의 상품 중 저축성보험, 그 중에서 많이 활용되는 연금보험상품에 대해 알아볼까요?

'연금보험'은 그냥 연금이 아니라 '보험'의 일종입니다. 의료비 보장보험이 혹시 일어날 수도 있는 질병의 위험에 대비하듯, 연금보험은 너무 오래 사는 장수의 위험에 대비할 목적을 갖고 만들어졌다는 점을 기억하며, 특징을 좀 더 살펴보겠습니다.

(1) 상품의 특징은 무엇일까요? … 상품의 구조와 특징

연금보험은 가입부터 연금지급 개시 전까지 적립금을 쌓는 제1보험기간과 연금을 지급하는 제2보험기간으로 구성돼 있습니다. 저축성보험이므로 보장성보험에 비해 낮은 사업비로 빠르게 적립금을 높일 수 있으며, 대신 사망보험금 같은 보장은 최저로 설정되는 것이 보통입니다.

제1보험기간은 연금재원을 쌓는 기간으로, 적립금의 운용방법에 따라 정해진 금리로 부리하는 확정금리형, 매달 이율이 변동되는 공시이율형, 주식이나 채권 등에 투자하여 적립금을 운용하는 투자실적형 등으로 나누어집니다.

보험절세모음 (법인편)

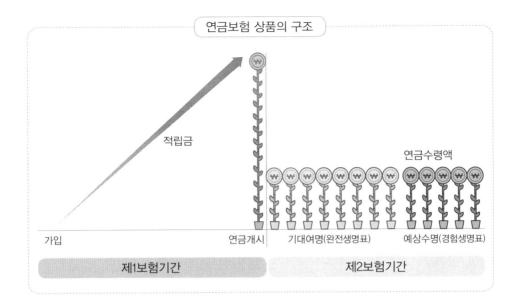

연금보험 상품의 구조

적립금

연금수령액

가입   연금개시   기대여명(완전생명표)   예상수명(경험생명표)

제1보험기간   제2보험기간

제2보험기간에는 연금을 지급받게 되며, 다양한 연금지급형태 중 선택할 수 있습니다. 대체로 종신연금형, 상속연금형, 확정연금형, 더블케어연금형 등으로 나뉩니다. 일반적으로 제2보험기간에는 안정적인 연금지급을 위해 공시이율 등으로 부리하지만, 최근 들어 연금지급 이후에도 투자실적형으로 운용하는 공격적인 상품도 등장하고 있습니다.

다양한 연금지급형태

- **종신연금형** : 연금지급 개시 후 평생토록 연금을 지급받는 방법으로 일정기간을 보증기간으로 설정할 수 있습니다. 피보험자 개인이 죽을 때까지 연금을 받는 개인연금형, 부부가 모두 사망할 때까지 연금을 계속 받는 부부연금형으로 나뉩니다.
- **상속연금형** : 계약자적립액의 이자로 연금을 지급받고 이후 피보험자가 사망하면 사망시점의 계약자적립액을 상속자금으로 받는 방법입니다.
- **확정연금형** : 확정된 기간동안 연금을 지급받고 계약을 종료하거나 확정금액만큼 연금을 지급받습니다.
- **더블케어연금형** : 연금개시 후 일정기간동안 약관에서 정한 주요질병 진단 시에 연금액

> 을 두 배로 늘려 지급받는 방법입니다.
>
> • **투자실적연금형** : 연금지급 개시 이후에도 계속 펀드 등에 투자해 적극적으로 연금재원을 운용합니다.

생명보험의 연금보험 상품이 가진 대표적인 특징은 다음과 같습니다.

얼마나 오래 살든 계속 연금을 받을 수 있다.

확정연금형을 제외하고 연금보험은 피보험자의 사망시점까지 연금을 지급하는 것을 기본으로 합니다. 살면서 예측할 수 없는 위험을 보장하는 것이 보험의 기본 의미이며, 연금보험은 '너무 오래 사는 위험'을 보장하는 상품이기 때문입니다.

예를 들어 60세인 여성이 3억의 적립금으로 연금을 개시한다고 가정해 보겠습니다. 보험회사에서 예측한 60세 여성의 평균수명이 90세라고 한다면, 보험회사에서는 30년간 연금을 지급할 것으로 예상해 매년 받을 연금액을 결정합니다. 이해를 돕기 위해 이율을 고려하지 않고 단순 계산해 보겠습니다. 이 여성이 받을 연금액은 연간 천만 원입니다. (3억/30년 = 1천만 원)

그런데, 이 여성이 실제로 95세까지 생존한다면 총 지급액은 3억 5천만 원으로, 오래 사는 위험을 보험회사가 부담하게 되는 것입니다. 물론 반대의 경우도 발생할 수 있는 만큼, 보험회사에서는 일정 기간은 피보험자의 사망여부와 상관없이 반드시 연금을 지급하는 보증지급기간을 두고 있습니다.

통계청 자료에 의하면 1970년부터 2020년까지, 지난 50년간 한국인의 수명은 62.3세에서 83.5세로 21세가량 늘었습니다. 거의 2.5년마다 1세씩 수명이 늘어난 셈입니다. 앞으로의 기대수명도 세계에서 가장 **빠른** 속도로 늘어날 전망입니다.

보험절세모음 〈법인편〉

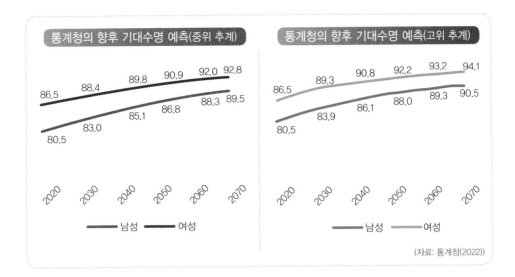

'오래 사는 위험'이 어느 때 보다 심각한 사회문제로 대두한 시대, '죽을 때까지 연금을 지급하는' 연금보험 상품은 장수 리스크를 제거하는 확실한 대안입니다. 현재 공적연금이나 주택연금을 제외하면 사적연금 중에 종신형으로 연금을 지급하는 상품은, 생명보험의 '연금보험'이 유일합니다.

가입시점의 경험생명표를 적용한다

연금을 지급받을 사람이 얼마나 오래 살 것인지를 예측할 때 '경험생명표'가 사용됩니다. 경험생명표란 피보험자의 사망경험을 통계적으로 분석하여 성별, 연령별로 만든 수명자료로 보험료 산정의 기초가 됩니다. 보통 3~5년을 주기로 개정되며, 개정 때마다 평균수명은 계속 상승했습니다. 평균수명의 증가는 연금액이 줄어들 수 있다는 것을 뜻합니다.

보험개발원의 경험생명표를 기준으로 예를 들어 보겠습니다. 60세부터 연금을 받는 여성이 있습니다.

1차 경험생명표를 적용하면 약 15년간 적립금을 나눠 받는 것으로 연금액을 계산합니다.

반면 10차 경험생명표를 적용하면 적립금을 나눠 받는 기간이 약 31년으로 늘어나는 식입니다.

실제로 연금액의 차이는 얼마나 날까요?

경험생명표에 따른 연금액 차이 계산

1990년 가입 (1차 경험생명표 적용)시 지급되는 연금액 약 808만 원

2024년 가입 (10차 경험생명표 적용)시 지급되는 연금액 약 503만 원 (연금액 38% 감소)

※ 적립금 1억 원, 여성, 60세 연금 개시, 연금개시 후 적용이율 3%로 계산

경험생명표와 평균수명, 보험개발원

구분	적용시기	평균 수명 (남)	평균 수명 (여)
1차	1988년	65.8	75.7
2차	1991년	67.2	76.8
3차	1997년	68.4	77.9
4차	2003년	72.3	80.9
5차	2006년	76.4	84.4
6차	2009년	78.5	85.3
7차	2012년	80.0	85.9
8차	2015년	81.4	86.7
9차	2019년	83.5	88.5
10차	2024년	86.3	90.7

단지 늦게 가입했다는 이유만으로 연금액이 이렇게 줄어들 수 있습니다. 연금보험은 가입을 미룰수록 손해라는 말이 나오는 이유입니다.

위의 예시는 보험개발원에서 발표하는 경험생명표를 기준으로 계산한 것으로, 실제 연금보험은 각 보험사별 가입자를 대상으로 생명표를 만듭니다. 보통 심사를 통과한 건강한 사람만을 대상으로 하므로, 일반적으로 보험사별 생명표의 평균수명이 통계청보다 훨씬 높게 나타납니다.

(2) 어떻게 활용할까요? … 가입목적과 활용

임원의 퇴직금 준비와 비상시 기업의 유동자금, 두 마리의 토끼를 잡고 싶을 때

임원을 피보험자로 하는 법인 연금보험의 대표적인 목적은 임원 퇴직 이후의 '노후자금'입니다.

직원들의 경우 퇴직연금으로 퇴직금을 준비하는 것이 법적으로 의무화되어 있지만, 임원은 퇴직연금제도 의무가입 대상이 아닙니다. 따라서 임원들은 일반 퇴직연금에 가입할지, 퇴직일시금제도를 활용할지 고민하게 됩니다. 기업의 임원 또는 대표이사가 퇴직연금 대신 퇴직일시금제도를 채택하고 연금보험을 활용하는 이유는 무엇일까요?

기업의 소유자이자 경영자인 대표는 회사가 어려울 때 종종 사재를 출연해 법인을 다시 일으키기도 합니다. 회사에 대한 애정과 사용자로서의 책임 때문입니다.

기업에 긴급히 자금을 활용하고자 할 때, 퇴직연금은 자금을 활용하기에 제약이 많습니다. 직원의 퇴직금 수급권을 보장하기 위한 제도라, 중도인출을 매우 제한적으로만 허용하기 때문입니다.

반면 퇴직일시금제도는 임원의 퇴직금 재원을 사내에 유보하는 방식이기 때문에 긴급자금으로 유연하게 활용할 수 있습니다.

또한 앞서 짚어본 것처럼, 연금보험은 대부분 가입 시점의 경험생명표를 적용하기 때문에 연금을 받을 때 유리하므로 퇴직금 재원으로 많이 활용됩니다.

구 분	경영인정기보험	저축성보험
목 적	• 위험관리	• 목돈 마련 (퇴직금)
보험료	• 100% 비용 처리	• 자산 : 장기금융상품
보험금	• 법인 : 법인세	• 법인 : 법인세 • 개인 10년 이상 유지 시 비과세 　(월 150만 원 한도)
활 용	• 법인 비용처리 • 과세이연 • 유보소득금액 절감	• 퇴직금 재원 마련 • 비상 시 자금 활용 • 부채비율 등 재무비율에 영향을 미치지 않음

(3) 저축성보험도 비용처리 될까요?

법인이 계약자가 되어 보험료를 납입할 때, 회계상 보험을 구분하는 기준은 무엇일까요? 불확실한 보험사고가 아니더라도 법인에 다시 보험료의 일부 또는 전부가 돌아올 것으로 예상되는 보험료는 자산, 그렇지 않으면 비용으로 볼 수 있습니다. 소멸성인 정기보험이 대표적인 비용항목 중 하나입니다.

반대로 연금을 포함한 저축성보험은 만기 혹은 연금 개시 시점에 보험료의 일부나 그 이상으로 보험료가 돌아오므로 '장기금융상품'으로 자산처리해야 합니다.

(상품별 보험의 회계처리는 〈Part5. 07 법인보험의 회계처리〉(461p)에서 자세히 다루고 있으니 참고하시기 바랍니다.)

06 실전사례로 본 생명보험 활용법

(1) 법인세가 부담스럽다면? 비용처리 가능한 경영인정기보험에 주목하세요

Q. 설립한 지 22년 된 무역업을 운영하고 있습니다. 최근 매출이 급증하면서 갑자기 법인세가 너무 늘어났습니다. 슬슬 아이들에게 기업을 물려줄 준비를 하고 있었는데, 담당 세무사가 주식가치가 올라 증여세도 덩달아 높아졌다고 하네요. 세금을 줄일 좋은 방법 없을까요?

최근 3년간의 재무제표를 보면 매출이 90억 원에서 202억 원으로 빠르게 늘어나는 것을 볼 수 있습니다. 당기순이익도 4억에서 19억으로 거의 다섯 배 가량 늘었습니다. 기업가치도 65억 원에서 90억 원으로 급격히 높아졌습니다. 기업가치가 높아진 만큼 자녀에게 사전증여도 부담스러울 수밖에 없습니다.

재무제표 및 기업가치

단위 : 백만 원

	2021년	2022년	2023년
매출액	9,013	15,759	20,201
당기순이익	443	1,190	1,930
자산	10,461	11,634	12,961
부채	1,230	1,673	3,486
자본	9,230	9,961	9,474

2021년	2022년	2023년
65만 원/1주	75만 원/1주	90만 원/1주
총 65억 원	총 75억 원	총 90억 원

※ 세무조정사항 및 부동산재평가를 반영한 주식가치 기준, 발행주식총수 1만주

대표님은 매년 당기순이익을 조절해 법인세를 줄이고 기업가치를 떨어트리기 위해 경영인정기보험에 가입하기로 했습니다. 가입한 경영인정기보험은 기업을 자녀에게 물려줄 때 대표님의 퇴직금으로 활용할 예정입니다.

상품종류 : 경영인정기보험

보 험 료 : 월 2,000만 원(연간 2억 4,000만 원)

가입목적 : 법인세 절감 및 임원퇴직금 재원 마련

특   징 : 납입보험료 전액 비용처리

아래와 같이 경영인정기보험으로 연간 2억4천만 원의 비용처리가 이루어지면, 매년 법인세를 약 5천만 원씩 절감할 수 있습니다. 만약 퇴직시점까지 경영인정기보험을 10년간 유지한다면, 이로 인한 법인세 절감액은 약 5억 원에 이릅니다.

	현재	경영인정기보험 가입 후
당기순이익	19.3억 원	16.9억 원
법인세율 (지방소득세 포함)	19% (20.9%)	19% (20.9%)
법인세 (지방소득세 포함)	3.8억 원	3.3억 원
법인세 절감액	–	5천만 원

(2) 꾸준히 기업가치를 조절해 증여세를 줄이고 싶다면 경영인정기보험을

경영인정기보험으로 매년 비용처리 가능한 금액이 늘어나면 잉여금 관리를 통한 기업가치 절감 효과도 기대할 수 있습니다. 예를 들어, 앞선 사례에서 향후 10년간 약 7억 원의 당기순이익이 꾸준히 발생한다고 가정하면 기업가치는 90억 원에서 10년 후 145억 원으로 상승합니다.

그런데, 경영인정기보험을 가입해 연간 2억 4천만 원씩 비용처리가 가능하다면 당기순이익은 4.6억 원으로 줄어들고, 기업가치도 낮출 수 있어, 증여나 상속세 절감효과까지 기대할 수 있습니다.

경영인정기보험은 보험료를 매년 비용처리 하게 되므로, 특히 당기순이익이 높아 각 사업연도별 법인세를 줄이고 싶은 기업에게 매우 효과적으로 활용됩니다.

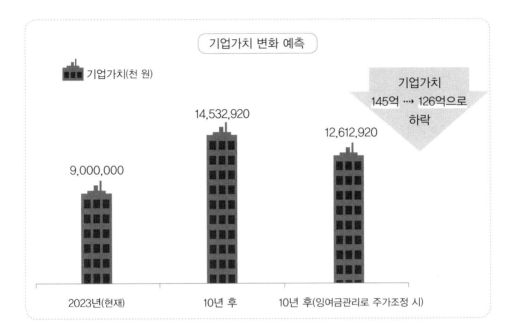

기업가치 변화 예측

기업가치(천 원)

기업가치
145억 ⋯▶ 126억으로
하락

9,000,000

14,532,920

12,612,920

2023년(현재)   10년 후   10년 후(잉여금관리로 주가조정 시)

 참고

일반법인의 비상장주식 가치평가방법

비상장주식 평가액 = MAX (A, B)

A = (1주당 순손익가치 × 3+1주당 순자산가치 × 2)/5

B = 1주당 순자산가치의 80%

(3) 10년 후 청산 예정인 대표님이 퇴직연금 대신 보험에 가입한 이유

> **Q.** 16년 간 제조업을 해 온 55세의 기업 대표입니다. 아이들은 모두 자기 분야 전문직이라 딱히 기업을 물려줄 사람은 없습니다. 앞으로 10년 후에는 법인을 청산해 그 돈으로 은퇴생활을 할 계획입니다. 법인청산을 할 때도 세금이 많이 나온다고 해서, 청산 때 세금을 줄이는 방법이 궁금합니다. 또, 거래 은행에서 퇴직연금 가입을 권해서 퇴직연금제도에 대해 알아보고 싶습니다.

기업 및 자산현황

대표님은 기업의 매출과 이익은 안정적이지만 업종 특성상 성장에는 한계가 있다고 판단하며, 향후 10년간 적자는 나지 않고 2억 원 미만의 수익이 유지될 것으로 전망하고 계셨습니다. 현재 기업가치는 약 21억 원이며, 대표님의 보유주식 비율은 80%로 17억 원입니다.

그 밖에 개인자산이 약 25억 원이라 전체 자산은 42억 원으로, 약 6억 원 정도의 상속세가 예상됩니다.

기업 현황

☑ 현재 시점 주식가치

액면가	10,000원
발행주식총수	5,000주
자본금	0.5억 원
기업가치	21.3억 원

☑ 주주현황

주주현황	본인	배우자	기타
주식수	4,000	750	250
지분율	80%	15%	5%
주식가치	17.0억 원	3.2억 원	1.1억 원

자산 및 예상상속세

상속자산 42억 원	
법인주식	17억 원
예금, 주식	2억 원
사망보험금	1억 원
아파트	20억 원
상가	2억 원

예상 상속세 (현재 기준) 약 5.7억 원

일괄공제 5억, 배우자공제 18억 가정

(상속인은 배우자와 자녀 2명)

대표님의 니즈 및 분석

☑ 법인을 물려 받을 자녀가 없어 10년 뒤 청산할 계획이며, 청산시점에 세금을 최대한 줄이기를 희망하셨습니다.

☑ 퇴직금으로 10억 원 정도 수령하면 노후대비가 될 것으로 생각하나, 현재 별도로 퇴직금을 준비하고 있지는 않습니다. 현재 준비된 퇴직금 적립액 또는 별도의 퇴직금 재원이 없으며 임원퇴직금 지급을 위한 정관 등의 제도정비도 되어 있지 않은 상태입니다. 최근 거래은행에서 퇴직연금 가입을 권유받아 퇴직금제도에 대해 관심이 높은 상태입니다.

☑ 예상되는 상속세를 보시고 상속세를 절세할 방법을 모색하고 싶어 하십니다.

☑ 보장분석 결과, 본인 사망보험금 1억, 종신보험 1건에 불과합니다. 상속세를 고려해 사망보장을 추가할 필요가 있습니다.

☑ 원금손실에 대한 거부감이 높은 편입니다.

퇴직연금 vs 보험을 활용한 퇴직플랜, 대표님의 선택은?

상담을 통해 파악한 바, 퇴직연금제도를 활용해 퇴직금을 마련하는 것 보다, 보험을 활용한 퇴직금 마련이 더 대표님의 니즈에 부합하는 것으로 판단됩니다. 대표님이 보험을 통한 퇴직플랜을 선택하신 이유는 다음과 같습니다.

'보험으로 퇴직금 마련' 선택 Key Point

- ☑ 납입 기간 중 법인세 절세보다는 양도나 청산 시 주식가치 하락을 통한 절세 효과가 더 크며, 대표님의 요구에도 부합함.
- ☑ 상속세 재원 마련 및 상속세 절세 가능
- ☑ 연금으로 활용할 때 비과세 가능 (종신보험의 생활자금 수령 방식 활용)
- ☑ 퇴직금 지급시점인 10년 후 해약환급률이 원금을 상회하는 종신보험 선택으로 원금손실에 대한 불안 극복

구분	퇴직연금	종신보험 활용 임원퇴직플랜
절세 가능성	납입 연도별 연금부담금 비용처리 가능	퇴직연도에 일시금으로 비용처리 • 순손익가치, 순자산가치 감소로 주식가치하락 • 양도,배당,증여,상속 시 절세 효과
	현재 법인세율 9~19%로 최저세율 적용. 매년 법인세 절감효과 높지 않음.	납입보험료중 사업비 또는 해약환급금 상당액만큼 비용처리 가능
CEO의 갑작스러운 사망 시	적립금 지급. 유고 시 별도의 혜택 없음	사망보험금 법인으로 지급, 다양한 용도로 활용 가능 ① 퇴직금 지급 ② 자사주 소각을 활용한 상속세 재원 마련 등
유동성	사외 예치된 금액은 퇴직급여 지급 외에는 활용 불가 (유동성 제약)	긴급 자금 필요시 중도인출, 해지 등으로 유동성 확보
연금 수령 시	• 연금 수령 시 퇴직소득세 30%~40% 절세 • IRP로 입금된 퇴직급여의 운영수익에 대해 연금 소득세, 기타 소득세 납부 • 연금소득세대상 연금은 연금저축과 합산 수령액 1,500만 원 초과 시 종합과세 또는 16.5% 분리과세	• 요건 충족 시 보험차익 비과세 (생활자금 수령 활용) • 조기 해지 시 사업비로 인한 손실

임원퇴직금을 준비할 때 퇴직연금과 보험을 활용하는 방법 중 어느 것이 유리할까요?

현장에서 만나는 기업 대표님 중 이런 질문을 하는 분들이 많습니다. 한 가지의 획일적인 정답은 존재하지 않습니다. 기업의 상황과 대표님의 니즈에 따라 유리한 제도와 상품이 달라지기 때문입니다. 하지만 대표님의 이야기에 먼저 귀를 기울이고 두가지 방안의 장단점을 잘 활용한다면 현명한 선택을 할 수 있을 것입니다.

(4) 배당금으로 생명보험에 가입해 상속세를 절세하세요

보통 배당은 기업이익을 주주에게 돌려주고, 소득유형을 분산시켜 소득세를 줄이는 데 활용됩니다. 또 누적된 잉여금을 감소시켜 주식가치를 조정하는 데 쓰이며, 특히 지분설계를 통해 주주를 분산시키면 소득세뿐 아니라 향후 상속, 증여에서도 절세를 기대할 수 있습니다.

배당을 할 때 보험을 적절히 활용하면 더 큰 절세효과를 누릴 수 있는데요. 어떤 방법이 있는지, 알아보겠습니다.

자녀가 주식을 보유하고 있다면 배당을 통해 자녀에게 합법적으로 자산을 이전할 수 있습니다. 특히 자녀가 미성년이거나 소득이 없는 경우, 배당을 통해 소득을 만들어 주고 자금출처를 확보할 수 있어 활용도가 큽니다.

가장 일반적으로 자녀의 배당금으로 보장성 보험에 가입해 상속세 재원을 준비하는 방법이 있습니다. CEO 유고 후 수령하는 보험금은 자녀의 자산이므로 상속재산에 포함되지 않습니다.

---

① 자녀에게 주식 일부를 증여합니다.
② 배당을 통해 자녀에게 증빙 가능한 소득을 만들어 줍니다.
③ 자녀의 배당금으로 부모의 보장성보험을 가입합니다.
　(계약자, 수익자 = 자녀 / 피보험자 = 부모(CEO))

---

④ 부모(CEO) 사망 시 자녀에게 사망보험금이 지급됩니다.

⑤ 자녀의 소득으로 가입한 보험이므로 상속재산에 미포함, 상속세 없음

⑥ 지급받는 보험금으로 상속세를 납부합니다.

자녀 배당 활용 보험으로 상속세 절세 방안

자녀에게 주식증여 ➡ 배당 ➡ 자녀의 배당금으로 보험가입

- 자녀의 합법적인 자금출처 확보
- 계약자/수익자=자녀인 종신보험 가입 : 사망보험금으로 상속세 재원 마련

계약자: 자녀 피보험자: CEO 수익자: 자녀
증빙 가능한 자녀의 소득으로 보험료 납부 ➡ 보험금 상속재산 미포함 ➡ 상속세 납부

상속세율 50%인 경우, 자녀배당을 활용해 사망보험금 10억 원의 보험에 가입했다고 가정해 봅시다.

만약 상속자산이 10억 원 더 늘어나면 5억 원의 상속세를 추가로 부담해야 합니다. 하지만 자녀배당으로 보험을 가입한 경우, 지급받는 10억 원의 보험금은 상속재산에 포함되지 않습니다. 결과적으로 5억 원의 상속세를 절세하는 셈입니다.

자산 10억 원을 추가로 상속할 때 상속세	자녀 배당금으로 보험에 가입해 사망보험금 10억 원을 수령할 때 상속세
세율 50%	계약자, 수익자 = 자녀, 피보험자 = CEO
추가 상속세 부담 5억 원	추가 상속세 부담 없음

(5) 법인 종신보험, 지분의 분산을 막아 경영권을 지켜줍니다

세계적인 게임사 넥슨, 손꼽히는 제약·바이오계의 선두주자인 한미약품, 밀폐용기의 대명사로 자리잡은 생활용품회사 락앤락, 가구 및 인테리어 탑 브랜드 한샘. 이 회사들의 공통점은 무엇일까요?

상속세 때문에 회사의 지분을 매각한 회사라는 점입니다.

넥슨은 상속세를 내기 위해 넥슨 지주회사의 지분을 물납했습니다. 무려 29.3%에 해당하는 지분이 기획재정부에게 넘어갔고, 정부는 단숨에 넥슨의 2대주주가 되었습니다. 한미약품, 락앤락 등은 상속세 납부를 위해 사모펀드에 지분을 매각했습니다. 알짜기업들이 상속세 부담을 이기지 못하고 지분을 포기한 사례들입니다.

잘 키운 넥슨, 中 게임사 먹잇감 될 판…'상속세' 폭탄이 부른 위기

머니투데이 PICK, 2023.06.05

한미약품 오너일가, 3000억 규모 지분 매각…"상속세 재원 마련"

머니S PICK, 2023.05.05.

비상장사는 상속세 30% 할증…락앤락 등 아예 회사 팔고 다른 사업

서울경제, 2013.01.29.

한샘이 매물로 나온 이유…세계 최고 수준의 '상속세' 때문

뉴스저널리즘, 2021.07.14.

상속세 부담 짓눌려… 알짜기업도 '팔아야 하나' 고민에 빠진다

헤럴드경제, 2021.08.30.

일련의 사태는 CEO의 사망 후 온전히 가업을 잇고 경영권을 승계하는 데 상속세가 얼마나 부담이 되는지 가늠하게 합니다. 법인 종신보험은 기업의 상속세 부담을 덜고 경영권을 지키는 강력한 수단이 될 수 있습니다.

상속이 일어나는 시점과 종신보험의 사망보험금 지급시기는 'CEO 사망'으로 동일합니다. 상속세를 납부해야 하는 바로 그 시기에 보험회사에서는 사망보험금을 지급하므로, 상속세 납부 재원으로 활용하기에는 종신보험이 적격입니다.

다만 보험금을 법인이 수령하므로 상속세 납부재원으로 사용하기 위해서는 상속인에게 이 자금이 정당하고 합법적인 방법으로 전해져야 합니다. 보통 유족위로금이나 사망 시 퇴직금으로 지급하거나 법인이 유가족으로부터 자기주식을 취득한 후 대금으로 지급해 상속세 재원을 마련합니다.

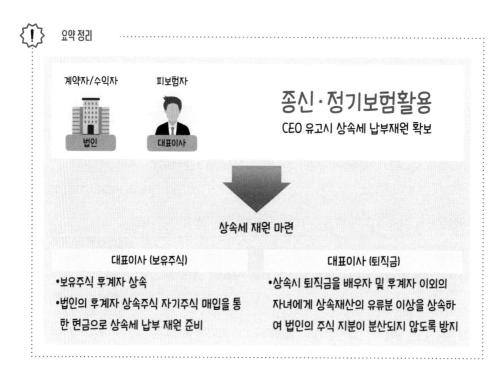

요약 정리

계약자/수익자
법인

피보험자
대표이사

종신·정기보험활용
CEO 유고시 상속세 납부재원 확보

상속세 재원 마련

대표이사 (보유주식)
- 보유주식 후계자 상속
- 법인의 후계자 상속주식 자기주식 매입을 통한 현금으로 상속세 납부 재원 준비

대표이사 (퇴직금)
- 상속시 퇴직금을 배우자 및 후계자 이외의 자녀에게 상속재산의 유류분 이상을 상속하여 법인의 주식 지분이 분산되지 않도록 방지

보험절세모음 (법인편)

(6) 부부 모두 임원일 때, 법인 종신보험으로 상속세 절세하기

Q. 법인을 20년 가까이 운영 중인 나 대표님. 현재 본인은 대표이사로, 배우자는 이사로 함께 일하고 있습니다. 처음 자본금 1억 원으로 설립한 회사가 성장을 거듭하면서 상속세가 10억 이상 나올 거라는 이야기를 듣게 되었습니다. 회사를 제외한 개인자산은 거주 아파트 외에 특별히 없어, 혹시 상속세가 많이 나오면 어떻게 해야할지 부담스럽기만 합니다. 대표님의 상속세, 준비할 방법 없을까요?

A. 부부가 모두 임원인 경우, 각각을 피보험자로 하는 법인 종신보험에 가입하고 이를 퇴직금으로 수령할 때 계약자와 피보험자를 부부 교차로 설정하면 상속세 절세와 재원마련이 가능합니다.

개인자산은 충분하지 않지만 법인의 잉여금이 많이 쌓여 있는 법인의 경우, 법인 잉여금을 활용해 개인의 상속세 부담을 줄일 수 있습니다. 이 때 법인을 계약자로 하는 종신보험을 활용합니다.

특히, 부부가 모두 임원이라면 퇴직시점에 부부 교차로 계약자를 설정하면 상속세 납부재원 마련은 물론 절세까지 가능합니다.

대표이사, 임원 각각을 피보험자로 하는 법인 종신보험에 가입한다

가입 시 계약자와 수익자는 법인으로 설정되며, 피보험자는 상근 임원으로 설정하게 됩니다. 위 사례의 경우 부부가 상근 임원이므로 각자를 피보험자로 하여 계약할 수 있습니다.

임원 퇴직 시 퇴직금을 보험상품으로 수령한다(보험계약자를 법인에서 임원으로 변경)

임원의 퇴직 시점에 정관에 규정된 퇴직금의 규모에 맞춰 퇴직금을 지급합니다. 이 때 계약자 변경을 통해 임원의 퇴직금으로 수령할 수 있습니다. 즉, 계약자를 법인에서 퇴직하는 임원으로 변경하여 퇴직금 처리를 하는 것입니다. 이때 보험의 평가금액은 불입보험료에 이자상당액을 더한 금액으로 평가됩니다.

계약자와 피보험자를 부부 상호 간에 교차하여 설정한다

부부가 임원으로 등재되어 있는 법인은, 부부 상호 간 계약자와 피보험자를 교차하여 퇴직금으로 수령합니다.

> • 남편 퇴직시: 피보험자가 아내인 보험의 계약자, 수익자를 법인에서 남편으로 변경하여 수령
> • 아내 퇴직시: 피보험자가 남편인 보험의 계약자, 수익자를 법인에서 아내로 변경하여 수령

수령한 보험의 보험금은 상속재산에 포함되지 않아 상속세 절세 가능, 상속세 재원으로 활용 가능

이렇게 되면 보험계약의 형태는 계약자와 수익자는 남편, 피보험자는 아내인 계약과, 계약자와 수익자는 아내, 피보험자는 남편인 계약으로 설정되며, 이는 차후 피보험자 사망 시 상속재산에 합산되지 않습니다. 상속세 절세 및 상속세 재원 준비에 효과적입니다.

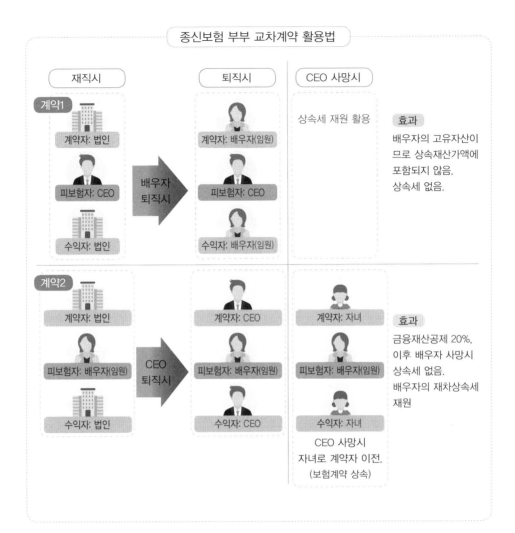

종신보험 부부 교차계약 활용법

재직시

계약1

계약자: 법인

피보험자: CEO

수익자: 법인

→ 배우자 퇴직시

퇴직시

계약자: 배우자(임원)

피보험자: CEO

수익자: 배우자(임원)

CEO 사망시

상속세 재원 활용

효과

배우자의 고유자산이
므로 상속재산가액에
포함되지 않음.
상속세 없음.

계약2

계약자: 법인

피보험자: 배우자(임원)

수익자: 법인

→ CEO 퇴직시

퇴직시

계약자: CEO

피보험자: 배우자(임원)

수익자: CEO

CEO 사망시

계약자: 자녀

피보험자: 배우자(임원)

수익자: 자녀

CEO 사망시
자녀로 계약자 이전.
(보험계약 상속)

효과

금융재산공제 20%,
이후 배우자 사망시
상속세 없음.
배우자의 재차상속세
재원

 요약 정리

퇴직시점에 대표이사와 배우자(임원)의 계약자/피보험자 교차계약으로

은퇴자금 확보와 상속세 절감효과까지 동시에

☑ 은퇴 후 생활자금 수령 시 최저보증으로 안정적인 은퇴자금 확보

☑ 퇴직 전 사망 시 부부간 사망보험금 상호 활용하여 임원 유고 리스크에 효과적 대비

(7) 부동산 비중이 큰 기업, 상속세 대비에는 종신보험이 제격

Q. 20여년간 중소기업을 이끌어온 대표님(62세)은 최근 가업승계와 자산이전에 대해 부쩍 관심이 많아졌습니다. 열심히 앞만 보고 달려왔고 사업도 비교적 잘 키워왔지만, 업종의 특성상 매출성장을 기대하기는 힘들고 시간이 지나면 법인이 보유 중인 부동산의 임대업이 중심이 될 것으로 예상됩니다.

그간 쌓여온 부인과의 갈등으로 결국엔 이혼에 이른 데다. 자녀들의 자금여력이 충분하지 않아 증여세 납부가 부담이 돼 추가로 증여를 실행하기도 어렵습니다. 게다가 법인 사업 특성상 부동산임대업 매출이 상당부분 포함되어 가업상속 관련 특례 적용을 받을 수 없다고 합니다. 어떻게 해야 세금부담을 덜고 기업을 자녀들에게 물려줄 수 있을까요?

A. 부동산 비중이 커 경영인정기보험 가입으로 인한 기업가치 하락효과가 적은 기업은 법인 종신보험 가입을 적극 고려하십시오. 상속발생 후 법인에 지분을 매각하여 상속세 재원을 마련할 수 있습니다.

고객니즈   모기업 위주의 승계 희망

고려사항
1. 최근 자녀에게 사전 증여 이력 있음
2. 현재 법인의 주식가치가 매우 높아져 있는 상황
3. 자녀의 증여세 납부 여력이 충분하지 않음
4. 법인은 부동산 비중이 높고, 임대업 매출이 상당 부분 포함돼 있어 가업상속 관련 특례적용 불가

고객님의 자산규모는 개인부동산 100억, 법인주식평가액 200억이며, 금융자산은 최근 이혼소송으로 인해 거의 없는 상황입니다. 코로나로 매출이 점차 감소되어 재작년에는 결손이 크게 발생되었으며, 작년에는 1.2억 정도의 당기순이익이, 올해도 이와

비슷한 수준 정도는 유지할 것으로 전망하고 있습니다. 이전 호황기에는 20억 이상의 당기순이익을 달성했던 법인으로, 당분간은 매출규모가 좋아질 것으로 기대하고는 있으나, 국내 산업구조 상 현재 영위 중인 업종은 점차 레드오션화 되어, 향후에는 보유하고 있는 부동산의 임대업 형태로 승계될 확률이 높다고 판단되는 상황이었습니다.

법인의 주식가치를 평가해보면, 해당 법인은 부동산 과다보유 법인(총자산대비 부동산비율 50% 이상)이며, 그간 누적된 순자산 규모가 크지만 상대적으로 당기순이익이 많지 않아서 순자산의 80%로 평가됩니다. 이런 경우 비용처리를 극대화해 순손익가치를 낮추고 그 다음해 주식가치평가를 한다고 해도 기업가치하락의 효과가 미미합니다. 즉 경영인정기보험 비용처리 효과가 크지 않으므로 다른 방안을 모색할 필요가 있습니다.

고객의 경우 상속세가 현재에도 이미 100억을 넘기 때문에 상속세 대비도 필요한 상황이었습니다.

예상 상속세 규모

[가정] 고객나이 62세, 자녀 2명, 배우자 없음, 채무 없음, 장례비공제 1천만원, 자산증가율 3%

구분	자산항목	평가액	상속세
상속재산	부동산 자산	100억 원	상속세 과세가액(현재) 299.9억 원
	법인 자산	200억 원	
	금융 자산	제외	
	기타 자산	제외	상속세 138.6억 원

배우자가 없어 최대 30억까지 공제되는 배우자 공제를 받을 수도 없고, 요지에 위치하는 개인 및 법인의 부동산 평가액은 상승여력이 매우 높습니다. 상속세는 기하급수적으로 불어나겠지요.

상속세 리스크를 방어하기 위한 방안으로 누적된 이익잉여금이 많은 모 법인에서 가업상속을 대비한 종신보험을 가입하여 차후 상속 발생시 자기주식취득 대금으로 활용할 수 있도록 제안하였습니다.

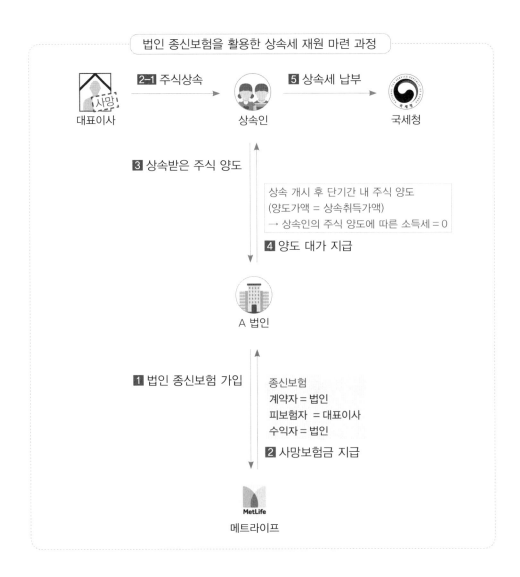

법인 종신보험을 활용한 상속세 재원 마련 과정

2-1 주식상속

대표이사 → 상속인

5 상속세 납부

상속인 → 국세청

3 상속받은 주식 양도

상속 개시 후 단기간 내 주식 양도
(양도가액 = 상속취득가액)
→ 상속인의 주식 양도에 따른 소득세 = 0

4 양도 대가 지급

A 법인

1 법인 종신보험 가입

종신보험
계약자 = 법인
피보험자 = 대표이사
수익자 = 법인

2 사망보험금 지급

MetLife
메트라이프

상속이 발생하면 법인은 보험금을 수령해 현금 유동성을 확보하고, 이 자금으로 자기주식취득 대금을 지급합니다.

상속인은 상속받은 법인의 주식 일부를 법인에 매각하고 그 대가로 받은 자금으로 상속세를 납부할 수 있습니다.

중요한 점은 가업승계를 목적으로 하는 법인이므로, 가입한 보험 상품이 기능을 상실하지 않고, 대표가 사망할 때까지 존속되어야 한다는 점입니다.

가업승계를 위한 법인의 action plan을 정리해보면 다음과 같습니다.

1. 현재 고객 소유의 다수의 법인이 존재하나 가업승계를 원하는 핵심법인 위주로 정리합니다.
2. 부동산 임대업의 비중이 높아 가업승계 특례 적용을 받기엔 한계가 많고 승계예정자인 자녀의 자금 준비도 부족한 상황이라 향후 승계를 위한 오랜 시간이 소요될 것으로 예상됩니다. 이에 다양한 상속세 재원마련 방안을 순차적으로 적용합니다. (법인 및 개인 측면 준비)
3. 핵심법인에서 상속세 리스크를 방어하기 위한 종신보험을 가입합니다. (법인을 계약자, 수익자로, 대표를 피보험자로 상속종신보험 가입)
4. 상속 발생 시 상속인은 상속받은 주식의 일부를 법인에 매각하고, 법인은 수령한 보험금을 자기주식취득 대금으로 상속인에게 지급합니다.
5. 상속인은 수령한 대금을 상속세 납부 재원으로 활용합니다.

일반적으로 비용처리를 목적으로 법인에 경영인정기보험을 권유하는 경우가 많습니다. 반면 이 사례의 법인은 적은 비용으로 사망보험금을 충분히 수령할 수 있는 종신보험을 선택해 상속 목적에 적합하게 제안하였습니다. 법인에서는 매년 불입보험료와 해약환급금의 차이만큼 비용 처리하여 지속적인 주식가치 하락에 일조하도록 하고, 동시에 가장 낮은 보험료로 상속세 재원 마련 준비를 하여 상속인이 가업을 승계할 때 효율적으로 도움을 줄 수 있습니다.

법인 종신보험, 이런 기업에 추천합니다 🔍

☑ 부동산비율이 높아 순자산가치로 평가되는 기업 (경영인정기보험의 경비처리로 인한 순손익가치 하락 효과가 크지 않은 기업)

☑ 가업상속공제를 계획중이지만 사업무관자산 및 개인자산 규모가 커 상속세가 걱정 인 경우

☑ 미래 CEO 사망시점의 상속세를 납부할 만큼 현금유동성이 풍부하지 않은 경우

07

법인보험의 회계처리

보험상품의 회계처리는 다른 금융상품에 비해 까다롭습니다. 보험 계약자와 피보험자, 수익자가 각각 다르고 보험료 납입기간과 보장기간이 일치하지 않을 수 있는데다 납입보험료와 해약환급금, 만기보험금의 크기가 모두 다르기 때문입니다. 상품에 따라 저축으로 볼 것인가 보장으로 볼 것인가 하는 것도 쟁점입니다.

이 장에서는 어떤 경우에 무엇을 기준으로 삼아야 할지, 법인보험의 회계처리 방법을 자세히 다루어 봅니다. 보험 종류별 회계처리 방법은 물론, 다양한 쟁점에 대한 예규, 판례를 모아 한 눈에 찾아볼 수 있도록 구성하였습니다. 모쪼록 보험 회계처리에 대해 이번 기회에 마스터하시기를 기대합니다.

(1) 법인보험, 자산일까요? 비용일까요?

보험용어에 대한 이해

세법상 보험계약에 대한 회계·세무처리를 이해하기 위해서는 먼저 보험용어에 대한 이해가 필요한데요, 먼저 주요 보험용어부터 짚어보겠습니다.

구분	내용
보험계약자	보험회사와 보험계약을 체결하고 보험료 납부의무를 지는 자 (자연인이든 법인이든 관계없으며, 공동으로 보험계약체결도 가능)

구분	내용
피보험자	사람의 생·사라는 보험사고 발생의 객체가 되는 사람
보험수익자	보험계약에 따라 보험금 지급사유가 발생한 때에 보험회사로부터 보험금을 지급받게 되는 자
보험료 납부자	보험계약에 따라 보험자에게 보험료를 실제 납부하는 자

구분	내용
보험료	보험계약자가 보험계약에 의거, 보험자에게 지급하는 요금 (보험금 지급을 충당하기 위한 순보험료와 사업을 영위하는데 필요한 부가보험료로 구성됨)
보험금	보험사고나 손해 등이 발생했을 때 지급하는 금전
보험기간	보험사고에 대하여 보험금을 지급할 것을 약속한 기간 (보험기간, 보험계약기간, 보험료 납입기간과 다를 수도 있고, 일치시킬 수도 있음)
보험차익	보험계약자가 만기 또는 중도해약 시 받은 보험금이나 해약환급금이 납입한 총 보험료의 합계를 초과하는 경우 그 초과 분
전기납	보험기간의 전 기간에 걸쳐 보험료를 납입하는 보험료 납입방법
해약환급금	보험계약의 효력상실, 해약 등으로 보험금을 지급하지 않게 되었을 경우 보험계약자에게 반환하는 금액

법인보험계약의 회계·세무처리 개요

법인계약은 법인이 계약자이고 임직원이 피보험자라는 것까지는 동일하지만, 수익자를 누구로 지정하는가에 따라 다양한 계약형태가 존재합니다. 이하에서는 법인 보험계약의 형태에 따른 회계·세무처리 이슈를 정리하고, 구체적 내용을 살펴보도록 하겠습니다.

구분	Case 1	Case 2	Case 3
계약자	법인	법인	법인
피보험자	임직원	임원	종업원
수익자	법인	임원	종업원
법인 손금산입	만기환급금=자산 기타부분=손금산입	손금산입 (급여)	손금산입 (급여)
소득세 과세문제	해당없음	근로소득 (단체보험 비과세)	근로소득 (단체보험 비과세)

수익자가 법인인 경우 (앞 Case 1)

법인이 피보험자를 임직원으로, 수익자를 법인으로 하여 보장성보험과 저축성보험에 가입한 경우, 법인이 납입한 보험료 중 만기환급금에 상당하는 보험료상당액은 자산으로 계상하고, 기타의 부분은 이를 보험기간의 경과에 따라 손금에 산입합니다(서면2팀-1631, 2006.08.28).

이는 해당 계약의 경우 임직원은 단순 피보험자이며, 보험계약에 따른 이익(보험금, 만기환급금, 해약환급금 등)이 전적으로 법인에 귀속되기 때문입니다. 이에 보험료 납입단계가 아닌 향후 법인이 수령한 보험금을 임직원에게 지급하는 시점에 소득세 문제를 검토해야 합니다.

수익자가 임원인 경우 (앞 Case 2)

법인이 보험 계약자이고, 임원이 피보험자 및 수익자인 경우 법인이 납입한 보험료는 해당 임원의 급여에 해당하여 소득세가 과세됩니다.

즉, 임원의 급여로 보는 법인의 보험료 불입액은 법인측면에서는 '인건비'에 해당하므로 손금산입이 가능하나, 법인세법시행령 제43조의 규정에 따라 정관, 주주총회 또는 이사회결의에 의해 결정된 급여지급기준을 초과하는 금액은 손금불산입(상여처분) 됨에 주의해야 합니다.

(임원 급·상여 설계에 대한 세부내용은 〈Part2. 02 급여·상여 설계〉(139p) 참조)

🔍 **관련 법규**

보험료의 손금산입 범위(법인집행 19-19-4)

종업원을 수익자로 하는 보험료(선원보험료, 단체정기재해보험료, 상해보험료, 신원보증보험료 등)는 퇴직보험료 등과 「국민건강보험법」 및 「고용보험법」에 따라 사용자로서 법인이 부담하는 보험료를 제외하고 이를 종업원에 대한 급여로 본다. 다만, 임원 또는 사용인의 퇴직금을 지급하기 위하여 불입하는 보험료 중 확정기여형 퇴직연금 및 개인퇴직계좌의 부담금을 제외한 금액은 한도 내의 보험료를 손금에 산입하고 한도를 초과하는 보험료는 이를 손금에 산입하지 아니한다.

수익자가 종업원인 경우 (앞 Case 3)

법인이 보험 계약자이고 종업원이 피보험자 및 수익자인 경우 법인이 납입한 보험료는 종업원의 급여에 해당하여 소득세가 과세됩니다.

즉, 법인의 손금 그리고 수익자의 소득세 과세는 피보험자가 임원인 앞 "수익자가 임원인 경우"의 사례와 동일하나, 임원과 달리 별도의 손금산입 한도가 적용되지 않는다는 점에 차이가 있습니다.

관련 법규

근로소득의 범위(소득집행 20-38-1)

종업원이 계약자이거나 종업원 또는 그 배우자 기타의 가족을 수익자로 하는 보험·신탁 또는 공제와 관련하여 사용자가 부담하는 보험료·신탁부금 또는 공제부금은 근로소득에 해당함. 단, 아래 보험료는 제외함.

종업원의 사망·상해 또는 질병을 보험금의 지급사유로 하고 종업원을 피보험자와 수익자로 하는 다음 중 하나의 보험으로서 1인당 연 70만 원 이하의 금액(70만 원 초과분은 근로소득 과세)

ㄱ) 단체순수보장성보험 : 만기에 납입보험료를 환급하지 않는 보험

ㄴ) 단체환급부보장성보험 : 만기에 납입보험료를 초과하지 않는 범위에서 환급하는 보험

Q. 연 70만원 이하의 단체보험료 소득세 비과세는 임원도 가능한가요?

A. 종업원의 범위에는 임원을 포함하는 것이므로 임원도 단체보험료 소득세 비과세가 가능합니다(소득46011-20007, 2000.07.14).

(2) 상품별 회계·세무처리 방안

세법의 관점

법인세법상 손금의 개념

법인이 납입하는 보험료의 회계·세무처리 기준에 대해 이해하려면 먼저 법인세법상의 내용부터 살펴봐야 합니다. 법인세법에서는 '손금이란 법인의 순자산을 감소시키는 손비'로, '손비란 법인의 사업과 관련하여 발생하거나 지출된 손실 또는 비용'이라 정의하고 있습니다. 구체적 내용을 살펴보면 다음과 같습니다.

관련 법규

법인세법 제19조 [손금의 범위]

① 손금은 자본 또는 출자의 환급, 잉여금의 처분 및 이 법에서 규정하는 것은 제외하고 해당 법인의 순자산을 감소시키는 거래로 인하여 발생하는 손실 또는 비용의 금액으로 한다.

② 손비는 이 법 및 다른 법률에서 달리 정하고 있는 것을 제외하고는 그 법인의 사업과 관련하여 발생하거나 지출된 손실 또는 비용으로서 일반적으로 인정되는 통상적인 것이거나 수익과 직접 관련된 것으로 한다.

관련 법규

법인세법 집행기준 19-19-4 [보험료의 손금산입 범위]

보험기간 만료 후에 만기 반환금을 지급하겠다는 뜻의 약정이 있는 손해보험에 대한 보험료를 지급한 경우에는 그 지급한 보험료액 가운데 적립보험료에 상당하는 부분의 금액은 자산으로 하고 기타 부분의 금액은 이를 기간의 경과에 따라 손금에 산입한다.

법인에서 임원을 피보험자로 하여 불입하는 보험료가 업무무관비용 일까요?

법인세법상 손금으로 인정되기 위해서는 업무관련성이 인정되어야 하며, 업무와 직접적 관련이 없는 경우에는 손금으로 인정되지 않습니다(법인세법 제27조 제2호).

이에 보험계약의 피보험자가 법인의 업무(사업)에 직접적으로 관여하고 있고, 해당 피보험자의 사망·사고·질병 등의 사유가 법인의 사업에 직접적인 영향을 미치는 경우(대표적으로 대표이사, 사내이사 등)에는 업무관련성이 있다고 할 것이나, 그렇지 않는 자(업무 미참여자, 단순 주주 등)를 피보험자로 하여 법인이 보험료를 납입하는 경우에는 업무무관비용 혹은 업무무관자산에 해당합니다.

피보험자를 대표자로 가입 후 납입한 보험료가 업무무관 가지급금에 해당하는지?

국심2003서792, 2003.08.21

쟁점보험상품이 인(人)보험인 관계로 피보험자를 법인이 아닌 개인으로 가입할 수밖에 없는 불가피한 점이 인정되고, 보험기간 중 보험사고 발생이 없어 피보험자인 대표이사 개인이 실질적인 경제적이익을 받은 것이 없으며, 쟁점보험료 납부액을 청구법인의 자산으로 계상하여 관리하고 있고, 쟁점보험상품이 보험기간 만기 시 적정이자와 원금이 보장되는 저축성보험인 점으로 볼 때 청구법인이 납부한 쟁점보험료는 업무와 관련된 것으로 보는 것이 타당하므로 처분청이 쟁점보험료 납부액을 업무무관 가지급금으로 보아 인정이자를 계산하여 익금에 산입한 처분은 잘못임.

저축성보험의 경우

세무처리 기준

법인이 피보험자를 임원(대표이사 포함) 또는 종업원으로, 수익자를 법인으로 하여 보장성보험과 저축성보험에 가입한 경우, 법인이 납입한 보험료 중 만기환급금에 상당하는 보험료상당액은 자산으로 계상하고, 기타의 부분은 이를 보험기간의 경과에 따라 손금에 산입하도록 하고 있습니다(법인-266, 2011.04.11).

이에 만기환급금이 납입보험료를 초과하는 연금 등 저축성보험의 경우에는 납입보험료 전액을 자산으로 처리하는 것이며 이후 계약자 변경을 통해 해당 보험을 퇴직금으로 지급하거나 중도해지 또는 보험사고가 발생하는 시점 즉, 해당 보험이 실질적으로 처분된 시점에 손익을 인식하게 됩니다(권리의무 확정주의).

회계처리 예시

구분	차변	대변
보험료 납입 시	보험예치금 500 (혹은 장기성예금 등)	보통예금 500
보험금 수령 시 (차익발생)	보통예금 600	보험예치금 500 보험차익 100
보험금 수령 시 (차손발생)	보통예금 400 보험차손 100	보험예치금 500
퇴직 시 (계약자변경)°	퇴직급여 600	보험예치금 500 보험차익 10 보통예금 90
약관대출 시	보통예금 100	단기(장기)차입금 100

° 계약자 변경시점의 보험료에 가산되는 이자 10으로 가정(퇴직 시 보험계약의 시가평가액 상당액을 퇴직금으로 현물 지급)

보장성보험의 세무처리에 대한 국세청의 입장
연도별 세무처리에 대한 국세청 입장 요약

법인이 계약한 보장성보험의 세무처리에 대하여 국세청은 '만기환급금에 상당하는 보험료 상당액은 자산, 기타의 부분은 이를 보험기간의 경과에 따라 손금에 산입'하라는 해석을 계속 반복하다가, 2013년부터 조금씩 다양한 사례들을 반영한 해석 사례가 나오고 있어 세무처리 기준에 도움을 주고 있습니다. 이에 대한 구체적 예규 등을 정리하면 다음과 같습니다.

구분	주요내용
기존 국세청 입장	만기환급금은 자산, 기타의 부분은 손금산입
만기환급금이 없다면?	정년퇴직시점의 해약환급금은 자산처리, 기타의 부분은 손금산입
만기환급금이 없고, 정년퇴직기한도 없다면?	퇴직기한이 정해지지 않아 사전에 해지환급금을 산정할 수 없고 만기환급금에 상당하는 보험료상당액도 없다면, 납입보험료를 보험기간의 경과에 따라 손금산입 (이후 해약환급금은 익금산입)

구체적 내용

만기환급금은 자산, 기타는 손금산입

법인-266, 2011.04.11

법인이 피보험자를 임원(대표이사 포함) 또는 종업원으로, 수익자를 법인으로 하여 보장성보험과 저축성보험에 가입한 경우, 법인이 납입한 보험료 중 만기환급금에 상당하는 보험료 상당액은 자산으로 계상하고, 기타의 부분은 이를 보험기간의 경과에 따라 손금에 산입하는 것이며, 해당 임원 및 종업원의 근로소득으로 볼 수 없음.

퇴직시점의 환급금은 자산, 기타는 손금산입

법규법인 2013-397, 2013.10.24

내국법인이 임원(대표이사 포함)을 피보험자로 계약자와 수익자를 법인으로 하는 보장성보험에 가입한 경우, 법인이 납입한 보험료 중 만기환급금에 상당하는 보험료 상당액은 자산으로 계상하고 기타의 부분은 이를 보험기간의 경과에 따라 손금에 산입하는 것이나,

귀 세법해석 사전답변 신청내용과 같이, 임원의 정년퇴직 후의 기간까지 보험기간으로 하고 만기환급금이 없는 종신보험상품을 계약한 내국법인이 피보험자인 임원의 정년퇴직시점에는 고용관계가 해제됨에 따라 해당 보험계약을 해지할 것으로 사회통념 및 건전한 상관행에 비추어 인정되는 경우에는 납입보험료 중 정년퇴직시의 해약환급금에 상당하는 적립보험료 상당액은 자산으로 계상하고, 기타의 부분은 손금에 산입하는 것이며,

정년퇴직 전에 피보험자인 임원이 퇴직하여 해약하는 경우로서 지급받는 해약환급금과 자산으로 계상된 적립보험료 상당액과의 차액은 해약일이 속하는 사업연도의 소득금액 계산시 익금 또는 손금에 산입하는 것입니다.

퇴직시점을 예측할 수 없는 경우라면?

기획재정부법인-306, 2015.04.20

질의

정년퇴직 시점이 정해지지 않은 창업주 대표이사와 그에 준하는 임원을 피보험자로 하고, 법인을 보험계약자 및 수익자로 하는 경영인정기보험 상품에 가입한 경우 보험료의 손금산입시기(보험료의 자산처리 또는 손금산입 여부)

회신

내국법인이 퇴직기한이 정해지지 않아 퇴직시점을 예상할 수 없는 임원(대표이사 포함)을 피보험자로, 법인을 계약자와 수익자로 하는 보장성보험에 가입하여 사전에 해지환급금을 산정할 수 없는 경우, 법인이 납입한 보험료 중 만기환급금에 상당하는 보험료 상당액은 자산으로 계상하고, 기타의 부분은 이를 보험기간의 경과에 따라 손금에 산입하는 것임.

> **참고**
> 기존 예규(법규법인 2013-397, 2013.10.24)에서는
> 정년퇴직시점의 환급금을 기준으로 자산과 비용을 구분하도록 하였는데, 중소기업 경영주 혹은 함께 근무하는 자녀 등의 경우에는 정년이라는 개념이 없이 종속적으로 근무하는 경우가 많기에 "정년퇴직시점"이 존재하지 않는 경우가 대부분입니다.

만기환급금에 상당하는 보험료 상당액이 없는 경우에는?

법인2018-1779, 2018.07.18

질의

- 질의법인은 대표이사를 피보험자로 하는 만기환급금이 없는 보장성보험에 가입하였으며,
- 계약형태는 계약자 및 수익자는 법인, 피보험자는 대표이사로 하여 월 300만 원

납입, 90세 만기로 납부하며, 질의법인의 경우 대표이사의 퇴직시점에 대한 언급이 없음

- 계약형태가 위와 같은 경우, 납입보험료의 세무처리 방법은?

회신

- 내국법인이 대표이사를 피보험자로 하고 계약자와 수익자를 법인으로 하는 보장성보험에 가입한 경우, 법인이 납입한 보험료 중 만기환급금에 상당하는 보험료 상당액은 자산으로 계상하고 기타의 부분은 이를 보험기간의 경과에 따라 손금에 산입하는 것으로

- 피보험자인 대표이사의 퇴직기한이 정해지지 않아 사전에 해지환급금을 산정할 수 없어 만기환급금에 상당하는 보험료 상당액이 없는 경우에는 내국법인이 납입한 해당 보험료를 보험기간의 경과에 따라 손금에 산입하는 것이며, 상기 보장성보험의 해약으로 지급받는 해약환급금은 해약일이 속하는 사업연도의 소득금액 계산 시 익금에 산입하는 것입니다.

> **참고**
>
> 기존 예규와 달리 '만기환급금이 없는 보험'에 대해
> 납입보험료는 손금산입, 이후 해약 시 익금산입 이라는 구체적 기준을 제시하였다는 점에서 매우 의미 있는 예규라 할 수 있습니다.

종신보험의 경우

만기와 만기환급금이 존재하는가?

종신보험 세무처리를 위해서는 먼저 만기와 만기환급금이 존재하는가를 살펴야 합니다. 종신보험의 경우 용어 그대로 "종신"이기에 만기의 개념이 존재하지 않는 것으로 보일 수 있지만, 종신보험은 피보험자 사망 시 사망보험금을 지급하는 상품이므로 '피보험자의 사망일'이 실질적인 '보험상품의 만기'가 되고, '사망보험금'은 '만기환급금'으로 해석해야 합니다.

세무처리 기준

종신보험 가입 후 피보험자의 재해사망 혹은 일반사망 시 지급하는 사망보험금은 납입보험료보다 클 수 밖에 없으므로 법인의 보험료 납입 전액을 자산(장기금융상품 등)으로 처리하는 것이 세법의 실질과세측면에서 맞다고 할 수 있습니다. 다만, 가) 전액 자산으로 처리하는 방안, 나) 부가보험료(위험보험료와 사업비 등)를 제외한 적립 (저축)보험료만 자산처리 하는 방안, 다) 해약환급금 상당액만 자산처리 하는 방안 등 크게 3가지의 방법이 실무에서 혼용되어 사용되고 있습니다.

이하에서는 각각의 방법에 대한 세법·법률적 근거에 대해 살펴보도록 하겠습니다.

▶ 전액 자산으로 처리하는 방안

종신보험에 대한 가장 일반적인 세무처리방안으로 보험을 유지하는 동안에는 보험 예치금 등 비유동자산으로 분류하다가 향후 보험금 수령시점이나 계약자 변경시점에 손익을 인식하는 방법을 말합니다.

이에 법인의 자산총계와 부채비율에 영향을 미치지 않아 재무제표비율 측면에서 유리하고, 향후 계약자 변경을 통해 퇴직금이나 상여금 등의 재원으로 지출하는 경 우 일시에 비용으로 인식되어 비상장주식가치가 크게 감소하기에 가업승계나 주식증 여 등 컨설팅 시 전략적으로 활용할 수 있다는 장점이 있습니다.

구분	주요내용
세무처리	납입보험료 전액을 보험예치금, 장기성예금 등으로 자산처리
법률적 근거	만기환급금은 자산처리하라는 국세청 예규에 근거 (법인-266, 2011.04.11 외 다수)
실무 Tip	1) 종신보험에 대한 일반적 세무처리 방안 2) 보험 유지기간 동안에 부채비율 등에 미치는 영향이 없음 3) 향후 계약자 변경을 통해 퇴직금 재원으로 활용 시 일시에 비용처리되어 비 　상장주식가치가 큰 폭으로 감소

※ 회계처리 예시는 앞 〈저축성보험의 경우〉(468p) 참조

▸ 적립(저축)보험료만 자산으로 처리하는 방안

이는 법인세법 집행기준에 근거한 세무처리로 부가보험료(위험보험료와 사업비 등)는 비용으로, 적립(저축)보험료는 자산으로 처리하는 방안을 말합니다. 만기환급금 상당액을 자산으로 처리하라는 국세청의 예규와 상충되기에 실무상 다소 이견이 있는 부분입니다.

구분	주요내용
세무처리	적립보험료는 자산, 부가보험료(위험보험료+사업비)는 비용처리
법률적 근거	법인집행 19-19-4[보험료의 손금산입 범위] 제2항 : 보험기간 만료 후에 만기환급금을 지급하겠다는 뜻의 약정이 있는 손해보험에 대한 보험료를 지급한 경우에는 그 지급한 보험료액 가운데 적립보험료에 상당하는 부분의 금액은 자산으로 하고, 기타 부분의 금액은 이를 기간의 경과에 따라 손금에 산입한다.
실무 Tip	• 납입보험료 중 일부 비용처리에 따라 당기순이익, 법인세, 부채비율 다소 감소 • 국세청 예규와 다소 불일치하는 부분이 있으나, 국세청에서도 법인집행을 아직까지 유지하고 있기에 실무상 일부 용인되는 세무처리로 해석됨

▸ 해약환급금 상당액만 자산으로 처리하는 방안

구분	정년퇴직시점이 있는 경우	정년퇴직시점이 없는 경우
세무처리	퇴직시점을 기준으로, 해약환급금은 자산, 기타는 손금	각 사업연도말을 기준으로, 해약환급금은 자산, 기타는 손금
법률적 근거	법규법인 2013-397, 2013.10.24	국심2006서3194, 2007.04.04
실무 Tip	1) 비상장기업의 경우 정년퇴직의 개념이 없는 경우가 많고, 이를 구체화하기 어렵다는 단점이 있고, 2) 국심2006서3194의 경우 만기환급금을 자산으로 처리하라는 국세청의 2006년 새로운 예규가 발표되기 이전의 심판례로 해석됨	

종신보험에 대한 세무처리 의견

이와 같이 종신보험에 대한 회계·세무처리 방안에는 여러 유형이 존재하고, 국세청에서도 '만기환급금은 자산, 기타의 부분은 손금처리'라는 입장을 유지할 뿐 구체적 처리방안에 대해 규정하고 있지 않기에 실무상 혼선이 많은 부분이라 예상됩니다.

이에 회사의 재무상황, 납입보험료 및 사망보험금의 수준 등을 감안하여 세무대리인 및 회사와 충분한 협의 후 세무처리방안을 결정하시기 바랍니다.

정기보험의 경우

세무처리 기준

표면상 만기가 없는 종신보험과 달리 정기보험은 계약상 '만기시점'이 존재하고, 중도 해약 시 해약환급금이 있으나(점진적으로 증가하다가) 향후 만기시점에 환급금이 0원이 되는 형태를 가지고 있습니다. 이와 같은 정기보험에 대해 국세청에서는 '만기환급금은 자산, 기타의 부분은 기간의 경과에 따라 손금에 산입하라(기획재정부 법인세제과-306, 2015.04.20)'는 입장만을 고수하면서 실무상 세무처리에 대해서는 구체적 입장을 제시하지 않아 실무상 혼선이 많았는데요. 이후 2018년 '납입 보험료를 보험기간의 경과에 따라 손금에 산입하고, 이후 해약환급금을 익금에 산입하라(서면법인 2018-1779, 2018.07.18)'는 구체적 예규를 제시하였고, 법원 또한 '정기보험은 순수보장성 보험에 해당하며, 해지시점을 예측할 수 없고, 만기환급금이 없으므로 납입보험료 전액이 비용의 성질을 가지고 있다(서울고등법원 2015.08.21 선고 2014나47797 판결, 대법원 판결 동일)'고 판결함으로써 경영인정기보험의 손금산입에 대한 논란은 종결이 되었습니다.

경영인 정기보험 손비처리 (대법원 판결)

(대법원2015다56147, 2018. 08. 30)

사건: 손해배상금

원고: 주식회사A

피고: 1. P생명보험㈜ 2. 모집인B

[1심]
2014.08.28(서울중앙지방법원)
원고 승소

[2심]
2015.08.21(서울고등법원) 원고 패소
원고 패소

[3심]
2018.08.20(대법원) 2심 확정
상고 기각,
상고비용 모두 원고 부담

① [원고주장2.] 보험계약에 따라 납입하는 보험료 전액은 이를 전액 손비로 처리하는 것이 가능하여 법인세 절감의 효과를 거둘 수 있는 거처럼 허위로 설명하였다.

② [판결문요약] 순수보장성보험, 피보험자의 정년이 정하여져 있지 않고 해지시점이 불확정. 납입보험료 전액이 비용의 성질을 가지므로 해당납입연도에 손비처리 가능

참고

서울고등법원에서는 다음과 같은 사항을 근거로 납입보험료 전액이 비용의 성질을 가지고 있다고 판단하였습니다(다만, 본 판결은 보험사의 불완전판매에 대해 손해배상을 다툰 보험사와 보험계약자의 민사소송에 대한 판결로 국세청이 당사자가 아님에 유의).

근거 1) 이 사건 계약은 만기환급금이 없는 정기생명보험으로 순수보장성보험에 해당함

근거 2) 해약환급금이 점차적으로 감소하다가 소멸하는 구조로 되어 있음

근거 3) 피보험자인 대표이사의 정년이 정해지지 않았고, 장차 이 사건 보험계약이 해지될 것인지 여부, 중도에 해지된다면 어느 시점에 해지될 것인가 확실하게 예정되어 있다고 보기 어려움

회계처리 예시

구분	차변	대변
보험료 납입 시	보험료 500	보통예금 500
보험금 수령 시˚ (보험금 > 납입보험료)	보통예금 600	보험차익 600
보험금 수령 시˚ (보험금 < 납입보험료)	보통예금 400	보험차익 400
퇴직 시 (계약자변경)˚˚	보험예치금 500	보험차익 500
	퇴직급여 500	보험예치금 500
약관대출 시	보통예금 100	단기(장기)차입금 100

˚ 납입보험료 전액을 비용처리하는 정기보험의 경우, 향후 보험금 수령 시 입금액 전액을 수익으로 인식합니다. 이처럼 납입시점에는 법인세가 감소하다가 보험금 수령시점에 법인세가 증가되는 것을 '과세이연 효과'라 합니다.

˚˚ 계약자 변경시점의 보험계약의 시가상당액 500이라 가정

계약자 변경을 통해 보험계약으로 임원퇴직금을 지급하는 경우 퇴직금의 대물변제에 해당하며(기획재정부소득-108, 2011.03.29), 먼저 보험증서를 평가하여 보험차익(수익)을 인식하고 퇴직급여를 지급하는 회계처리를 진행해야 합니다.

Q. 법인이 퇴직임원에게 보험계약을 이전해주는 경우 소득구분은?

A. 법인이 계약자 및 수익자를 법인으로, 임원을 피보험자로 하는 보험에 가입하고, 임원 퇴직 시 저축성보험의 계약자 및 수익자를 법인에서 피보험자(퇴직임원)으로 변경하는 경우 법인이 부담한 저축성보험(임원퇴직 당시 저축성보험의 평가액)은 퇴직 임원의 퇴직소득에 해당함.

다만, 앞 저축성보험의 평가액을 포함한 임원의 퇴직소득이 과도하여 법인세법 제52조(부당행위계산의 부인)가 적용되는 경우에는 동 규정이 적용되지 않는 범위 내에서만 퇴직소득에 해당하며, 이를 초과하는 금액은 근로소득에 해당함.

정기보험 손금산입을 위한 요건 정리

정기보험은 납입보험료가 전액 손금산입되는 만큼 법인의 재무제표와 법인세에 미치는 영향이 큰 경우가 많습니다. 이에 손금산입을 위한 요건을 예규와 판례에 근거

하여 엄격하게 해석해야 하는데요, 이를 정리하면 다음과 같습니다.

구분	주요내용
업무 관련성	보험료가 손금산입 되기 위해서는 피보험자가 법인의 업무와 관련이 있어야 하며, 만약 업무관련성이 없는 단순주주나 배우자 등을 피보험자로 하는 경우에는 손금산입이 되지 않음에 주의해야 함.
퇴직시점의 예측불가능성	1) 퇴직시점 예측 가능 : 퇴직시점의 환급금을 기준으로 자산과 비용을 구분해야 함. 2) 퇴직시점 예측 불가능 : 납입보험료를 보험기간의 경과에 따라 손금산입, 이후 해약환급금 익금산입.
금액 타당성	• 법인이 납부하는 보험료 및 그로 인한 보장금액이 피보험자의 사망 등에 대비하여 꼭 필요한 금액인지와 그에 대한 산출근거 등이 필요. • 대표이사 등 피보험자의 회사기여도 및 사망 후 법인에 예상되는 경제적 손해에 비해 보험료가 과하다면 납입보험료는 업무무관경비 혹은 부당행위계산의 부인 대상이 될 수 있음.
만기유지 가능성	• 정기보험 손금산입을 위해서는 중도에 해약하지 않고 만기까지 해당 보험을 유지할 것이 전제되어야 함. • 만약 법인의 규모나 현금흐름, 이익 등에 비추어 해당 보험을 법인이 만기까지 유지하기 어렵다고 판단되는 경우에는 손금산입에 대한 마찰이 발생할 수 있음.
전기납 요건	• 정기보험은 '내국법인이 납입한 해당 보험료를 보험기간의 경과에 따라 손금에 산입(서면법인2018-1779, 2018.07.18)'하는 것으로, 여기서 보험기간이란 보험회사의 보장기간을 말함. • 이에 보험료 납입기간과 보험기간이 일치하는 '전기납보험'이 아닌 경우에는 납입보험료는 보험이 보장하는 기간에 걸쳐 손금으로 산입해야 함.

납입기간과 보험기간이 다른 경우 어떻게 처리해야 할까요?

총 납입보험료 3억 원으로 동일하다 가정할 경우, 회계처리에 대해 살펴보면 다음과 같습니다.

구분	보험기간 10년 / 납입기간 5년	보험기간 10년 / 납입기간 10년
보험료 납입시	매년 불입액 6,000만 원 중 50%˚는 비용처리, 50%는 선급비용(자산처리)	매년 불입액 3,000만 원 비용처리
납입완료 시 비용처리 총액	3,000만 원 × 5년 = 1억 5,000만 원	3,000만 원 × 10년 = 3억 원
납입완료 후 회계처리	선급비용을 향후 보험기간 5년간 안분하여 비용처리 (매년 3,000만 원씩 5년간)	–
총 보험료 비용처리액 (보험기간 10년간)	3억 원	3억 원

˚ 보험기간과 납입기간이 다른 경우 손금산입기준 = 납입보험료 × 납입기간/보험기간

(3) 보험계약, 어떻게 평가할까요?

실무상 법인과 보험계약 양수도를 검토하게 되는 경우는 2가지입니다. 첫째는 가지급금 등 정리를 위해 대표이사 개인명의의 보험계약을 법인에 양도하는 경우이고, 둘째는 법인이 가입한 보험의 계약자 및 수익자 변경을 통해 피보험자인 대표이사 등의 퇴직금 지급에 사용하는 경우입니다. 두 경우 모두 보험계약을 얼마로 평가할 것인가가 매우 중요한 사항인데, 이하에서는 이에 대해 구체적으로 살펴보도록 하겠습니다.

법인세법상 시가의 개념

시가평가의 원칙

법인세법상 시가란, '건전한 사회통념 및 상관행과 특수관계인이 아닌 자간의 정상적인 거래에서 적용되거나 적용될 것으로 판단되는 가격을 말하는 것으로, 해당 거래와 유사한 상황에서 해당 법인이 특수관계인 외의 불특정다수인과 계속적으로 거래한 가격 또는 특수관계인이 아닌 제3자간에 일반적으로 거래된 가격이 있는 경우에는 그 가격'으로 규정하고 있으나(법령 제89조 제1항, 법인집행 52-89-1), 상품 등 일반적인 자산과 달리 비특수관계자 간에 거래가 발생할 수 없는 보험계약의 경우에는 법인세법상 시가를 판정하기는 어려움이 있습니다.

Q1. 대표이사 개인명의 보험계약을 법인으로 변경하는 경우 평가기준은?

A. 대표이사가 계약한 저축성보험의 보험계약자 및 수익자의 명의를 법인으로 변경하여 보험을 법인에 양도하는 경우 보험의 시가는 건전한 사회통념 및 상관행과 특수관계자가 아닌 자간의 정상적인 거래에서 적용되거나 적용될 것으로 판단되는 가격을 기준으로 산정하는 것임(법인-640, 2009.05.28).

Q2. 법인명의의 계약자 및 수익자를 대표이사로 변경시 평가는?

A. 법인을 계약자와 수익자로 대표이사를 피보험자로 하는 보험을 대표이사 변경 등으로 계약자 및 수익자를 변경하는 경우, 동 법인이 보험계약에 따라 기 불입한 보험료상당액은 그 임원의 근로소득에 해당하는 것이며, 동 근로소득의 수입시기 및 지급시기는 당해 보험계약의 계약자 및 수익자가 임원으로 변경된 날로 하는 것임.

시가가 불분명한 경우

법인세법상 시가가 불분명한 경우에는 다음 각 호를 차례로 적용하여 계산한 금액

보험절세모음 (법인편)

에 의합니다(법령 제89조 제2항).

구분	주요내용
1순위	'감정평가 및 감정평가사에 관한 법률'에 따른 감정평가법인등이 감정한 가액이 있는 경우 그 가액(감정한 가액이 2 이상인 경우에는 그 감정한 가액의 평균액). 다만, 주식 등 및 가상자산은 제외한다.
2순위	상증법 제38조·제39조·제39조의2·제39조의3, 제61조부터 제66조까지의 규정을 준용하여 평가한 가액

상증법상 보험계약의 평가

보험사고(연금지급 개시) 전의 경우

예규 서일46014-10284, 2002.03.07에서는 "상증법 제8조(상속재산으로 보는 보험금)의 규정에 의해 피보험자가 생존하는 피상속인의 보험계약은 '상속개시일까지 피상속인이 불입한 보험료의 합계액과 불입한 보험료에 가산되는 이자수입상당액을 합계하여 평가'하는 것"이라 규정하면서, 보험계약을 상증법 제63조 제4항의 예금 등 금융상품의 평가규정을 준용하여 평가하도록 하고 있습니다.

> ○ 상증법 제63조 [유가증권 등의 평가]
>
> ④ 예금·저금·적금 등의 평가는 평가기준일 현재 예입총액과 같은 날 현재 이미 지난 미수이자 상당액을 합친 금액에서 소법 제127조 제1항에 따른 원천징수세액 상당 금액을 뺀 가액으로 하는 것임

연금개시 이후의 경우

연금지급이 개시되어 피상속인이 연금을 지급받다가 상속이 개시되는 경우 상속인들이 상속받은 '연금을 지급받을 권리'는 상증법 제62조 규정에 의거, 정기금을 받을 권리로 평가하게 됩니다. 또한 2019년 2월 12일 이후 상속 또는 증여분부터는 해당 계약의 철회·해지·취소 등을 통해 받을 수 있는 일시금과 정기금 평가에 따른 금액 중 큰 금액으로 평가하도록 세법이 개정되었습니다.

보험계약의 평가규정 요약

구분	주요내용
법인세법	• 비특수관계인간의 거래에서 적용되었거나 적용될 가격 • 보험의 경우 계약자·수익자를 변경한다는 것은 양수인에게 해당 보험계약 자체가 필요하다는 것이며, 이에 해약환급금 보다는 납입보험료 전액이 보험계약 자체의 시가에 근접한다고 판단됨.
상증법	1) 보험사고(연금개시) 전의 경우 = Max(납입보험료 + 이자상당액, 해약환급금) 2) 연금개시 후의 경우 = Max(정기금평가액, 해약환급금)

본 도서에서는 법령명을 다음과 같이 약어로 표기하였습니다.

명칭		약칭
상속세및증여세	법	상증법
	시행령	상증령
	시행규칙	상증칙
	기본통칙	상증통
	집행기준	상증집행
법인세	법	법법
	시행령	법령
	시행규칙	법칙
	기본통칙	법통
	집행기준	법인집행
소득세	법	소법
	시행령	소령
	시행규칙	소칙
	기본통칙	소통
	집행기준	소득집행
조세특례제한법	법	조특법
	시행령	조특령
	시행규칙	조특칙
	기본통칙	조특통
	집행기준	조특집행

맺으며

축하드립니다. 드디어 결승점에 도달하였습니다. 포기하지 않고 끝까지 달려오신 독자 여러분께 박수를 보냅니다.

우리는 지금까지 기업 컨설팅에 필요한 기본 개념부터 주요한 컨설팅 포인트와 쟁점, 그리고 실전사례까지 모두 살펴보았습니다. 평소 가졌던 기업 컨설팅에 대한 궁금증과 갈증을 해소하는 데 도움이 되셨기를 바랍니다.

혹, 어떤 부분을 다 이해하지 못했거나 다시 떠올렸을 때 기억이 희미하다고 해서 실망하지 마시고, 컨설팅 현장에서 문제에 부딪힐 때마다 다시 펼쳐 보시기를 추천드립니다. 〈보험절세모음.ZIP 「2.법인편」〉은 기업 컨설팅의 해답지로서의 역할을 충분히 해 줄 것입니다. 실전에 도움이 될 수 있도록 세심하게 배치하였습니다. 알기 쉽게 정리된 실전사례와 다양한 예·판례 등을 충분히 활용하십시오.

오늘 〈보험절세모음.ZIP 「2.법인편」〉의 책장을 덮는 이 시점이 끝이 아니라 한 걸음 앞으로 나아가는 새로운 시작이 되시기를 기원합니다. 노블리치센터 솔루션랩이 오랜 기간 쌓아 온 노하우가 여러분께 전달되었기를 바랍니다.

집단지성으로 최적의 솔루션을 연구합니다!

솔루션랩 Solution Lab.

솔루션랩은 자산가, 법인 등 고객의 상황과 니즈, 법과 제도의 변화에 민감하게 반응합니다.
보다 특화된 솔루션 제공을 목적으로 노블리치센터 산하 자산관리 연구소로 설립되었습니다.

연구분야

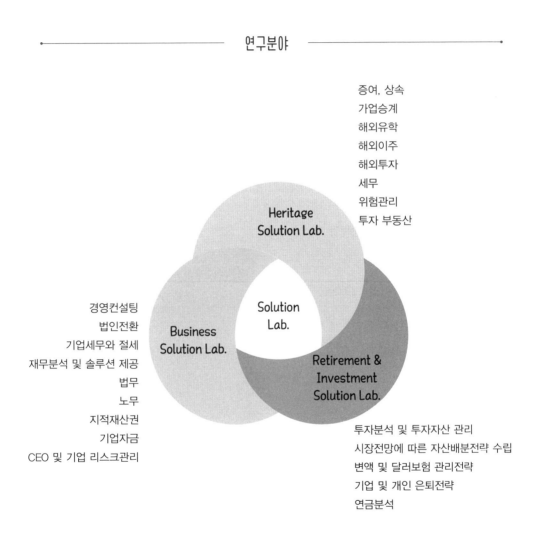

증여, 상속
가업승계
해외유학
해외이주
해외투자
세무
위험관리
투자 부동산

Heritage Solution Lab.

Solution Lab.

Business Solution Lab.

경영컨설팅
법인전환
기업세무와 절세
재무분석 및 솔루션 제공
법무
노무
지적재산권
기업자금
CEO 및 기업 리스크관리

Retirement & Investment Solution Lab.

투자분석 및 투자자산 관리
시장전망에 따른 자산배분전략 수립
변액 및 달러보험 관리전략
기업 및 개인 은퇴전략
연금분석

보험절세모음.zip 《2. 법인편》

초판 1쇄 인쇄 2024년 06월 03일
초판 1쇄 발행 2024년 06월 12일
지은이 메트라이프생명 노블리치센터 산하 솔루션랩
책임저자 윤태성
공동저자 권영민·박제율·안종현·원윤정·조만우·이은철
엮은이 조미정
객원저자 최지혜

펴낸이 김양수
펴낸곳 도서출판 맑은샘
출판등록 제2012-000035
주소 경기도 고양시 일산서구 중앙로 1456 서현프라자 604호
전화 031) 906-5006
팩스 031) 906-5079
홈페이지 www.booksam.kr
블로그 http://blog.naver.com/okbook1234
이메일 okbook1234@naver.com

ISBN 979-11-5778-648-0 (04320)
　　　979-11-5778-589-6 (SET)